16	3	2	13
5	10	11	8
9	6	7	12
4	15	14	1

Dominique Dreyfus

O violão vadio de BADEN POWELL

Edição revista e ampliada

editora 34

EDITORA 34

Editora 34 Ltda.
Rua Hungria, 592 Jardim Europa CEP 01455-000
São Paulo - SP Brasil Tel/Fax (11) 3811-6777 www.editora34.com.br

Edição conforme o Acordo Ortográfico da Língua Portuguesa.

Capa, projeto gráfico e editoração eletrônica:
Bracher & Malta Produção Gráfica

Revisão:
Magnólia Costa
Alexandre Barbosa de Souza

1ª Edição - 1999, 2ª Edição - 2020

Catalogação na Fonte do Departamento Nacional do Livro
(Fundação Biblioteca Nacional, RJ, Brasil)

Dreyfus, Dominique
D386v O violão vadio de Baden Powell / Dominique Dreyfus — São Paulo: Editora 34, 2020 (2ª Edição).
408 p. (Coleção Todos os Cantos)

Inclui bibliografia e discografia.

ISBN 978-65-5525-035-0

1. Powell, Baden (1937-2000). I. Título. II. Série.

CDD - 927.80981

O violão vadio de
BADEN POWELL

PREFÁCIO

Em 1996 vim ao Brasil para o lançamento e a divulgação do meu livro *Vida do viajante: a saga de Luiz Gonzaga*. Antes de regressar à França, minha editora perguntou se eu tinha outro projeto de livro. Lembrei da cafeteria do aeroporto de Fort-de-France na Martinica...

Dez anos antes, em 1986, eu tinha feito a cobertura do Festival Internacional de Violão da Martinica, que naquele ano fora dedicado exclusivamente ao Brasil. A fina flor dos violonistas de todas as vertentes da música brasileira estava presente. Entre eles, o mestre Baden Powell. Como a maioria dos músicos e jornalistas convidados, ele chegou no primeiro dia do evento. Mas permaneceu trancado em seu quarto até o último dia, quando, como convidado de honra, fechou com chave de ouro o festival.

No dia seguinte fomos todos embora. Coincidiu que o voo de Baden, que seguia para Nova York, e o meu, com destino a Paris, eram quase no mesmo horário, tanto que fomos juntos para o aeroporto. Fizemos o check-in e Baden me chamou para tomar um cafezinho. Havia alguns anos que nos conhecíamos, eu o entrevistara várias vezes e não raro nos encontrávamos em eventos ligados ao Brasil e à musica... Me acomodei numa mesinha do bar do aeroporto e Baden foi buscar os cafés. Tive a honra de ser servida por um dos maiores violonistas do século XX.

— Estou pensando que seria interessante publicar a história da minha vida. Já tenho vivência e idade para isso. E acho que você é a pessoa indicada para fazer este trabalho. Sendo francesa, você vai saber contar o lado francês da minha vida, da minha carreira. E sua convivência com o Brasil faz que você entenda o brasileiro que eu sou...

O retrato me emocionou e o convite mais ainda. Só podia aceitar. Aceitei. Começamos a discutir como nos organizaríamos. Ele vindo a Paris, eu indo a Alemanha, onde Baden estava vivendo na época.

— Vou passar só alguns dias em Nova York, rapidinho eu regresso e ligo para você. A gente combina quando começamos.

Uma voz suave no alto-falante chamou os passageiros do voo da Air France para Paris. Feliz da vida com a perspectiva daquela aventura maravilhosa que iria em breve começar, me despedi de Baden Powell. E não tive mais notícias dele...

Dez anos mais tarde, com o pedido da Editora 34, chegara a hora de ter notícias. Foram necessários dois meses de intensa pesquisa para descobrir que ele estava vivendo novamente em Paris. Consegui o telefone de Baden.

— Baden Powell? Aqui é a Dominique Dreyfus. Você está lembrado do convite que me fez há dez anos atrás para eu escrever sua biografia? Pois há uma editora interessada no projeto.

— Menina, então você não esqueceu? Anote meu endereço. Venha para cá hoje à tarde.

A aventura maravilhosa podia enfim começar. Recolher os depoimentos de Baden, quer em Paris, quer no Rio, foi entregar-se a uma agenda sem horário, a um calendário sem datas... Foi marcar encontro para uma entrevista e acabar resolvendo um problema de contrato com a gravadora dele, traduzindo uma discussão com seu advogado, dando uma carona para levá-lo a um compromisso... Foi aproveitar todas as oportunidades para pescar informações, gravar memórias, anotar dados. Foi estar atenta a tudo que ele dizia, no desvio de uma frase, no detalhe de uma conversa, num papo com amigos. Foi passar longas horas no telefone com ele. E ser esperta, como o próprio reconhecia às gargalhadas:

— Mas você é danada, conseguiu me entrevistar! E eu tinha falado que hoje não ia ser possível...

Assim era meu herói. Aos poucos se desenharam os contornos do meu personagem, descobri meu protagonista, alinhavei seu perfil, constituí meu banco de dados "powellianos". Reconstituí a história. Coisa que, convenhamos, sem a dedicada participação da quase uma centena de pessoas que deram seu depoimento, eu não teria conseguido.

Na primeira edição de *O violão vadio de Baden Powell*, publicada em 1999, a narração se encerrava em 1997, três anos antes da morte de Baden. Três anos que vieram aumentar esta nova edição, que quer comemorar não os vinte anos da morte de Baden Powell, mas a eternidade do artista e da sua obra.

Dominique Dreyfus

a Juliette, Marguerite,
Léonard, Joseph e Póla

a Philippe e Marcel

1.
ZONA NORTE

O rádio estava ligado na sala. Era hora do famoso *Papel Carbono* de Renato Murce, no qual debutaram os maiores artistas brasileiros surgidos nas décadas de 1940 e 1950. No final do programa, como de costume, o locutor fez as chamadas para a semana seguinte, e qual não foi a surpresa do menino ao ouvir seu nome entre os calouros que iriam se apresentar no próximo domingo. E com um nome como o seu, havia pouca chance de que se tratasse de um xará: Baden Powell.

Ficou mais constrangido do que contente com a notícia: era tão tímido, tão encabulado. "Quem poderia ter tido essa ideia?", pensou. Havia sido Meira, seu professor de violão. Achava que o aluno estava dando conta do recado e resolvera apresentá-lo no programa de calouros. O ensaio era na quinta-feira. Quando Baden Powell, seu pai Lilo de Aquino (mais conhecido como Tic) e o Meira chegaram à Rádio Nacional, Renato Murce os olhou como que procurando algo e perguntou onde estava o Baden Powell.

— É o garoto aqui.

— Esse é que é o Baden Powell? E ele toca violão?

— Toca sim.

— Mas ele é muito pequeno. Quantos anos tem?

Tinha dez anos, ainda que aparentasse bem menos, três de violão e muito talento. Tocou um choro, outro choro e Renato Murce ficou impressionado.

— Mas ele toca muito bem...

No domingo à noite, sintonizada na Rádio Nacional, a família de Baden Powell ouviu com emoção a voz empolada de Renato Murce anunciar: "Senhoras e senhores, estamos apresentando aqui para vocês elementos realmente promissores. Gostaria que vocês aplaudissem agora Baden Powell! Ele é novinho assim, mas vocês vão ver como ele toca".

O público se maravilhou ao ouvi-lo tocar "Magoado", do grande Dilermando Reis, considerado então o maior violonista da América do Sul, e não poupou aplausos e vivas. E finalmente, a *vox populi* da plateia atribuiu-lhe o primeiro lugar como solista de violão.

Para chegar ali, Baden tivera que cometer um pequeno furto alguns anos antes, quando Vivina, uma das suas tias, ganhara um violão numa rifa de 20 mil cruzeiros. Era um violão vagabundo, sem valor nenhum; de mais a mais, ela não sabia tocar, pelo que ele acabou pendurado num prego da parede, com um barbantezinho mixuruca, acima da cama de Baden, tornando-se apenas um objeto decorativo. Exceto para o menino, que ficou fascinado pelo instrumento. Deitado na cama, ficava horas namorando o violão, morrendo de vontade de tê-lo entre os braços, de acariciar-lhe a madeira macia, de tirar uns sons das cordas. Pensava consigo mesmo que queria de qualquer jeito possuir aquele violão, que ia tocar, que ia se tornar violonista. Mas ele não se atrevia a pedi-lo, convencido de que o negariam. Então o jeito foi roubá-lo. Tirou discretamente o violão do prego, enrolou-o cuidadosamente numa toalha e escondeu-o debaixo da cama.

Obviamente, a primeira coisa que todos viram ao entrar no quarto, foi a ausência do violão, o que provocou um grande tumulto na casa: "Cadê o violão? O violão sumiu! Roubaram o violão! Quem foi? Quem não foi?".

Quando sua mãe, a Neném, foi varrer o quarto, descobriu o objeto do delito no seu esconderijo.

— Eu bem que sabia que era o Baden que tinha roubado. Agora devolva esse violão a sua tia, já, já!

E Baden, tinhoso e chorando:

— Não, não devolvo não!

— Ah não? Espera seu pai ficar sabendo, pra ver a bronca que ele vai lhe dar.

Baden não viu nada. Quando Tic ficou sabendo do caso, em vez de bronca deu o violão para o menino. Não seria ele que iria contrariar a vocação do filho. A música era uma velha tradição da família. Vicente Thomaz de Aquino, seu pai, era um intelectual, estudara em Ouro Preto e fora o primeiro maestro formado do interior do estado do Rio de Janeiro. E não era um maestro qualquer: havia recebido uma batuta de ouro no Rio de Janeiro. Fundara, ainda no século XIX, uma Orquestra Negra composta de escravos que ele levava por todo o estado do Rio, chegando a apresentá-la no Teatro Municipal do Rio de Janeiro. Era a primeira Orquestra Negra a subir no palco de um teatro tão prestigioso e elitista. Negro, Thomaz de Aquino era muito próximo de José do Patrocínio, ao lado de quem se envolvera na luta abolicionista. Nas suas andanças com a banda pela região, também cumpria seu dever de militante da causa negra, fazendo a cabeça dos escravos, alfabetizando-os e preparando-os ativamente para a libertação. Mais tarde, radicado em Varre-e-Sai (também grafada Varre-Sai), no norte do estado do Rio de Janeiro, fundou uma nova banda e casou-se com uma índia, Nicolina Lima, muito mais jovem do que ele, com quem teve oito filhos — cinco mulheres, todas com nome de valsa, e três varões, todos com o nome começando pela letra L — antes de morrer prematuramente.

Alguns anos mais tarde, a jovem viúva casou-se de novo, com Teófilo de Oliveira, branco e farmacêutico de quem teve mais cinco rebentos, tornando-se então a matriarca de uma verdadeira amostra do povo brasileiro, com suas misturas de raças e todas as modalidades de mestiçagem: negros, mulatos, caboclos, brancos, cafuzos. Os treze filhos de Nicolina se criaram juntos, muito unidos e sem preconceitos raciais. Teófila, uma das filhas, até notava: "Eu só vim a perceber que não éramos todos da mesma cor quando cheguei no Rio e as pessoas perguntavam surpresas: 'Ué, mas vocês são irmãs? Nem parecem...'".

As moças eram todas Zeladoras do Sagrado Coração de Jesus, participavam das atividades da igreja. Com sua bela voz, Alaíde, a filha mais nova do primeiro casamento, representava todo ano Maria Madalena na procissão da Sexta-Feira da Paixão. Vivina, a filha mais velha, redigia as atas da Igreja de São Sebastião, em Varre-e-Sai. Ela tinha uma bela caligrafia, pois era formada em pedagogia. Era professora estadual e lecionava na fazenda de Camilo Lourenço da Silveira, nas redondezas de Varre-e-Sai, região vinícola, embora Camilo Lourenço fosse produtor de café. Apesar de autoritário, era um homem de mão aberta, de mesa servida e farta, e a fazenda era o centro de grandes festas e bailes. Egite, uma das tias de Baden, contava que "era uma fazenda muito alegre. Nós íamos lá dançar noites inteiras, marcávamos quadrilha, cantávamos... São João, então, era aquela festa! A fogueira de São João da fazenda durava quinze dias. E eram quinze dias de festejos".

Vivina e seus irmãos não perdiam uma festa. Tic animava os bailes com seu violino, fazia os discursos, com muita graça e grande talento de prosador. Foi assim que, já com seus 25 anos, encantou Adelina Gonçalves, de 21 anos, neta de Camilo Lourenço. Ela aprendera a ler e escrever com Vivina, pedagoga eficiente e meiga, muito querida dos alunos. Diziam que todo mundo aprendia com ela, até o aluno mais rebelde. Miúda, franzina, com a pele branca e longos cabelos negros, Adelina chamou a atenção de Tic. Órfã, fora criada pelos avós, rodeada pelos tios, num ambiente masculino e austero que fizera dela uma menina tímida e cala-

Os pais de Baden Powell: Lilo de Aquino, o Tic, e Adelina, a Neném.

da. Tic era o oposto: alegre, gozador, festivo. Pertencia à Liga Católica e era o leiloeiro das festas. Um leiloeiro muito animado. Era também o chefe dos escoteiros e devotava a maior admiração pelo britânico Baden Powell (1857-1941), fundador do escotismo. Era vaidoso e sempre andava muito alinhado: terno de linho branco e chapéu panamá. Herdara do pai o gosto pela música. Tocava tuba na banda de música da cidade, a mesma fundada pelo finado genitor. Porém, entre concertos e acampamentos, ainda era sapateiro. Não um sapateiro de consertar calçados, mas de criar modelos. Fabricava sandálias, sapatos, botinas... Era portanto um rapaz sério, e como dona Nicolina era uma mulher muito respeitada por todos na região, Camilo Lourenço aceitou sem reclamar que a neta namorasse Tic, apesar do preconceito racial reinante na época. Todos os dias, Tic percorria a cavalo a longa distância que o separava da fazenda, para ir namorar Adelina, que todos chamavam Neném. Namoraram, noivaram e casaram. A união foi celebrada na fazenda pelo padre Simões, um português radicado na região, que já batizara boa parte da filharada de Nicolina. Na época, era comum os padres e escrivães se deslocarem até as fazendas para celebrar os casamentos. Houve comes e bebes, baile e muita alegria. Como presente de casamento, Neném ganhou dos avós um belo relógio, importado da França, dentro do qual havia um realejo que dava as horas tocando a "Marselhesa".

Neném foi morar com o marido, passando a ajudá-lo na oficina de sapatos. Em 1933, nasceu o primeiro filho, Jackson, que morreu com poucos dias de vida. No ano seguinte, em abril, nasceu Vera, uma bela menina, morenona, bochechuda e alegre. O terceiro — e último — fruto da união do casal nasceu no dia 6 de agosto de 1937 e ganhou o nome do ídolo paterno: Baden Powell. Tic pretendia dar-lhe o nome completo do seu herói, mas percebeu que, se fizesse isso, ninguém teria paciência de gritar "Robert Stephenson Smyth Baden Powell" cada vez que precisasse do menino, e acabariam chamando-o só de Roberto, Beto ou Betinho... E o mais importante do nome, que era Baden Powell, ficaria para trás. Ficou sendo, portanto, Baden Powell de Aquino, um bebê de nome famoso e predestinado. O parto foi em casa mesmo, como era costume na época, com a ajuda de uma parteira e de Nicolina, que foram então as primeiras a constatar que o menino, em termos de estatura, puxara à mãe: era miúdo e magrela.

Foi batizado pelo padre Simões; a madrinha foi a tia Dalila, fruto do segundo casamento de Nicolina, e o padrinho Cid Campos, um advogado amigo de Tic. Baden tinha três meses quando se mudou com os pais

A casa onde nasceu Baden Powell, em Varre-e-Sai, no estado do Rio de Janeiro.

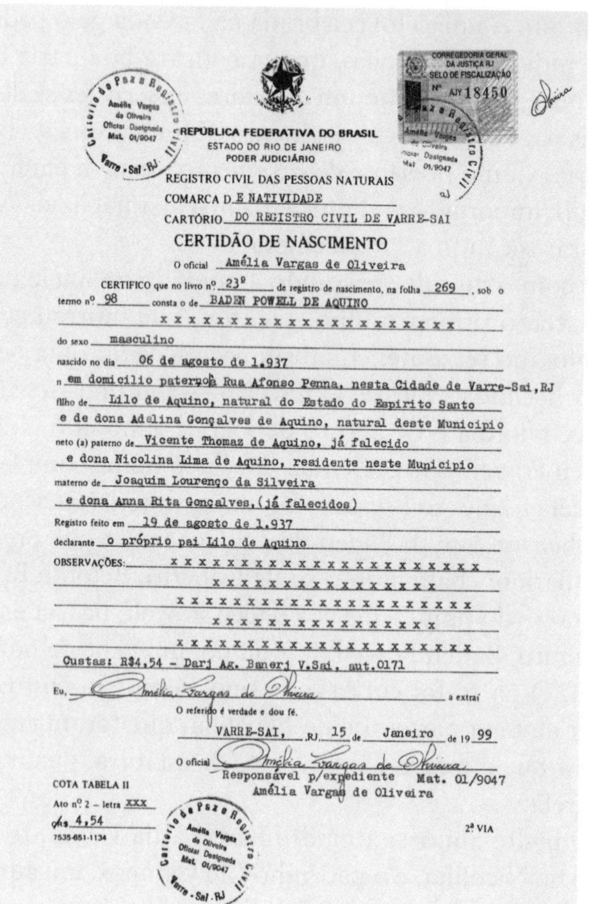

CORREGEDORIA GERAL DA JUSTIÇA RJ
SELO DE FISCALIZAÇÃO
Nº AJY 18450

Cartório de Paz e Registro Civil
Amélia Vargas de Oliveira
Oficial Designada
Mat. 01/9047
Varre-Sai - RJ

REPÚBLICA FEDERATIVA DO BRASIL
ESTADO DO RIO DE JANEIRO
PODER JUDICIÁRIO

REGISTRO CIVIL DAS PESSOAS NATURAIS
COMARCA D E NATIVIDADE
CARTÓRIO DO REGISTRO CIVIL DE VARRE-SAI

CERTIDÃO DE NASCIMENTO

O oficial Amélia Vargas de Oliveira

CERTIFICO que no livro nº 23º de registro de nascimento, na folha 269, sob o termo nº 98 consta o de BADEN POWELL DE AQUINO
x x x x x x x x x x x x x x x x x x x x x x
do sexo masculino
nascido no dia 06 de agosto de 1.937
n em domicilio paterno à Rua Afonso Penna, nesta Cidade de Varre-Sai, RJ
filho de Lilo de Aquino, natural do Estado do Espirito Santo
e de dona Adelina Gonçalves de Aquino, natural deste Municipio
neto (a) paterno de Vicente Thomaz de Aquino, já falecido
e dona Nicolina Lima de Aquino, residente neste Municipio
materno de Joaquim Lourenço da Silveira
e dona Anna Rita Gonçalves, (já falecidos)
Registro feito em 19 de agosto de 1.937
declarante o próprio pai Lilo de Aquino
OBSERVAÇÕES: x x x x x x x x x x x x x x x x x x x x x x x
x x x x x x x x x x x x x x x x x
x x x x x x x x x x x x x x x x x x x x x x x
x x x x x x x x x x x x x x x x x
x x x x x x x x x x x x x x x x x x x x x x x
Custas: R$4,54 - Darj Ag. Banerj V.Sai, aut.0171

Eu, Amélia Vargas de Oliveira a extraí
O referido é verdade e dou fé.
VARRE-SAI, RJ, 15 de Janeiro de 1999
O oficial Amélia Vargas de Oliveira
Responsável p/expediente Mat. 01/9047
Amélia Vargas de Oliveira

COTA TABELA II
Ato nº 2 – letra XXX
R$ 4,54
7535-651-1134

2ª VIA

A certidão de nascimento de Baden Powell: seu pai era admirador do patrono dos escoteiros.

para o Rio de Janeiro. Para Tic, que assumira a posição de chefe da família com a morte do padrasto, a vida estava ficando difícil, pois se havia muito trabalho, o dinheiro em compensação era pouco. Resolveu tentar a sorte na capital. Iria na frente com a mulher e os filhos e, quando encontrasse uma casa boa, traria o resto da família.

Foram morar em Vila Isabel, depois na Sacadura Cabral e, finalmente, se instalaram em São Cristóvão, Praça Pinto Peixoto, nº 19-A, onde tinham encontrado uma casa que podia abrigar a todos. Não que fosse realmente grande, mas "eram grandes os corações", como comentaria Irene, outra irmã de Tic, então cabia todo mundo na casa. Vivina chegou primeiro, deixando em Varre-e-Sai o noivo com quem se casaria muito mais tarde, já com 48 anos. O resto da família veio depois. Só uma das filhas de Nicolina, Egite, permaneceu em Varre-e-Sai, de onde nunca saiu.

Tic fez sua oficina de sapatos no porão da casa. Na parte de cima era a moradia. Num quarto, Tic, a mulher e os filhos, no outro os irmãos, e na sala, na qual foi feita uma divisão, Nicolina e suas filhas.

Foi ali que Baden passou a infância, feliz e infinitamente mimado pelas numerosas mulheres da casa. Era o quindim da mamãe, que caprichava nas comidinhas preferidas do filho e não deixava ninguém meter a mão nos purezinhos, nos docinhos, na carne moída, "porque Baden não gostava de mastigar", na manteiguinha dele... "Mamãe era muito ciumenta do filho, não deixava ninguém chegar perto de mim." E ainda por cima, era o xodó das tias, que formavam um time de babás de primeira. Apesar de magrinho e pequeno (o que continuaria sendo a vida toda), andou com nove meses, sem sequer ter engatinhado. Agarrava a barra da saia da mãe ou de alguma tia, e saía aos tropeços, mas em pé. Era uma criança forte, saudável e esperta. Já gostava de ser cheiroso, uma mania que nunca perdeu, e sempre pedia que o perfumassem. Até que, achando que não atendiam com bastante consideração a seu pedido, resolveu se perfumar sozinho e despejou na cabeça o conteúdo de um frasco que encontrara no banheiro. O "perfume" escorreu pela face, no pescoço, na roupa, e Baden foi se exibir... Quando a mãe o viu, quase desmaiou. No frasco havia iodo! Neném pensou que ele tinha se cortado e que estava sangrando. Saiu correndo com o garoto para o pronto-socorro. Após examiná-lo, o médico receitou... um banho.

Tic trabalhava duro na oficina para manter (e calçar) a extensa família. Já não frequentava mais os escoteiros. Mas a música ocupava todos os seus lazeres. Na época, ainda se podia tocar na rua, nos bares, nas praças, e rolava muita música em São Cristovão. Andavam por lá Geral-

Carnaval de 1942: Baden, aos 5 anos, fantasiado de pirata,
com polainas fabricadas por seu pai, e a irmã Vera.

do Pereira, Sílvio Caldas, Luciano Perrone, baterista do conjunto de Radamés Gnattali, e Pedro Sorongo. Tudo isso criava um ambiente musical no bairro onde cresceu Baden Powell. Tic fez rapidamente amizades na vizinhança, se enturmou com os músicos profissionais ou amadores. Pixinguinha e Donga chegaram a frequentar sua casa. No carnaval, Tic saía pelas ruas com o violino tocando valsa e o povo ia atrás dele, cantando e dançando. São João, também muito festejado em casa, talvez fosse a festa mais apreciada da família e, quando adulto, Baden continuaria apegado à festa junina. Nos dias de folga, Tic ia tocar nos bares das redondezas, depois passava o pires e, com o dinheiro arrecadado, mandava descer cervejas para todos. Havia também as serenatas, que marcaram profundamente Baden: "Quando tinha um aniversário, um batizado, qualquer coisa assim, os convidados chegavam e a festa rolava até dez e meia, onze horas. Depois, as pessoas formavam um conjunto, um cantava, outro tocava flauta, outro bandolim, violão... meu pai era o violino, e saíam na rua. Iam de casa em casa, paravam na janela de algum amigo para fazer uma surpresa, e davam uma serenata. Dali a pouco iam para outra casa. Às vezes a pessoa chamava todos para entrar, servia um café... Eu ia junto. Era tão novinho que chegava um momento em que começava a cair de sono. Meu pai me colocava montado nos ombros dele, assim mesmo continuava tocando o violino e eu ficava vendo os músicos tocarem. Muitas vezes meu pai chamava todo mundo para ir acabar a festa lá em casa. Minha mãe preparava café, servia bolo e a música continuava. Eu deitava no sofá e ficava escutando".

Tic organizava também rodas de choro em casa. Às vezes começavam tarde, quando Baden já havia ido para a cama. Mas quando ouvia a música, levantava, ia para sala. Neném gritava para o filho: "Vai dormir, menino!". Baden se escondia atrás da porta da sala e ficava escutando, fascinado. Sentia-se embevecido pela música. Até o som da "Marselhesa" do relógio materno, que o despertou nos oito primeiros anos da sua vida, era fonte de prazer. Acordava ouvindo o hino francês e se deliciava... impregnando-se talvez de maneira premonitória dos acentos da cultura que mais tarde adotaria. Mas um dia o relógio quebrou. Neném o levou para o relojoeiro, que roubou o realejo e devolveu o relógio consertado mas, infelizmente, silencioso para sempre.

Quando o pai não estava em casa, Baden pegava o violino e ficava brincando, tirando sons... Bem que Tic suspeitava disso, mas não comentava nada. Tanto que um dia Tic voltou para casa mais cedo do que o previsto e, surpreso, Baden colocou rapidamente o violino e o arco na caixa, que sempre ficava guardada em cima do armário. Na sua precipitação, não viu que o arco estava meio para fora: fechou a caixa e quebrou o arco. Mas Tic não brigou. O que contava para ele era a sensibilidade fora do comum para a música que percebera no filho. Quando ele tocava as valsas de Chiquinha Gonzaga no violino, ficava impressionado de ver o pimpolho daquele tamanhinho batucar na mesa ou na porta do armário com o ritmo certo.

Não, não seria ele que iria contrariar a vocação do filho. O violão de Vivina foi para Baden. Era um violão muito ruim. Mas Baden exultou. Feliz, usando-o como se fosse um violino com uma escova de dentes no lugar de arco, passava o dia com o diabo do instrumento, tirando sons horríveis: *Beeem! Beeem!*

Faltavam metade das cordas. Tic mandou o filho até o Ganha Pouco, a loja de ferramentas do bairro, para comprar cordas novas:

— Vai lá e pede um encordoamento de violão.

Baden correu para a loja. Com cordas novas — e bem afinado — o violão iria ficar novinho. Viu o pai trocar as cordas e afinar o violão. Observando e aprendendo. Depois, Tic, que sabia um pouco de violão, começou a lhe mostrar uns acordes:

— Olha aqui, primeira de lá menor, segunda, preparação, terceira... Agora vê se você repete.

Baden pegou o violão e foi repetindo. Apesar de canhoto, colocou o instrumento como o pai tinha mostrado e assim ficou o instrumento para o resto da vida. "Eu era canhoto, mas na escola tiraram o defeito, não é? Eu escrevia ao contrário, da direita para a esquerda. Aí me corrigiram e hoje eu escrevo com a mão direita. Mas para chutar bola, bater martelo, essas coisas assim, eu sou canhoto. Agora, violão eu toco direito. Mas isso não tem muita importância, uma vez que as duas mãos têm que ter velocidade e sincronia. Uma acompanha a outra, então tocar como destro sendo canhoto não atrapalha nada." E realmente, canhoto ou destro, Baden demonstrou de imediato muita facilidade para o violão. Em um ano, Tic já havia lhe passado tudo o que sabia do instrumento. Não tinha mais nada a ensinar ao garoto, que trocava as cordas, afinava o violão e acompanhava o violino do pai. Chegara a hora de comprar um instrumento melhor para ele e de providenciar um verdadeiro professor de violão.

Oscar, o marido de Dalila, a tia-madrinha de Baden, tinha um bom amigo, pernambucano como ele, que era violonista. Chamava-se Jaime Florence, mas todos o conheciam por Meira. Fazia parte do Regional de

Benedito Lacerda[1] desde 1937, ao lado do pandeirista Popeye, de Dino Sete Cordas e, claro, do grande flautista que comandava o conjunto contratado pela Rádio Tupi. Era o único violonista a ter o privilégio de gravar com Dilermando Reis — "Sua Majestade, o Violão", como o chamavam. E, enfim, dava aulas de violão. Oscar, que o tinha como professor, sabia da excelência dele e aconselhou Tic que o procurasse para Baden. Tic o chamou para ouvir o menino tocar e avaliar se já tinha idade para começar as aulas. Muitos anos mais tarde, Meira recordava o primeiro encontro com aquele que se tornaria, sem dúvida, seu mais prestigioso discípulo: "O violão era maior do que ele, mas eu logo pensei: esse menino vai...". E foi.

Baden tinha oito anos quando começou as aulas com Meira. Ia para a casa do mestre, em São Francisco Xavier, perto de São Cristóvão. Eram duas horas de aula. Baden era tão miúdo que às vezes o dedinho não alcançava a corda que o professor estava lhe indicando. Aí o Meira agarrava o dedo e o esticava até colocá-lo no lugar certo. Quando terminava a aula, começava a roda de choro. Sempre apareciam colegas, músicos profissionais, homens feitos, na casa do professor. Com seus instrumentos, formavam a roda e Meira já colocava os alunos para acompanhar. Sentados em volta da mesa redonda da sala, os chorões davam o tom, começavam a tocar e Baden ia atrás. Não podia errar. "Foi um bom aprendizado. Por isso é que eu sabia tanto quando comecei na Nacional." Meira adorava esse aluno cuja fome de aprender não tinha limites, e que, "ao contrário dos outros alunos, não se contentava com o que sabia". E Baden adorava esse professor atencioso e grande pedagogo, que soube orientar, aprimorar e incentivar seu talento, permitindo-lhe construir os alicerces de seu excepcional virtuosismo.

A verdade é que além de bom compositor (com músicas gravadas por Augusto Calheiros, Isaura Garcia, Gilberto Alves...) e excelente violonista, Meira era sobretudo um professor fora do comum. Por suas mãos passariam figuras como Raphael Rabello, Luciana Rabello, Maurício Carrilho e João de Aquino, segundo o qual "Meira deixava a gente ser o que era. Ninguém, ao estudar com Meira, se tornava pastiche dele. Ele sabia valorizar a personalidade do aluno, ele botava a gente para tocar com ele, e aquilo que a gente tinha ele aproveitava. Ele dava aula em ci-

[1] Na época em que Baden conhece Meira, trata-se do Regional de Benedito Lacerda. Só em 1950, quando Benedito Lacerda sai do conjunto, é que este passa a se chamar Regional do Canhoto.

Aluno exemplar: Baden, 9 anos, com seu mestre de violão, Jayme Florence, o Meira.

O célebre Regional do Canhoto: Jayme Florence (o Meira), violão; Gilson do Pandeiro; Canhoto, cavaquinho; Altamiro Carrilho, flauta; Dino, violão; e Orlando Silveira, acordeon.

ma do que a gente exprimia. Essa força do violão do Baden foi ele quem puxou para fora".

Com Meira, Baden iniciou-se no violão clássico, aprendendo o repertório dos espanhóis Francisco Tarrega, Fernando Sor, Andrés Segovia, do paraguaio Agustín Barrios, e dos brasileiros Pixinguinha, Dilermando Reis e Garoto, as duas grandes influências que Baden nunca deixaria de citar, além de Meira.

Baden era um aluno exemplar e aplicado. Estudava horas, progredia de maneira impressionante. Tanto que em dois anos já havia adquirido um nível técnico no violão que permitiu ao Meira apresentá-lo no *Papel Carbono*. Não escolhera esse programa à toa: era muito mais refinado, seletivo e prestigioso que os outros programas de calouros, como *A Hora do Pato* e *Calouros do Ary*. Ia ao ar no horário nobre aos domingos, e os calouros que tinham sido revelados por Renato Murce, mesmo depois de famosos, continuavam a se apresentar no *Papel Carbono*. Provavelmente, ao levar Baden para esse programa, Meira já pressentia a ambição do aluno, que afirmaria mais tarde o seu desejo de reabilitar o violão, de tirá-lo da rua e da malandragem, seus únicos espaços na época.

A regra do jogo, como indicado no nome do programa, *Papel Carbono*, era imitar um grande artista. Tinha-se que fazer igualzinho, como se fosse o próprio. Baden, naquele domingo de 1947, transformou-se em Dilermando Reis, interpretando "Magoado", e tirou o primeiro lugar como solista de violão. Depois ele se apresentou, sempre com o mesmo sucesso, em vários outros programas de calouros, muito populares na época como o *Programa do Guri* ou, claro, o *Calouros do Ary*, de Ary Barroso, que não deixou de fazer suas piadinhas sobre o nome do jovem calouro, perguntando-lhe se era o chefe dos escoteiros. Baden, que já era de poucas palavras, não respondeu: tocou. Quanto a Tião Macalé, o responsável pelo humilhante gongo que interrompia os candidatos que não agradavam ao público, ficou inativo durante a apresentação do menino, que tirou nota máxima, como era de se esperar.

O ensino de Meira ia muito além das simples aulas semanais. O mestre, consciente do talento que fervilhava no aluno, preparava-lhe de certa forma o futuro, alimentando sua sede de música, mergulhando-o num constante banho musical. Levava-o consigo para a Rádio Tupi, fazia a maior propaganda do menino prodígio, apresentava-o aos músicos.

— Olhe, Baden, esse aí é o mestre Pixinguinha.

Baden tinha dez anos, mas entendeu que estava sendo apresentado a um gigante. Quando havia show da velha guarda, Meira convidava o

O mestre Pixinguinha, um gigante a quem Baden
foi apresentado ainda criança.

garoto, que assistia maravilhado a João da Baiana, Bide, Benedito Lacerda, Ismael Silva e Donga tocando. Era a melhor escola de música do mundo. Muitas vezes acontecia de não deixarem ele entrar, por ser menor de idade, e ele ficava escutando na rua. Uma vez estavam tocando no Casablanca, na Gávea, e Donga disse que Baden era seu neto, então ele pôde entrar na sala, passando pela cozinha. Donga o adorava. Sempre o convidava para sua casa. Baden ficava feliz com tão prestigiosa amizade. Só não gostou tanto de um dia em que Donga o chamou com seu coleguinha Itacy, por sinal, afilhado de Elizeth Cardoso:

— Vou preparar um almoço pra meus netos no domingo. Não esqueçam, no domingo.

No dia marcado, lá estavam os dois garotos, sentados à mesa, um ao lado do outro. Em frente, Donga e a esposa. No meio da mesa, um caldeirão enorme, cheio de moqueca de peixe. Donga pegou o prato com a mão esquerda, a concha com a direita e *vlup*, serviu generosamente os meninos. Baden detestava espinha de peixe e a moqueca era só espinha! Foi um grande momento de desespero para ele e mais ainda para Itacy, no prato do qual, quando Donga não estava olhando, Baden despejava uma porção do seu peixe, até esvaziar o próprio prato.

Quando saía desse ambiente musical, a vida de Baden era a de um menino como qualquer outro. Estudava no Externato Sagrado Coração de Jesus, ainda que sem grande entusiasmo. Mas como "era músico", o castigo, quando não sabia as lições, era recitar o nomes dos grandes compositores clássicos para a diretora da escola, dona Leonor de Moura Bastos. A algumas quadras da Praça Pinto Peixoto, o Campo de São Cristóvão era o terreno de jogo privilegiado das crianças do bairro. No chamado "aeroporto dos paus de arara", assistiam aos ônibus chegando, com seus batalhões de nordestinos que vinham para a capital na esperança de encontrar uma vida melhor. Conviviam com a cultura nordestina, assistiam aos forrós, às pelejas dos repentistas nos dias de feira, familiarizando-se com os ritmos do Norte, que surgiriam muitos anos depois no repertório do violonista. Mas nesses anos de infância, o que contava era brincar: empinar pipa, disputar grandes partidas de bola de gude, jogo no qual Baden era craque — sempre andava com os bolsos cheios das bolinhas de vidro que vivia comprando —, pegar carona no bonde que dava a volta na Praça Argentina, caçar passarinho ou atirar pedras nas vidraças. Baden cortava um galho de espirradeira, em forma de Y. A oficina do pai proporcionava o material necessário para a fabricação da arma do delito: o couro, as faquinhas para cortar as tiras, os pregos, as fer-

A família Aquino:
Tic (Lilo), Neném (Adelina),
Baden, o caçula mimado,
e Vera.

Vera e Baden: o menino já gostava de roupa branca.

Baden Powell no dia de sua primeira comunhão.

ramentas... e com isso era só fazer a atiradeira. Com a garotada, corria pelos matos, que a urbanização frenética hoje sacrificou, trepava nas mangueiras, ficava chupando manga até não poder mais descer e, enquanto fazia a digestão, tentava avistar no horizonte a linha verde do mar. Aos domingos, a garotada ia para o cinema. Por nada no mundo perderia os filmes de Carlitos, Oscarito, Grande Otelo e de bangue-bangue que passavam no cineminha da Igreja de São Januário. Mas não resistiam ao prazer de fazer bagunça, e acabavam sendo expulsos do cinema. Vera, a irmã de Baden, que era muito comportada, morria de vergonha.

Mas o que Baden mais gostava na vida, depois do violão, era andar de bicicleta. A tia Dalila, que o amava como uma mãe, presenteou-o com uma Phillips quando ele ficou maior e Baden vivia andando para lá e para cá na bicicleta, inclusive ajudando a tia no seu ofício de costureira. Dalila trabalhava para a Casa Canadá, a famosa casa de alta costura, e era especializada em lingerie fina. Tinha também sua clientela privada, na qual se incluíam artistas de cinema e de rádio. Baden fazia as entregas aos clientes.

— Já está pronto, pode ficar tranquila, que estou mandando o meu sobrinho entregar o vestido agorinha mesmo.

— Aquele garoto bonitinho, que toca violão? Ah, sim, mande logo.

Dalila fazia as recomendações:

— Baden, você vai, faz a entrega, espera o dinheiro e volta pra cá, ouviu?

Baden montava na bicicleta e saía a mil pelas ruas e ladeiras da cidade. Depois trazia o dinheiro para a tia, na rua Curuzu, em São Cristóvão, e ia demorando por lá. Ele curtia o ambiente do ateliê, com as costureiras e as bordadeiras em seu ofício. Também havia a presença de Nicolina, que agora estava morando com a filha Dalila. Baden gostava muito dessa avó, a única que conheceu, e se encantava com os longos cabelos da anciã, brancos e lisos como seda.

— Vó, solte esses cabelos que eu vou fazer uma música pra eles.

Pegava o violão de Oscar e dava um verdadeiro concerto para as mulheres no ateliê. O violão por sinal era excelente, pois, como observaria Baden: "Todo mundo que não sabe tocar tem sempre um violão maravilhoso em casa. E meu tio tinha comprado o melhor violão do Rio de Janeiro". A verdade é que havia anos que Oscar estudava com o Meira. Mas seu talento era inversamente proporcional ao do sobrinho, tanto que seu conhecimento não passava de meia dúzia de acordes e, veja lá, sem pestana, que é muito difícil! No entanto, Oscar tinha o maior ciúme de seu instrumento e não deixava ninguém tocar nele. Sempre o mantinha cuidadosamente protegido com uma flanela, guardado em sua capa de pano, em cima do guarda-roupa, no quarto de dormir. O pobre homem não imaginava que bastava ele sair de casa para que Baden se apoderasse do sagrado violão e não o largasse mais, com a cumplicidade da madrinha. Dalila era uma mulher jovem, muito bonita, muito alegre e que adorava música. Ela teve uma grande influência no desenvolvimento musical de Baden e, mais tarde, de João de Aquino, seu outro sobrinho. "A gente ia para casa dela porque ela deixava a gente fazer o que queria. Podia assobiar, batucar, cantar, tocar violão. Ela nunca reclamava, ela gostava demais. Com ela não havia aquele negócio de: 'Não quero barulho aqui'. Ela incentivava a gente. Eu acho que isso foi primordial na nossa formação musical. Nesse sentido, Dalila foi uma tia muito especial", lembra João.

Passaram-se assim cinco anos, no final dos quais Meira avisou Tic que já não tinha mais nada que ensinar ao menino. O aluno estava sabendo mais do que o mestre. Talvez não fosse tanto, mas a verdade é que Baden já tocava nos bailes, nas festas, nos batizados e nas igrejas. Tivera inclusive oportunidade de acompanhar o grande sambista Ciro Monteiro, que, precisando certo dia de um violonista para se apresentar numa igreja, chamou um certo Baden Powell, de quem ouvira dizer que era o melhor de São Cristóvão, e levou um susto ao ver chegar um garotinho de onze anos! Sempre que precisavam de um bom violonista, vinham bater na porta da casa:

— Ô seu Tic, precisamos do Baden para ele tocar lá na festa... A gente o acompanha e depois traz ele de volta.

Neném providenciava a vestimenta, cuidava da roupa.

Quando parou de tomar aulas com Meira, Baden se inscreveu na Escola Nacional de Música do Rio de Janeiro, iniciando então o aprendizado da teoria musical, da história da música, da harmonia, da composição, além de aprofundar o estudo do solfejo e de aprender o repertório dos grandes mestres do clássico: Bach, Paganini, Chopin... Mas não deixou de frequentar assiduamente a casa do ex-professor, para treinar, ensaiar ou mesmo participar das rodas de choro, não mais como o discípulo acanhado, e sim como um músico de alto nível.

Meados de 1950, a direção da Rádio Nacional, entrevendo o próximo advento da televisão no Brasil, ficou imaginando o que seria o futuro da emissora. Estava claro que a nova mídia tomaria conta do mercado então ocupado pela rádio, e que só uma transformação da Rádio

Baden, aos onze anos de idade, já acompanhava mestres do samba como Ciro Monteiro.

Anos depois, Baden, junto com Vinicius de Moraes, emprestou seu nome e suas composições para um disco do cantor, lançado pela Elenco em 1965.

Nacional em TV Nacional a salvaria do naufrágio. Acabou afundando mesmo, torpedeada por Assis Chateaubriand e seus poderosos *Diários Associados*. Contudo, coube à emissora da Praça Mauá efetuar uma das primeiras tentativas de transmissão de imagens via televisão. Queria testar o material que uma empresa francesa propunha vender-lhe. Mandou instalar então dois aparelhos na avenida Rio Branco e transmitiu as imagens dos dois programas mais badalados das noites de domingo: *Nada Além de Dois Minutos*, de Paulo Roberto, e *Papel Carbono*, de Renato Murce. Para a ocasião, o locutor organizou um "especial", com a participação dos melhores calouros que tinham se apresentado no programa. Claro que Baden estava escalado na seleção. Recomendaram-lhe que trouxesse uma roupa branca e preta, "para dar contraste". Com a ajuda de Neném, encontrou um blusão preto, elegante, e uma camisa branca. "Nesse dia eu toquei 'Choro da Saudade', de Agustín Barrios, uma coisa clássica, dificílima. Era coisa séria mesmo, eu não toquei chorinho, não." Infelizmente, o histórico evento não teve repercussões notáveis, pois quem foi assistir à transmissão na avenida Rio Branco viu apenas uma tela branca sofrendo de uma esquisita tremedeira. Não deu contraste!

Evidentemente, a "vida de artista" e o estudo do violão levado muito a sério no Conservatório nem sempre eram compatíveis com a vida de estudante. Baden preferia nitidamente os exercícios no violão, aos quais dedicava longas horas por dia, em detrimento dos deveres de português, matemática ou história. Sua escolaridade, agora fazendo o ginasial no Instituto Cyleno, perto da Quinta da Boa Vista, andava meio caótica e descontrolada. Baden não fazia os deveres, não aprendia as lições, chegava atrasado às aulas, quando não as matava. Porém, ele já possuía aquele charme irresistível que a vida toda fez as pessoas lhe perdoarem tudo. E houve muito a ser perdoado! A sedução de Baden agia plenamente na maioria dos professores, que se curvavam, resignados, diante do caráter arredio a qualquer forma de disciplina, ordem ou lei desse aluno irrequieto que não parava em nenhuma sala de aula. Com seu uniforme cáqui, tipo farda de soldado, Baden driblava as regras mais elementares da vida escolar, indo assistir, segundo o humor em que estava, à aula de uma turma, depois de outra, e assim por diante, independentemente do nível. E ainda tinha a audácia de contradizer os professores quando achava que estavam errados. O pior é que várias vezes ele é que estava certo! Coisas de gênio... que tirou nota dez numa prova de português à qual não compareceu porque estava "tocando para o presidente Dutra". Na verdade, fazia parte de um grupo de crianças selecionadas por dona Iolanda, do Ministério do Trabalho, para ir tocar na festa de inauguração de uma repartição pública, da qual o Presidente da República participava. Baden tocou o Hino Nacional e foi muito aplaudido. A professora, impressionada com tanto prestígio, achou que isso valia mais do que qualquer prova de gramática ou de redação e deu-lhe a nota máxima. Mas nem sempre Baden teve argumentos desse calibre para justificar suas diabruras, e mais de uma vez foi expulso da sala de aula. Se o castigo coincidia com o horário da aula de ginástica das meninas, Baden dava um fugidinha até o local de educação física e ficava escondido, observando as moças de shortinho. Depois, ia comentar com os colegas:

— Ah! Hoje foi muito bom. Eu vi um par de coxas, gente... que sai de perto!

Os amigos do peito mesmo eram Itacy, Maurício, Flávio, Nando, Melão (que seria mais tarde diretor da escola de samba da Mangueira). Tinham em comum o amor à música. Só Baden se tornaria profissional, porém, a essa altura, Nando e Flávio tocavam alguma coisa de violão, Itacy tocava bateria e Maurício fazia músicas... tudo muito amadorístico.

Mas Baden era muito popular entre os alunos do colégio. Todos queriam se aproximar daquele menino que tinha um nome esquisito, Balde Poéu, uma coisa assim, que se apresentava nos programas de calouros, animava os bailinhos de subúrbio nos finais de semana, tocava nos batizados e nas igrejas. E ainda tocava trompete na banda do colégio: "Hoje não sei mais nada de trompete, mas tocar em banda é muito bom para aprender a ler, a tocar de tudo e adquirir disciplina e sabedoria. Todos os grandes músicos passaram por bandas". E, enfim, que animava as festas do Instituto Cyleno aos sábados, com o "Unidos de São Cristóvão", conjunto formado por ele no violão, Milton Banana (apelidado de Português porque, diziam os amigos, ele tinha cara de português) na percussão e Bituca na bateria. Os recursos financeiros extremamente limitados obrigavam os três garotos a adaptar os instrumentos. A bateria, por exemplo, fora elaborada a partir de um surdo e de um tarol. E Baden, único responsável pela linha melódica no conjunto, para poder competir com a barulheira da sala de baile e da "sessão rítmica", tivera que eletrificar seu violão: "De maneira muito artesanal, por um quitandeiro lá da minha rua, que era fera em eletrônica. Aí ele colocou uma cápsula de telefone dentro do meu violão, ligada a um fio elétrico e o fio ligado a um rádio". Assim conseguiu dar um volume razoável ao instrumento.

A evolução musical do filho constrangia muito Neném. Ela morria de amores e admiração por ele, mas não entendia por que agora estava tocando aquelas coisas horríveis, uns ritmos estranhos, uns acordes esquisitos... Para ela, o máximo era Dilermando Reis, e sonhava que Baden tocasse igualzinho ao ídolo.

— Meu filho, por que você não toca "Abismo de Rosas"? É tão bonita essa música...

— Muito quadrado — respondia Baden, que a essa altura estava começando a firmar sua personalidade como intérprete, criando o seu sotaque, com os arpejos característicos e os acordes sofisticados que fugiam da norma. Ao mesmo tempo, estava se familiarizando com outros estilos musicais e novos ritmos da moda, importados dos Estados Unidos. "Eu ouvia muito rádio. À noite, eu ligava bem baixinho e ficava acompanhando os programas musicais. Naquela época, tinha um saxofonista alemão no Brasil que fazia um programa na Rádio Tupi. Eu já era vidrado no jazz e ficava ouvindo ele." Além de corresponder a seu gosto pessoal e ao de sua geração, o jazz, o bebop, o swing, o fox-trot eram os ritmos preferidos do público nas festinhas e nos pequenos bailes de subúrbio, em Bonsucesso, Pedregulho, Olaria, Benfica... nos quais, sozinho ou com os Unidos de São Cristóvão, Baden tocava. Os amigos iam com ele, para ajudar no transporte do material, o violão "elétrico", a caixa de som. Nem sempre, na hora de pegar o trem ou um táxi, tinham como arcar com a despesa. Felizmente, havia o anjo da guarda de Baden: Dalila.

— Tia, me chamaram para ir tocar lá num baile, mas eu estou sem dinheiro pra pagar o táxi... Será que...

Dalila dava o dinheiro e ainda oferecia almoço à turma toda. Baden e seus amigos comiam e rumavam para o baile de barriga cheia, prontos para enfrentar as desventuras da vida de artista. Aceitavam tocar em qualquer lugar por uma mixaria e mesmo assim corriam o risco de receber desaforo na hora de serem pagos, como ocorreu em Bento Ribeiro. Foram contratados para tocar num batizado. Animaram o baile até às seis da manhã, só parando para comer uma coisinha, e quando foram reclamar o cachê, o dono da festa tirou uma peixeira ameaçadora do cinto: "Vocês já comeram às minhas custas e ainda querem dinheiro?". Acharam melhor não insistir.

Nessa fase de adolescência, estavam se revelando as diferentes facetas da personalidade musical de Baden Powell e sua incrível versatilidade: o concertista clássico que tocava Bach na igreja, o chorão confirmado que agora comandava com firmeza as rodas de choro de casa — "Não, gente, o tom é esse aí, a harmonia tem que ser assim" —, o guitarrista de jazz dos bailes de subúrbio, o moleque das rodas de samba nos morros. Clássico pela formação musical, sambista e chorão por suas raízes profundas, jazzista por geração, enfim: um coquetel muito brasileiro, como o foram também Villa-Lobos ou Tom Jobim, entre tantos outros.

Com Meira, no conservatório, na igreja, nos programas de rádio, mostrava o seu lado comportado. Com sua turma, vivia o seu lado malandro. Desde menino, matava as aulas para ir ao morro da Mangueira, do Tuiuti, do Borel... onde tinha muito prestígio nas rodas de samba. Orientava a molecada que o acompanhava na batucada. Ele era querido de todos e tinha entre os amigos do peito Paulinho da Caixa, que já andava na bandidagem e mais tarde se tornaria conhecido como traficante, como tantos rapazes que não atingiram a fama pois foram presos ou assassinados antes. Baden curtia esse ambiente marginal no qual começou a conhecer o gosto da violência que, com seu jeitão tranquilo e de poucas palavras, ele sempre conseguia driblar. Baden nunca foi de briga. Certa vez, voltando de uma dessas noitadas de samba e farra na Mangueira, de madrugada, foi barrado por dois malandros mais chutados que bola de futebol, que pediram que os acompanhasse ao violão enquanto cantavam. Baden tentou recusar, mas o pedido se transformou em ordem. Tirou o violão da capa — pois na época ainda não existia caixa para o violão — e perguntou:

— Vão cantar o quê?

— "Prazer".

— "Prazer", tá bom. Qual é o tom?

O menos bêbado dos dois respondeu: "É sol", e o outro:

— Que cantar pro sol, se ainda tá de noite, cara! Esse meu chapa tá bêbado demais. Pode ir embora, que não vai dar pra cantar, não.

E Baden foi liberado.

No início da década de 1950, a família se mudou para a rua São Januário. O negócio de sapatos se desenvolvera bem, Tic possuía agora uma fábrica. Parte de suas irmãs estavam casadas, morando em casa própria. Salvo Vivina, sempre solteira, e Alaíde, com o marido cearense, tocador de viola no Campo de São Cristóvão, e um casal de filhos, Vitória e João,[2] que continuavam vivendo com o irmão e a cunhada. Baden se divertia com esses primos pequenos, era como um irmão mais velho para eles. Levava sempre o João na garupa da bicicleta quando ia fazer as entregas para Dalila e saía correndo pelas ladeiras. O pobre do João morria de pavor! Mas admirava o primo grande, que tocava violão maravilhosa-

[2] João de Aquino, que também se tornou violonista.

mente bem e contava "causos" engraçados. Ficava escutando Baden, mas nem sempre concordava, e então o interrompia:

— Não, não foi assim que aconteceu, não.

E Baden, indignado, xingava o primo:

— Puxa garoto, você não me deixa nem mentir?

A rua São Januário começa no Largo da Cancela, que era o ponto de concentração dos estudantes. Lá se encontravam os alunos do Instituto Cyleno, do Colégio Brasileiro, do Gonçalves Dias e demais colégios das redondezas, e lá rolavam as paqueras. Mas Baden, apesar de grande namorador, era tímido, muito tímido. Apaixonava-se, mas nem sempre sabia como se declarar. No Colégio, um dos seus melhores amigos era Maurício Vasquez, que era bom de escrever poemas. Este sugeriu-lhe que fizesse as declarações de amor através de sua arte. O primeiro teste foi feito com uma mocinha que morava ao lado do Instituto Cyleno. Ela era muda, por isso a chamavam "A Muda". Acanhada, solitária e silenciosa, ficava encostada na janela, olhando o movimento da rua, e Baden se emocionava com ela.

— Então vamos fazer uma música homenageando ela — propôs Maurício. Como um Christian dos trópicos,[3] Maurício comprometeu-se a fazer a letra. Mas ele não entendera que o apelido da garota se referia a seu defeito. Pensou que era uma comparação poética com as mudas de plantas e escreveu uma letra cheia de metáforas floridas, sobre a qual Baden colocou uma música: "Por entre as flores do jardim/ Eu ouvi o soluçar do jasmim/ Que tristonho vivia a cantar/ A cantar com voz chorosa/ Só por causa da rosa que o desprezou/ Que de outro gostou/ Deixando o jasmim sozinho/ Chorando no jardim". A história não diz se a música teve algum efeito sobre os sentimentos da moça, o certo é que, incentivado pelo amigo, o compositor que pairava em Baden desembestou. E a cada nova paixão, surgiam novas músicas, cujo tema único era a dor de cotovelo.

— Pô, Maurício, tô afinzão daquela menina, você viu que pedaço?

E para aquela estudante do Colégio Brasileiro, que passava a caminho da escola trajando seu uniforme verde, compuseram "Eis a Dama de Verde", versão suburbana e adolescente da "Garota de Ipanema"... Dali uns dias, Baden suspirava:

[3] Christian, personagem da célebre peça de Edmond de Rostand, *Cyrano de Bergerac*. Cyrano amava Roxanne e escrevia poemas que não se atrevia a lhe recitar, pois se achava muito feio. Então pedia a Christian, belo rapaz, que o fizesse em seu lugar.

— Ai, Maurício, aquela moça é fora de série.

E nascia: "Você merece tudo/ Até o impossível". As parcerias jorravam no ritmo acelerado das paixões de Baden. Isolados na calma do coreto do Campo de São Cristóvão, ou entre as colunas gregas da Ilha dos Amores — ilícitos de Dom Pedro I[4] —, compuseram assim um bom repertório, que Maurício a vida toda lamentou nunca ter sido gravado pelo parceiro de infância. E Baden fez lá suas conquistas. Na verdade, era namoradeiro como o quê, e com aquele talento musical tinha como seduzir qualquer garota. "Eu sempre fui um privilegiado, tinha uma vida boa, as namoradas eu levava para o cinema, depois a gente ia passear..."

Tic e Neném tinham que se acostumar à independência precoce do filho. Ao mesmo tempo, tentavam manter alguma estrutura na vida dele.

— Ô, meu filho, você está saindo? Mas vê se não atrasa que o almoço é ao meio-dia.

— Tudo bem, mãe, ao meio-dia estou de volta.

E Baden saiu, com o violão, claro, que era de todas as farras, e o amigo Maurício, rumo ao botequim onde o velho amigo Pixinguinha costumava tomar suas cachacinhas. Foram seguindo a linha do trem e estavam passando pela estação de Ramos, quando ouviram alguém no trem chamando:

— Baden, Baden. Tem um showzinho lá em Raiz da Serra que vai ser bom, vem com a gente.

Showzinho? Era com o Baden mesmo. Pulou a grade, pegou o trem andando e lá foi ele para Raiz da Serra. Com Maurício atrás, evidentemente. A questão do almoço ao meio-dia ficou para ser resolvida mais tarde. Em Raiz da Serra, Baden entrou sem maiores problemas na programação do evento e tocou para um público animadíssimo, que contava, segundo Maurício, com a presença do jogador de futebol Garrincha. No final, recebeu o seu cachê. Mas na hora de regressar ao Rio, cadê trem? Só na manhã seguinte. O jeito foi encontrar onde passar a noite. Como Baden não era de dormir cedo, aproveitou que estava rolando uma seresta no bairro e foi tocar. No dia seguinte às dez da manhã os dois rapazes estavam de volta ao Rio. "Eu achava que Baden ia correr para casa dele. Mas não. Ficou dando tempo ao tempo, parando nos botequins, tomando umas, tocando um violãozinho..." Até que olhou para o relógio e falou:

[4] Dizem que a Ilha dos Amores se chama assim por ter sido o lugar em que o imperador vinha se encontrar com suas amantes.

— Agora vamos para casa.

Quando chegaram, dona Neném estava uma fera:

— Isso é hora de chegar?

— Você não disse que era para estar em casa ao meio-dia? Pode ver, é meio-dia em ponto.

— De ontem! Era para você estar aqui ao meio-dia de ontem!

Então Baden tirou do bolso o dinheiro ganho na véspera:

— Eu fui trabalhar, mãe.

Neném se amansou. Como xingar um menino que ganha o pão? Desiludido com as parcerias que Baden nunca terminava, prometendo colocar música que não colocava, fazer arranjos que nunca ficavam prontos, Maurício resolveu, então, tornar-se empresário do amigo. Arranjou uma série de shows em Barra de Piraí, Barra Mansa, Mangaratiba, Volta Redonda. Conseguiu colaboração das prefeituras, ajuda do comércio local, contratou um locutor comercial, Ronaldo, para fazer a divulgação dos patrocinadores no palco, e lá se foi a turnê. Como possuía uma bela voz seresteira, tinha tomado aulas de canto, de impostação e encontrado um pseudônimo — Orfeu Maia — para não ofuscar a família, Maurício também apresentava uma ou duas músicas no show de Baden. "Mas Baden era sacana. Eu cantava 'Molambo', um samba-canção do Meira, e ele mudava tudo, começava a fazer uns improvisos, botava novos arranjos, saía num ritmo bem bebop e não era mais nada do que havia sido combinado no ensaio. Quando o show acabava, eu reclamava e ele ria, com aquele riso abafado e fininho dele: 'Pschiiii!'"

A carreira de empresário de Maurício não durou muito. Começou a organizar shows para outros artistas até que um dia, em Angra dos Reis, montou um com Aracy de Almeida, então no auge da fama. A prefeitura achou o projeto maravilhoso, fez a maior promoção, vendeu os ingressos e no dia do show, a sala ficou repleta. Na primeira fila estavam o delegado da cidade e seus dezesseis convidados. A plateia excitadíssima aplaudia: "Aracy! Aracy!". O problema era que Maurício não tinha conseguido contratar Aracy de Almeida, nem ninguém no lugar dela. Diante do desastre, apelou a Baden, que viajou até Angra para quebrar o galho do companheiro. Só que ninguém tinha coragem de anunciar que Aracy não compareceria ao show.

— Vamos enrolando e depois a gente vê.

Maurício subiu no palco, mas não se sabe se falou, se cantou: a plateia, aos gritos, só queria saber de "Aracy! Aracy!". Depois foi a vez de Baden. Em meio à gritaria, o som de Baden foi se impondo, aquele som límpido e potente. Aos poucos o público se amansou, se calou e se deixou ganhar pela magia do violão... Ele fez sua parte, e depois, como não havia mais como adiar a coisa, finalmente disseram ao público que Aracy não se apresentaria naquele dia. Foi um vexame, houve reclamações, ameaças e até polícia, mas Baden recebeu o seu devido cachê e foi parabenizado pelo delegado e seus convidados.

Nessa mesma época, precisando de um substituto para Carlos Mattos, o violonista do regional que acompanhava os calouros em *Papel Carbono*, Renato Murce procurou o Meira:

— Você tem alguém que possa ir tocar domingo no lugar do Carlos?

— Tem aquele garoto que tocou no seu programa várias vezes.

— Baden Powell? Não, ele toca bem, mas eu preciso de um profissional que saiba acompanhar.

— Mas ele acompanha muito bem, Renato, até melhor que o Carlos Mattos. Você vai ver.

No dia do ensaio, Meira levou Baden para a Nacional e Renato o colocou entre os músicos. Baden acompanhou tudo. Renato mandou os músicos pararem e deixou Baden acompanhando os calouros sozinho. "Os caras cantavam e eu saía atrás. Não tinha esse negócio de 'Qual é o tom?'; eles cantavam e eu já estava ligado, tocava direto." Renato murmurou: "Esse menino toca mesmo". Baden substituiu Carlos Mattos no domingo seguinte. Renato Murce era um verdadeiro descobridor de talentos e quando ele sentia num calouro um artista promissor, ele dava o maior apoio, incentivava sua carreira. No verão de 1950, aproveitando o período das férias, reuniu uma turma de calouros particularmente talentosos, jovens de futuro na música, e montou um show, o *Arraia Miúda*, no Teatro João Caetano. Foi um sucesso absoluto, com casa lotada durante os três meses que durou a temporada, da qual participaram, entre outros, a charmosa Claudette Soares, cujo carro-chefe da apresentação era "Olhos Verdes", e que também dançava frevo com uma sombrinha, Alaíde Costa, que cantava lindamente acompanhando-se ao piano e, claro, Baden Powell fazendo o solo e acompanhando os outros cantores. Esse show foi determinante para todos os participantes, que mais tarde se tornaram artistas famosos. Na realidade, o *Arraia Miúda* foi um marco na vida dos meninos, para os quais, finalmente, a consciência de que eram "artistas" na alma se evidenciou plenamente.

Renato também levava seus protegidos nas excursões pelo interior do país, que organizava todos os anos durante o verão. Com a ajuda de um patrocinador, ele montava uma caravana de cantores, músicos, artis-

Baden (de pé à esquerda) viajando com a turma de Renato Murce (de óculos) e suas estrelas, Eliana Macedo, Adelaide Chiozzo e Alaíde Costa.

As excursões na caravana de Renato Murce eram como verdadeiras férias para Baden (o último à direita na foto).

tas de cinema, atores de teatro, de rádio, humoristas famosos e ia percorrendo cidades do Brasil inteiro, levando as grandes vedetes nacionais para o público interiorano e apresentando-lhe um grande show polivalente. Havia o "grupo de resistência" da caravana, formado pelo próprio Renato, pela atriz/cantora Eliana Macedo e pela acordeonista Adelaide Chiozzo. As duas formavam uma dupla que atuava tanto no palco como nas célebres comédias musicais da Atlântida, dirigidas pelo triunvirato do gênero: Carlos Manga, José Carlos Burle e Watson Macedo. Para acompanhar os cantores, havia o violonista Carlos Mattos. Eram esses quatro que comandavam as excursões. E havia os convidados especiais, que podiam participar tanto de uma só excursão como de uma temporada inteira ou até de várias. Para Baden, essas viagens eram verdadeiras férias. A turma toda viajava de trem, ônibus, caminhonete, carro ou de avião, quando ia para longe; eles dormiam em hotéis, fazendas, ou ficavam sem dormir, quando tinham que estar em outra cidade no dia seguinte. Apresentavam-se em cinemas, teatros, clubes, circos. Era muito divertido. E era um bom aprendizado para Baden, que treinava para enfrentar qualquer situação, para tocar qualquer ritmo quando se tornasse profissional.

Quando terminavam as férias, acabavam as excursões e Baden retornava para a escola... e para os bailes de subúrbio. Contudo, desde a aventura em Bento Ribeiro, os bailes o animavam cada vez menos. Foi portanto uma grande alegria para ele ter sido chamado para tocar no Casanova, um cabaré que ficava na rua Mem de Sá, na Lapa.

2.
O CENTRO

Com quinze anos e uma autorização do juizado de menores, Baden Powell estreou sua vida de músico profissional na Zona. Descobriu um mundo novo, gente da noite, mulheres da vida... "Pensei por alguns instantes que já era um homem. Mas meu pai, apesar dessa liberdade toda, conseguira me dar uma estrutura moral forte e confiava muito em mim. Por isso, os lugares que eu frequentava, por piores que fossem, não me corrompiam. Só me davam vivência, o que na minha opinião é o mais importante na composição musical."

Além do mais, Baden continuava extremamente tímido, reservado e com cara de menino. Por isso, sem dúvida, nenhuma meretriz, nenhum malandro, se atrevia a correr o risco de abusar dele. De qualquer forma, se quisessem correr esse risco, nem sempre receberiam resposta do garoto. A paixão de Baden Powell, por mais namoradeiro que ele fosse, quando estava com o violão nos braços, era o próprio violão. Começava a tocar e esquecia do mundo. Quem aproveitava da bossa eram os amigos. Itacy principalmente, que sempre se apresentava como o "primo do Baden", o que lhe dava uma certa popularidade junto às moças. Dançava com todas elas e namorava como o quê, sem ao menos se dar ao trabalho de ir atrás delas.

Mas nos inferninhos da Zona não havia só música, cerveja e paquera. Também havia violência. Arredio às inevitáveis brigas, que volta e meia estouravam, Baden era o primeiro a fugir delas. Foi o que fez certa noite quando um casal em crise armou um tremendo barraco. E Baden saiu tão rápido do cabaré que esqueceu o precioso violão no meio da confusão, dos murros e pancadas, das mesas voando pela sala, das garrafas se quebrando na cabeça dos beligerantes. Felizmente, Maurício estava lá também e apanhou o violão antes de fugir. Encontrou o amigo no meio da rua, segurando a barriga, convencido de que tinha sido atingido por uma bala no tiroteio. Só que não houvera tiroteio nenhum e a barriga ia muito bem. Apesar dessa prova de solidariedade, Maurício, que era altíssimo, magérrimo e terrivelmente míope, dificilmente seria o mais adequado dos guarda-costas.

Outra noite, Baden substituiu um violonista na boate do Hotel Glória, e depois da apresentação foi com os outros músicos jogar pif-paf, o que era proibido. De repente alguém gritou: "Chegou a dona Justa!".[5] E aí quem correu primeiro foi Maurício. E Baden o seguiu. Na fuga desesperada, chegou à praia e na escuridão da noite ouviu uma voz chamando baixinho: "Baden! Baden!". Era o Maurício, escondido. Não enxergando nada, Baden se apavorou, achando que se tratava de alguma alma do outro mundo, e voltou correndo para o Hotel Glória, de onde felizmente a polícia já havia saído. Pouco tempo depois dessa aventura, Maurício teve uma revelação: "Eu estava passeando na praia quando vi um buraco se abrir na areia e ouvi uma voz dizer: 'Este buraco é o abismo onde muitas almas estão caindo e eu preciso que você pregue e evite que essas almas caiam nesse buraco'. Depois disso minha vida mudou".

Maurício não procurou saber se a alma de Baden estava incluída no lote dos pecadores a salvar. Não falou nada do que acabara de viver ao amigo. Simplesmente partiu para a vida religiosa, entrando para um seminário onde estudou filosofia e teologia. A vida de Baden Powell também mudou nessa mesma época. Bem ou mal, concluíra o ginásio, encerrando os estudos definitivamente. Os negócios do pai andavam decaindo e a família precisava que Baden trabalhasse. Agora o negócio era batalhar para ganhar a vida. E para ele não havia alternativa: a arma da batalha era seu violão. Nesses tempos Baden já possuía um violão elétrico de verdade.[6] Podia competir com os músicos profissionais: tinha virtuosismo, talento, técnica e um bom material. Passou a frequentar o Teatro João Caetano, que era um ponto de músicos importantes. Era lá que os profissionais iam acertar os bailes:

— Olha, estou precisando de um saxofonista.

Alguém falava:

— Tem Fulano, tem Sicrano...

Vinha outro:

— Eu estou querendo um violonista.

— Chame aquele garoto ali, que acompanha tudo. É o Baden Powell, pode chamar que ele é bom.

Conseguia assim contratos para tocar nas boates da Lapa, nos cabarés do Mangue, nas gafieiras da praça Tiradentes: a Estudantina, o Elite, o Samba Danças... Na época, não existiam discotecas, a música era

[5] Apelido da polícia.

[6] Como já foi dito, seu primeiro violão elétrico era improvisado.

tocada ao vivo pelos melhores músicos da praça, só profissionais. Contudo, quando aquele jovem violonista desconhecido chegava a um lugar desses — muitas vezes com certidão de nascimento falsa para não revelar que era menor de idade —, afinava o violão e começava a tocar, o pessoal enlouquecia com o som, o ritmo, e sua técnica impecável.

— Puxa, esse garoto aí, tão novinho. Como ele toca!

Baden estava com dezesseis anos quando deu seus primeiros passos de músico na Zona Sul, mais precisamente no Clube da Chave, na Praça Coronel Eugênio Franco, entre o Arpoador e Copacabana. Lá chegou a pedido de Alaíde Costa, convidada por Grande Otelo para dar um show. Alaíde aceitara o convite:

— Mas só se for com Baden Powell.

Alaíde, que passara a adolescência em São Cristóvão, tinha uma convivência de muitos anos com Baden Powell. Entre amizade e namorinho, tinham se apresentado juntos várias vezes no *Papel Carbono*, no *Arraia Miúda* e nas excursões de Renato Murce. E agora que Alaíde estava se tornando profissional, Baden era seu violonista predileto. Os dois costumavam ensaiar na casa dele. Neném preparava café e bolinhos. Vera e Alaíde se davam muito bem, e não raro a irmã de Baden emprestava um vestido seu para a cantora se apresentar no palco.

Grande Otelo se divertiu com a firmeza do pedido de Alaíde, mas acabou aceitando. Baden foi tocar no Clube da Chave. Foi lá, inclusive, que conheceu João Gilberto. Não exatamente no clube, mas na calçada em frente, pois o porteiro detestava João Gilberto, que, por sua vez, detestava o porteiro, e então não havia como o baiano entrar no famoso clube. João ficava sentado num banco em frente à praia, olhando para o porteiro. O porteiro ficava de braços cruzados encarando João. E Baden, numa dessas, começou a conversar com João.

— Quantos anos você tem?

— Vinte e três.

— Pô, você é bem mais velho do que eu.

E Baden ficava impressionadíssimo com aquele homem estranho que lhe parecia tão mais velho do que ele e que tocava umas músicas bonitas... Só tinha dezesseis anos, mas já gozava de bastante prestígio para entrar na programação do muito bem-sucedido I Festival da Velha Guarda (mais uma prova, se necessário, do sambista de alto nível que ele era). Fora escalado ao lado de Pixinguinha (que estava festejando nessa ocasião seus 57 anos de idade), Bororó, Donga, João da Baiana, Benedito Lacerda e outros mais do mesmo calibre, reunidos em São Paulo, que ce-

Alaíde Costa, amiga de juventude e companheira de palco...

lebrava no mesmo ano seu IV Centenário. Também participava do festival, que fez um sucesso inesperado, com plateia lotada, outro garotão de seus dezesseis anos, Sidnei dos Santos Silva, neto de Donga e grande amigo de Baden.

Baden ainda não era estrela. Faltavam alguns anos para isso acontecer, e nem mesmo pensava as coisas nesses termos, levando adiante sua carreira de acompanhante, com a humildade que sempre o caracterizou. Contudo, ele já precisava de assessoria. Sozinho, Baden nunca teve vez. Então o amigo Itacy, atencioso, passou a acompanhá-lo em suas andanças de músico. Onde ia Baden, ia Itacy: "Ele era meu braço direito, se ocupava de tudo, resolvia qualquer emergência, carregava o amplificador...", uma caixona enorme, que nos anos 1990 ainda funcionava como amplificador da vitrola de Vera, a irmã de Baden. Itacy, vidrado em música, curtia as rodas na casa do amigo, lá nos fundos, porque na frente era a fábrica de sandálias. "Juntava um pessoal, Zé Paulo que tocava cavaquinho, Tarântula no contrabaixo, Baden no violão, e a música rolava." Outras vezes, a própria família formava o conjunto. Músicos não faltavam: Tic no violino, Tonzinho, um dos seus irmãos, no trombone, Baden no violão, Adelaide com sua bela voz, cantando, Vitória no acordeon e João de Aquino, que ainda não tinha nem idade nem tamanho para tocar violão, com um pandeirão maior do que ele.

Itacy, muito orgulhoso do talentoso amigo, levava-o a todas as festas e reuniões. Sabia que, onde chegava, Baden arrasava com seu violão... Numa festa de aniversário na casa de Itacy, começou a rolar uma música. Baden, que não havia levado o seu violão, quis entrar na roda e pediu a um dos músicos que lhe emprestasse seu violão para ele tocar um pouco.

— Não, no meu violão ninguém toca.

Baden se irritou. Não falou nada, foi para casa, pegou o violão, voltou para a festa:

— Posso ligar o violão no seu amplificador?

Isso o violonista aceitou. Baden ligou, afinou o violão e começou a tocar. Quando o outro ouviu, avaliou sua imensa insignificância musical, guardou humildemente o violão e esqueceu que tocava.

Foi nessa vida da noite que Baden começou a beber e fumar. Com o amigo Itacy, bebiam como adolescentes que eram, sem a mínima responsabilidade, não importava como e não importava o quê, misturando cerveja, conhaque, cachaça. Voltavam de madrugada, bêbados. Quando chegavam em casa, se fosse na do Itacy, eram recebidos por dona Margot, a mãe dele, que tinha o Baden como um filho:

— Senta aí que você vai levar uma bronca!

Baden, que adorava dona Margot, pedia constrangido:

— Ô, dona Margot, por favor...

Na casa de Baden, a recepção não era melhor. Neném acordava e, perdendo a sua legendária calma, xingava o filho. Mas mãe é mãe: servia-lhe uma comidinha para ver se ele se recuperava do pileque. Quando despertava no dia seguinte, Baden tomava café e já pegava o violão: estudava horas seguidas. No final da tarde, partia para a noite novamente e tudo recomeçava.

Sempre com Itacy, saíam os dois muito alinhados. Lírio, um dos tios de Baden, era alfaiate. A oficina ficava na rua da Constituição. Era ele quem fazia as roupas de Baden e Itacy: ternos de linho branco — panamá S-120 — com jaquetão, como era moda. A tia de Itacy, que era passadeira, engomava os ternos e lá iam os dois amigos, elegantérrimos. Usavam cordões e anéis de ouro. A grande moda eram os "chuveiros", aqueles anéis cheio de ouro e pedrarias. São Cristóvão era na época um centro importante de comércio de ouro, tanto que havia muitas joalherias no bairro, onde a moçada se abastecia de joias. Quanto aos sapatos, eles os compravam na Sapataria Faceira, na Praça da República. Sapatos bons, de couro macio, brancos, com um saltinho, porque Tic já não tinha condições de fabricar os sapatos do filho, como sempre fizera.

A situação da família ia de mal a pior. Tic, que era mais artista e amigo da bebida do que comerciante, de tanto deixar a gestão dos negócios nas mãos de contadores, empregados, ou de quem quer que fosse, vira acontecer o inevitável: a falência. Fechou a oficina, e a família, reduzida agora a ele, Neném, Vera — que então frequentava o Instituto de Educação para se formar em Pedagogia — e Baden, teve que se mudar para um pequeno apartamento, em Higienópolis, no Rio. Tic passou a vender bebidas, mas a essa altura Baden, que já estava ganhando um bom dinheiro com o violão, ajudava a família. Ele havia comprado uma Gibson, a melhor marca de guitarra do mercado. Tinha um fornecedor em Ramos. Um cearense maluco, que também fazia a manutenção do material e tinha mania de dar choques elétricos em Baden. Era insensível à eletricidade e a grande brincadeira dele era de colocar uma mão na tomada e encostar nas pessoas. Mas como ele fabricava os melhores amplificadores da praça, com um som excelente, o jeito era aturar as piadas elétricas do nordestino para poder brilhar no palco.

Um dos palcos mais badalados da época, apesar de pequeno, era o bar do Hotel Plaza. Ele funcionava das sete às onze da noite. Era um lugar aconchegante, com poltronas confortáveis, onde as pessoas iam tomar um drinque, um uísque, conversando e escutando jazz. E lá só se apresentavam os cobras. Ganhara fama com a atuação do pianista Johnny Alf, que tocou lá durante anos. Mas em 1953 ele resolveu trocar o Rio de Janeiro por São Paulo. Falou para Luizinho Eça que estava saindo do Plaza e o Eça propôs a Ed Lincoln que montassem um trio: Ed Lincoln no contrabaixo, Luizinho Eça no piano, Paulinho Ney na guitarra, e eles entraram no lugar de Johnny Alf. Com o novo conjunto, o bar do Plaza tornou-se o centro de memoráveis *jam sessions*, das quais participavam os jazzistas do Rio, profissionais ou amadores. Jô Soares era daqueles que sempre apareciam, com seu bongô, para dar uma canja. O trio só durou dois anos, pois em 1955 Luiz Eça ganhou uma bolsa de estudos em Viena. Quanto a Paulinho Ney, preferiu ir tocar nos bailes com Benê Nunes, o que rendia muito mais dinheiro. E então o trio acabou. Mas Zé Augusto Godoy, o dono do Bar Plaza, falou para Ed:

— Escuta, deixa eles irem embora e você monta o seu trio. Você não toca piano?[7] Então, monte o seu trio.

Ed Lincoln lembrou-se então do garoto impressionante que tinha visto tocar num conjunto de dança liderado por um organista chamado Steve Bernard. O menino tocava feito doido, e quando Ed terminava suas apresentações, costumava ir ouvi-lo tocar. Era Baden Powell. Na hora de montar seu trio, Ed procurou Baden:

— Escuta, vou refazer meu trio para tocar lá no Plaza, você quer entrar?

— Claro.

— Agora, eu preciso de um contrabaixista melhor do que eu.

— Eu conheço um cara muito bom, é o Luiz Marinho.

Assim nasceu o Ed Lincoln Trio. O conjunto ensaiou, viu que dava certo e estreou. Os três, de *summer* branco e calça preta, animavam os *happy hours* do Plaza. Agora, o sotaque musical do trio era mais comercial. Porém deu certo. O Plaza continuava com uma frequência fora do comum, tornando-se o ponto de encontro dos músicos da capital. Cyll Farney, João Donato, Geraldo Vandré, Tom Jobim, que ainda era estudante de arquitetura, eram dos que sempre passavam por lá, dispostos a dar uma canja. Mas do Tom, Zé Augusto Godoy não gostava muito:

[7] Apesar de conhecido como contrabaixista, Ed Lincoln começou como pianista... e voltou ao piano na época do Bar Plaza.

— Ah, Ed, não bote mais esse rapaz para tocar, que ele toca uns negócios esquisitos, não dá.

João Gilberto também frequentava o Plaza. Mas já cheio de complicações, Joãozinho ficava na porta esperando o intervalo, porque não queria entrar na escuridão. Empurrava a porta e ficava perguntando:

— Ainda vai demorar para acabar?

— Só faltam cinco minutos, João.

Quando acabava o show, o João finalmente entrava, sentava num cantinho com o violão e começava a tocar aquelas músicas lindas dele, só para os músicos, como que achando que o público não sabia escutar. E tocava, tocava, tocava... Muito mais tarde, quando o bar fechava, a turma toda ia para um bar na Viveiros de Castro beber uma "Vitória",[8] e João Gilberto, que na época estava numa pior, pegava uma carona na vitamina de abacate dos generosos colegas...

No público também havia os colunistas sociais, que, afoitos, caçavam fofocas para suas matérias. Com tantas celebridades curtindo o som do Ed Lincoln Trio, não faltava assunto. No dia seguinte, todos compravam o jornal para ver se haviam sido citados. "Ontem no Bar Plaza, escutando Ed Lincoln, Baden Powell e Luiz Marinho, estava o famoso Fulano de Tal..." O sucesso do Plaza e de seu trio de músicos era tal que a coisa foi crescendo. Zé Augusto chamou Lúcio Alves para cantar com o trio. Ele fazia uma participação de meia hora apenas, todas as noites. Depois, Zé Augusto resolveu colocar uma cantora no trio. Baden sugeriu então sua amiga Claudette Soares. Ed topou: "Eu me lembro que nós fomos com Baden, de táxi, encontrá-la na Rádio Mayrink Veiga, onde ela trabalhava". Ela aceitou na hora. Estava justamente procurando a maneira mais adequada de se livrar do título de "Princesinha do Baião" que a perseguia, e que, se lhe dera fama, já não correspondia mais a sua imagem. Claudette Soares entrou para o trio. Onde ia Claudette, ia sua mãe, que vigiava com grande rigor a honra da filha. Sentada a uma mesinha ao pé do palco, ela assistia ao show. Mas de tanto vigiar, acabava adormecendo no meio da plateia, o que constrangia bastante Zé Augusto. Porém, Claudette cantava tão bem que só restava a ele aturar os roncos da distinta senhora. A coisa se resolveu quando, encantada com o jeito comportado de Baden, ela deixou de acompanhar a filha. Claudette vivia em Bonsucesso, a dois pontos da casa de Baden, que ficou encarregado de levá-la de volta após cada show. Pegavam o lotação e regressavam a altas

[8] Vitamina de abacate.

horas da noite. Apesar da oportunidade que se oferecia, Baden nunca se atreveu a trair a confiança da mãe de Claudette. Tinha um xodó pela cantora, mas não chegou a declarar-se. Quanto a Zé Augusto, cada vez mais empolgado com o sucesso do conjunto, decidiu que ia mudar tudo:

— Escuta, Ed, vocês tocam tanto... Mas o pessoal quer dançar. Vou fazer uma reforma aqui, botar uma pistazinha do lado do piano...

Então fez a reforma: "E eu me vendi", pensou Ed Lincoln... Mas comércio nunca foi o prato de Baden, que saiu do Ed Lincoln Trio. Qualquer que fosse o gênero musical que interpretasse, o que prevalecia para Baden era a qualidade da interpretação, da técnica. Ele estava se tornando um dos grandes músicos da praça, mas nem por isso esquentava a cabeça e esquecia de estudar, de aprender. "Eu tocava guitarra elétrica como queria, mas nunca deixei de tocar violão clássico, para conservar 'o dedo'." Na vitrola de sua casa, continuava a escutar os grandes mestres: Bach, Paganini, Segovia... e também um LP, lançado em 1955 no Brasil, que o fascinava particularmente. Era o de Les Paul. O inventor da guitarra elétrica (a *solid body*) tinha imaginado uma grande novidade no campo da gravação, que consistia em sobrepor dez a doze vezes o mesmo som (no caso, o da voz da esposa Mary e o de seu violão), dando um efeito de eco à música. Hoje em dia, com os 48 canais das mesas de som, isso é moleza, mas na época, o resultado era realmente siderante e Baden não cansava de escutar o disco do norte-americano. E o jazz continuava sendo um dos estilos musicais que ele mais prezava: sempre que podia se encontrar com os grandes jazzistas que se apresentavam no Rio, ficava feliz. Mais feliz ainda ficavam os jazzistas, ao descobrir o talentoso músico brasileiro que Itacy batalhava para projetar.

Em 1956, o trompetista norte-americano Dizzy Gillespie e sua orquestra, fazendo uma temporada na América do Sul, apresentou-se no Rio. Itacy levou Baden para encontrá-lo no teatro onde estavam tocando. Depois do show, saíram juntos, foram parar numa boate e, claro, o encontro acabou em canja. Também graças a Itacy, Nat King Cole, que estava se apresentando no Copacabana Palace, foi assistir a Baden numa boate no Lido. "Eu fiquei sabendo que o chofer que ia dirigir para Nat King Cole era um amigo de um parente meu. Aí falei para ele: 'Ih, cara, leva ele lá pra boate onde Baden está tocando'. E o criolão americano foi mesmo e ficou horas vendo o Baden tocar!" Nessa ocasião, Itacy também poderia ter utilizado a intermediação da madrinha Elizeth Cardoso, que conhecera o pianista e cantor norte-americano num coquetel e simpatizara muito com ele.

No mesmo ano, Baden foi convidado por Altamiro Carrilho para gravar no *Turma da Gafieira nº 2*. Na ano anterior, saíra pela Musidisc o *Turma da Gafieira*, que era sem dúvida a primeira manifestação de peso de um jazz especificamente brasileiro. Reunindo os músicos de maior categoria naquele momento, com uma instrumentação revolucionária para um repertório de samba (Zé Bodega no saxofone, Raulzinho no trombone, Jorge Marinho no contrabaixo, Edison Machado na bateria, o próprio Altamiro na flauta, Sivuca no acordeon...), o disco foi um marco importante na história da música no Brasil. O repertório era todo de gafieira, de samba, mas a interpretação era profundamente inovadora. Com a batida do samba no prato, as linhas melódicas dos sopros, o disco anunciava, sem dúvida alguma, a próxima explosão bossanovista. O sucesso da gravação foi tal que Altamiro decidiu gravar o *Turma da Gafieira nº 2*, e dessa vez chamou Baden Powell para fazer o violão. O êxito não chegou a ser tão marcante quanto o do primeiro, mas a qualidade era a mesma.

Essa não era a primeira gravação de Baden. Já tinha tocado em alguns discos. No início tocava no lugar de um ou de outro: "Eu via o pessoal dos estúdios, que era na época o Zé Menezes, o Bola Sete, o Garoto. Estes três tinham o monopólio das gravações. E eu pensava: preciso entrar nessas gravações, porque só assim eu vou ganhar uma nota, que eu precisava mesmo. Mas para isso eu tinha que passar por aqueles três. Por isso é que eu estudava mesmo. Entrei na Escola Nacional de Música, porque do violão, com o Meira, já tinha aprendido tudo. Mas na escola estudei música. E acabei entrando nas gravações. Eles mesmos me chamavam. Como não paravam de gravar, quando não tinham tempo, me indicavam: 'Eu não posso ir, mas eu vou mandar um garoto excelente...'. E aí eu entrei no circuito. Mas eu não sou artista feito pela Globo, não, eu tive que estudar para passar pela bancada. E a bancada era o Radamés Gnattali, o Guerra Peixe, o Lyrio Panicali... aqueles maestros que levantam os braços e dizem: 'Toca aí!', e a gente tem que tocar mesmo".

O virtuosismo do jovem violonista só podia chamar a atenção dos maestros. Tanto que também chegou a ser chamado para tocar na Orquestra Sinfônica da Rádio Nacional, quando — o que era excepcional mas podia acontecer — alguma peça necessitava de um violão. "Eu posso me orgulhar porque um dia eu fui gravar com Guerra Peixe e depois disso ele nunca mais quis outro violonista. Ele fazia os arranjos e perguntava: 'Quem é que vai de violão? Porque eu só quero o garoto. Se ele não puder no dia marcado, desmarquem e eu gravo no dia que ele puder'.

Nós ficamos tão amigos que às vezes íamos fazer shows juntos nas boates. Ele tocava piano..."

Baden Powell passava com a mesma facilidade do clássico ao jazz, que era a grande onda da época, do samba ao rock, que explodira no Brasil, como no mundo inteiro, nos anos 1950. "Eu gravava discos de rock, imagine! Juntava eu e o Aurino no saxofone, chamava um baterista e gravava, botava um nome qualquer em inglês na capa do disco, que eu nem sei mais qual era, e pronto. Era só para ganhar dinheiro. Eram discos sem conteúdo nenhum, a gente fazia isso com um pé nas costas. Era aquele *brum-brum-brop!* e *nhém-nhém-nhém*. Eu fazia aquela guitarra bem metálica."[9]

Ainda que nunca tenha sido contratado pela Rádio Nacional, agora Baden tocava praticamente em quase todos os programas da emissora, como solista ou acompanhante. Tocava no *Vesperal das Moças*, no *Lira de Xopotó*, acompanhava os calouros no *Papel Carbono*... Procurado pelos maiores cantores da época, acompanhava Lúcio Alves, Ângela Maria, Sylvinha Telles, que estava começando, Maysa Matarazzo, Claudette Soares, Dóris Monteiro, Ivon Curi, inclusive nas turnês deste último. Também gravava com todos eles. E voltara a tocar nos bailes com Sivuca. Na gravação do *Turma da Gafieira nº 2* os dois tinham se dado muito bem, começando uma amizade que nunca se interromperia, e resolveram formar um duo para tocar nos bailes... chiques.

Na verdade, o que se prezava mesmo na época eram as grandes orquestras de baile, como as de Waldemar Spilman, Ercole Varetto, Oswaldo Borba, Chiquinho do Acordeon, Severino Araújo, Waldir Calmon etc., nas quais Baden fazia frequentes participações. Tocavam nos clubes, nos bailes de formatura. Mas nem todo mundo tinha como arcar com o cachê dessas orquestras. Sivuca e Baden então entraram no circuito dos bailes de casas de família. Famílias ricas, evidentemente, porque o objetivo era levantar uma boa grana. Tocavam qualquer coisa: sonatas de Bach, mambo — que era a grande onda do momento, com a orquestra de Perez Prado fazendo um tremendo sucesso —, jazz, samba, bolero. O que o público pedisse. E quando terminavam, vinha o cachê: "E eram aqueles cheques!".

Com tantos contratos, Baden deixara a Escola Nacional de Música antes mesmo de tirar o diploma. Sivuca também não tinha diploma de

[9] Ninguém, nem o próprio, se lembra dos títulos dos discos de rock que Baden gravou, ou dos pseudônimos adotados para essas gravações.

músico, o que constrangia completamente uma amiga dele, professora de música. A pobre mulher não se conformava em ouvir aquelas duas feras tocando como tocavam sem diploma. "Não pode ser assim, vocês sabem muito mais do que eu, que tenho o diploma." Ameaçou não falar mais com eles se não fossem tirar o documento. Então foram. Baden candidatou-se em teoria e solfejo, tirou o diploma sem problemas, tornando-se então, oficialmente, "professor de violão".

Entretanto, não precisava disso para trabalhar feito louco. Todos o queriam: gravava, fazia *jingles*, comerciais, e não havia noite em que não estivesse tocando em alguma boate. Também integrava as turnês do animador Paulo Roberto, com sua *Lira de Xopotó*, e continuava acompanhando as excursões de Renato Murce no verão. Aliás, já não era convidado ocasional, mas guitarrista oficial da caravana, no lugar de Carlos Mattos. Numa disputa de estrelato, Eliana Macedo e Adelaide Chiozzo tinham se desentendido, e como a primeira era esposa de Renato Murce, foi a segunda que saiu do grupo, levando consigo o violonista Carlos Mattos, seu marido. Baden substituiu Carlos no violão, e a acordeonista Zélia Mattos, que acompanhava as excursões havia muito, entrou no lugar de Adelaide. Com isso, levava para casa uma nota preta, pois os cachês das turnês eram elevados.

A partir de 1955, Cyll Farney, irmão de Dick, que era ator e ocasionalmente baterista, entrou na caravana. Quando Renato lhe disse que o guitarrista da excursão seria Baden Powell, Cyll se lembrou de que já o vira no Bar Plaza, e ficara muito impressionado. Apesar da diferença de idade de mais de doze anos, ficaram muito amigos, tanto que passaram a dividir o mesmo quarto nos hotéis. Cyll era um pouco o amigo, um pouco o irmão, o paizão do caçula da excursão. Cada dia, na hora de embarcar, lhe incumbia a difícil tarefa de despertar o garoto dorminhoco. "Nunca vi ninguém dormir assim. Era impressionante. Eu acordava mais ou menos cedo e ele continuava dormindo. Também, ele deitava muito tarde, ficava dando canjas noite afora, tocando onde houvesse ouvidos para escutá-lo. Já era um homem da noite. Às dez horas eu começava a chamar: 'Baden, acorda que nós já vamos embora'. E ele nada. Tinha que pegar um copo d'água e jogar na cara dele." Além da função de despertador, Cyll também tinha que dar umas broncas no protegido quando este exagerava na cerveja. Nunca chegou a tocar mal por conta da bebida durante as excursões, mas Cyll achava, e Renato também, que ele bebia demais para a idade. Ficavam preocupados, recriminavam Baden. E ele, com o copo de cerveja na mão:

Bolinhos e guaraná na Rádio Nacional com Renato Murce (terceiro à esquerda) e seu elenco. Baden, de branco, aparece no centro, mais atrás.

Baden acompanhou grandes cantores em turnês, como Ivon Curi.

Ângela Maria, uma das estrelas cuja voz brilhou ao som do violão de Baden.

— Não, não, é só essa aqui...

Entrava, enfim, nas atribuições de Cyll consolar o garoto nas difíceis horas de dor de cotovelo. "Baden se envolvia com uma moça no Rio, depois ia viajar com Renato, e se apaixonava por outra menina e ficava naquele sofrimento, com medo de se declarar, que ele era muito tímido. Teve uma vez que ele se apaixonou por uma cantora da excursão, mais velha do que ele, Suely não-sei-de-quê... Aí eu falava: 'Pô, Baden, fala com ela, vai lá!', mas ele não falava nada. Ficava naquela fossa danada. Se trancava no quarto e tocava violão."

Cyll não entendia como é que uma pessoa com uma sensibilidade daquelas, um violonista como ele, que compunha temas lindos de doer, podia ser tão encabulado. Sentia-se presenteado ao dividir o quarto com Baden, de poder contemplá-lo assim, na intimidade do dia a dia, sentado na cama, tocando aquelas maravilhas: "O que ele faz com aquele violão, aquela música dele... é um dedo de Deus que tem ali, né?".

Ele era apenas o acompanhante dos cantores, mas fazia tanto sucesso no palco, tinha um tal carisma, eram tantos aplausos para ele, que acabava presenteando o público com algumas canjas. Cyll sentava na bateria e os dois foram assim, na curtição, montando um número de jazz que acabou entrando na programação. "Ele não se dedicava ao jazz, mas era um jazzista de coração. Ele tocava muita música brasileira, mas envolvia o tema com aquela técnica, com efeitos de violão fantásticos. Era um *showman* mesmo." Percorreram assim o Brasil inteiro, entre shows, risos, cansaço e toda sorte de aventuras. Chegando em Manaus, ao descer do avião, a caravana se emocionou:

— Puxa, como tem gente nos esperando! Que coisa fantástica!

É que tinha gente mesmo. Mas perderam toda a bossa ao perceber que a multidão que os esperava era formada por mendigos aguardando os passageiros para pedir esmola. Passada a frustração, os artistas riram muito, pois rir fazia parte dessas temporadas divertidíssimas. E Baden, quando perdia o medo, era engraçadíssimo, contava histórias, fazia piadas, zombava das pessoas. Com Cyll, Baden tinha uma brincadeira que consistia em apontar uma caixa de fósforos um para o outro quando achavam que um músico era muito quadrado. E morriam de rir, sem ter dito uma palavra. Em volta, ninguém entendia, só viam os dois às gargalhadas. Quando acabava a temporada, recebiam o cachê e podiam ficar satisfeitos, vendo que o trabalho estava dando resultado.

Cyll Farney, que era ator e trabalhava em comédias musicais, duas vezes convidou Baden para fazer figuração como guitarrista na orquestra que atuava no filme. Foi assim que ele fez figuração em *De vento em popa*, de Carlos Manga, e em outro filme de cujo título ninguém se lembra. Na realidade, Baden, como o resto da orquestra, nem sequer tocava, fazia de conta. Porém nos intervalos, nos corredores dos estúdios da Atlântida, ele pegava o violão e tocava de verdade, oferecendo diariamente maravilhosos concertos para a equipe de filmagem. As pessoas se apaixonavam por ele, porque na sua interpretação ele colocava técnica e, sobretudo, coração, e isso é o que sempre impressionava o público, o que fazia a diferença.

Baden já tinha algumas composições no baú e Cyll recomendou-lhe que procurasse um letrista famoso na época, muito amigo seu, Billy Blanco. Baden foi para a casa de Billy:

— O Cyll me mandou aqui porque eu tenho uma música que precisa de letra.

E tocou a música para Billy.

— Essa música não precisa de letra, ela está pedindo letra. Que nome você deu para ela?

— Olha, eu chamei ela de "Samba Triste", mas você pode mudar se quiser.

— Não, "Samba Triste" é bom, o tema é muito bonito, vamos fazer um samba triste mesmo.

Na mesma hora os dois começaram a trabalhar, e em trinta minutos a letra ficou pronta... A música, que se tornou um dos clássicos do repertório brasileiro, foi gravada pela primeira vez por Rosana Toledo, uma cantora mineira que Baden acompanhava muito e não só ao violão... Depois foi gravada por Maysa Matarazzo, Lúcio Alves, Elizeth Cardoso... Ainda vieram outras parcerias, entre elas "Manhã do Nosso Amor", que Nelson Gonçalves gravou em 1960, no LP *Queixas*. Quando a música ficou pronta, Billy ligou para Nelson:

— Tenho uma música que é sua cara.

— Então venha pra cá me mostrar.

Billy e Baden foram para a casa de Nelson. Billy cantou a música, acompanhado por Baden.

— Essa aí eu vou gravar. Agora vocês vão começar a ganhar dinheiro com música.

Alguns dias mais tarde, Baden levou uma nova música para Billy; o título era "A Estrela e a Cruz". "Ele chegou com uma música muito longa, que tinha feito pensando na vida de um cidadão adulado, bajulado, que as mulheres todas dão em cima dele, isso era a estrela dele. Depois ele começa a cair em decadência e fica completamente esquecido, que era o lado da cruz. Baden botou a música numa fita e me entregou."

Era coisa séria e comprida. Billy se instalou na casa de Jairo Costa, que não sabia tocar sequer caixa de fósforos, mas que tinha um estúdio para os músicos, com tudo que eles precisassem: doze microfones, um piano, duas baterias... o lugar ideal para compor. Billy chegou lá às sete e meia da manhã, trabalhou duro até às quatro da tarde e chamou Baden para escutar a música pronta. "Nada poderia/ Contar-te um dia/ O que é sofrer/ Por teu amor/ Mesmo a poesia/ Não saberia/ Contar o encanto do nosso amor..." Curiosamente, apesar de lindíssima, "A Estrela e a Cruz", com seu sabor de modinha novecentista, nunca foi gravada, nem mesmo pelo próprio Baden. Ronaldo Bôscoli, que adorava a música, nunca conseguiu convencer Elis Regina a gravá-la. Ainda houve outras composições que acabaram esquecidas no fundo de alguma gaveta. A parceria foi definhando, e de parceiros, Baden e Billy tornaram-se grandes amigos, e provisoriamente concunhados, enquanto durou o namoro de Baden e Elizabeth, a cunhada de Billy. Finalmente, acabaram compadres, nos anos 1980, quando Billy batizou o filho caçula de Baden. No entanto, as parcerias propriamente ditas pararam ainda no final dos anos 1950, barradas sem dúvida pelo encontro com Vinicius de Moraes. Mas por enquanto não havia Vinicius no horizonte. Billy estava namorando Dolores Duran. Ia com ela para o Clube da Chave, onde Baden estava tocando, e os apresentou. Baden, que ainda não se preocupava em fazer carreira de solista, acompanhava as maiores cantoras da época e passou a tocar com Dolores Duran no Little Club, um dos três clubes do Beco das Garrafas, na rua Duvivier. Foi lá, inclusive, que Dolores o apresentou a Ronaldo Bôscoli.

Nessa segunda metade da década de 1950, os primeiros sintomas da bossa nova estavam se manifestando de maneira bem clara no panorama musical carioca. Uma ideia nova e diferente de interpretar a música começava a fervilhar nas harmonias, na batida, nas cabeças e no ambiente da época. Havia uma agitação, reuniões constantes, rodas de música que não acabavam mais, das quais participavam, com a mesma empolgação, músicos conceituados e jovens artistas debutantes, que formavam um time de feras como aquele da "época de ouro do samba", nos anos 1930, sem precedentes no Brasil.

Havia assim vários focos de encontros, e se a história gosta de contar que tudo começou no celebérrimo apartamento de Nara Leão, vale lembrar que eram muitos os apartamentos onde "tudo estava começan-

Sanfona e... guitarra: Adelaide Chiozzo e Baden Powell.

Marilyn Monroe tupiniquim: Eliana Macedo, acompanhada por Baden.

do", destacando-se os de Lula Freire, de Benê Nunes, a casa dos irmãos Castro Neves, de Geraldo Casé, o apartamento de Edna Savaget, de Marcelo Machado, que se tornaria um mentor de Baden, ou ainda do baiano Nilo Queiroz, um oficial da Força Aérea cujo grande *hobby* era a música, particularmente o violão. Cada panela tinha seu ponto; cada apartamento, sua turma. Os donos acabavam perdendo o controle das entradas e saídas. Voltavam do trabalho, e a música já estava rolando. Iam dormir, abandonando os "convidados" — quando o eram! — nas reuniões. Acordavam, estava todo mundo lá, uns dormindo nas poltronas, nos sofás, no chão, outros prolongando a noite em pleno dia, entre garrafas e maços de cigarro vazios...

Baden, que nunca foi ingrediente de uma panela só, frequentava todas, ou quase. Aparecia vez ou outra na casa de Nara Leão, ou melhor, de seus pais. Frequentava também o apartamento de Lula Freire, reputado "o último bar a fechar na Zona Sul": "Meu apartamento ficava na rua Tonelero, e bem antes da bossa nova o pessoal gostava de se reunir lá para fazer *jam sessions*. Quem vinha muito era Menescal, Bebeto, Luizinho Eça, Dick Farney, Chico Feitosa... Inclusive foi ele que me apresentou o Baden". Lula o tinha descoberto no Plaza, na época do Ed Lincoln Trio, e ficara muito impressionado com ele. Estava louco para conhecer o violonista. Então, Chico Feitosa o levou para sua casa. Com seu gravador, Ampex, o máximo na época, Lula gravava "tudo que estava acontecendo" em sua casa, registrando encontros históricos na sala de visitas, como um dueto entre Baden e Luizinho Eça no acordeon. Ou ainda, em 1963, o "Samba do Avião", exorcismo ao pavor que Tom Jobim tinha desse meio de transporte, pedindo uma introdução que seu compositor não encontrava. Tom ao piano e Baden ao violão, os dois tocando. Nisso, Tom dedilhou o "Samba do Avião" no teclado, reclamou que não conseguira fazer a introdução e Baden a fez... entrando numa parceria, jamais oficializada porém efetiva, com Tom Jobim.[10]

Muita coisa também acontecia na casa de Nilo Queiroz. A grande vantagem dessa casa era estar situada na esquina da Duvivier com a avenida Atlântica, a dois passos do Beco da Garrafas, um dos lugares mais badalados do momento. Nos bares que fizeram sua fama, o Little Club,

[10] Ainda que no CD *Live in Hamburg* (1983) os créditos de "Samba do Avião" indiquem Tom Jobim e Baden Powell. Nos outros discos em que Baden gravou esta música, ela sempre foi creditada dessa forma: Tom Jobim, arranjos de Baden Powell.

Na Rádio Nacional: à esquerda, Cyll Farney; no centro, Eliana, Renato Murce e Fada Santoro; à direita, Baden Powell.

o Baccarat e o Bottles Bar, rolava tudo o que a música brasileira tinha de melhor e, sobretudo, de mais inovador. Tanto que, antes de ir tocar nos clubes do famoso Beco e depois de terminada a apresentação, os próprios músicos costumavam ir para lá. Billy Blanco e Dolores Duran, Ciro Monteiro, João Donato, Elizeth Cardoso, João Gilberto, Alaíde Costa, Tom Jobim, Moacyr Santos, Leny Andrade, Simonal, Luiz Bonfá...

Bonfá era a paixão de Nilo, que o achava genial. Os dois eram amicíssimos, viviam na casa um do outro, saíam juntos com as esposas. Só que no dia em que Billy lhe apresentou Baden, Nilo perdeu a cabeça, enlouquecido com a genialidade do jovem violonista. Voltou para casa e falou para Selma, a esposa:

— Meu bem, hoje eu conheci um garoto que toca violão, é uma coisa espetacular.

— Igual ao Bonfá?

— Não, muito melhor, porque ele não é só violonista, ele é músico. É um gênio.

A partir daí, Bonfá, da maneira mais subjetiva e injusta, perdeu todo o prestígio diante dos olhos do amigo. E Baden tornou-se o filho da casa. Selma gostou daquele garotinho "miudinho, muito calado, quietinho que, quando pegava o violão e começava a tocar, deixava a gente fascinado, porque era uma coisa!". Outra característica de Baden impressionou Selma: a quantidade de leite que ele bebia. A vida toda, Baden consumiu litros de leite. Então, quando ele chegava na casa, ela logo lhe providenciava a bebida predileta.

— Baden, você quer comer alguma coisa, quer lanchar?

— Não, não...

Baden não comia nada, bebia leite, litros de leite, e dava aulas de violão a Nilo. Sem chegar a se tornar um virtuose, Nilo tocava corretamente e, sobretudo, tinha um som muito bonito que todos elogiavam. Até João Gilberto comentava o som dele. Nilo possuía um excelente violão, que Bonfá tinha escolhido para ele. Todo mundo queria tocar no dito violão. Quanto a João Gilberto, ele queria o violão emprestado. Nilo conhecia bem a reputação do baiano, para saber que, se o emprestasse, nunca mais tornaria a ver o instrumento. E João insistia, ligava todos os dias falando do violão. Nilo não sabia mais como explicar que não o emprestaria. Na falta de argumento, disse certo dia que não podia porque era o seu violão de estimação. E aí João:

— Ô Nilo, por que você não me falou isso antes? Se é um violão de estimação, é claro que você não pode emprestar.

Anos depois: Nilo Queiroz, Baden Powell e Billy Blanco, grandes amigos — e parceiros — desde os tempos do Beco das Garrafas.

E nunca mais falou do violão. Nilo Queiroz tinha praticamente um estúdio, com uma aparelhagem sofisticadíssima que amigos comandantes e pilotos lhe traziam dos Estados Unidos. O gravador Ampex registrava as memoráveis noitadas que rolavam em sua casa. Eram verdadeiros shows, com a fina flor dos músicos da praça, que aconteciam no apartamento de Nilo e Selma. Contudo, nem sempre a vizinhança curtia a altura da música que tinha a sorte de ouvir gratuitamente. E os mais mal-humorados, volta e meia, faziam queixa à polícia. A festa acabava ali... até a noite seguinte. Baden era da casa. Chegava lá a qualquer hora do dia, sentava na sala, com o copo de leite ao lado, pegava o violão e esquecia da vida. Quando caía na real, em geral já havia perdido o último bonde. Então ficava na casa de Nilo. Na manhã seguinte, acordava, saía correndo para alguma gravação, um ensaio, uma apresentação. Baden não parava. A família agora estava morando em Olaria, na rua Leonida. Foi lá que Baden conheceu Sônia. O namoro andava firme, mas a moça não entendeu que tinha se apaixonado por um artista genial e começou a programar uma reestruturação na vida dele. Só casaria se ele virasse bancário. Não casou. No ano seguinte, em novembro de 1959, com 22 anos, numa festinha na casa de uma amiga, Baden conheceu Heloísa Setta, uma garota de dezesseis anos, com um lindo sorriso, olhos de índia e sedosa cabeleira preta. Ele, sempre com o violão, tocou, e Heloísa, que tinha uma voz muito bonita, começou a cantar, e a encantar o violonista. Papo vai, papo vem, Heloísa contou que quando era pequena vivia em São Cristóvão...

— São Cristóvão? Mas eu também me criei lá.

A conversa foi rolando e aí descobriram que Heloísa estudava no mesmo colégio que Vera, o Instituto de Educação, que se conheciam e que por isso sempre ouvia falar dele pela irmã. E mais: perceberam que quando Heloísa tinha uns sete ou oito anos, tinha se apresentado num clubezinho lá em São Cristovão, o Lusitânia, que tinha um programa de calouros, e que quem a tinha acompanhado fora... o próprio Baden. Inclusive, ela tinha ficado muito irritada porque ele não conhecia a música e ela achava que ele tinha se enrolado no acompanhamento. E eis que se encontravam novamente. Já que ela cantava tão bem, poderia fazer seu próprio acompanhamento ao violão: Baden ofereceu-se para lhe dar aulas. Um bom pretexto para se reverem, não é mesmo? Aos poucos as aulas se transformaram em namoro. Heloísa vivia então com o pai num apartamento em Copacabana, e Baden em Olaria. Ela não pediu para Baden mudar de rumo, muito pelo contrário, admirava apaixonadamente o artista maravilhoso que ele era. Tanto que o namoro foi se firmando e acabaria em casamento, cinco anos mais tarde.

Naquele momento, contudo, o problema era o serviço militar, que Baden estava em idade de cumprir. Felizmente para ele — e para o Exército Brasileiro! — na época era muito fácil ser reformado, e Baden foi dispensado de servir o país pelas armas. Ficou servindo com o violão, o que era muito melhor para a paz nacional.

Era agora músico de estúdio, contratado pela Philips, e tocava em tudo que era gravação. De *Ritmos Melódicos*, de Gaúcho e seu Sexteto, em 1957, a *Paulo Moura Interpreta Gnattali*, em 58; de, no mesmo ano, *Cheiro de Saudade*, de Jonas Silva, a Carlos Lyra, *Bossa Nova*, em 1959. A Philips o fazia tocar tanto nos discos de artistas importantes como de estreantes. Em 1959, o diretor artístico o chamou:

— Ô Baden, acompanha esse rapaz aqui, que vai gravar um disco-teste; depois eu vou escutar para ver se ele agrada.

O rapaz se chamava Roberto Carlos. Foi durante essa gravação que o diretor da gravadora disse a Baden:

— Baden, vamos gravar um disco com você porque não dá mais, você está se tornando muito famoso. Todo mundo só fala em você, e aqui na gravadora estão dizendo que tem que gravar um disco do Baden, que vai vender.

Não era o Baden que ia recusar. O contrato foi assinado imediatamente e a gravação marcada. Em dois dias o primeiro disco solo, *Apresentando Baden Powell e seu Violão*, ficou pronto. Como ficariam prontos a grande maioria dos discos de sua carreira, em dois dias! Com um repertório absolutamente eclético, onde entram duas músicas latino-americanas ("Estrellita" e "Aquellos Ojos Verdes"), cinco clássicos do jazz ("My Funny Valentine", "Stella by Starlight", "Love Letters", "All the Things You Are" e "Lover") e cinco músicas brasileiras ("Na Baixa do Sapateiro", "Maria", "Amor Sincopado", "Carinhoso" e "Samba Triste", sua primeira composição), o disco mostra bem as afinidades musicais do instrumentista e o que era moda então. Fernando Lobo fez a contracapa. A "apresentação" valeu e rendeu. O disco vendeu bem, tocou no rádio e Baden ficou pasmo com o sucesso: não imaginava que de repente fosse ficar com "um nome" assim. E, claro, com o sucesso, a mídia veio em cima dele. Agora ele era convidado como estrela nos programas, com o apresentador fazendo perguntas, aquela coisa toda de entrevistas... Mas esse negócio de falar não era com ele. Quem quisesse insistir em receber respostas se dava mal: Baden ficava mudo diante do microfone. Até que os locutores de rádio transformaram essa característica em brincadeira. Paulo Roberto, que apresentava o célebre *Lira de Xopotó*, armou uma entrevista na qual ele fazia as perguntas e o violão respondia:

— Baden, você é de onde?

Baden tocava "Cidade Maravilhosa".

— E qual é o seu time?

Baden tocava o hino do Flamengo (ou qualquer música referente ao futebol, porque time mesmo ele nunca teve, de tão pouco interessado em futebol que era), e assim ia a entrevista.

Mesmo com um disco solo, Baden continuava gravando nos álbuns de outros artistas, como, por exemplo, sua colaboração com Elizeth Cardoso, tocando violão na faixa "Cidade do Interior", no disco *Magnífica* (1959). Apesar de ter seu nome um tanto maltratado na capa do disco, onde aparece escrito "Badden", o violonista não perdeu nada da admiração e do carinho que tinha pela madrinha do amigo Itacy.

A bossa nova já estava bem implantada no panorama musical brasileiro, principalmente o carioca: apadrinhados pelos mais velhos, como Ary Barroso ou Ciro Monteiro, que acompanhavam como podiam a evolução da música nacional, a cada dia surgiam novos talentos. Com seus apartamentos, bares, boates e clubes espalhados pela Zona Sul do Rio de Janeiro, o movimento propunha todo tipo de ambiente para que a música expandisse. E não havia horário para ela. De noite ou de dia, sempre havia aonde ir com o violão para dar uma canja. Na época, eram famosas as domingueiras onde a juventude da Zona Sul ia escutar jazz, bebendo sua cuba libre. Havia as domingueiras do Copa Golfo em Ipanema, onde a garotada ia dançar. A primeira vez que Baden apareceu lá, pegou o violão e começou a tocar "Rock Around the Clock". A galera escandalizada chamou-lhe a atenção:

— Ih, rapaz, aqui só se toca jazz.

Baden não se deu por achado, começou a improvisar. E o baile acabou: todo mundo sentou boquiaberto, fascinado, e passou a tarde inteira escutando Baden tocar. Em Copacabana, o pianista Sérgio Mendes comandava outro desses focos, as domingueiras do Little Club, sessões de jazz e bossa nova abertas para quem quisesse vir tocar. Os jovens músicos, e os mais velhos também, não perdiam aquelas tardes de domingo em que se podia tocar o que bem se quisesse.

Só que no início da década de 1960 o que mais se queria ouvir era jazz e bossa nova, dois gêneros cujas relações sempre foram de influência mútua. Na década de 1950, a música da moda nas classes média e alta

O primeiro LP solo de Baden Powell, gravado em 1959.

cariocas era indubitavelmente o jazz. Basta ver a programação do Copacabana Palace ou do Teatro Municipal do Rio de Janeiro, por exemplo, no qual se apresentaram entre 1958 e 1962, artistas do porte de Dizzy Gillespie, Nat King Cole, Charlie Byrd, Coleman Hawkins, Herbie Mann, Ella Fitzgerald... E quer nos bailes, boates e cabarés onde dançavam, entre outros ritmos, o bebop e o swing, quer nos piano-bares e clubes, aonde iam ouvir música, o que mais rolava era jazz. Os músicos que lá estavam acariciando os ouvidos da plateia, com seus improvisos tipicamente jazzísticos, eram, na sua grande maioria, os mesmos que a partir de 1958 se tornariam os músicos da bossa nova, embora vários tenham negado sua participação no movimento: Johnny Alf, João Donato, Sérgio Mendes, Tom Jobim, Paulo Moura, Leny Andrade, Luizinho Eça, Edison Machado, Alaíde Costa, Chico Batera, Airto Moreira e muitos outros mais, sem esquecer, evidentemente, Baden Powell. E no caso desse último, é difícil afirmar que ele tenha sido um dos componentes do movimento.

A bossa nova foi tantas e tantas vezes definida, explicada, analisada, descrita, com tantos e tantos argumentos que dificilmente se pode ainda acrescentar algo sobre o assunto. Vale contudo lembrar que ela nasceu do dedilhar de músicos da Zona Sul, formados na universidade, cultos e informados que conheciam a música clássica, o jazz, a *chanson française*, a *american song*, e que possuíam suas próprias raízes: os ritmos que a memória coletiva brasileira nunca esquece, isto é, o samba, o choro, a marcha... Além, claro, dos imperialismos musicais que se sucederam no país desde que ele existe, para alimentar a criatividade antropofágica do seu povo. E se o samba nasceu da confluência dos ritmos africanos e das harmonias europeias, se o choro é o filho bastardo da polca e da mazurca polonesas, se o frevo tem raízes nas coreografias russas ou no *french can-can*, se os ritmos nordestinos revelam influências árabe-lusitanas, se, finalmente, a música brasileira nasce incessantemente do abrasileiramento dos ritmos do mundo inteiro, a bossa nova — uma forma de samba — sofreu influência do jazz, como o próprio Tom Jobim reconheceu quando afirmou que "Gerry Mulligan foi uma das inspirações da bossa nova".[11] O mesmo Tom que reivindicava, também, a influência de Debussy e Ravel, seus grandes mestres, sobre a sua música. (Seja dito, *en passant*, que Ravel era um grande amante de jazz, que passou mais tempo nos bares mal-afamados onde rolava jazz na sua época do que em frente às suas partituras, tendo inclusive composto sob influência desse gênero musical.)

[11] Sérgio Cabral, *Antônio Carlos Jobim*, Rio de Janeiro, Lumiar, 1997, p. 170.

Tanto que dificilmente se pode negar a influência do jazz sobre o samba, a qual resultaria na bossa nova, que por sua vez influenciou profunda e definitivamente o jazz e não somente ele, como a música do planeta inteiro, marcando os músicos de todas as gerações que se seguiram. Portanto, e sintetizando, a bossa nova é samba, é jazz, é clássico, é choro... Exatamente tudo aquilo que o próprio Baden Powell é. Curiosamente, o músico brasileiro que menos se identificou com a bossa nova foi talvez o mais autêntico porta-voz do espírito musical desse estilo.

Baden Powell nunca pertenceu a nenhum movimento, a nenhuma congregação. Ele nunca se ajustou a nenhum molde, nunca seguiu nenhuma orientação e, sobretudo, nunca se limitou a um gênero. Quando a marca registrada da bossa nova era aquela famosa batida, à qual todos os músicos da década de 1960 se amarraram, Baden continuava percorrendo todos os ritmos, inclusive o da bossa nova, com um sotaque infinitamente pessoal e original. Baden Powell participou da mutação que o samba foi vivendo no decorrer da década de 1950, sendo inclusive um dos músicos mais inovadores da época. Assistiu aos primeiros passos da bossa nova, participou de suas manifestações, dos shows universitários que a implantaram no panorama musical brasileiro, como o famoso *Samba-Session*. Organizado em 1959 pelo cineasta Cacá Diegues, ele reunia num incrível pacote o futuro da bossa nova, de Carlos Lyra a Alaíde Costa, de Sylvinha Telles a Roberto Menescal, sem omitir Norma Bengell, cuja presença, considerada escandalosa pela administração da PUC, obrigara os organizadores do evento, previsto para ser no Teatro de Arena da PUC, a transferi-lo para a Faculdade Nacional de Arquitetura, na Praia Vermelha. Baden Powell também fazia parte do elenco, acompanhando a cantora Rosana Toledo, além de se apresentar como solista.

Baden tocou em discos rotulados de "bossa nova", como, em 1960, no LP *Bossa Nova Carlos Lyra* ou, no mesmo ano, no LP *Joia Moderna*, de Alaíde Costa. Foi inclusive Baden quem fez os arranjos, além de tocar violão em todas as faixas. Segundo Alaíde, "a gravadora, a RCA, não queria fazer o disco, essa coisa de não acreditar na bossa nova, mas acabou cedendo o estúdio. Os músicos trabalharam de graça, tinha o Copinha, o Macaxeira, o Oscar Castro Neves com os irmãos. Baden era muito exigente, nossa! Mas era um ótimo acompanhante. Foi ele que me sugeriu 'Encontro com a Saudade', parceria de Billy Blanco e Nilo Queiroz. Eu não conhecia a música, aí ele me ensinou". Em suma, Baden participou da efervescência bossanovista. Contudo, jamais se sentiu um músico bossa nova, jamais se envolveu na reflexão escolástica nem integrou cons-

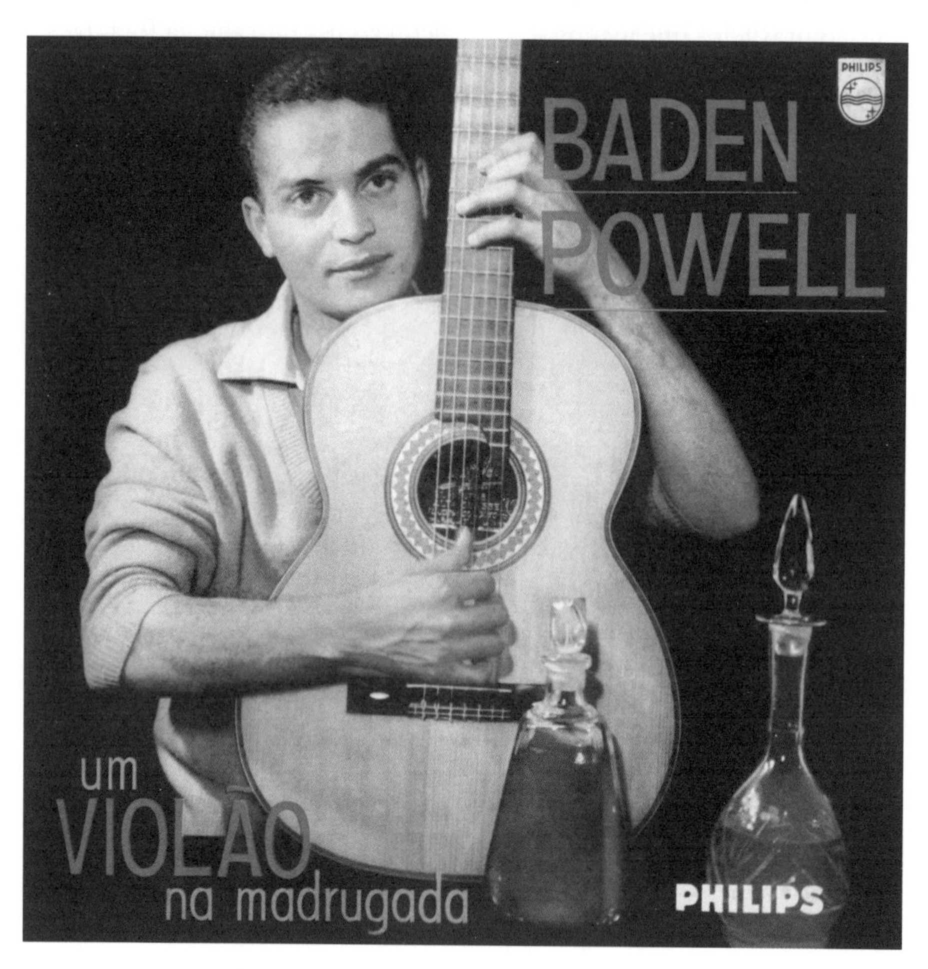

Um Violão na Madrugada: o segundo LP de Baden, de 1961.

cientemente o movimento. Tanto que nunca foi realmente considerado, pela imprensa ou pelos pesquisadores brasileiros, como sendo um dos integrantes da bossa nova. Baden era um caso à parte. Isso porque a principal característica de Baden Powell era ser Baden Powell, e ponto final. E, disso, ele jamais abriu mão em toda sua carreira. Assim mesmo ele pegava o bonde lá na Zona Norte, seu território natal, e vinha se juntar à patota das domingueiras do Little Club.

O primeiro LP, *Baden Powell e seu Violão*, vendeu bem, fazendo um sucesso razoável. No ano seguinte, em 1961, gravou, ainda pela Philips, o segundo disco, *Um Violão na Madrugada*. Fernando Lobo mais uma vez fez na contracapa um texto cheio de admiração e carinho pelo artista: "Eis aqui um disco onde o artista de fato se apresenta revelando o segredo — o tal segredo — do sucesso: um punhado de melodias bem escolhidas". E exatamente no seu estilo eclético e, no entanto, perfeitamente coeso. Das doze faixas do disco, quatro eram da autoria de Baden ("Fluido da Saudade", "Insônia", "Improviso em Bossa Nova", "Prelúdio ao Coração"), duas eram parcerias, com Nilo Queiroz ("Luar de Agosto") e com Luiz Bittencourt ("Dum... Dum... Dum... Dum..."), e o resto de diversos compositores, entre os quais J. Cascata ("Minha Palhoça"), Alfredo Vianna (Pixinguinha, para os íntimos, e autor de "Linda") e Ed Lincoln ("Do Jeito que a Gente Quer"). Na época, ainda se indicava o gênero musical da composições no selo do disco, composto, portanto, de seis sambas, uma batucada, três fantasias, uma valsa e... um baião ("Lição de Baião", de Jadir de Castro e Daniel Marechal), resultante, quem sabe, da convivência na infância em São Cristóvão com o mundo nordestino, e com algo de premonitório, uma vez que a dita "Lição de Baião" era dada a uma francesa e por isso em parte cantada — com forte sotaque brasileiro — em francês. "Un, deux/ S'il vous plaît/ Montrez ma chérie/ Que vous savez danser". A letra era chocha, a melodia engraçadinha, mas no violão de Baden, com nítido acento jazzístico, ficava tudo maravilhoso. E inspiraria, 43 anos mais tarde, em 2004, o violonista Ricardo Palmeira, quando Adriana Calcanhotto incluiu essa "Lição" no seu disco *Partimpim*.

Pouco tempo depois, a Philips convocou-o para tocar no disco que Sacha Distel estava gravando no Rio. Em 1961, o cantor francês estava gozando de um tremendo sucesso na França, para o qual contribuíra, sem dúvida, seu namoro com Brigitte Bardot alguns meses antes. Perseguido pela imprensa francesa, inclusive na sua vida privada, não estava mais conseguindo trabalhar em boas condições, e resolveu sair um pouco do

Sacha Distel, um dos grandes guitarristas franceses,
ficou impressionado com a técnica de Baden.

país, "para ver se fora as pessoas se interessariam por minha música e não por minha pessoa". Agendou uma temporada na América do Sul, que incluía uma semana no Rio, no Copacabana Palace. E teve o mesmo sucesso que na França, batendo o recorde de venda de ingressos da casa: mais do que Sammy Davis Jr. e Nat King Cole, que tinham se apresentado antes dele. E, como em Paris, quase foi afogado pelas fãs que o seguiram até o hotel, pedindo autógrafos e beijos, absolutamente indiferentes à presença da noiva do cantor, que o acompanhava na turnê. A temporada foi prolongada por mais uma semana. Sacha se apresentava na sala grande do Copacabana Palace e, depois do show, ia para o bar repleto de músicos, e começavam as canjas...

Sacha se encantou com o clima musical do Brasil, com o qual, na realidade, ele já tinha uma certa familiaridade. Seu tio, Ray Ventura, que comandava uma orquestra na qual Sacha, excelente guitarrista, debutara no início dos anos 1950, se exilara no Rio durante a Segunda Guerra, fugindo do antissemitismo. (Inclusive, um dos músicos que veio ao Brasil na banda de Ray Ventura foi o também compositor Henri Salvador, que mais tarde seria gravado por Caetano Veloso.) Ao regressar para sua terra natal, Ray Ventura levava nas malas um repertório marcado pela temporada de cinco anos no Brasil. Sacha sentiu-se em casa.

O calor do verão, o samba onipresente nesse período pré-carnavalesco, e a beleza das cariocas inspiraram uma música a Sacha: "Elles Sont Belles les Cariocas".[12] Achando que ela tinha tudo a ver com o Brasil, resolveu que seria muito melhor gravá-la no Rio, com músicos brasileiros. Foi consultar o diretor da Philips, sua gravadora, e este lhe apresentou uma porção de instrumentistas que poderiam tocar no disco, entre eles Baden Powell. Na véspera da gravação, Sacha Distel se encontrou com Baden para ensaiar. Baden tocou a música com o pé nas costas e depois deu um show para o francês, que ficou completamente alucinado com o que ouviu — e, como guitarrista, completamente desmoralizado: "Saí do encontro com a impressão de que eu tinha umas Torres Eiffel no lugar dos dedos!". Apesar de ser um dos melhores guitarristas da França na época, Sacha se recusou a pegar no violão nessa ocasião e menos ainda na gravação. No dia seguinte, muito francesamente, Sacha Distel chegou ao estúdio da Philips na hora marcada. E não encontrou ninguém. Ficou esperando, meio constrangido, pois tendo show à noite não dispunha de muito tempo. Dali a pouco vieram chamá-lo: Maysa Matarazzo,

[12] "Que lindas são as cariocas".

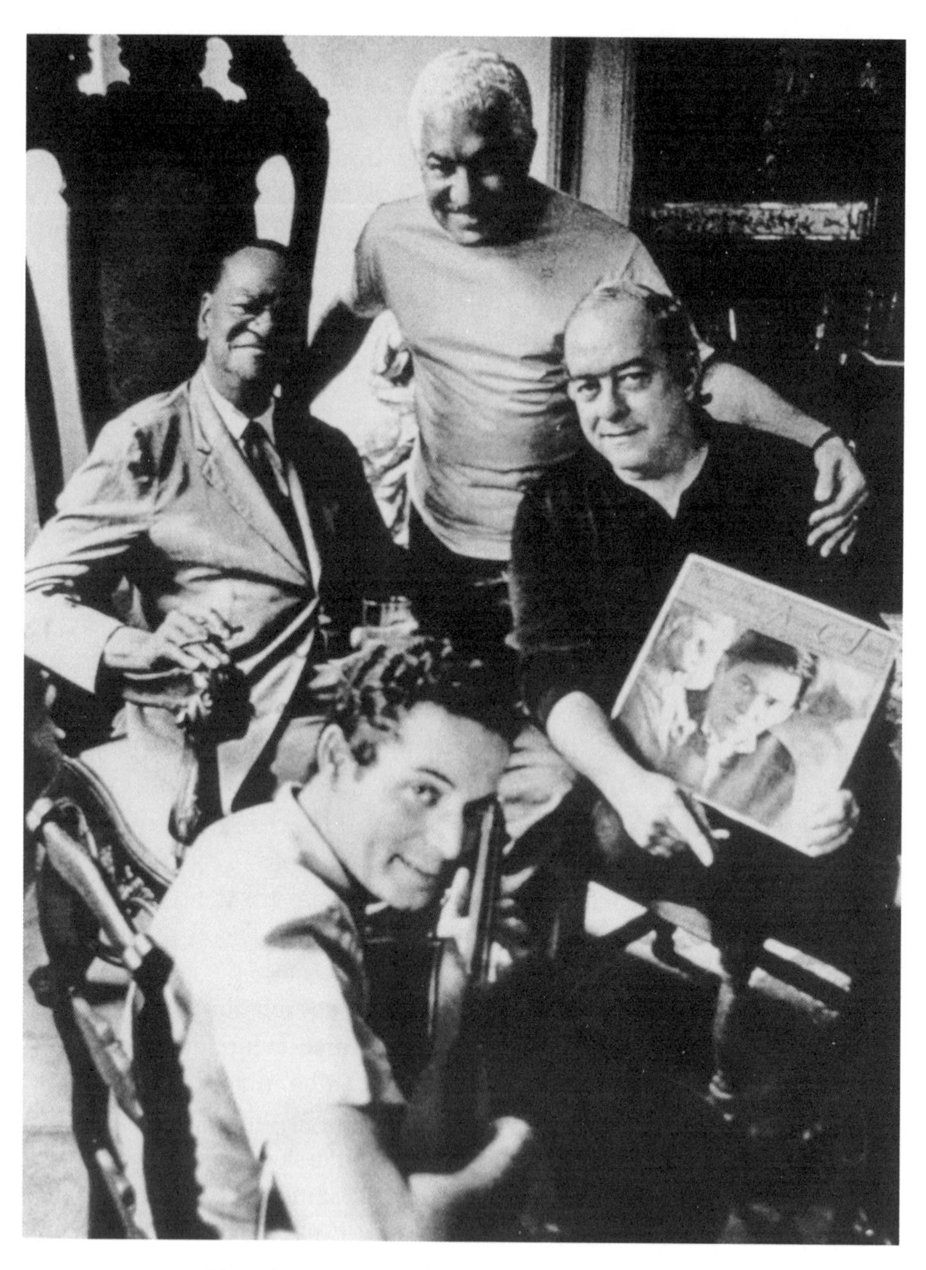

Cinco feras: Pixinguinha, Caymmi, Vinicius, Baden
e Tom Jobim (na capa do disco).

que estava gravando "O Barquinho" no estúdio ao lado, soubera da presença do ilustre francês e queria que ele desse um palpite sobre o seu trabalho. Sacha Distel acabou fazendo a direção artística da gravação da música. Enquanto isso, os músicos iam chegando... só Baden não aparecia. E todos estavam muito calmos, como se fosse a coisa mais natural do mundo. Finalmente fizeram a gravação sem ele, que chegou tranquilamente quando já estava tudo acabado. Não esquentou a cabeça, entrou no estúdio, sentou em frente ao microfone, afinou o violão; o técnico mandou o som na cabine e Baden fez sua parte, deslumbrante.

Vale lembrar que, na época, a música europeia ainda gozava de grande prestígio no Brasil, tanto que nos anos 1950 e início dos 1960, o público carioca podia aplaudir regularmente cantores do velho continente. Era comum virem sozinhos e fazerem o show acompanhados por músicos locais: Copinha, Zacarias, Zé Menezes, Bola Sete... Às vezes chegavam artistas cujo repertório era mais moderno, e aí chamavam Baden. Assim, ele acompanhou Patachou, Dany Dauberson, a italiana Lulla de Palma e a grande Marlene Dietrich. Normalmente, só a vedete ficava no palco, os músicos tocavam escondidos atrás de uma cortina. Eles inclusive entravam pela cozinha, tocavam e iam embora sem palmas nem vivas. Mas quando Marlene Dietrich viu Baden, entusiasmou-se e pediu que ele ficasse a seu lado na hora em que ela fazia um número meio espanholado. "Era um *pasodoble* que eu tinha de acompanhar sozinho, *tum-turundum-dum-dum*, sentado ao lado dela, e ela fazia o número como se fosse para mim. E eu mandava brasa!"

Nesse mesmo ano de 1960, Ary Barroso e Tom Jobim deram um show no Arpège, no Leme. Claro que o grande amigo e parceiro do pianista, Vinicius de Moraes, não ia perder o show. Depois da apresentação dos dois, vinha um conjunto de dança cujo violonista era Baden Powell. Foi nessa ocasião que Baden conheceu aquele que se tornaria o seu mais importante parceiro... e companheiro de farra: Vinicius de Moraes.[13]

[13] Esse show foi várias vezes evocado por Baden nos depoimentos que deu para este livro. Porém, nenhum outro documento registra tal evento. Quanto à presença de Tom no Arpège nessa data, ela foi confirmada em várias entrevistas concedidas por Vinicius. Segundo Ruy Castro, em *Chega de saudade*, essa versão dos fatos é duvidosa: "Em 1962, Tom Jobim já era famoso demais para tocar no Arpège". Só que o primeiro encontro entre Baden e Vinicius ocorreu no ano de 1960. Além do mais, ambos sempre confirmaram que se conheceram no Arpège, onde Tom estava se apresentando.

3.
ZONA SUL

Não eram desconhecidos um para o outro. Sylvinha Telles já vinha há tempos falando de Baden para Vinicius e de Vinicius para Baden. Este sabia muito bem da carreira incomum do diplomata bossa nova, autor de uma peça famosa, *Orfeu da Conceição*, parceiro de Antônio Carlos Jobim em músicas como "Se Todos Fossem Iguais a Você", que fizera um tremendo sucesso, e grande boêmio da noite carioca, quando suas funções diplomáticas não o levavam longe da terra. O "Poetinha", cheio de talento para perceber o dos outros, se encantou com o violonista de quem já conhecia o "Samba Triste" com Billy Blanco, assim como a reputação de cobra no violão. Pôde conferir que a reputação era certa quando, no final do show, "Baden pegou o violão e o engoliu literalmente. Tocou Bach, jazz, samba. Admirei-lhe a garra, a precisão rítmica e o balanço, dentro de seu estilo seco de tocar, arrancando música do instrumento pra valer, às vezes até sem dar muita bola para a sonoridade".[14] É provável que a presença na plateia do mais prestigioso parceiro que podia sonhar deu asas à imaginação do instrumentista naquela noite. Terminada a apresentação, Vinicius chamou Baden para sua mesa, conversaram, já trocando ideias e no final da noitada o poeta deu seu número de telefone e seu endereço ao músico.[15] "Eu até me lembro que ele falou: 'É um número muito fácil de se lembrar'. E era mesmo, eu nunca esqueci."[16]

Baden ficou meio encabulado, demorou a ligar, depois criou coragem e chamou. Três vezes marcaram encontro e três vezes Baden deu bolo e não foi.... Mas Vinicius, com aquele jeito carinhoso dele, não perdia

[14] Em *Perfis d'O Pasquim*, por Vinicius de Moraes (arquivo Vinicius de Moraes da Fundação Casa de Rui Barbosa, Rio de Janeiro).

[15] Na versão de Vinicius, tal como é contada no livro de João Carlos Pecci, *Vinicius sem ponto final*, foi Baden que se aproximou de Vinicius naquela noite, para lhe propor umas parcerias. Contudo, para quem conhece a grande timidez do violonista, a sua versão dos fatos (também relatada no livro) parece mais verossímil.

[16] Sendo até hoje o número do telefone de Lucinha Proença, ex-mulher de Vinicius, a citação do depoimento de Baden, por motivos óbvios, fica por aí mesmo...

a paciência. Marcava novo encontro. Na quarta vez, Baden não faltou. Encontraram-se no bar do Hotel Miramar, quartel-general do poeta. O assunto da conversa de cara foi música. Vinicius contou que acabara de colocar uma letrinha em cima da Cantata nº 147 de Bach, "Jesus Alegria dos Homens". E que saíra uma marcha-rancho muito bonitinha. Baden, incrédulo, pensou consigo mesmo: "Uma marcha-rancho de Bach!? Muito bonitinha!?", em seguida, contemplou longamente o copo na mão do companheiro, avaliou o nível da garrafa de uísque em cima da mesa e achou melhor não comentar nada. (Mas teve que se dobrar quando ouviu a parceria Vinicius-Bach: havia realmente algo de carnavalesco no *feeling* do compositor alemão!) Ainda no bar do Miramar, Baden, que nunca saía sem o violão, mostrou duas músicas que tinha no baú. Herança de sua formação clássica, Baden não gostava de cassete, anotava a música na partitura e a tocava para o parceiro, já sugerindo o tema. "Quando faço música, já sei mais ou menos a letra que ela tem. Já tenho o assunto, já tenho tudo. Eu chegava para o Vinicius e explicava. Ele sentia tudo e mandava ver."[17] Resultaram desse primeiro encontro "Canção de Ninar Meu Bem", que foi gravada por Dulce Nunes, e "Sonho de Amor e Paz", que aliás não chegaram a ficar muito conhecidas.

Daí em diante, Baden passou a frequentar o amplo e belo apartamento do Parque Guinle, onde Vinicius de Moraes vivia com Lucinha Proença desde que regressara de Montevidéu, onde tinha ocupado o cargo de cônsul adjunto. Com a namorada Heloísa, ia para as constantes reuniões musicais na residência de Vinicius e Lucinha. Baden tocava violão até altas horas. E rapidamente a parceria abriu as portas de uma forte amizade, que — com seus altos e baixos — só a morte de Vinicius, em 1980, interromperia. Pois, se tudo os separava — idade, origem social, formação, cultura, história —, no fundo eram iguais: dois imensos artistas, profundamente marginais, sem preconceitos, arredios às regras preestabelecidas, aos moldes, às modas. Eram homens livres, boêmios, talvez até rebeldes, daqueles que vivem no ritmo de seus sentimentos e que só seguem as ordens do próprio coração. "Eu e Vinicius tínhamos esse lado de paixão, de tristeza, de sofrimento, de alegria. Pensávamos igual, compartilhávamos o mesmo sentimento da vida. Éramos parceiros em tudo." E talvez, mais do que tudo, no lado farrista. "Eu era muito farrista, puxara a meu pai. E Vinicius também era."

[17] *Shopping News*, p. 1-B, 28/07/1991.

Talvez tenha sido esse aspecto da personalidade de Baden que mais atraiu Vinicius, o que mais o ligou ao novo parceiro. Um lado festivo, malandro, que nem Tom Jobim, aturdido pelos problemas de aluguel, contas a pagar no fim do mês, família para manter, cachê a batalhar, nem Carlos Lyra, militante comunista comportado, saudável e esportivo, com seu charme de garotão Zona Sul, jamais tiveram. "Tom não era de amanhecer e Carlinhos muito menos", apontava Baden, no qual Vinicius encontrou um companheiro de farra dedicado e em perfeita adequação com sua absoluta falta de limites. Outro aspecto da personalidade de Baden encantava o diplomata: suas raízes suburbanas, regadas a samba e choro, moldadas por mestres do porte de Pixinguinha, Meira, Garoto, Donga, criado no batuque e na malandragem dos morros. Na medida em que via na bossa nova não um gênero à parte, mas uma modalidade do samba, Vinicius fazia questão de reivindicar seu estatuto de sambista. E se orgulhava da amizade forte que tinha com Pixinguinha, Ciro Monteiro, Ismael Silva, Nelson Cavaquinho, Zé Kéti... gente da pesada. Dizia, emocionado: "Baden tem um suburbano muito forte dentro dele", um dos motivos pelo qual tomou-se de amores por ele, por aquele violão cheio de ginga, de negritude, de raízes. Por sua vez, Baden tinha em Vinicius, além do cúmplice de farra, um pai, um incentivador, um guia espiritual. Com aquela cultura toda, sua posição de diplomata, Vinicius levou Baden para um mundo de que este jamais sonhara se aproximar. Ele representava, ainda que de maneira inconsciente, uma chance de ascensão social para Baden.

Aos poucos a parceria foi se firmando. Baden ia se encontrar com Vinicius no Parque Guinle para prosseguir as composições. Vez por outra, com preguiça de regressar a Olaria, Baden pernoitava no apartamento do parceiro. Até o dia em que Baden se esqueceu mesmo de voltar para casa. Quando a dupla estava inspirada, passava as noites compondo. Baden ficou vivendo três meses no Parque Guinle. E foi sem dúvida nesse período que, bom de copo fazia tempo, o garoto desembestou de vez.

A bebida já fazia parte da vida do violonista. Porém, como um bom suburbano, até então era mais amigo da cerveja e da cachaça. No apartamento luxuoso e burguês do novo parceiro, descobriu o uísque escocês, uma bebida mais acessível às finanças de um diplomata do que às de um garoto da Zona Norte. E se perdeu no "cachorro engarrafado"[18] do ami-

[18] Era assim que Vinicius de Moraes chamava o uísque, por ser, segundo ele, "o melhor amigo do homem".

go. No salão do apartamento, a qualquer hora do dia e da noite, Vinicius, sentado na mesinha redonda, ia preenchendo as folhas brancas com sua bela letra. De rascunhos, rabiscos e anotações, os textos iam se construindo em cima das melodias que Baden, sentado no sofá, o violão praticamente incrustado no corpo, compunha. Terminavam uma música, começavam outra. Se a fonte secasse, batiam um papinho, tomavam mais um golezinho de uísque para criar coragem, e voltavam às composições. As garrafas iam se esvaziando, os cinzeiros se enchendo e a noite avançando. Cansada, Lucinha ia se deitar. Antônio, o mordomo da casa, que adorava música, adorava Vinicius e adorava Baden, ficava de olho aberto, pronto para qualquer emergência: faltava uísque ou cigarro à meia-noite? Ele ia comprar. Dava uma fomezinha nos dois parceiros às três da manhã? Preparava-lhes com carinho uns ovos mexidos com bacon, enfeitava com um legumezinho. Quando amanhecia, os dois, exaustos, rendiam-se ao sono. Baden no sofá da sala, entre pontas de cigarro e copos cheios de gelo derretido.

Até que Antônio vinha acordá-lo:

— Seu Baden, o senhor não quer tomar um café com leite, qualquer coisa?

Baden preferia uísque...

— Seu Baden, me dê sua roupa para lavar.

Antônio lavava a roupa. Vinicius tinha telefonado para a família de Baden, para avisar que o menino estava em boas mãos, que não se preocupassem e que era bom mandar umas roupas para ele. Tic e Neném, acostumados à vida boêmia do filho, a seus horários descontrolados, pensaram, resignados, que era "coisa de artista" e não protestaram. Quanto a Heloísa, já entendera que seu destino era esperar seu homem. Continuava os estudos na Escola Normal, ia para a praia com as amigas. E sem Baden, que não era amante dos esportes, exceto da bicicleta, nem da vida ao ar livre, principalmente nessa fase em que o chique mesmo era fumar, beber e trocar o dia pela noite. Baden atravessava as noites compondo, tocando, bebendo, mas quando chegava o dia, cumpria seus compromissos participando das gravações de LPs dos cantores que continuava acompanhando.

Certas noites, a dupla trocava a sofreguidão da criação por uma boa farra. Embarcavam no carro de Vinicius, uma Mercedes que ele trouxera do Uruguai, cuja placa ainda não fora trocada, e iam dar umas voltas pelos bares da vida, encontrar com os companheiros Ciro Monteiro, Paulo Soledade, Antônio Maria, Nelson Rodrigues, grandes farristas também,

A sala do apartamento de Vinicius de Moraes, onde Baden passou três meses compondo com seu novo parceiro.

Banho de mar, uma raridade na vida de Baden Powell.

Baden compondo em casa, bem ao seu estilo...

amigos da noite e do uísque. Bebiam e travavam discussões homéricas, polêmicas impossíveis, argumentos indefensáveis. Baden, sempre calado, ficava de espectador, divertindo-se:

"A maior discussão à qual eu assisti foi entre Vinicius e Nelson Rodrigues. Este afirmava que mulher gostava de apanhar e Vinicius dizia que não, que mulher gostava de carinho. E não saíam dessa. Até que Vinicius perguntou:

— Mas Nelson, você bate na sua mulher?

— Na minha mulher? Jamais. Mas as outras gostam...".

Passados três meses, Baden voltou para casa e para os braços da namorada, Heloísa. Tinha na bagagem o primeiro dos dois maiores parceiros de toda a sua carreira,[19] as chaves da porta da celebridade, um repertório respeitável, uma nova vida e o endereço da Clínica São Vicente, na Gávea, da qual passaria a ser freguês recorrente. Aprendera a beber com e como Vinicius de Moraes, agora tinha que aprender a se tratar como o exímio professor de porre. Foi assim que o doutor Clementino Fraga Filho ganhou, no início da década de 1960, mais um paciente. "Eu conheci o Baden através do Vinicius. Ele era bem jovem quando chegou na clínica, e o curioso é que ele tinha uma sensação de culpa da qual nunca se livrou. Enquanto bebeu, ele veio regularmente se internar para se tratar e sempre prometia que não voltaria a beber. Ele fazia o tratamento com a maior empolgação, se comportava bem, ficava bom, aí saía e dali a pouco estava de volta." A partir daí, Baden tornou-se um *habitué* da clínica. Charmoso, como sempre que não bebia, ele encantava as enfermeiras, que o adoravam. Quando se internava, costumava levar o violão consigo. Passava o dia no quarto, tocando baixinho. No fim do tratamento, voltava à vida da noite e rapidamente tornava a ceder à tentação do uísque, e recomeçava a beber. Quantas vezes adormecia no ônibus que o levava para casa, deixando passar o ponto onde devia descer. Certa noite, chegou a fazer três vezes seguidas o trajeto Copacabana-Ramos-Copacabana sem acordar na hora em que o ônibus passava por Olaria. Nessa errância etílica, acabou perdendo o violão. Muitas vezes desistia de regressar para casa e apagava nas festas ou nas reuniões aonde fora tocar. Quando não, pedia hospedagem à namorada, que morava em Copacabana. A família torcia o nariz, mas acabava aceitando. De qualquer forma, enquanto o pai de Heloísa analisava a situação constrangedora, Baden já havia adormecido num canto do apartamento.

[19] O segundo seria Paulo César Pinheiro, nos anos 1970.

Na temporada no Parque Guinle, além dos pileques, Baden e Vinicius compuseram metade das músicas de seu repertório. Datam desse momento intenso "Labareda", "Tem Dó", "Aurora", "Bom Dia Amigo", "Só por Amor", "Tempo de Amor"... músicas românticas, com muito amor e pouco sucesso, das quais a maioria ficou praticamente desconhecida. Algumas joias, contudo, se destacam dessa primeira safra, como "O Astronauta", "Consolação" (que a princípio se chamaria "Samba das Perguntas") e "Samba em Prelúdio", esta tendo causado certo constrangimento entre os dois parceiros. Baden tocou a música que havia composto. Vinicius escutou e se preparou para colocar a letra. Mas as horas passavam, o nível do uísque baixava e nada de Vinicius escrever. Baden estranhou, pois o parceiro costumava ser mais eficiente. No meio da noite, o poeta, constrangido, declarou que não podia colocar letra nessa música, pois suspeitava que se tratasse de um plágio.

— De um plágio?

— É isso mesmo, Badeco, essa música é de Chopin.

Baden conhecia suficientemente bem o repertório clássico, inclusive a obra de Chopin:

— Não é, não, Vina, é minha mesmo.

— É do Chopin.

— Não é.

— É.

— Não é.

— Então vamos chamar a Lucinha, que ela conhece Chopin na ponta dos dedos.

Lucinha, exímia pianista, que já estava dormindo, foi tirada da cama e Baden, constrangido, tocou a música para ela, que disse:

— Não, de Chopin não é.

Vencido, Vinicius ainda relutou:

— Só não é porque ele esqueceu de fazer...

Na verdade, a intuição de Vinicius de Moraes estava certa. Ele só errou no nome do compositor plagiado — ou pelo menos citado — nessa ocasião. Pois se, efetivamente, a melodia de "Samba em Prelúdio" não tem nada a ver com Chopin, tem muito a ver com o "Prelúdio da Bachiana nº 4" de Villa-Lobos... O que não diminui em nada a genialidade da bela parceria de Baden e Vinicius. "Samba em Prelúdio", um dos maiores achados da música brasileira, que sobrepõe duas melodias cantadas em duo por uma voz masculina e uma voz feminina, ganhou enfim uma letra. Foi gravado no ano seguinte por Geraldo Vandré e Ana Lúcia, com grande sucesso, sendo depois gravada por meio mundo, como boa parte do repertório de Vinicius e Baden, que encontrariam em Elizeth Cardoso, ainda em 1963, uma de suas grandes intérpretes. Nesse mesmo período em que Baden ficou no Parque Guinle, um grande amigo de Vinicius, o baiano Carlos Torrão, ministro do Tribunal Superior do Trabalho e grande aficionado de música, que fazia letras sob o pseudônimo de Coqueijo, presenteou o poeta com um disco folclórico, no qual havia pontos de candomblé, rodas de samba, toques de capoeira. Para Vinicius, o disco foi uma verdadeira revelação. Fascinado, ele descobriu ali uma face da expressão musical brasileira de que jamais tinha se aproximado. Em compensação, para Baden, a cultura afro-brasileira não era totalmente desconhecida. Desde a infância, ele tinha uma certa familiaridade com a macumba e a umbanda, ainda que de longe. "Minha religião sempre foi a católica. Macumba só é religião para quem nasceu nela. Para mim, era mais para tirar búzios, cartas, pedir serviços." E realmente, ele sempre vira quando criança seus pais apelarem, nos problemas do dia a dia, para os serviços do vizinho, Oscar Silva, que era pai de santo. Essa convivência influiu certamente na veia musical de Baden, que já em 1959 compôs a melodia do que se chamaria mais tarde "Canto de Iemanjá" para Dolores Duran — que ele acompanhava na época —, com quem projetara fazer parceria. Infelizmente, a morte prematura da cantora, aos 29 anos, não permitiu que o projeto se concretizasse. Quem acabou fazendo a letra foi Vinicius, na fase do Parque Guinle. Contudo, ao evidenciar os ritmos, os sons, os instrumentos da cultura afro-brasileira fora de seu contexto místico, o disco enviado por Coqueijo enfatizou na consciência de Baden o valor puramente musical, rítmico e melódico dessa expressão, chamando-lhe sem dúvida a atenção. Entusiasmados, os parceiros interrompiam o trabalho para escutar, reescutar e escutar de novo o disco, que foi a pedra de toque dos afro-sambas. "Pouco a pouco surgiram 'Canto de Xangô', 'Tristeza e Solidão', 'Bocoché', e outros ainda; e finalmente 'Canto de Ossanha' (que realmente se escreve 'Ossain', mas na pronúncia popular ficou daquela forma)...", relataria mais tarde Vinicius.[20] Ainda da época do Parque Guinle data o "Canto do Caboclo Pedra Preta", que Baden só fez após ter ido até o terreiro de Joãozinho da Gomeia (conhecido por receber esse santo), em Caxias, pedir autorização para fazer uma música sobre ele, o que prova um certo envolvimento que o violonista, apesar de tudo, tinha com o culto.

[20] Em "Meu parceiro Baden Powell", crônica de Vinicius para *O Pasquim*.

Além de compor, de descobrir o sabor do uísque, de ganhar o apelido de Badeco e de firmar uma grande amizade, Baden também teve nessa ocasião o privilégio de frequentar o vizinho e amigo do parceiro, o (ainda) Presidente da República Juscelino Kubitschek. Às vezes, ao longe, quando assistindo ao sol nascer após uma noite em claro, apoiados na balaustrada do terraço do apartamento, os dois beberrões, o último uísque na mão, viam o madrugador presidente dando suas caminhadas no jardim do Palácio das Laranjeiras. Ao vê-los, Juscelino dava um adeusinho com a mão, os dois balançavam a cabeça ébria, divertidos com o ânimo do presidente. Às vezes, de perto, nas noitadas de música e conversa no apartamento do Parque Guinle, que o fundador de Brasília frequentava com certa assiduidade.

Baden, que participara da programação dos festejos da inauguração de Brasília, em abril de 1960, voltou nesse mesmo ano à "novacap", graças ao apoio do parceiro diplomata. Vinicius o havia incluído no elenco dos artistas indicados para inaugurar uma emissora em Brasília, que nessa fase vivia inaugurando tudo. Além do violonista, foram Alaíde Costa, Nora Ney, Jorge Goulart, Dircinha Batista. Havia várias apresentações programadas e a turma ficou hospedada num hotel. Indignada ao ver que o café da manhã de Baden era um uísque, Dircinha Batista se esforçou para regenerar o rapaz, obrigando-o a tomar café com leite, como todo mundo. Resultado: Baden passou mal e foi parar no pronto-socorro, que graças a Deus já tinha sido inaugurado. Vinicius não fazia parte do show. Imaginem, um diplomata cantando em Brasília!

Desde que não aparecesse num palco com um microfone na mão, tudo o mais lhe era permitido. Inclusive, fora solicitado pelo próprio governo federal para participar, ao lado dos grandes maestros brasileiros, do "concurso do hino" oficial de Brasília. Compusera com Tom Jobim a "Sinfonia da Alvorada", que não foi selecionada e, apesar de ter sido apresentada na capital e gravada em disco, caiu em seguida no abismo do esquecimento. Mas esse era apenas um detalhe na sua vida de artista, que contava com muitas criações conceituadas. Além das poesias, crônicas, letras e peças de teatro, agora podia acrescentar no currículo o cinema, com *Orfeu negro*, do francês Marcel Camus. O filme, baseado na peça *Orfeu da Conceição*, ganhou a Palma de Ouro no Festival de Cannes em 1959 e o Oscar de Melhor Filme Estrangeiro em Hollywood. A peça adaptada para o cinema por Vinicius de Moraes fora readaptada, a pedido do produtor Sacha Gordine, por Jacques Viot. Vinicius detestou o resultado, os brasileiros detestaram o filme. Contudo, ninguém pode negar que *Orfeu negro* foi um marco decisivo para a expansão da música brasileira no mundo e para a carreira internacional de Antônio Carlos Jobim e Vinicius de Moraes, responsáveis pela trilha sonora do filme. E também, foi o trampolim que permitiu a Vinicius mergulhar definitivamente na música.

Com a bossa nova, a interpretação no canto estava sofrendo uma profunda mutação. Reavaliando a noção de "voz bonita", a bossa nova despojou-a dos vibratos, do empolamento, da impostação, valorizando, a partir da década de 1960, um canto mais intimista, quase minimalista, cujo porta-estandarte seria João Gilberto, na linha de precursores como Ciro Monteiro, Mario Reis, Geraldo Pereira e até Noel Rosa (que justamente por isso nunca fez sucesso como cantor em sua época). Nessas condições, Vinicius podia sucumbir à tentação que fervilhava em suas entranhas de tornar-se intérprete das próprias composições. Mas diplomata e cantor eram funções incompatíveis. Então cantava com os amigos, em casa, quando compunha com Tom, com Pixinguinha, com Carlinhos Lyra, com Baden... Ou ainda nas famosas "reuniões bossa nova" dos apartamentos da Zona Sul, como o de Nilo Queiroz, que lhe fora apresentado por Baden. Este, com seu temperamento muito fiel, não esquecia os velhos amigos e continuava a vê-los, encantando-os horas seguidas com seu violão. Baden era capaz de tocar uma noite inteira sem parar. Mas numa dessas noitadas em setembro de 1961, calara o violão, cedendo o lugar à "Sinfonia da Alvorada", cuja fita Vinicius e Tom tinham levado para o pessoal escutar. No meio da audição, Selma, a dona da casa, grávida de oito meses e 29 dias, começou a sentir as primeiras contrações e avisou que chegara a hora de ir para a maternidade.

— Ô Selminha, aguenta mais um pouco que está acabando — suplicou Vinicius de Moraes.

A "Sinfonia" não chegava ao fim. Quando Selma sentiu a bolsa se romper, viram que o *gran finale* da música tinha que ficar para outro dia. Nilo levou a esposa parturiente para a maternidade. E qual não foi a surpresa de Selma quando viu Baden e seu violão, com toda a turma, aguardando sua chegada na entrada da maternidade, com uma serenata que a acompanhou até o quarto!

Para matar a sede de cantar suas músicas, Vinicius encontrara um jeito de driblar o veto implícito do Itamaraty, organizando encontros culturais, nos quais misturava conferência de cunho didático e demonstrações *in loco*, na prática, em companhia de Baden Powell: "A gente ia dar show na PUC ou em outras universidades, às tardes. Vinicius falava de seus poemas, de poesia, só depois ele cantava e eu acompanhava no violão. Mas ele não fazia isso para ganhar dinheiro, não, era bem cultural mesmo. Os estudantes o adoravam, se orgulhavam dele, daquelas letras maravilhosas que ele fazia. Quando terminava a apresentação, Vinicius dizia para a plateia: 'Vocês podem fazer perguntas, comentários'. Era só para dar um ar cultural à coisa, não é? Eu me lembro que uma vez um estudante perguntou para Vinicius: 'Por que é que você usa esse cabelo comprido, porque é poeta?', e ele retrucou: 'É porque minha mulher gosta, e o que ela gosta, eu faço'." Não era à toa que Vinicius falava assim. O autor de verdadeiras cantadas do tipo "A mulher tem que ter qualquer coisa além da beleza/ [...]/ Uma beleza que vem da tristeza de se saber mulher/ Feita apenas para amar/ Para sofrer pelo seu amor/ E pra ser só perdão" também era capaz de se curvar diante da opinião da mulher, de reconhecer-lhe inteligência. Afinal de contas, nos anos 1940, trocara suas ideias reacionárias por uma ideologia de esquerda — esquerda festiva, sim, mas esquerda assim mesmo — graças à influência (e às discussões brabas) da primeira esposa, Tati. E, duas décadas mais tarde, faria os circuitos universitários, namoraria o Centro Popular de Cultura, ao lado de Carlinhos Lyra, com o qual, inclusive, viria a compor o hino da União Nacional dos Estudantes (a UNE), e escreveria dali uns anos, esquecendo por algum tempo seus inenarráveis diminutivozinhos: "Quem de dentro de si não sai/ Vai morrer sem amar ninguém/ O dinheiro de quem não dá/ É o trabalho de quem não tem...". A letra é de "Berimbau", que compôs com Baden, que o ia seguindo, muito mais interessado no aspecto musical da aventura do que no político. Mas admirando profundamente Vinicius, aderia a sua ação, chegando a desenvolver, sob influência dele, algumas pitadas de consciência política, adotando um discurso de esquerda que nunca tivera até então.

Em 1962, Vinicius finalmente conseguiu misturar diplomacia e canto, num show antológico no Au Bon Gourmet, no Lido, uma das boates de mais categoria do Rio. Montado por Aloysio de Oliveira, ex-integrante do Bando da Lua, produtor visionário e fundador da Elenco, uma das gravadoras mais interessantes que já existiu no Brasil, o show *Encontro* — por sinal, o único registrado na história entre os três "papas" da bossa nova — reunia simplesmente Antônio Carlos Jobim, Vinicius de Moraes e João Gilberto, acompanhados pelo conjunto Os Cariocas. Vinicius, cheio de dedos, relutou em aceitar o convite, principalmente quando soube que não poderia limitar sua participação a beber um uisquinho sentado no palco, mas teria de cantar. O sonho tornando-se realidade, era demais. Evocou seu estatuto de diplomata, que além do mais estava esperando a nomeação mais desejada no mundo da diplomacia: Paris.[21] Pretextou sua voz mixuruca, sua absoluta falta de profissionalismo... até que João Gilberto, no mais puro espírito bossanovista, argumentou:

— Mas Vinicius, todo mundo tem direito de cantar.

Convencido, Vinicius se deu então o direito de cantar, estreando nesse show o carro-chefe das suas parcerias com Baden Powell, o "Samba da Bênção", composto na Clínica São Vicente, durante uma das internações anuais do poeta, para uma "recauchutagem geral", como dizia o próprio. Reza a lenda que Vinicius convocava o parceiro, recomendando que não esquecesse de trazer consigo — cuidadosamente escondida — uma garrafa de uísque para despertar a inspiração. Na clínica nasceram "Pra Que Chorar", "Amei Tanto", "Cavalo-Marinho" e "Samba da Bênção". Segundo Baden, numa dessas tardes de intensa criação, ele tocou a melodia para o parceiro, que aprovou.

— Vou botar uma letra...

E foi escrevendo, escrevendo, escrevendo... Baden via Vinicius encher páginas e mais páginas. Já estava achando que o letrista tinha esquecido a letra e estava fazendo um romance, quando este colocou um ponto final no texto. O "Samba da Bênção" estava pronto, estreando portanto no show *Encontro*, que foi um enorme sucesso, mas um tremendo buraco financeiro para Flávio Ramos, dono da boate, que pagou horrores às três estrelas, e pelo lançamento de Vinicius de Moraes como cantor. A partir de então, Vinicius passou a se apresentar mais frequentemente em boates com Baden.

O ano de 1962 também seria crucial para Baden Powell, tanto do ponto de vista profissional como do familiar. Logo em janeiro, entrou na programação de um show, com produção de Luiz Carlos Saroldi, da Rádio Jornal do Brasil, e Sérgio Cabral. Saroldi, que trabalhava também num grupo teatral, precisava levantar recursos para um musical de sua autoria que ia apresentar na mesma sala e resolveu organizar alguns shows no Teatro de Arena da Universidade Federal do Rio de Janeiro. Chamou o colega Sérgio Cabral, que na época trabalhava no *Jornal do Brasil*, para produzir com ele, coordenar e apresentar o show. Sérgio convidou Aracy de Almeida, Marília Batista, Ciro Monteiro, Jacob do Bandolim e Baden, que por sinal nem ele nem Saroldi tinham visto tocar —

[21] Vinicius de Moraes já ocupara o cargo de segundo secretário da embaixada brasileira em Paris, entre 1953 e 1957, seguindo depois para Montevidéu.

Badeco e Vina: show de Baden Powell com o parceiro e diplomata Vinicius de Moraes no início dos anos 1960.

conheciam-no somente de reputação. No dia do show, o reitor, Pedro Calmon, chegou ao teatro afobado e avisou Luiz Carlos Saroldi que não haveria show, que não queria esse negócio de samba, de mulata rebolando dentro da UFRJ. Saroldi argumentou, explicou que não era nada disso, que quem estava organizando o evento com ele era o Sérgio Cabral, uma pessoa das mais sérias, que só vinham instrumentistas, cantores. Pedro Calmon, com certa relutância, acabou desistindo de impedir o show. Felizmente, porque a casa já estava lotada. Quando foi a vez de Baden Powell tocar, provocou literalmente dois choques. Um em Saroldi: "Quando o Baden se apresentou, eu tive a maior surpresa. Eu mal o conhecia e não avaliava o que ele era. Ele tocou uma coisa de Bach que foi aplaudidíssima. Depois tocou uns sambas e me impressionou muito. Ele me surpreendeu pela qualidade do jogo. Eu não imaginava...". Outro, muito mais forte, em Sérgio Cabral: "Eu nunca tinha visto o Baden tocar. Quando começou a apresentação, a minha primeira decisão foi a seguinte: nunca mais toco violão. Na época, eu estudava violão. Baden interrompeu no ato a carreira do futuro grande violonista que eu seria. A velocidade dele era assombrosa".

Nem por isso Sérgio Cabral se zangou com o violonista, de quem se tornou amigo e, ocasionalmente, produtor. Inclusive, no mesmo ano, levou-o para São Paulo, num show na Faculdade Mackenzie, com Roberto Silva, Jacob do Bandolim e Vinicius de Moraes. A turma viajou até a capital paulistana de ônibus, num clima de festa que se prolongou durante cinco dias depois do show, apresentado por Sérgio Porto. Cinco dias de farra, durante os quais Vinicius e Baden, que continuava falando pouco e tocando muito, mostraram as músicas que estavam fazendo, entre as quais o "Samba da Bênção", que deixou Sérgio Cabral fascinado, e talvez tenha sido o responsável pela conversão do então conservador crítico musical à bossa nova. Até aquele momento, Sérgio não aderira à nova onda, que achava americanizada.

A bossa nova, esquecida a frase "Olha a merda que o Rio está nos mandando" do diretor da filial paulista da Odeon ao receber "Chega de Saudade" e sua novíssima batida joãogilbertiana, tomara conta de São Paulo, e tinha no João Sebastião Bar o seu Beco das Garrafas. Uma ponte (aérea ou férrea, dependendo das finanças e dos medos) unia musicalmente Rio e São Paulo. Baden Powell era dos músicos que viviam entre as duas cidades, tocando com a mesma frequência nas duas. Nas idas à capital da garoa, dava shows e também perambulava pelas festas e reuniões musicais da vida. Ciceroneado por Vinicius de Moraes, entrou na

Geraldo Vandré, parceiro e amigo de Baden: os dois frequentemente se apresentavam juntos no João Sebastião Bar, em São Paulo.

roda da família Buarque de Holanda. Vinicius ligava para o amigo Sérgio Buarque:

— Estou indo aí com um pessoalzinho.

Preparavam o uísque, o gelo e dali a pouco Vinicius aparecia com a sua corte. Pouco à vontade nesse meio que não era exatamente o seu, Baden ficava num canto, calado, enchendo a cara de uísque para relaxar, aguardando a hora de tocar, a única coisa que o interessava realmente na vida. Alaíde Costa, que se mudara para São Paulo por motivos matrimoniais, também participava dessas reuniões e cantava acompanhada pelo companheiro de sempre.

Baden também ia muito a São Paulo com Geraldo Vandré. Ambos se apresentavam frequentemente no João Sebastião Bar. Conheciam-se da época do Plaza e do Ed Lincoln Trio, quando se tornaram grandes amigos e parceiros. Presenciando a eclosão da bossa nova, Vandré participava das reuniões caseiras, mas não cantava: recitava poemas. Baden se impressionava com esse talento dele: "Geraldo sempre falou bem, com aquela voz bonita, ele recitava poemas de Fernando Pessoa e de Vinicius de Moraes, que ele conheceu mais tarde por mim. Depois é que ele surgiu com aquelas letras maravilhosas. Nós fizemos muitas parcerias".

No Rio de Janeiro, nesse mesmo ano, Baden Powell fez uma temporada no Jirau, em Copacabana, acompanhando Sylvinha Telles, que a essa altura era a voz feminina da bossa nova. O show seguiu depois para Salvador. Era a primeira viagem de Baden para a Bahia. Se apresentaram num clube chiquérrimo de Salvador, tipo Country Club, cujo presidente era o famoso Coqueijo do disco folclórico que tanto impressionara Baden. "Sylvinha foi cantar naquele clube e Coqueijo nos recebeu muito bem. Nunca vi um homem tão bom como ele. Ele era muito culto, conhecia Jorge Amado, falava bem francês, conhecia as coisas da França. Foi com ele que eu ouvi pela primeira vez um disco daquele grupo francês, Les Double Six. Nós ficamos muito amigos nessa minha estada e, a partir daí, quando eu ia para Salvador, ele sempre me recebia."

Outra família que também o recebia nas idas a Bahia era a de Nilo Queiroz, a quem este o recomendara. Foi inclusive o irmão de Nilo que o apresentou a Canjiquinha, um grande mestre de capoeira, como lembrava Walter Queiroz, seu filho: "Baden sempre ficava lá em casa quando vinha para Salvador, e ele falou do interesse que tinha nos ritmos da capoeira, do candomblé. Meu pai resolveu apresentá-lo a Canjiquinha. Aí nós fomos todos para a casa dele, com Baden". Só que quando chegaram lá, o Canjiquinha, ignorando quem ele era, não deu a mínima bola para

BERIMBAU

BADEN-VINICIUS

Quem é homem de bem não trai
O amor que lhe quer seu bem
Quem diz muito que vai, não vai
E assim como não vai, não vem
Quem de dentro de si não sai
Vai morrer sem amar ninguém
O dinheiro de quem não dá
É o trabalho de quem não tem
Capoeira que é bom, não cai
E se um dia êle cai, cai bem.

x x x

Capoeira me mandou
Dizer que já chegou
Chegou para lutar
Berimbau me confirmou
Vai ter briga de amor
Tristeza, camará...

Manuscrito de "Berimbau", música inspirada nas conversas de Baden com Canjiquinha.

Baden que, por sua vez, tímido como sempre, não fez nada para se aproximar do Canjiquinha. O pai de Walter Queiroz explicou então ao capoeirista que Baden era um grande violonista:

— É? Mas eu não ouvi ele tocar...

Alguém conseguiu descolar um violão e Baden começou então a tocar. E aí Canjiquinha entregou o ouro. Houve um reconhecimento efetivo e Canjiquinha começou a cantar e contar tudo para Baden. Contou-lhe a história do berimbau, que mais tarde inspirou ao compositor "Berimbau", a música que tornou esse instrumento ainda mais conhecido no Brasil, em cuja introdução Baden traduz à perfeição as harmonias do canto de capoeira e o som do berimbau. Canjiquinha também o levou aos terreiros de candomblé, às rodas de capoeira.

Sem que se tratasse de uma "viagem de estudos" ou de uma "pesquisa", como reza a lenda, essa amizade proporcionou a Baden a oportunidade de mergulhar nas profundezas da cultura afro-brasileira. Não no lado místico, mas no lado musical das manifestações a que assistia, embora ele tenha adquirido um grande conhecimento do candomblé. Assim aprofundou o aprendizado esboçado quando ouvira o disco enviado por Coqueijo, assimilou os ritmos, as harmonias, os sons, muito importantes para Baden, cujo toque tem uma característica impressionante: a capacidade de reproduzir no violão o som de qualquer outro instrumento: viola, berimbau, cavaquinho, cravo, tambor, bandolim, gaita de fole, e outras percussões...

Em meados de 1962, Baden estava se apresentando com Sylvinha Telles, cujo diretor artístico era Mario Telles, seu irmão. Baden e ele eram velhos parceiros de bebida, música e palco. Mario cantava um pouco. Tinham até feito um show juntos em Niterói, que aliás os deixou desmoralizados. Estavam no palco quando apareceu um jovem cantor que estava estreando. Era Jorge Ben, que veio dar uma canja com os amigos e acabou tomando conta do show. Os dois outros ficaram indignados com "esse garoto que não é de nada" e lhes roubou a cena. As parcerias musicais seriam mais bem-sucedidas, com "Aurora de Amor" e "Tristeza, Vá Embora", que apesar do título provocou muito acesso de riso entre os dois. Baden, que gostava de fazer músicas em tom menor, mais nostálgico, mais melancólico, falou um dia para Mario:

— Olha, eu tenho uma música que é bem triste, então você faz uma letra mais pra baixo, tá bom?

Mario pensou, pensou... e começou a cantarolar:

— Surdo, mudo, cego, também sou leproso...

Baden na Lagoa do Abaeté: foi acompanhando Sylvinha Telles que o instrumentista foi a primeira vez à Bahia.

Depois da brincadeira, colocou uma letra de fato, mas quem conseguia cantá-la? Bastava Baden tocar a introdução da melodia para todos entoarem: "Surdo, mudo...".

Tratando-se de tristeza, nesse ano de 1962, "Samba Triste", de Baden Powell e Billy Blanco, foi incluído no repertório, inteiramente brasileiro, do LP *Jazz Samba* (que é uma forma de definir a bossa nova), gravado por Stan Getz e Charlie Byrd, dois cobras do jazz norte-americano, e produzido por Creed Taylor. Entusiasmado e definitivamente seduzido pela bossa nova, Stan Getz reiterou a aventura americano-brasileira, gravando no mesmo ano, *Big Band Bossa Nova*, com repertório brasileiro devidamente credenciado, salvo a faixa "Night Sadness", que não se sabe por que cargas d'água — suja — era atribuída a Gary McFarland, o arranjador das músicas do disco, quando na realidade era o mesmo "Samba Triste" que já figurava no *Jazz Samba*. Não era a primeira vez, nem seria a última, que a música brasileira (para só citar esta) era vítima desse procedimento desonesto. No entanto, a essa altura dos acontecimentos musicais no Brasil, a bossa nova havia revolucionado a cabeça dos músicos norte-americanos, principalmente o pessoal do jazz.

Em 1961, o Festival de Jazz do Rio de Janeiro trouxera para o Brasil um exército de *jazzmen*, entre os quais o flautista Herbie Mann, que se apaixonou pela música brasileira, descoberta nessa ocasião. Resolveu fazer um disco de bossa nova e, como tinha por filosofia "when playing Brazilian music, play it like Brazilians do",[22] nove meses mais tarde estava de volta ao Rio, acompanhado por Nesuhi Ertegun, o dono da gravadora Atlantic, para gravar o LP *Do the Bossa Nova with Herbie Mann*, no estúdio da Columbia, com os melhores músicos brasileiros. Ou seja, além de Antônio Carlos Jobim, nas faixas "Amor em Paz" e "Samba de Uma Nota Só", e de Baden Powell nas faixas "Deve ser Amor" e "Consolação", tocavam no disco Sérgio Mendes, Paulo Moura, Luiz Carlos Vinhas, Durval Ferreira e Dom Um. O LP foi lançado em 1962 pela Atlantic, com oito faixas: as duas com Jobim, as duas com Baden, além de "Menina Feia", "Você e Eu", uma "Bossa Velha", ousada por Herbie Mann com Zezinho e sua escola de samba para segurar o ritmo, e "Blues Walk", de Clifford Brown. O mínimo que se pode dizer desse LP, com arranjos e direção artística de Tom Jobim, é que se trata de uma das melhores realizações bossa nova da safra norte-americana.

[22] "Quando você tocar música brasileira, toque como os brasileiros tocam".

“Quando tocar
música brasileira,
toque como os
brasileiros tocam”:
o flautista americano
Herbie Mann,
ao lado de Baden.

Na gravação do LP *Do The Bossa Nova*, Vinicius também esteve presente.

Mas Herbie Mann não era o único a vibrar com o novo estilo musical brasileiro. Como então noticiava Vinicius, "muita gente talvez não saiba que a bossa nova entrou com uma fúria louca nos Estados Unidos, e atualmente existe uma corrida sem precedentes para a música que nós criamos, por parte das gravadoras. Cerca de 1 milhão de dólares, disse-me o editor Sidney Fry, já foi aplicado pelas ditas companhias na música que nós criamos [...]. Talvez muita gente não saiba que Antônio Carlos Jobim, João Gilberto, Carlos Lyra, os irmãos Castro Neves, Baden Powell, Roberto Menescal e este poeta compositor que vos fala estão convidados para uma noite de bossa nova em 21 de novembro próximo, no famoso Carnegie Hall de Nova York. Talvez muita gente não saiba que o LP *Jazz Samba* de Stan Getz já anda pela casa dos 150 mil discos vendidos, e os sambas 'Desafinado', 'Samba de Uma Nota Só' e 'Chega de Saudade' são grande sucesso neste momento nos Estados Unidos".[23]

Enlouquecidos com o LP *O Amor, o Sorriso e a Flor*, de João Gilberto, que estava arrasando nos Estados Unidos, os músicos ianques começavam a incluir tudo que conheciam de bossa nova em seus repertórios, levando a nova batida brasileira para a praça pública norte-americana e fazendo ao mesmo tempo a cama do evento mais comentado da história da bossa nova, ao qual Vinicius de Moraes aludira em sua crônica: o famoso show do Carnegie Hall em Nova York. Se foi um sucesso, se foi um fracasso, só quem assistiu sabe. Porque, pensando bem, cada versão do que aconteceu na célebre casa de shows novaiorquina na noite de 21 de novembro de 1962 contradiz a precedente. Para uns, foi um êxito, para outros, um fiasco: disseram que só havia brasileiros assistindo ao show, disseram que a sala estava cheia de americanos... Segundo Ruy Castro,[24] a plateia contava com a presença de Gerry Mulligan, Peggy Lee, Erroll Garner, Dizzy Gillespie, Miles Davis, Tony Bennett e Herbie Mann. Tinham ido sem dúvida para ouvir seus ídolos, João Gilberto e Antônio Carlos Jobim. Mas tiveram que aturar muito mais: ao lado dos dois ilustres músicos e de Carlos Lyra, intimamente ligados à veia "bossa nova", anunciada nos cartazes que divulgaram o show, havia muitos amadores no palco do Carnegie Hall naquela noite. Porém, quem não batalharia para ir se apresentar em Nova York? Com viagem paga pelo Itamaraty, além do mais? Quem? Baden Powell, escalado na programação e que não foi. Na realidade, viu-se obrigado a recusar o convite por motivos fami-

b[23] "Herbie Mann", crônica de Vinicius de Moraes, 1962.

[24] Ruy Castro, *Chega de saudade*, p. 326.

liares: Tic, com um câncer no pulmão, estava à beira da morte e Baden não queria se afastar do pai em um momento tão trágico. Tic morreu, de fato, no dia 19 de dezembro daquele ano, deixando o filho, que tanto incentivara e apoiara no estudo da música, inconsolável. Mas "the show must go on", e Baden viajou poucos dias depois para Nova York com Aloysio de Oliveira.

Bom ou ruim, o show do Carnegie Hall estava tendo repercussões e a bossa nova estava virando moda na terra do Tio Sam. Prova disso, foi o famosíssimo Ed Sullivan, do programa TV *Ed Sullivan Show*, ter organizado um "especial" dedicado à "nova dança" brasileira. Pois é! Várias décadas depois da emergência da bossa nova, ainda não surgiu brasileiro que saiba "dançar bossa nova", mas nos Estados Unidos, a bossa nova era uma dança, só podia ser uma dança, uma vez que, até poucos anos atrás, no exterior, qualquer gênero musical vindo do Brasil era necessariamente uma dança.[25] A Aloysio de Oliveira e Flávio Ramos coube a missão de montar a programação. Convidaram então João Gilberto, Tom Jobim e Milton Banana, que tinham ficado em Nova York depois do show do Carnegie Hall. Do Brasil foram Os Cariocas e Baden Powell, que estava com novo disco, seu terceiro LP solo, e primeiro pela recém-criada Elenco, *Baden Powell Swings with Jimmy Pratt*. Jimmy Pratt era o baterista de Caterina Valente (a artista mais difícil de situar no mapa do mundo: de origem italiana, nascida na França e criada na Espanha, tinha nacionalidade alemã, vai saber por quê), que fez uma temporada no Copacabana Palace. Nessa ocasião, Aloysio de Oliveira aproximou os dois músicos para que gravassem juntos. O disco, no qual figuram uma das parcerias com Geraldo Vandré ("Rosa Flor"), foi reeditado em CD pela Polygram em 1995. Mas no final de 1962, por ser o primeiro LP do violonista pela Elenco, *Baden Powell Swings with Jimmy Pratt* contribuiu para que ele fosse escolhido entre os convidados do *Ed Sullivan Show*. No que diz respeito à parte coreográfica do evento, ela ficou por conta do dançarino ítalo-americano, radicado no Brasil, Lennie Dale (quem mais poderia assumir tão complicado encargo?) e sua parceira Marly Tavares, que ensinaram ao vivo a seis bailarinos americanos como se dan-

[25] Em suas primeiras apresentações na Europa, artistas como Hermeto Paschoal, Egberto Gismonti e Milton Nascimento se defrontaram com a frieza (quando não com as vaias) de um público que não entendia a música que eles estavam tocando. "Mas isso não é brasileiro!", reclamava a plateia, sôfrega pelas migalhas de carnaval que costumavam buscar nos shows brasileiros.

Baden Powell Swings with Jimmy Pratt: o terceiro álbum solo de Baden, gravado em 1962 e lançado pela Elenco.

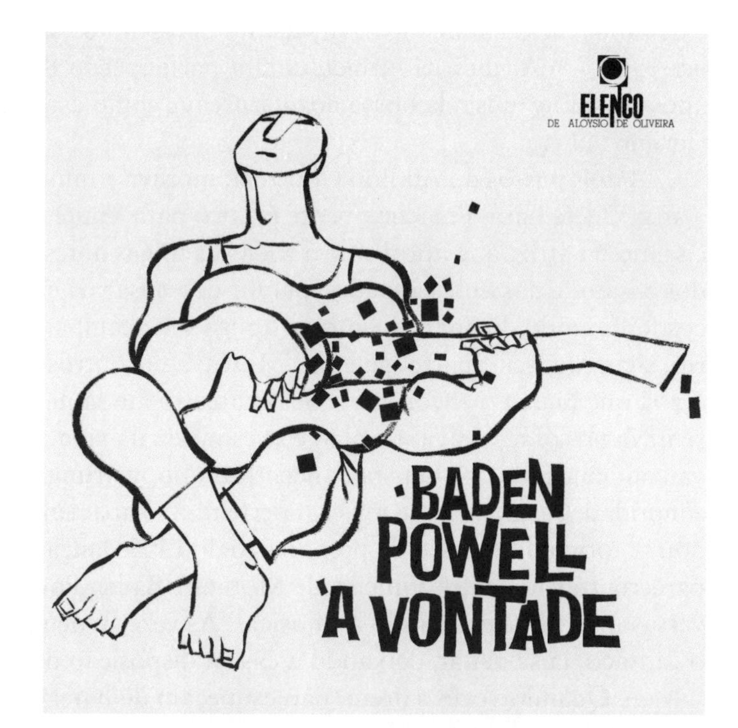

Baden Powell À Vontade: seu segundo LP pela Elenco, gravado em 1963.

çava a bossa nova. Uma pitada de calor em pleno inverno nova-iorquino, que naquele ano bateu recorde de frio. Baden não se espantou com o rigor da temperatura, e ficou uns quinze dias em Nova York. Mas temia por seu instrumento, que ele protegia enrolando-o num cobertor.

No início de 1963, Baden estava de volta ao Brasil e gravou o segundo LP pela Elenco, o *À Vontade* que incluiu, entre outras faixas, "Berimbau", "Consolação", "Samba do Avião", "O Astronauta", "Candomblé", um instrumental de sua autoria, e retomou o rumo das parcerias com Vinicius de Moraes, acrescentando algumas joias à primeira safra: "Deixa", cuja letra foi sugerida pelo "deixa" que Baden repetia de maneira obsessiva ao cantarolar a melodia para o parceiro; "Apelo", que ficaria com o título provisório de "DDC" (dor de cotovelo) — até sua estreia, quando foi gravado, em 1965, pelo Quarteto em Cy — e que tratava do sofrimento efetivo do poeta, cuja relação com Lucinha Proença estava caindo aos pedaços.

Mas durante o sofrimento, a produção continuava... Vinicius de Moraes, apesar de célebre pelo ciúme que tinha dos parceiros, nunca hesitava em enganá-los com outros amores musicais. Foi assim que traiu alegremente Baden, iniciando já em 1961 uma parceriazinha com Carlinhos Lyra, que culminou com *Pobre Menina Rica*, um musical de cunho social e de sabor meio nhenhehém. A peça foi apresentada sob forma de show em 1962, no Au Bon Gourmet, com a participação de Nara Leão, que após ter sido *a* musa da bossa nova, estreava como cantora, e do próprio Carlinhos Lyra.

A dois passos do Au Bon Gourmet, morava a musa do cinema novo, a atriz Odete Lara. Era sumamente prático para Vinicius de Moraes, amicíssimo da atriz, que aproveitava todas as folgas antes, durante e depois dos ensaios e das apresentações, para ir descansar na casa dela. Aos poucos foi fazendo do apartamento da amiga seu acampamento, seu escritório, sua sede, seu quartel-general. Marcava encontros com os amigos, e era lá que Baden o encontrava. Se o parceiro ainda não tivesse chegado, sentava no sofá, pegava o violão e se esquecia da vida. Odete contemplava com emoção o violonista concentrado no instrumento, à procura da sonoridade certa, da frase musical perfeita... O apartamento da atriz acabou se tornando o palco da preparação do LP de lançamento do fruto da parceria travada entre Vinicius de Moraes e Baden Powell. Os dois atravessavam a noite ensaiando as músicas. Às vezes Odete, não aguentando o cansaço, ia se deitar, deixando a casa à disposição deles:

— Quando vocês saírem, não esqueçam de bater a porta, OK?

Capa do disco de Vinicius, Baden e Odete Lara, gravado em 1963:
o nome do violonista só aparece no pé de página...

Nem sempre saíam e, ao acordar no dia seguinte, Odete encontrava os dois no mesmo lugar, adormecidos... Queriam entregar um projeto de disco acabado a Aloysio de Oliveira, que montara a gravadora Elenco em sociedade com Flávio Ramos e Celso Frota, o padrasto de Tom Jobim. Odete Lara na época aguardava um contrato para a filmagem de *Riacho doce* (adaptado do romance homônimo de José Lins do Rêgo), que acabou não sendo rodado, estava disponível e acompanhava o dia a dia (ou seria o noite a noite?) dos ensaios, dava opinião e uísque, obviamente. E se, no ensaio, eles precisassem de uma voz feminina, solicitavam-na. Afinal de contas, a atriz, que havia pouco participara do show *Skindô*, revelando um certo jeito para o canto, podia dar conta do serviço. E deu tão bem que, na hora de gravar, Baden sugeriu que ela entrasse no disco. Dito e feito. Com o aval entusiasta de Aloysio, Odete e Vinicius formaram um duo. Curiosamente, o nome de Odete, que chegara um pouco como deliciosa penetra num LP previsto para ser de Vinicius e Baden, aparece em letras grandes ao lado do de Vinicius na capa do disco, com uma foto de ambos. Baden, compositor de todas as músicas e violonista em todas as faixas, aparece apenas em letras minúsculas, no rodapé da capa, além de citado na contracapa, na ficha técnica, entre Copinha (flauta), Edison Machado (bateria) e Moacyr Santos (arranjos e regência), uma equipe da pesada apoiada por violinos, sopros e piano não mencionados... No disco, reeditado em CD em 1995 pela Polygram, que comprou o catálogo da Elenco quando esta fechou em 1968, figura o melhor da produção dos dois parceiros. Os dois cantores não são cantores, mas isso era o charme da época.

O LP, com doze faixas, saiu em outubro de 1963, na festa de estreia da nova gravadora, provocando grande surpresa. Ninguém esperava Vinicius de Moraes e Odete Lara num disco. Vinicius não compareceu à festa: estava viajando pela Europa com Nelita, a sucessora de Lucinha Proença no versátil coração do poeta. Depois de prolongada lua de mel na Itália, deveriam pousar em Paris, onde Vinicius conseguira, enfim, ser nomeado delegado do Brasil junto à UNESCO. Antes de viajar, em 29 de março de 1963, ele assistiu ao casamento de Baden e Heloísa. Alguns meses antes, Baden tinha conseguido, apesar de um enorme pileque, pedir a mão da namorada com quem queria casar havia anos, mas Heloísa achava melhor se formar primeiro. Nesse dia, a família estava festejando o aniversário da irmã de Heloísa e o noivado desta. O que motivou uma grande festa, com muita bebida... e na hora do pedido ninguém sabia do noivo. Procuram de lá, procuram de cá, e de repente percebem que a por-

Cenas do casamento de Baden Powell
e Heloísa Setta em março de 1963.

Vinicius de Moraes, padrinho do
casamento, beijando a noiva.

Diante do altar: a única vez
que Baden casou na igreja
e no cartório.

Baden e seus
convidados ilustres:
Carlinhos Lyra
(à esquerda), Aloysio
de Oliveira (de pé)
e Vinicius de Moraes.

ta do banheiro está trancada e ninguém responde. Arrombam a porta e encontram Baden dormindo na banheira. Era ideal o lugar para encher--lhe a cabeça de água e despertá-lo. E o pedido foi feito com ele meio molhado. Felizmente, no dia do casamento, celebrado numa capelinha em Copacabana, perto do Posto 6, Baden não se embriagou e pôde curtir a presença dos amigos queridos: Vinicius, claro, foi seu padrinho de casamento, e mais Carlinhos Lyra, Renato Murce e Eliana, Aloysio de Oliveira e Sylvinha Telles, Billy Blanco, Nilo e Selma Queiroz, Moacyr Santos, Flávio Ramos e muitos outros... O casal foi viver no hotel Apa, na Barata Ribeiro, em Copacabana, enquanto ajeitavam a vida. O que nunca ocorreria, aliás. Com um show atrás do outro, Baden não tinha um minuto para procurar apartamento, comprar mobília, cuidar da mudança. Também havia as gravações. Nesse ano, Elizeth Cardoso gravou o LP *Elizeth Interpreta Vinicius*, no qual entravam parcerias do poeta com Nilo Queiroz, Vadico e Baden, que teve uma bela atuação no disco. Também pudera: já tinha muitas horas de "voo" musical com a cantora de quem fora violonista, alternando-se com Carlos Lyra, no início da década de 1960, quando esta se separou de Manuel da Conceição, o Mão de Vaca. Participou também em duas faixas ("A Maré Encheu" e "Vou Caminhando") do segundo LP de Geraldo Vandré, *Hora de Lutar*.

Baden Powell já não era apenas o violonista que deliciava os intérpretes pela sua arte de acompanhar, capaz de mudar de tom na hora se a voz do intérprete estava cansada, capaz de tocar qualquer ritmo em qualquer velocidade. Estava fazendo uma carreira de solista, com o nome em letras maiúsculas nos cartazes. Porém, à medida que subia o panteão da fama, Baden ia aumentando o consumo de uísque. No Au Bon Gourmet, onde fez uma temporada no início de 1963, quando terminava o show bebia uma parte do cachê no próprio bar da casa que o contratara. E acabava dormindo no camarim, pois não se lembrava mais onde morava. Pelo menos, garantia a presença no palco na noite seguinte a Flávio Ramos, dono do local. Em casa, ou melhor, no hotel Apa, Heloísa, desesperada, fazia as contas: "Era uma dificuldade terrível porque eu tentava economizar para pagar o hotel e Baden torrava o dinheiro todinho. Ele trabalhava nas boates e convidava todo mundo para beber com ele, o amigo, a namorada do amigo, a irmã da namorada do amigo: 'Bota na minha conta!'. Ganhava muito dinheiro, ele sempre foi de ir à luta, de trabalhar, ele era danado. Mas quando terminava o mês, cadê o dinheiro? Ele tinha bebido com os amigos". Heloísa estava descobrindo a dura realidade da vida com um alcoólatra, que apesar de recém-casado, já su-

Violão, cigarro e uísque: os três companheiros de Baden.

mia durante dias com os amigos, na farra. Boa parte delas começavam no barzinho do hotel Apa, suficientemente bem abastecido para assegurar porres monumentais. Os amigos iam encontrá-lo lá, onde começavam a beber e depois... era o que desse e viesse. Heloísa lembra-se da vez em que, por volta das dez da noite, Vinicius apareceu:

— Vamos pro bar beber um copo.

Baden e Heloísa desceram, ficaram bebendo. Dali a pouco chegaram os meninos do MPB 4, Mario Telles, Ciro Monteiro... Foi juntando gente, e às quatro da madruga a turma resolveu ir visitar Pixinguinha. O saxofonista, de quem Baden se aproximara muito quando passou a viver em Olaria, era boa praça, gostava de uma farra, bebia todas. Em sua casa havia grandes reuniões, que começavam com a feijoada preparada por dona Beti, sua esposa, e terminavam em rodas de música que reuniam o pessoal da velha guarda e o da bossa nova, gente de todas as idades e de todos os horizontes musicais. Baden, que tanto estudara sua música nas aulas com Meira, se encantava de tocar com ele na casa de Pixinguinha. Era sempre uma festa ir para a casa do mestre. Mas às quatro da manhã! Heloísa preferiu ir dormir. Às sete da manhã, foi acordada pelo telefone. Era Nelita, preocupada, perguntando pelo marido:

— Ele foi lá para a casa do Pixinguinha.

E Heloísa voltou para a cama. Mas aí foi o Baden que ligou:

— Estamos saindo da casa do Pixinguinha, vamos tomar café na casa da mamãe.

Dali a pouco o telefone tocou novamente. Era a mulher de Mario Telles, à procura do marido! Nisso, Nelita liga novamente:

— Heloísa, liguei para a casa do Pixinguinha, eles não estão lá, não.

A única pessoa que não ligou foi a esposa de Ciro Monteiro, porque ela sempre o acompanhava nas farras. Heloísa passou 48 horas recebendo telefonemas das esposas aflitas à procura dos maridos, que só voltaram para casa dois dias depois. Aos poucos, Heloísa ia perdendo as ilusões: "Quando a gente namorava, eu via que ele bebia, mas achava engraçado, ele ficava muito doido e eu não tinha noção do que era conviver com isso. E tem essa coisa de pensar que casando vai melhorar, que a gente vai mudar a pessoa".

Mas nada nem ninguém jamais teve o mínimo poder de mudar Baden Powell. Nem para melhor — fazendo com que ele bebesse menos e se organizasse mais — nem para pior: apesar do sucesso, da fama, da celebridade, Baden continuou a vida toda calado, de uma timidez que muitos confundiram erroneamente com antipatia ou agressividade, e extremamente humilde. Daquela humildade dos que sabem exatamente o que valem. Baden jamais duvidou do seu talento, por isso nunca esquentou a cabeça, nunca abriu mão de sua simplicidade. Por isso, também, não hesitou, um belo dia, sem mais nem menos, quando estava se tornando uma das maiores estrelas do Brasil... em sair do país. E como sempre na contramão da moda, em vez de ir — como Tom Jobim, João Gilberto, Carlinhos Lyra, Sérgio Mendes, João Donato — para os Estados Unidos, onde seria recebido de braços abertos, Baden foi a Paris, onde a bossa nova era praticamente desconhecida, e ele mais ainda.

A viagem não estava nada programada. Baden jamais programou viagem na vida dele, salvo no quadro de turnês previamente montadas. Ele improvisava viagens como improvisava música. No caso da ida a Paris em 1963, a ideia surgiu num jantar, afogado no uísque e no vinho, com um amigo empresário que lhe fora apresentado por Vinicius, Oswaldo Palma, que era apaixonado pela terra de Molière. "Quando teve aquele show do Carnegie Hall, que eu não fui porque meu pai estava muito mal, eu fiquei com a passagem na mão. Aí eu fui ao Itamaraty, saber se eu poderia usá-la depois. O secretário do Itamaraty, Mário Dias Costa, me disse que não havia problema, que eu podia ir quando quisesse para os Estados Unidos. E eu comecei a pensar numa viagem a Nova York. Mas aí eu fui jantar numa churrascaria em Copacabana com Oswaldo Palma, e nós começamos a beber, e naquela conversa de bêbado, Oswaldo falou que ia me levar para Paris, ele ia para lá a toda hora, que Paris era a terra do amor e que os Estados Unidos eram uma burrice, que americano não tinha cultura, só comia catchup, e eu tinha que ir para Paris."

— Joga essa passagem fora, rapaz, você tem que ir a Paris.

— Está bom, então eu vou para Paris.

Quando passou o porre, Baden pensou consigo mesmo: "Agora vou ver se eu sou eu mesmo, vou me experimentar. Vou para Paris mesmo. Não falo nada de francês, mas vou". Foi para o Itamaraty, virou, mexeu e conseguiu trocar a passagem para os Estados Unidos por duas para a França, e a perspectiva do hambúrger pela do *foie gras*.

Em novembro de 1963, Baden pegou o violão, pegou Heloísa e pegou o avião da Panair. Oswaldo Palma, que embarcara alguns dias antes para a França, ficou de esperar o casal no aeroporto de Orly.

4.
PARIS

O avião pousou no aeroporto internacional de Paris, Baden e Heloísa entraram na fila dos passageiros, com o passaporte na mão, passaram o controle da polícia, da alfândega, recuperaram a bagagem e saíram. Procuraram no meio da multidão cosmopolita que aguardava no hall o anfitrião Oswaldo Palma. Não o viram... Oswaldo tinha tomado um porre na véspera e não conseguira acordar. Foram até o balcão da Panair:

"Aí começou o Brasil novamente! Ninguém sabia que o avião já tinha chegado, pensavam que eu queria informações sobre a hora em que ia aterrissar...

— Já chegou?

— Claro que chegou, eu vim nele! Mas tinha um rapaz que devia vir me esperar...

Aí é que vim a saber que a voz que estava falando no alto falante, que eu até tinha ouvido algo parecido com meu nome, uma coisa assim Badén Pôel,[26] estava me chamando no balcão de informações para me avisar que o Palma não tinha vindo me esperar. Bom, então eu tinha que me virar sozinho. Fui trocar o dinheiro. Eu só tinha dólares, queria trocar e não entendia nada, aí deu aquela confusão..."

Finalmente, com seus francos no bolso e a indicação de um hotel na rue de Galilée, uma perpendicular aos Champs Elysées, Baden e Heloísa tomaram um táxi.

— Hotel Madison, s'il vous plaît — conseguiram arranhar num francês aportuguesado, mostrando ao motorista o papelzinho no qual o funcionário da Panair havia escrito o nome e o endereço do hotel.

Dispunham do equivalente a quatrocentos dólares e não sabiam muito bem quanto tempo ficariam em Paris: uns quinze dias, talvez mais...

Por enquanto, estavam com frio. Final de novembro, céu nublado, chuvas de outono abrindo caminho para o inverno, árvores peladas, folhas secas pelo chão, troncos cinzentos, corpos abarrotados pelas muitas

[26] "Badén Poél", com a pontinha da língua batendo no céu da boca, para tornar o N e o L explosivos...

camadas de roupa, os passos rápidos dos transeuntes, para fugir o quanto antes do frio... para quem acabava de sair do verão carioca, essa chegada em terra estranha seria traumática. Não fosse a presença calorosa de Vinicius, que o casal logo procurou. O "brasileiro mais francês de Paris" assumiu novamente o papel de pai adotivo de Baden e guiou seus primeiros passos na capital francesa. E, além de iniciá-lo, como não poderia deixar de fazer, nos bares locais, apresentou-o a todos os amigos, recomendou-o às pessoas suscetíveis de apoiá-lo, de orientá-lo.

A primeira delas foi Francette Rio Branco, uma brasileira francesíssima. Seu pai, filho do barão de Rio Branco, casado com uma francesa, morrera quando ela tinha apenas um ano. Sua mãe regressara então para a França, perdendo qualquer contato com o Brasil, tanto que Francette se criara num ambiente genuinamente francês. Contudo, nunca esqueceu suas raízes, e ao se tornar maior de idade, optou pela nacionalidade brasileira. Foi para a "terra natal" aprender a língua materna (que no seu caso era paterna), prestou o concurso do Itamaraty e, apesar do seu português enrolado, cheio de "rr" e de palavras oxítonas, passou. E foi para a embaixada brasileira em Paris, onde dirigiu o setor cultural durante toda a sua carreira. Ela e Vinicius de Moraes se conheciam desde os anos 1950, quando Vinicius foi segundo secretário da mesma embaixada, e eram amigos íntimos. Francette estava na embaixada, na avenue Montaigne, quando entraram na sua sala Pierre Barouh, um francês meio músico, meio aventureiro que ela sempre encontrava nas festas e reuniões brasileiras, e um rapaz moreno, miúdo e magrela, que ela reconheceu imediatamente: era Baden Powell.

No ano anterior, de passagem pelo Rio, tinham sido apresentados pelo amigo comum, Oswaldo Palma:

— Você tem que conhecer um garoto extraordinário que Vinicius conheceu e com quem está fazendo parcerias.

E levou-a ao hotel Apa.

— Baden, essa é a Francette, ela é muito boa praça.

Francette não se surpreendeu ao vê-lo na sua sala na embaixada, pois Vinicius já a tinha avisado da vinda do parceiro a Paris, pedindo que ela lhe desse todo o apoio necessário. Mas surpreendeu-se com sua roupa: naquele frio invernal, ele estava com uma calça de algodão, uma camisa de popeline cor-de-rosa e um sueterzinho fino. Ao saber que tinham ido à embaixada no jipe sem capota de Pierre, ela desconfiou de que os dois fossem completamente malucos. E engrenou imediatamente o apoio solicitado pelo amigo Vinicius:

Baden e Francette, nos anos 1990: a neta do barão de Rio Branco
foi sempre uma grande amiga do artista em Paris.

— Olha, isso é uma loucura! É preciso comprar logo uma roupa para esse menino, antes que ele morra de pneumonia.

Dito e feito. Francette e Baden ficaram muito amigos: "Mas muito amigos mesmo, e quando eu cheguei à França, ela foi meu braço direito". Aquele famoso braço direito de que Baden sempre tanto precisou e conseguiu, graças ao charme irresistível com que conquistava qualquer pessoa. Além do apoio constante de Vinicius e Francette, Baden também poderia contar, nessa primeira fase de sua vida francesa, com a ajuda de Pierre Barouh.

Dois anos antes de Baden desembarcar em Paris, um navio vindo de Portugal aportara no Rio de Janeiro, para uma escala de três dias. Três dias durante os quais um dos membros da tripulação, Pierre Barouh, que na verdade era músico e só se alistara na marinha para poder ir ao Brasil, nem que fosse por três dias, perambulou feito um louco pelas ruas da cidade, convencido de que acabaria encontrando seus ídolos Vinicius de Moraes, João Gilberto e Tom Jobim, os únicos motivos da sua vinda. Descobrira a bossa nova pela voz de Elizeth Cardoso cantando "Chega de Saudade" e através do LP *O Amor, o Sorriso e a Flor* em Lisboa, onde estava passando uns tempos. Para sobreviver, cantava, acompanhando-se ao violão, música francesa nos bares do Bairro Alto. Como 99,99% de todos aqueles que ouviram pela primeira vez um disco de João Gilberto, Pierre Barouh tinha pirado. E tinha uma ideia fixa: conhecer aqueles músicos brasileiros. Descolou um trabalho de ajudante na cozinha de um barco e rumou para o Eldorado da música. Evidentemente, em três dias não encontrou nada nem ninguém do que procurava, e regressou, com o rabinho entre as pernas, para Lisboa, seguindo depois para Paris, onde retornou à sua vida de cantor e boêmio. Porém, o vírus da música brasileira o contagiara. Onde ia, levava o disco de João Gilberto consigo, para mostrá-lo a quem encontrasse, do porteiro de seu prédio a Michel Legrand, do dono do bar onde tomava um cafezinho a Sacha Distel, tentando (e conseguindo muitas vezes) comunicar seu entusiasmo. Assim foi que, dois anos após a viagem ao Brasil, no restaurante em que estava jantando com um amigo certa noite, o assunto era, como de costume, música brasileira. Didático, Pierre Barouh quis fazer uma demonstração ao vivo e começou a cantar um samba de Dolores Duran para o colega. Num país que de música brasileira praticamente só conhecia "Si Tu Vas a Rio",[27] com Dário Moreno, o fato surpreendeu suas vizinhas de mesa,

[27] Versão francesa de "Madureira Chorou", composição de Joel de Almeida.

que eram brasileiras. Uma delas era Vera Barreto, modelo brasileira que trabalhava na Maison Chanel, e a outra era a sua mãe. Era tão improvável ouvir aquele francês cantando um samba de Dolores Duran que elas perguntaram:

— Mas como é que você conhece essa música?

— É que eu estive no Brasil e sou louco por música brasileira, conheço um bocado de coisa...

A conversa esquentou, ficaram amigos, e as duas brasileiras, muito brasileiramente, o convidaram:

— Tem uma festinha lá em casa amanhã, apareça.

No dia seguinte, Pierre se apresentou no apartamento da rue Suger, onde elas moravam. Quando entrou na sala, já cheia de convidados, caiu de quatro: sentado no sofá, um copo de uísque na mão, estava... Vinicius de Moraes. A seu lado, um rapaz tímido, com um violão no colo: Baden Powell. "Eu tinha dado a volta ao mundo, atravessado o Oceano Atlântico duas vezes atrás de Vinicius, e ele estava em Paris, a dois quarteirões da minha casa!" Nessa noite começou uma grande amizade entre os três.

Os quinze dias já tinham passado, os quatrocentos dólares já tinham derretido e Baden entrara no circuito dos cafés parisienses, onde ia tocar à noite para levantar um dinheirinho.

O encontro com Pierre Barouh, que ocorreu umas três semanas depois que Baden chegou a Paris, mudou o rumo das coisas. Apaixonado pela música de Baden, Pierre decidiu promover a carreira do violonista em Paris. Não que fosse empresário nem nada disso. Mas era tenaz, cabeça dura e sabia convencer quando acreditava em alguém (o que foi, aliás, uma meta constante na vida deste artista polivalente que se dividiu entre sua própria carreira e a divulgação da dos outros, que fundou uma gravadora — a Saravah — que lançou inúmeros artistas franceses e estrangeiros na França). Todo empolgado, foi encontrar com Jean-Michel Boris, diretor artístico do mais famoso *music hall* parisiense, o Olympia. Boris, verdadeiro amante da boa música, abria as portas da casa a todos os estilos musicais. E muito antes da onda da *world music*, organizava shows que ele batizara de *Spectacles des Minorités*,[28] com música oriental, africana, ibérica, italiana, sul-americana ou ainda música regional francesa (pois isso existe, sim), ou seja, as músicas esquecidas no *show biz* oficial. Nos sábados às dezoito horas, com o apoio da Europe 1, a maior emissora de rádio na época, apresentava essas músicas desconhe-

[28] *Espetáculos das Minorias.*

cidas e "exóticas" num programa chamado *Musicorama*, que ficou famosíssimo. Pierre Barouh invadiu o escritório de Boris e o convenceu a incluir Baden na programação do próximo *Musicorama*. Jean-Michel Boris conhecia um pouco a música brasileira e achava que podia apostar nela. Valia a pena promovê-la, por isso gostou da ideia de Pierre Barouh, e, no final de dezembro de 1963, Baden Powell se apresentou no Olympia. Entretanto, Francette tinha explicado ao violonista que os Champs Elysées não eram lugar para a juventude dele, que o quente mesmo para os jovens era o Quartier Latin, na Rive Gauche,[29] além do mais, um bairro tradicionalmente de predileção da boemia brasileira em Paris.

Na década de 60, o Brasil radicara-se num hotelzinho da rue de la Harpe,[30] o Hôtel du Levant, onde políticos, cineastas, músicos, universitários, intelectuais e turistas de toda espécie costumavam se alojar. Baden, Heloísa e o violão acrescentaram então seu nome à lista dos hospedes brasileiros do hotel. Filosófico, o dono, monsieur Pierre,[31] curvava-se sem reclamar aos costumes bagunceiros dos hóspedes latino-americanos, aceitando que transformassem seus quartos em sala de jantar e que organizassem grandes feijoadas coletivas nos corredores. No terceiro andar, Baden e Heloísa economizavam restaurante fazendo o rango num fogareirozinho a álcool no quarto, o que era terminantemente proibido. Na véspera da apresentação no Olympia, estavam os dois preparando o jantar: Heloísa fazendo uma sopa, Baden fritando ovos. A frigideira era ruinzinha, daquelas que o cabo é meio frouxo. Quando ele foi botar os ovos no prato, a frigideira deu uma girada imprevista e a manteiga fervendo

[29] A Rive Gauche, ou seja, a margem esquerda do rio Sena. Até os anos 1970, o Quartier Latin, que fica em plena Rive Gauche, era o bairro das faculdades (a Sorbonne, a Faculdade de Direito, de Medicina, de Arquitetura, Belas Artes etc.), assim como dos grandes liceus (Louis-Le-Grand, Saint-Louis, Henri IV), tornando-se o ponto de concentração da população estudantil, intelectual e dos artistas. A Rive Droite (margem direita), por oposição, era o setor dos negócios, do comércio, das embaixadas, dos bancos... e em termos populacionais, era, na sua zona oeste, o bairro da burguesia. No norte e nordeste se concentrava uma população mais proletária e de baixa renda. Hoje em dia, a cidade sofreu grandes transformações e sua estrutura modificou-se bastante.

[30] Paralela ao boulevard Saint-Michel, principal avenida do Quartier Latin, a rue de la Harpe vai do boulevard Saint-Germain, outra famosa avenida do bairro, até o rio Sena

[31] O fato de chamá-lo "monsieur Pierre" é uma distorção dos brasileiros. Pois em francês, exceto nos meios populares, *monsieur* (ou *madame*) precede obrigatoriamente o sobrenome. Chamar alguém pelo nome supõe uma certa intimidade que torna desnecessário os respeitosos *monsieur*, *madame* ou *mademoiselle*.

O Hôtel du Levant, que costumava receber muitos brasileiros em Paris, e onde Baden e Heloísa se hospedaram em 1963.

caiu na mão do violonista. Heloísa saiu desesperada para comprar um remédio na farmácia, e conseguiu ácido pícrico e uma faixa para colocar na mão do esposo. Talvez por conta da eficácia do remédio, talvez porque haja algo de bruxo em Baden, no dia seguinte ele estava no Olympia e tocou sem problemas e com muito brilho. Aplaudidíssimo, teve direito ao que ninguém nunca conseguira nesse show, onde cada artista apresentava uma única música: a pedido do próprio Jean-Michel Boris, tocou outra música e teve oito "cortinas", o que significa que a célebre cortina de veludo bordô do Olympia fechou e reabriu para que Baden saudasse o público oito vezes seguidas, um verdadeiro recorde. Sentada no fundo da sala, Heloísa vibrava, emocionada com o sucesso do marido.

Com isso, 1963 chegou ao fim. Baden e Heloísa passaram o Natal no apartamento de Vinicius e Nelita, na rue Fresnel, no XVIe arrondissement,[32] um dos bairros mais ricos de Paris, diga-se de passagem. Tudo agora parecia diferente: a cidade, o clima, as esposas (ambos recém-casados, Baden pela primeira vez, Vinicius pela quarta), o contexto. Mas, como um caracol, que para onde vai leva a casa nas costas, Vinicius, em suas andanças, carregava consigo seu "ambiente" pessoal. Em qualquer país do mundo em que estivesse vivendo, elegia seus bares preferidos, formava sua corte, se enturmava com os intelectuais e os artistas do lugar e fazia de sua casa o ponto aconchegante de reuniões. Como no Parque Guinle, Baden se sentiu imediatamente em casa, pronto para retomar o fio interrompido das parcerias.

Compunham e, quando as músicas ficavam prontas, enviavam uma fita para Ciro Monteiro, no Rio, que as gravava. Datam da safra parisiense "Velho Amigo", "Tempo Feliz" e "Formosa",[33] esta última nascida na febril agitação dos preparos do tradicional peru natalino, feito pelo próprio Vinicius, que, mesmo com as mordomias domésticas que o Brasil ainda proporciona à classe média, sempre gostou de cozinhar. Vinicius nas panelas, Miúcha, que estava vivendo em Paris, descascando os legumes, e Baden Powell, ao lado do fogão, tocando violão: a cena seria

[32] Paris é dividida em vinte distritos, chamados *arrondissements* e designados pelo seu número. O VIII, situado do lado direito do Sena, é conhecido como um dos mais chiques. É nele que se encontra a embaixada do Brasil.

[33] Em várias entrevistas, Baden Powell conta que a inspiração para "Formosa" foi uma bela mulata avistada no trem que levava ele e Vinicius a São Paulo na época do *Fino da Bossa*. Possivelmente, os parceiros a geraram nestas circunstâncias, vindo a pari-la em Paris.

No apartamento de Vinicius em Paris: ali a dupla compôs boa parte de seu repertório.

Vinicius de Moraes e Baden Powell numa sessão de fotos para a revista *O Cruzeiro*.

contada, no ano seguinte, com humor e nostalgia pelo poeta,[34] que relembrava como o parceiro "... balançara-me um samba também saidinho do forno. Um sambão todo alegria, de bocarra aberta e braços para cima. Enquanto traçávamos entre a cozinha e a sala, dando as últimas providências, a letra foi saindo... E assim foi ele cantado, por todos os circunstantes, durante oito horas e dez garrafas do mais puro escocês. Quando já de madrugadinha a casa serenou, Baden e eu sentamos com nossas mulheres e nos deixamos lembrar Natais passados". O clima festivo foi então se transformando aos poucos e cedendo o lugar a uma terrível fossa, no meio da qual Baden sugeriu a Vinicius colocar uma letra numa música que fizera para seu pai, morto no Natal anterior. Vinicius, que conhecera bem o Tic, deixou-se contagiar pela saudade que tomara conta de Baden. Começou a rabiscar alguma coisa que se tornaria "Velho Amigo": "Neste dia de Natal/ Em que já não estás comigo/ Deixa-me chorar/ Ao relembrar a valsa/ De um Natal antigo/ Ao soar da velha hora/ Eu te via, velho amigo/ Entrar bem devagar/ Me beijar, e ir chorando embora...". Mas nessa hora, a tristeza já havia se apossado de todos, e a parceria acabou num chororô geral. Na mesma época, Vinicius pediu a Baden que colocasse os temas numa tragédia de sua autoria, intitulada *Chacina em Barros Filho*. Quando as músicas ficaram prontas, a dupla percebeu que o conjunto das músicas compostas por Baden tinha um forte sabor nordestino. Os dois pensaram então que era melhor trocar o nome da peça para *Ópera do Nordeste*. Prevendo encená-la algum dia, Vinicius e Baden começaram até a imaginar quem trabalharia no musical: escalaram João Gilberto, Grande Otelo. Contudo, o musical ficou por aí. Só no final da década de 1970 é que Vinicius voltou ao projeto, que ficara dormindo no fundo de uma gaveta... e foi exatamente quando Chico Buarque lançou *Ópera do Malandro*. No entender do poeta e de seu parceiro, ia ser muita ópera num ano só. Desanimados com o desencontro, desistiram da ideia, que nunca se concretizou.

Encerradas as festanças de fim de ano, o "efeito Olympia" se fez sentir. Vale salientar que, para Pierre Barouh, a passagem de Baden Powell pelo palco do *music hall* não deveria ser apenas a oportunidade de fazê-lo conhecer uma plateia que não ultrapassava uma média de oitocentas a mil pessoas. Nem mesmo aos muito mais numerosos ouvintes da Europe 1, que retransmitia o show. O objetivo do francês era também que

[34] "Velho amigo: conto de Natal", em Vinicius de Moraes, *Para uma menina com uma flor*, Rio de Janeiro, Editora do Autor, 1966.

Eddie Barclay, que lançou Charles Aznavour e Jacques Brel, entre outros, batalhou para ter Baden Powell em sua gravadora.

profissionais do meio musical o descobrissem. A ideia era dar um impulso à carreira do violonista. E para isso era preciso despertar o interesse das gravadoras, dos organizadores de shows, dos empresários. Convencido do valor do brasileiro, Pierre estava seguro: alguém teria que contratar o fabuloso instrumentista. Alvoroçou o *show biz* inteiro, fez convites, avisou, chamou, insistiu e conseguiu trazer para a plateia Eddie Barclay, o francês que bateu o recorde de esposas de Vinicius de Moraes, com doze casamentos, no cartório e tudo; o homem que introduziu o 33 rpm no mercado francês; que, com sua gravadora, a Barclay (cujos arranjadores e maestros eram Michel Legrand e Quincy Jones, e o diretor artístico Boris Vian) promoveu o jazz na França, assinando contratos com artistas como Dizzy Gillespie, Duke Ellington, Sammy Davis Jr., Erroll Garner, Charlie Parker; que lançou Charles Aznavour, Léo Ferré, Dalida, Henri Salvador, Jacques Brel, Claude Nougaro; e que promoveu o *comeback* do imenso Charles Trénet, espécie de Luiz Gonzaga urbano francês. Bem, Eddie Barclay tinha faro, e as duas músicas interpretadas por Baden foram suficientes para convencê-lo. "Eu já gostava muito da música brasileira, costumava passar o carnaval no Rio e curtia as escolas de samba. Mas eu gostava mesmo era de bossa nova, eu achava que havia um paralelismo entre ela e o jazz. E enfim, eu conhecia bem Tom Jobim, que aliás já tinha me falado de Baden Powell." Além de uma orquestra de música brasileira, arregimentada por Sílvio Silveira, a Barclay tinha outro artista brasileiro em seu elenco, Sivuca, que estava vivendo em Paris. Eddie convidou Baden para seu luxuoso apartamento da avenue Hoche, a duas quadras da Place de l'Étoile, a fim de conhecê-lo melhor. Baden, que já era caladão num ambiente brasileiro, em Paris emudeceu de vez, limitando a comunicação a alguns gestos e muita música. Tocou a noite inteira. Eddie Barclay e os amigos presentes ficaram pasmos diante da facilidade do violonista: "Ele tocava uma música tão pura, com aqueles acordes incríveis. Ele sentia a música e a fazia sentir aos outros. Qualquer coisa que a gente pedisse para ele tocar, ele sabia. Era impressionante, e eu achei que devia contratá-lo".

Mas Eddie Barclay não foi o único a pensar assim naquele momento. Ele tinha se separado recentemente de sua esposa, Nicole, uma verdadeira raposa em matéria de negócios que acabara de montar seu próprio selo, o Bel Air. E Nicole também estava de olho no violonista brasileiro. Começou então um leilão feroz entre os dois ex-cônjugues. O Bel Air estava ganhando o lance, quando Vinicius de Moraes, sempre atento ao destino do protegido, conversou com seu amigo Pierre Seghers, dono da editora homônima, e que conhecia bem o meio musical. Ele desaconselhou Baden a assinar com o Bel Air e, no dia 6 de janeiro de 1964, escreveu uma bela carta a seu amigo Lucien Ades, dos discos ADES, recomendando o violonista brasileiro em termos sumamente elogiosos: "Permita que lhe recomende expressamente um compositor brasileiro, que é ao mesmo tempo um artista de classe internacional" etc. etc. A história não diz o que aconteceu com Lucien Ades, mas quem acabou ganhando foi mesmo Eddie Barclay. E, de certa forma, também Baden, que, menos de oito semanas após ter desembarcado na França, recebeu um *advance* fenomenal sobre os *royalties* para seis LPs, o que lhe permitiria viver tranquilo durante meses.

A notícia encantou Sílvio Silveira, contratado da Barclay. Ele havia chegado à França no final dos anos 1940. Saíra do Brasil com a orquestra Fon Fon, levando a música brasileira para o Oriente, para a Turquia e para a Inglaterra, onde a orquestra se desfez. Os componentes da banda voltaram para o Brasil, porém dois deles, Sólon e Sílvio Silveira, rumaram para Paris e de lá nunca mais saíram. Além do trabalho na Barclay, Sílvio era correspondente da revista *Manchete* e guia-mor dos brasileiros em Paris. Amigo de todos, ajudava, orientava, explicava a França aos recém-chegados. Conhecia Paris como a palma da mão e sabia dos lugares onde havia música ao vivo. Um deles era o restaurante A Feijoada, que ficava no Quai de l'Hôtel de Ville, perto da prefeitura, à beira do Sena. A dona, madame Faure, uma francesa sem ligação particular com o Brasil — a não ser um namorado episódico —, servia uma feijoada ruinzinha, mas o lugar era badaladíssimo. Entre sua clientela, além dos brasileiros de Paris, havia o pessoal dos meios cinematográfico e musical. Brigitte Bardot, Albicocco e sua esposa, a atriz Mylène Demongeot, Louis Jourdan, Francis Lai e o próprio Pierre Barouh eram fregueses regulares da casa. Assim como a famosa calçada hollywoodiana, havia uma "parede da fama" na qual as pessoas conhecidas que por lá passavam assinavam seu nome. Todas as noites a casa oferecia música ao vivo à clientela. Música brasileira, é claro. Num pequeno palco montado no fundo da sala e estranhamente decorado com um dossel de veludo, cheio de penduricalhos de seda dourados, à guisa de teto, os músicos tocavam sentados em luxuosas poltronas Luís XV: vestígios da época em que o restaurante era a loja de antiguidades de madame Faure. A primeira coisa que Sílvio Silveira fez ao conhecer Baden foi levá-lo a madame Faure, que nunca tivera a oportunidade de apresentar um músico de tal calibre no seu restaurante. O boca a boca já funcionara, e ela estava a par do sucesso no Olympia, o que sem dúvida incentivou-a a contratar imediatamente o violonista. Baden passou então a tocar todas as noites no Feijoada. Foi lá que Jacques Lubin, diretor artístico da Barclay, encontrou-o pela primeira vez. Sílvio Silveira o avisara:

— Olha, tem um violonista brasileiro que vai gravar pela Barclay, você deveria ir vê-lo tocar no Feijoada.

Quando Jacques Lubin chegou ao restaurante, o show ainda não tinha começado. Baden estava na sala dos fundos, que servia de depósito para as antiguidades, bibelôs e móveis de madame Faure. Entre elas havia uma cadeira antiga na qual Baden, confortavelmente instalado, estava tocando violão.[35]

— Boa noite. Eu sou Jacques Lubin, o cara que vai gravar seu disco na Barclay. Eu vim discutir com você, saber como vai ser, o que é que você precisa etc.

— Tudo bem, o melhor é você assistir ao show. Depois você vem comigo lá pra casa e a gente conversa.

Conversa mesmo não houve — em que língua? De qualquer forma, Baden nunca se lembrou de fazer alguma exigência particular para suas gravações, a não ser que detestava tocar em cordas novas, por causa do ruído que fazem quando o dedo escorrega em cima. Quando trocava as cordas do violão, passava horas "envelhecendo-as", "sujando-as". Jacques e sua esposa amanheceram no quarto do Hôtel du Levant, deliciados com o violão de Baden e a linda voz de Heloísa.[36] "Eu fiquei com vontade de gravar tudo o que ouvi naquela noite, mas eu não sei por que Baden, que sempre ensaiava as músicas com Heloísa, nunca a fez cantar nos seus discos. Por outro lado, Eddie Barclay já tinha um repertório na cabeça e eu não podia modificá-lo." Um repertório que exigia que Baden mesclasse música brasileira e peças clássicas.

O LP foi gravado em sete sessões, entre o dia 2 de abril e 30 de junho de 1964, no estúdio da Barclay, que ficava no mesmo prédio que o apartamento de Eddie. Sílvio Silveira ficou encarregado de formar a sessão rítmica que tocaria no disco: ele próprio na percussão, Arthur Motta na bateria e Alphonse Masselier no contrabaixo. Apesar de franceses (exceto Sílvio Silveira), os músicos, graças às explicações de Baden, exímio

[35] Trata-se de uma espécie de liteira antiga, para transporte de pessoas e conduzida por homens, com traves que se pousavam nos ombros.

[36] Não somente Heloísa cantava bonito, como chegou a fazer uma parceria com o marido: "Da Rua que Nasceu Nosso Amor", inédita.

pedagogo, se saíram muito bem nos ritmos brasileiros. O violonista ficou realmente satisfeito com o trabalho da francesada. Mas vale dizer que eles eram os maiores cobras de estúdio da época — prova, se necessário, do quanto Barclay admirava o artista que contratara. Três faixas, "Adagio" (de Albinoni), "Samba em Prelúdio" e "Prélude" (de J. S. Bach), contaram com a presença da orquestra de Paul Mauriat, que gravou no dia 19 de junho. Quando Baden, que levara consigo sua insuperável timidez, chegou ao estúdio e se deparou com aquele monte de músicos, violinos, cellos e sopros, ele se apavorou e quis ir embora. Jacques Lubin teve que empurrá-lo a força para dentro do estúdio, onde sua presença era indispensável para controlar o ritmo e a tonalidade. Uma vez gravada a orquestra, Baden fez sua parte, duetando com os vocais delicados da vocalista Françoise Waleh. Além dessas três músicas, figuram no LP, que ganhou o título de *Le Monde Musical de Baden Powell*, "Deve Ser Amor", "Choro para Metrônomo", no qual Baden consegue a proeza de dar alma à frieza mecânica de um metrônomo, sobre o qual improvisa, "Valsa para Jussara", homenagem à recém-nascida sobrinha e afilhada, "Chanson d'Hiver", um instrumental de autoria do violonista, melancólica homenagem ao inverno que lhe gelava as articulações dos dedos, ameaçando atrapalhar-lhe o desempenho, "Berimbau", "Samba Triste", "Eurídice", "Bachiana", homenagem ao grande compositor alemão, e "Garota de Ipanema". Ou seja, doze das quatorze músicas que tinha gravado. As duas que sobraram eram "Não Vá Embora" e "Toi Ma Blonde", adaptação francesa de "Bom Dia Amigo", por Eddy Marnay.

Parceiro de Michel Legrand, Henri Salvador e Léo Ferré, entre outros, Eddy Marnay fazia músicas para Patachou, Edith Piaf, Yves Montand e Marie Laforêt.[37] No início da década de 1960, apaixonou-se pela bossa nova e adaptou para o francês o melhor do repertório: "Meditação", "Corcovado", "Desafinado", que foi gravado por Richard Anthony, "Dindi" gravado por Sacha Distel, o famoso "Rancho das Flores", de Vinicius de Moraes e J. S. Bach, batizado "L'Enfant aux Cymbales" e gravado por Frida Boccara, e muitas outras músicas mais. Era mais a paixão que o interesse financeiro que guiava Eddy Marnay, pois os editores franceses não acreditavam que a bossa nova desse certo na França. Recusavam-se a investir nela, a comprar os direitos de edição.

[37] Cantora com quem Egberto Gismonti trabalhou como arranjador durante mais de um ano.

Le Monde Musical de Baden Powell: o primeiro LP pela Barclay, de 1964, alcançou três anos depois o disco de ouro na França, com mais de cem mil cópias vendidas, mesclando música popular brasileira com Albinoni e Bach.

Em 1962, Sacha Gordine, encorajado pelo sucesso do filme *Orfeu negro*, que ele produzira, viu na música brasileira um produto de importação interessante. Ele tinha montado uma editora musical em Paris e queria lançar a bossa nova na França. Foi negociar com Umberto Marconi, editor de praticamente quase todos os garotos da bossa nova (os mais velhos, como Tom Jobim, estavam em outras editoras), e comprou a edição para a França de um monte de músicas de Carlos Lyra, Roberto Menescal, Baden Powell e outros mais. Assinada a compra, Gordine pagou um bom *advance* aos compositores e regressou com seu tesouro para Paris. E nunca mais ninguém soube nem do editor nem de dinheiro. É evidente que Sacha Gordine foi malandro, mas ele deve também ter sofrido um certo prejuízo, pois a maioria das músicas cuja edição ele havia adquirido ficara dormindo no fundo da gaveta e a operação se revelou um fracasso: a bossa nova parecia não querer pegar na França. Pelo menos os editores não acreditavam nela, e os que acreditavam não conseguiam grande coisa.

Norman Gimbell, que tinha feito a versão americana de "Garota de Ipanema", sabendo do trabalho de Eddy Marnay, telegrafou-lhe um dia, incentivando-o a adaptá-la também. Eddy então procurou Beuscher, o editor da música, que, demonstrando uma desoladora falta de visão, respondeu que não valia a pena arcar com os quinhentos dólares que o editor brasileiro cobrava para ceder os direitos. Eddy Marnay retrucou que, se o problema era financeiro, ele adiantaria o dinheiro. E adiantou mesmo. "Eu era muito burro. Já que eu tinha o dinheiro, eu é que deveria ter comprado os direitos sobre a música, e hoje eu seria milionário." Pois a bossa nova acabou se impondo e "La Fille d'Ipanema" foi gravada por Sacha Distel, Nana Mouskouri e Jacqueline François. Mas, naquele momento, Eddy Marnay fazia o papel de sonhador e adaptava músicas mais por amor à arte que por dinheiro. Interessado pelas ditas adaptações que Eddy fazia de suas músicas, Vinicius de Moraes desejou conhecê-lo. Marcaram encontro na casa de Eddy, em Montmartre: cinco e meia, seis horas, Vinicius apareceria por lá. No dia combinado, Guy Magenta, um amigo comum, sabendo da visita de Vinicius, perguntou ao anfitrião:

— Ô rapaz, você tem uísque em casa?

— Ué, devo ter uma garrafa, sim.

— Não, eu estou perguntando se você tem *muito* uísque. Porque é melhor você tomar providências.

Devidamente informado pelo amigo, Eddy correu para a rua e comprou logo seis garrafas de uísque. E esperou Vinicius. Esperou muito mais do que qualquer francês jamais poderia imaginar na vida, pois Vinicius chegou às dez da noite. Mas chegou. Não veio sozinho, acompanhava-o um rapaz baixinho, moreno, que trazia um violão consigo, Baden Powell. E avisou que mais tarde uma amiga viria encontrá-los, Francette Rio Branco. O calor humano e a alegria que os dois brasileiros demonstraram logo de cara apagaram imediatamente a lembrança das quatro horas de espera do letrista francês. "Eu ofereci um uísque e começamos a beber. Quer dizer, eles, porque eu só fazia de conta. Nunca poderia acompanhar o ritmo dos dois, eles bebiam como eu nunca vi. Coisa séria." As horas iam passando, a conversa rolando animada, até que Baden começou a tocar. E Eddy Marnay caiu de quatro, emocionado com os sons que o violonista tirava do instrumento. Ligou o gravador e deixou a fita rodar a noite inteira. Às três da manhã, Francette finalmente chegou e a festa continuou até de madrugada. De tudo que Baden tocou naquela noite, uma música particularmente chamou a atenção do anfitrião, "Bom Dia Amigo", que ele propôs passar para o francês. "Pour Toi Ma Blonde", como se chamou a versão, foi gravada em 1964 no LP *Le Temps des Vacances,* de um certo Romuald. Cantor de pouca projeção, este tentou uma carreira no Brasil nos anos 60, concorreu ao FIC, regressando à França em 1972. Quanto ao versionista de "Pour Toi Ma Blonde", entusiasmado com as maravilhas que gravara naquela noite, levou a fita para o parceiro com quem estava trabalhando então, Michel Legrand:

— Eu queria que você escutasse essa fita.

Michel escutou uma música, duas músicas, e perguntou:

— Quantos violonistas estão tocando?

Uma pergunta como essa, vinda de alguém como Michel Legrand, era a prova máxima de que Baden era um violonista fora do comum. Para Eddy Marnay, "Michel Legrand tem um ouvido afinadíssimo. Ele ouve tudo. Bote cem músicos juntos, ele ouve cada um, aponta cada instrumento, percebe qualquer deslize e sabe quem é o responsável. Ele nunca, nunca se engana, mas nesse dia ele se enganou, ele não percebeu que havia só um violonista tocando. Isso eu nunca vou poder esquecer: Michel Legrand se enganou". Ao saber que os violonistas da fita eram um só, Legrand, felicíssimo, entreviu com razão a solução do problema que estava enfrentando na gravação do LP *Sérénades du XXe Siècle*: os dois violonistas espanhóis que tinha contratado não conseguiam tocar como ele queria a música "Eh! Antonio". A partitura que ele escrevera lhes parecia difícil demais e eles não estavam dando conta do recado. Michel Legrand pediu imediatamente o contato de Baden e convidou-o para tocar a tal música. Baden chegou ao estúdio, leu a partitura e no ato executou a música como Legrand queria. No embalo, Michel Legrand o chamou para fazer com ele a trilha sonora do filme *Et la femme créa l'amour*, de Fabien Collin.

Com isso, Baden viu as vacas magras engordarem e a vida se assentar. Agora tinha condições de morar em casa própria. Saiu do Hôtel du Levant com a mulher, deixando monsieur Pierre inconsolável. Trinta anos mais tarde, o (eterno) dono do hotel ainda recordava saudoso do querido hóspede, que passava horas trancado no quarto, estudando violão. Baden também não esquecera a santa paciência com que o hoteleiro suportou seus pileques homéricos e as inevitáveis consequências: brigas, escândalos, vômitos no corredor do hotel, pia quebrada no quarto, sem falar dos horários ao avesso de Baden, que chegava ao hotel de madrugada e, bêbado, tropeçava em todas as mobílias pelo caminho, acordando a clientela. E, evidentemente, o pagamento da conta sistematicamente atrasava.

O casal alugou um apartamento no quarto e último andar do nº 33 da rue de la Harpe, ou seja, exatamente em frente ao hotel de onde havia saído. Era um duplex de dois cômodos, com sala, cozinha e banheiro em baixo, e um dormitório em cima. A vida foi se organizando. Heloísa matava o tempo visitando a cidade, passeando pelas ruas, descobrindo os monumentos, os museus, as galerias de arte. Sozinha, claro. Baden ficava em casa estudando violão e reclamando da mulher que o deixava só. E, para compensar, ia encontrar com o pessoal da embaixada do Brasil: Francette, o adido cultural Francisco de Almeida Sales, o próprio embaixador Ouro Preto, Paulo Carneiro, que trabalhava na UNESCO, Rodolfo Souza Dantas, vice-cônsul, Mauro Freitas, cônsul. Também faziam parte do grupo Sílvio Silveira, o industrial Oswaldo Palma, quando estava de passagem, Josée Grimaldi, namorada do produtor Sacha Gordine e secretária de Marcel Camus, Luiz Carlos Barreto e muitos outros... reunidos de certa forma pelo elemento catalisador dos encontros: Vinicius de Moraes.

A turma tinha seu circuito de bares nas redondezas da embaixada. O Bar des Théâtres, na avenue Montaigne, o Bar Anglais, no hotel Plaza Athénée, cujo *barman*, amigão de Vinicius e Baden, lhes preparava sanduíches inéditos e, segundo Vinicius, absolutamente maravilhosos. Mais tarde, o Plaza foi transformado em restaurante, e a turma emigrou para o Powers, na rue François 1er, que se tornou uma verdadeira sucursal da embaixada do Brasil; iam também para o bar do hotel Bellman, cujo *bar-*

Uma personalidade que inspirou artistas como Scliar, Escada e Kiffer.

man, monsieur Diego, era outro muito apreciado pela galera. Baden o adorava: "O Diego era um amigo, quebrava todos os galhos, emprestava dinheiro pra gente, pegava os telefonemas, guardava as pastas do pessoal, fazia as intermediárias da gente". Todos esses bares se encontram num setor do VIIIe arrondissement, onde estão sediadas a revista *Paris Match*, a emissora Europe 1, várias casas de alta costura, como a Christian Dior, a Nina Ricci, a Balmain, tanto que eram frequentados por jornalistas, manequins, radialistas, que acabaram se ligando à turma de brasileiros. A partir das onze horas, o pessoal ia chegando. Tomavam uns drinques até uma ou duas horas e depois iam todos almoçar. Às quatro da tarde, iam assinar o ponto na embaixada. Depois, era hora do aperitivo e tudo recomeçava: Powers, Athénée, Bellman, Bar des Théâtres... Mais tarde iam dançar no King Club, no Élephant Blanc. A noite se encerrava na avenue Georges V, no Calavados, uma boate que abria das cinco da tarde às cinco da manhã, e onde um trio de violonistas, Os Latinos, tocava todas as noites. Baden, soberbo, os rebatizara "Os Latrinos", indicando com isso o nível de consideração que tinha pela qualidade dos "colegas". Mas, em geral, ele pegava a festa pelo meio, uma vez terminado o show no A Feijoada, onde seu contrato era renovado semanalmente. Ao amanhecer, a turma ia tomar uma "sopa passa-pileque" num bistrô matutino que ficava no Quartier Latin.

Entretanto, no mais puro espírito da bossa nova, a comunidade brasileira tinha seus centros de reuniões nos apartamentos de uns e outros. O de Vinicius e Nelita, evidentemente, era dos mais frequentados. Quem fosse visitá-los tanto podia encontrar um membro do corpo diplomático brasileiro como a turma do *Orfeu negro*, ou podia dar de cara com o pintor Carlos Scliar — que, com um lápis na mão, desenhava quem lhe passasse diante dos olhos — ou ainda os cineastas Cacá Diegues, Glauber Rocha, Luiz Carlos Barreto ou Ruy Guerra, de passagem pela capital francesa. O mesmo ocorria no duplex de Baden e Heloísa, talvez com mais assiduidade, por eles viverem em frente ao Hôtel du Levant, sempre cheio de brasileiros. Odete Lara, convidada de um festival de cinema na Itália, aproveitou a ocasião para passar uns tempos na França, e se hospedou no Hôtel du Levant, o que lhe permitiu retomar o fio da meada musical com Baden, que a convidou para cantar com ele no show que fez na Bélgica, no Bagatela, a boate do cassino de Knokke, uma cidadezinha balneária, paraíso da realeza europeia e dos milionários. Juntos, fizeram uma longa temporada de dois meses, durante o verão. Nesse meio tempo, um grupo de rock inglês que estava estreando também se apresentou

Na Bélgica, Baden Powell fez uma longa temporada com Odete Lara
na boate do badalado cassino de Knokke.

no cassino, chamava-se The Beatles. Baden assistiu ao show, mas não se empolgou muito com os britânicos.

Outro *habitué* do nº 33 da rue de la Harpe era o cineasta Ruy Guerra, que nessa ocasião fez uma grande amizade e algumas parcerias sem futuro com Baden, entre as quais "Canção a Minha Amada", a única que deixou algum rastro, embora, como todas as outras músicas da dupla, nunca tenha sido gravada, nem sequer registrada ou editada. Mas, segundo Baden... eram lindas.

Baden continuava tocando no restaurante brasileiro quando um ilustre concorrente de madame Faure, aconselhado por Eddie Barclay, foi assistir ao show. Era Maurice Casanova, o dono do Bilboquet, uma boate muito na moda. Casanova gostou do "homenzinho de preto" que estava tocando no A Feijoada e, mediante uma promessa de cachê bem superior ao que madame Faure podia pagar, levou o violonista do antiquário para sua boate, na rue Saint-Benoît, no bairro de Saint Germain-des-Prés. Havia no Bilboquet um discotecário, Jean-Claude Merla, encarregado de apresentar Baden quando ele subisse ao palco. Imperturbável, Jean-Claude anunciava: "Et maintenant avec vous, Baden Powell, toujours prêt",[38] e isso todas as noites dos longos meses em que Baden tocou no Bilboquet. Mais ainda do que o A Feijoada, o Bilboquet era o lugar onde se devia estar, o *point* a que ninguém podia faltar, frequentado por figuras como Steve McQueen ou Alain Delon. E tocar no Bilboquet era, obviamente, subir mais alguns degraus da celebridade.

Baden Powell virou moda. Todo mundo queria se aproximar dele, conhecê-lo, frequentá-lo. Agora, suas companhias já não eram só a grande família brasileira, unida, além das diferenças sociais, pela saudade da terra natal. Paparicado pela *high society* parisiense, participava de programas de televisão, convidado por Jean Sablon, Jean-Pierre Cassel, Gilbert Bécaud. Era assunto de jornal; era amigo de Régine, Roger Vadim, Claude Lelouch, Charles Aznavour, Sacha Distel, reencontrado em Paris, e era objeto de muita paquera. Por trás da timidez doentia havia a sedução, e Baden dificilmente resistia à tentação: "Eu aprendi muito com as francesas. Elas me ensinaram a respeitar a mulher, a levar seu desejo em conta. Eu sempre falava para os brasileiros que chegavam na França: 'Olha, cara, tem que ser educado, respeitoso'. Não é qualquer um que pode assim ir para cama com uma francesa".

[38] "E agora com vocês, Baden Powell, sempre alerta", fazendo referência ao lema dos escoteiros...

Ensaiando com Gilbert Bécaud num programa de televisão: o tímido Baden de repente se viu adotado pela *high society* parisiense.

Baden, "o homenzinho de preto", como o chamava o dono do Bilboquet, a boate da moda na Paris dos anos 1960.

Diante desse assédio todo, Heloísa tentava manter a cabeça fria. Contudo, na noite em que viu Baden excitadíssimo com a presença, no apartamento da rue de la Harpe, de Mylène Demongeot, se desmanchando em galanteios para a atriz francesa, perdeu o controle. Foi para a cozinha, porém, em vez de trazer o "copinho de vinho" que o marido encomendara para a estrela francesa, quebrou a louça: um prato após o outro, depois os copos, enfim as travessas — tudo foi se espatifar no chão. Baixou um frio siberiano entre os quarenta convidados da festa, que se despediram rapidamente. Baden entendeu que chegara a hora de esquecer a *sex symbol* que estava lhe fazendo gracinhas e dar atenção à esposa. Apanhou os cacos de louça espalhados pela cozinha, sem comentários. Apesar do episódio e do ciúme sincero, a paciência de Heloísa era sem fim. Já se acostumara a ver o marido descer para comprar cigarros e voltar para casa três dias depois, completamente embriagado. Sabia-o capaz de passar a noite numa boate, de emendar com os bares da vida, prosseguir a jornada no seu show antes de retomar o seu etílico percurso... sem aparecer em casa, sem dar notícias. O suburbano que subira na escala social frequentava com a mesma facilidade os botequins da esquina e as boates mais chiques de Paris, como o Chez Castel ou o Régine, de quem era o queridinho. Se houvesse bebida, qualquer lugar convinha. Bebia até não saber mais quem era, até adormecer no lugar onde estava, e não havia zoeira que o acordasse. No Régine, apagou certa noite num cantinho da boate. Quando acordou, estava tudo escuro, silencioso e a casa vazia. Tinha fechado sem que ninguém notasse sua presença. E foi a história da mosca no mel: trancado naquela caverna de Ali Babá, transformou o estômago na maior coqueteleira da história e sorveu todo o bar. Às cinco da tarde, o faxineiro chegou e o liberou da gaiola sublimemente alcoolizada em que se encontrava, só Deus sabe em que estado. E Heloísa em casa, esperando...

Mas a ascensão não sofria com a bebedeira. A fama de que estava desfrutando era tal que entrou no circuito das festas, pelo qual mediante um discreto (mas importantíssimo) cachê, um artista honra certas casas com sua prestigiosa presença. Não era uma novidade inventada para ele: "Tinha uns ricaços que faziam aqueles jantares em casa e que costumavam convidar artistas para participar da coisa, para dizer que tinham muita intimidade com eles, quando na verdade nem se conheciam". Então iam os artistas para aquelas mesas francesas, senta fulano aqui, sicrano ali, beltrano acolá e ficam conversando, e os convidados maravilhados dizem:

— Olha só quem está aqui! Meu Deus, mas é o fulano. Gente!

E no dia seguinte, podem contar a quem quiser ouvir:

— Você não sabe com quem jantei ontem à noite...

"E aí eu entrei numa dessas. Quem arranjou isso pra mim foi a Verinha Barreto, que conhecia meio mundo. E eu pensei: puxa, não sabia que era tão conhecido assim! Mas eu já era conhecido, sim."

Era uma festa na casa da famosa Hélène Rochas, criadora dos perfumes e produtos de beleza. O violão fazia parte do convite. Aliviado de poder dispensar conversa mole com granfino, Baden deu, *en passant*, um show. "Quando terminou a festa, a Hélène Rochas veio se despedir de mim e botou um cheque no meu bolso. Quando eu abri o cheque, era tanto dinheiro, mas tanto, que dava para viver meses! A partir de então eu comecei a ser convidado para tudo quanto era festa de milionário." Heloísa também era convidada para as festas e ficava de olho no marido para impedir que bobeasse na bebida e nas conversas. Uma delas, com Jane Fonda, que manifestamente ele não tinha reconhecido. Achando que Baden não estava tratando a atriz com a devida consideração, Heloísa deu-lhe um cutucão, cuja razão Baden só veio a saber em casa, quando a mulher lhe revelou com quem estava papeando.

Apesar do ridículo desses convites, o fato de Baden entrar nesse circuito mostra bem a dimensão do cartaz que ele atingira na França, e isso em apenas alguns meses. Um cartaz que lhe abriu a porta da casa de Brigitte Bardot, à qual bateu, em companhia de Vinicius de Moraes e Nelita. A dupla tinha composto uma música, "Canção das Rodas", para ela. Brigitte os recebeu gentilmente, ficou com a fita e nunca deu seguimento à proposta. A música foi parar no fundo do baú. Tempos mais tarde, Baden pediu a Lyrio Panicali que fizesse novos arranjos para a música, mas ela não devia ser boa, porque nem assim os compositores conseguiram gravá-la. Ela sequer consta na musicografia do poeta.

Enquanto isso, o sinistro clarim do golpe militar anunciara o fim da democracia no Brasil e o início de uma ditadura que acabaria encerrando a carreira diplomática de Vinicius de Moraes.

Mas em Paris a primavera estava de volta, com seu céu de anil, seu sol delicado, suas folhas brotando nos galhos, suas árvores cobertas de flores rosas, brancas ou amarelas, seus canteiros floridos perfumando o ambiente, seus pássaros infernizando com seus cantos polifônicos as madrugadas dos dorminhocos e seus franceses risonhos a andar devagar. E o seu célebre Festival de Cannes. Na edição de 1964, o Cinema Novo, que levara a produção cinematográfica brasileira às telas internacionais, competia com dois filmes: *Vidas secas*, de Nelson Pereira dos Santos, e *Deus e o diabo na terra do sol*, de Glauber Rocha, cujas legendas foram traduzidas para o francês por Vinicius, que no mês seguinte estaria de volta ao Brasil. Uma certa incompatibilidade de gênios entre o "poetinha" e o novo governo brasileiro, se é que era um governo, complicava sua função de representante do Brasil — ainda que ele nunca tenha colocado muito empenho na missão que lhe cabia. Foi chamado de volta. Nelita regressou antes e Vinicius se instalou no apartamento dos amigos Baden e Heloísa, onde passou seu último mês como delegado do Brasil junto à UNESCO, antes de embarcar para o Brasil e para uma nova vida.

Baden, cada vez mais solicitado, fazia turnês pela Europa e entre dois shows... bebia ou dormia. Isso ocasionava frequentes aventuras rocambolescas, como a que viveu num trem que o levava para a Itália. Viajava com Heloísa e os músicos rumo a Lugano, onde tinha show. Bebeu bastante e adormeceu em cima dos instrumentos, na cabine do trem. Não conseguindo acordá-lo na hora do almoço, os companheiros de viagem deixaram-no e foram até o vagão restaurante. Heloísa saiu com a bolsa, na qual se encontravam os passaportes de ambos, as passagens, o dinheiro. Durante o almoço, o trem parou na fronteira. Um dos músicos foi até a cabine para atender a polícia, que verificava os documentos. Em vez de passar pelo interior do trem, passou pela plataforma e viu um estranho espetáculo: Baden fugindo da polícia. Acordara assustado com os policiais pedindo o passaporte e, apavorado, sem entender nada, só e indefeso, saltou do trem e estava se mandando, "sem lenço e sem documento", nem ele sabia para onde!

Com Vinicius bebia no tom da alegria, sem Vinicius bebia para dominar o tédio, e ficava mais triste ainda. Sentado numa mesa do Bellman, embriagado de uísque e saudades, Baden escrevia cartas desesperadas ao velho companheiro Vina, que estava tão longe: "Quanta saudade, quanto amor, quanta tristeza que a gente tem aqui e sem a menor retribuição. Que povo tão frio, tão cheio de nada". (O uísque e a tristeza de ter o amigo tão longe eram certamente os responsáveis por essa ingratidão de Baden, que esquecia o sucesso, a admiração, o amor e os rios de dinheiro que recebera de tal povo.)

Felizmente, para o seu consolo, tinha um novo amigo do peito, Aloysio Estrela, que lhe fora apresentado por Vinicius e que decididamente o substituía um pouco no coração do compositor, que escrevia: "Meu melhor amigo é o Estrelinha. Temos saído juntos todos os dias e, graças a Paris, queimado boas garrafas. Não era à toa que ele era seu amigo".

Aloysio era arquiteto e fora a Paris para fazer um doutorado, pouco tempo antes de Vinicius regressar ao Brasil. À partida do diplomata, e pelos mesmos motivos, correspondeu a chegada de um batalhão de exilados políticos brasileiros. O Hôtel du Levant lotou, e quem não se hospedou lá foi para hotéis ou apartamentos das redondezas, transformando o bairro num "pequeno Brasil", cujo clima diferia radicalmente daquele que imperava pelas bandas da avenue Montaigne.

Havia agora duas comunidades brasileiras radicalmente antagônicas, que não se misturavam, que jamais poderiam se misturar. De um lado, os funcionários, os empresários que aderiam, ou que pelo menos continuavam servindo à ditadura. De outro, os exilados, que a ela se opunham. Muito naturalmente, esses dois Brasis se instalaram em setores antinômicos da cidade, em perfeita adequação com o que representavam: o Brasil oficial, nos bairros chiques da alta burguesia de direita, na Rive Droite. O Brasil marginal dos exilados, no Quartier Latin, tradicionalmente de esquerda, na Rive Gauche: estavam separados pelos motivos de sua presença na França, pela ideologia, pelas funções, pelos ideais e pelo rio Sena.

À boemia chique, esnobe, desenvolta das rodas diplomáticas que Baden frequentara até então, opunha-se o desespero dos exilados, preocupados com a situação do país e também com a sua própria. Ignoravam por quanto tempo ficariam fora do Brasil, quando o tornariam a ver, se é que tornariam, e como sobreviveriam. Se bem que os exilados "oficiais", expulsos pelo governo, beneficiavam-se de um contrato de trabalho no país que os acolhia. O Ocidente ainda vivia uma época áurea de prosperidade, sem crise de desemprego, e havia trabalho para todos, o que aumentou consideravelmente a proporção de professores brasileiros na universidade francesa naquela década. Porém, ambos os grupos de brasileiros tinham um ponto em comum: viviam entre si, recriando o Brasil na França, relativamente indiferentes aos autóctones, pouco interessados em se adaptar aos costumes locais e entender a sociedade que os hospedava. Saíam, cantavam, bebiam, comiam, riam e choravam juntos, tudo em português.

Alheio a essas contingências, e apesar das queixas epistolares a Vinicius, Baden Powell se enturmava com todo mundo, navegando entre o Quartier Latin e o VIIIe arrondissement, os franceses e os brasileiros, as festas milionárias e os botequins miseráveis, o pessoal da embaixada e os exilados políticos, com os quais, no entanto, não se identificava: "O pessoal até achava que eu era exilado, mas não era nada disso, eu tinha chegado antes. E eu nunca me meti muito em política. Mas depois do golpe uma circular do consulado do Brasil proibiu os funcionários de falarem com os exilados. Então tinha aquela turma de esquerda que não podia falar com a gente. Mas nós éramos amigos!". E Baden continuou a falar com todos. À sua direita, a turma dos diplomatas, à sua esquerda — ou ligados ao pessoal de esquerda — o jornalista Samuel Wainer, Danuza Leão, Márcia Kubitschek, o próprio Juscelino (este não vivia no Quartier Latin, mas no chiquérrimo Bois de Boulogne, que ainda não fora investido pelos travestis brasileiros), o professor de sociologia Fernando Henrique Cardoso, Regina Salles, Aloysio Estrela, o coronel da aeronáutica Maurício Seidl, em litígio com o exército brasileiro, e seu filho Freddy, este muito amigo de Baden, e tantos outros mais. Só depois do AI-5, em dezembro de 1968, é que a classe artística seria diretamente atingida pela ditadura e obrigada ao exílio. Na sua grande maioria, os exilados de 1964 eram políticos, jornalistas ou intelectuais. Baden convivia com eles. "Muitos estavam hospedados no Hôtel du Levant, logo em frente do prédio onde eu morava. Então nós ficamos amigos. Eles iam lá em casa, às vezes rolava um violãozinho, aquela coisa. E tinha aqueles papos, o pessoal comentando os jornais que vinham do Brasil, as notícias que recebiam da família, dos amigos: 'Estouraram a casa de fulano, prenderam beltrano, quebraram não sei o quê, invadiram a casa de não sei quem...'. Aquelas coisas que o DOPS fazia." Matavam as saudades e as mágoas em reuniões constantes, que podiam até ser na calçada do hotel. Numa dessas, Aloysio Estrela chegou muito mal-humorado:

— Puxa, tem um mendigo aí que está me perseguindo desde a Notre Dame, ele não larga o meu pé, quer dinheiro para comprar rum ou não sei o quê...

Entretanto, o mendigo que não desistia da esmola se aproximou o suficiente do grupo para ouvir a conversa e indagou num perfeito português de além-mar:

— Vocês são brasileiros? Eu também sou brasileiro.

— E como é que você é brasileiro e é mendigo? Como foi que você chegou aqui?

— Eu vim nos anos 1930. Eu era político e fui posto fora pelo governo de Artur Bernardes... Estou aqui há 35 anos, mendigando... exilado político.

Foi como se um meteorito tivesse caído na cabeça dos circunstantes. Olharam uns para os outros e pairou a sombra sinistra do medo: "Será que vai ser assim também com a gente?".

Passavam as estações, subia a temperatura, baixava a temperatura, e Baden emendando os contratos. Tinha as temporadas fora de Paris e o Bilboquet. Foi lá que viu chegar o amigo Lula Freire, em viagem de negócios, a Paris. Ficou contentíssimo:

— Olha, hoje não posso, mas venha amanhã e depois da apresentação nós iremos jantar juntos.

Na noite seguinte, o Lula foi encontrar Baden, mas o jantar já estava esquecido, pois Baden queria ir tomar umas num bar... Foram para o hotel de Lula. Emendando uísque com violão, Baden disse ao amigo que tinha umas músicas novas para lhe mostrar:

— Ah, eu ando com uma saudade do Brasil! Estou sentindo uma falta daquela ginga do Vinicius...

Tocou uma música e propôs:

— Vamos fazer essa aqui?

Deviam ser umas duas da manhã, mas Lula, que já tinha no currículo várias parcerias com grandes compositores, não perdeu a compostura, pegou papel e lápis e fez "Feitinha pro Poeta", homenagem saudosa a Vinicius de Moraes. Baden tocou mais duas músicas e, no embalo, Lula fez as letras de "Simplesmente" e "Veja Lá", um samba que seria gravado em 1965 pelos Cariocas no LP *Os Cariocas de 400 Bossas*.

Alguns dias mais tarde, Baden, com o coração despedaçado pela saudade da terra, acompanhou o amigo até o aeroporto, para "aproveitar a sua presença até o último minuto". Impressionado com a fossa na qual deixara o novo parceiro, ao chegar ao Rio, Lula telefonou para Vinicius:

— Olha, estou ligando para você porque nós temos que trazer o Baden de volta pra cá. Ele está muito triste.

E contou seus encontros com Baden.

— Ah, e vocês fizeram alguma musiquinha lá? — indagou Vinicius, sentindo as cócegas do ciúme a provocá-lo.

— O pior é que corneamos você violentamente. Numa noite fizemos três músicas, mas de uma você vai gostar, "Feitinha pro Poeta", que é uma brincadeira com você.

Não era a primeira vez que Baden pedia uma letra a Lula. Antes de viajar para Paris, tinha mostrado uma música nova cuja beleza inspirara o amigo: "Eu comecei a fazer a letra que dizia: 'Vai, vai dizer a quem não vê/ Infeliz é quem não crê/ Que o amor tem de vencer'". Baden gostou:

— Pô, é isso mesmo. Agora só tem um problema. Eu tenho de ficar uns dias sem ver o Vinicius, porque ele começou a fazer uma letra para essa música.

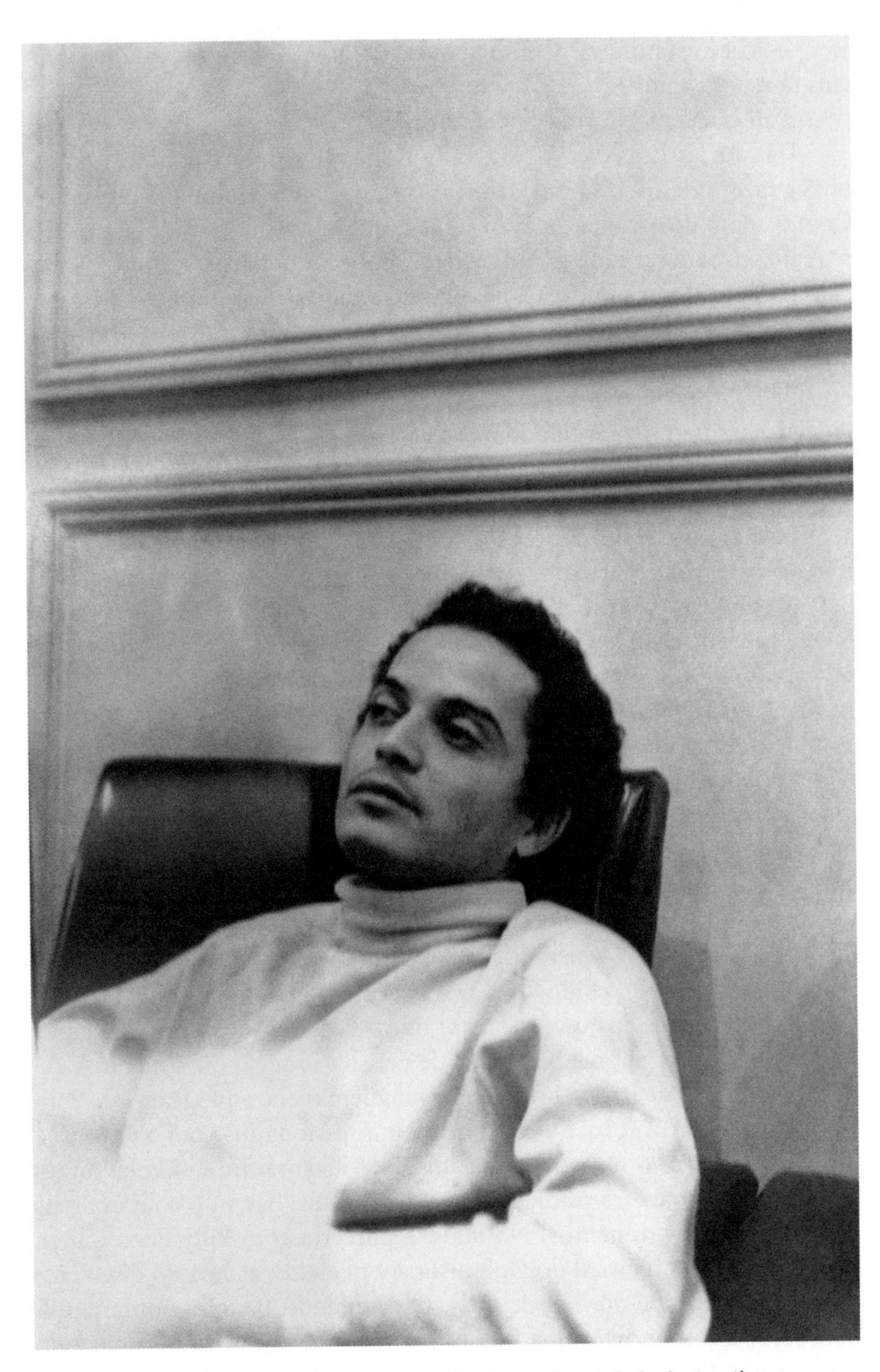

Quando Baden estava na Europa, batia aquela saudade do Brasil...

— Você está louco? Como é que você quer que eu faça o que Vinicius já está fazendo?

A música era "Canto de Ossanha".

Um dos artistas da Barclay, Billy Nencioli, cantor e compositor, sonhava fazer um disco só de parcerias com o grande violonista brasileiro. Com o apoio do arranjador Ivan Jullien, que aproximou os dois, o sonho se realizou. Sem ser uma grande estrela, Billy era um artista muito conhecido na época. Suas músicas, bem na veia da *chanson française*, faziam bastante sucesso. Juntos, Baden e Billy fizeram doze músicas, frutos de um mês de trabalho. Se bem que uma delas, "Mon Ami Pierrot", era só do Billy: "Mas eu tive o privilégio de trabalhar com monsieur Baden Powell, e o mínimo que eu podia fazer para agradecer essa honra era dar-lhe a parceria". Billy, muito organizado, ia todo dia encontrar Baden no seu apartamento: "Eu chegava lá às duas da tarde, porque o Baden só acordava à uma. Heloísa preparava um cafezinho para mim. Baden não tomava café, só cerveja com conhaque, e depois a gente começava a trabalhar. Às vezes, só trabalhávamos uma ou duas horas, porque o Baden estava cansado demais. Se não, íamos até às seis, sete horas. Depois saíamos para jantar, rapidamente, porque Baden sempre tinha show". *Billy Nencioli et Baden Powell* foi o único disco de parcerias em francês de Baden, que justamente por serem em francês, nunca entraram em seu repertório solo, a não ser "Pour Toi Marie", que Baden deu a Vinicius quando regressou ao Brasil e que, com letra do poeta, continuou com o mesmo nome. No disco, Baden dá uma amostra espetacular da facilidade com a qual aborda qualquer ritmo e demonstra o grande jazzista que é. Quanto a Billy, quer como letrista, quer como intérprete, consegue se identificar com muita sensibilidade à bossa nova. Contudo, o LP passou relativamente despercebido, apesar dos prestigiosos nomes que dele participaram. Os músicos que tocavam no disco eram do porte de Daniel Humair, um dos maiores bateristas de jazz da França, ou ainda dos excelentes Violons de Paris, dirigido por ninguém menos que Jean-Luc Ponty. No final da gravação, extremamente impressionados com o virtuosismo do brasileiro, o maestro e seus músicos levantaram e o aplaudiram longamente, à maneira tradicional dos violinistas: batendo com os arcos no corpo dos instrumentos. No mais, a parceria com Billy deixou uma marca indelével no visual do violonista. Com efeito, a capa do disco traz os dois de *smoking* no hall de Orly. Ora, quando Baden se apresentou para fazer a fotografia, tinha esquecido de levar a gravata borboleta do traje a rigor. O fotógrafo, por sinal irmão de Billy, achando que não fica-

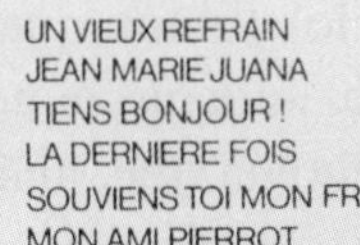
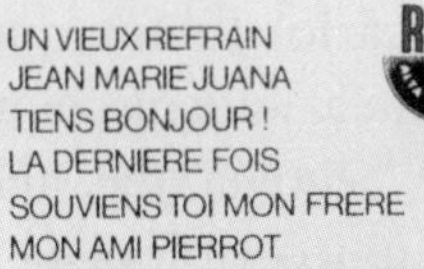

Billy Nencioli et Baden Powell, o único disco de Baden só com parcerias em francês, lançado pela Barclay em 1965.

va bem, compensou a falta com seu cachecol branco, enrolado com desenvoltura no pescoço de Baden. A peça se tornaria a marca registrada do vestuário do compositor.

Tudo corria bem para Baden Powell... *Le Monde Musical de Baden Powell*, o primeiro disco pela Barclay, foi um sucesso, que lhe valeria um disco de ouro — provavelmente o primeiro atribuído a um brasileiro na França — em 1967.[39] Sua carreira na Europa estava, portanto, mais do que bem encaminhada: ele tinha trabalho, dinheiro, fama... Uma fama que já chegava aos ouvidos distantes dos amigos. Em Los Angeles, Antônio Carlos Jobim, que estava gravando com Frank Sinatra, comentava em carta a Vinicius, já no Brasil, o sucesso de Baden, "o novo Segovia em Paris". Segovia que, aliás, declarara um dia ao pintor Antônio Bandeira que o único violonista no mundo que ele lamentava não ter tido como aluno era Baden Powell.

Nessa época conturbada, nos quatro cantos do planeta havia brasileiro saudoso. E Baden era brasileiro. Gastava horrores telefonando para os amigos Vinicius e Tom (e vice-versa). Com o Oceano Atlântico entre eles, travavam conversas intermináveis, lendo para um as cartas que recebiam do outro. E quando a conta de telefone chegava, Baden, como era sua especialidade, esquecia de pagá-la. Pois embora estivesse ganhando muito dinheiro, vivia duro. Já estava claro que ele puxara mais aos Aquino do que ao xará Baden Powell, e que programar o padrão de vida não era seu forte. Trabalhava como o quê, ganhara um fortuna com a Barclay, recebia direitos autorais da SACEM (Sociedade de Direitos Autorais Francesa, que, modéstia à parte, é uma das mais bem organizadas do mundo), à qual aderira apadrinhado por Eddy Marnay, a pedido do eterno protetor Vinicius de Moraes, e tinha seus cachês regulares. Em suma, ganhava a vida muito bem. Mas o dinheiro não parava no bolso de Baden. Nunca parou. Ele gastava tudo de um dia para o outro, da maneira mais perdulária. E vivia na pior, devendo aluguel e telefone aos amigos. Assim foi a vida toda para esse menino de São Cristóvão, que nunca conseguiu aprender a ser rico e famoso. Nem tampouco a administrar — ou deixar administrar — a sua carreira. Por isso precisava tanto de "braços direitos". Infelizmente, como ele era extremamente desconfiado, não raro os escolhia em função da amizade que lhes tinha, muito mais do que pela competência real da pessoa que elegia. Isso, mais os inúmeros documentos que passou a vida assinando em estado de embriaguez, quando

[39] Na França, um disco de ouro equivalia então a cem mil cópias vendidas.

resolvia que ia ele mesmo dirigir seus negócios, fez com que a face empresarial da carreira de Baden tenha sido um verdadeiro *imbroglio*, do qual ele só saía para entrar em outra confusão. Em volta, os amigos e a família procuravam ajudá-lo, mas em vão: quando um problema estava resolvido, Baden imediatamente arranjava outro.

Em 1959, quando Sacha Gordine esteve no Brasil comprando edições de música a torto e a direito por meio do editor Umberto Marconi, Baden assinou um contrato com ele que previa a exclusividade do editor francês sobre tudo que ele compusesse nos doze meses seguintes à assinatura. Vinicius de Moraes, seu principal parceiro na época, não tomou conhecimento do contrato e portanto não o assinou. Baden recebeu um adiantamento do editor francês e depois... nada. Nunca mais viu sombra de dinheiro chegar no bolso. Tanto que ao ir a Paris, Baden viu uma boa oportunidade de resolver esse problema. Solicitou a ajuda de Vinicius de Moraes para sair dessa. Ficou então a cargo do poeta administrar a anulação do dito contrato, o que levou quase três anos, dos quais vários meses à espera da indispensável mas problemática assinatura de Baden nos documentos referentes ao caso. E enquanto Vinicius trocava cartas com Umberto Marconi, editor da dupla, para tentar desmanchar os nós da complicada negociação com Sacha Gordine, Baden articulava uma vitória sobre a fossa em que se afogava longe do Brasil.

Em fevereiro de 1965, largou tudo, deixando-se guiar pela saudade e pelo coração, mestre absoluto das decisões de Baden. O Rio de Janeiro estava preparando simultaneamente o carnaval e seu quarto centenário. Baden, que nunca foi carnavalesco, que nunca dançou, sentiu uma nostalgia irresistível da grande festa que estava às vésperas de começar e resolveu regressar ao Brasil. Heloísa pediu que a deixasse completar o curso de francês que estava fazendo desde setembro na Sorbonne e que terminaria no fim do mês: pelo menos um dos dois tinha que aprender a falar francês, e não seria Baden, que 36 anos mais tarde continuava pretendendo não saber falar a língua de Molière.[40]

No final de fevereiro o casal embarcou para o Rio. Os planos eram ficar uns dois meses e logo voltar a Paris. Dois meses que duraram quatro anos para Baden, e que nunca mais acabaram para Heloísa.

[40] Língua que, na realidade, Baden Powell falava perfeitamente, com leve sotaque mas com amplo vocabulário.

5. RIO DE JANEIRO

"A gente voltou, mas eu deixei as coisas lá. Íamos passar dois meses e depois regressaríamos a Paris. Eu deixei todas as coisas lá no apartamento da rue de la Harpe: malas, roupas, objetos, tudo. Mas com Baden plano nunca funcionou, né? Baden não faz projeto. Com ele é tudo na base do improviso." Então, mais uma vez, Heloísa improvisou. O casal se hospedou no hotel Apa, o mesmo onde tinha ficado logo depois do casamento.

A ausência não fora assim tão demorada, quinze meses apenas. Porém, tudo se modificara profundamente no Brasil. Tinham deixado o país em plena euforia democrática e o reencontravam mergulhado numa ditadura de extrema direita. Para Baden Powell, pouco politizado, a questão era saber se, aos olhos do regime militar, ele seria culpado de alguma coisa, suspeito de algum delito ideológico. Angustiado, ligou para Lula Freire, político e filho de político:[41]

— Luiz, eu preciso falar com você, um negócio urgente. Você tem que vir aqui logo.

— Mas Baden, agora eu não posso. Qual é o problema?

— É que eu estou querendo saber se você acha que eu vou ser preso.

— Mas o que foi que você fez para perguntar se vai ser preso?

— Nada, mas é que eu não sei se sou de esquerda ou se não sou, eu não sei se sou comunista... eu sou o quê, Lula?

— Cara, você é o Baden, uma entidade. Você é músico e não se meta em encrenca!

Tranquilizado pelo amigo, Baden voltou a sua vida de artista. Em abril de 1965, dois meses após ter regressado ao Brasil, já estava dando um show no Teatro Santa Rosa, em Ipanema, com Alaíde Costa, Dulce Nunes e o Quinteto Villa-Lobos. Apesar do tempo passado fora do país, Baden pôde conferir nessa ocasião que continuava presente no coração do público. Com Vinicius, recomeçou as farras e parcerias. Uma delas,

[41] Seu pai, o pernambucano Vitorino Freire (1908-1977), radicado no Maranhão, foi deputado e senador pelo PSD e pela Arena.

"Valsa do Amor que Não Vem", concorreu nesse mesmo mês de abril no I Festival de Música Popular Brasileira da TV Excelsior, maravilhosamente defendida por Elizeth Cardoso, tirando o segundo lugar, atrás de "Arrastão" de Edu Lobo e Vinicius de Moraes, pela voz de Elis Regina, que também recebeu o prêmio de melhor intérprete do festival. Com isso, a "Pimentinha", como a batizou Vinicius de Moraes, passou a ser cobiçada pelos empresários do *show biz*.

Marcos Lázaro era um deles: imediatamente após o festival, começou a pensar num show com a nova estrela que estava subindo rumo ao firmamento. Bolou então um show no Teatro Paramount, em São Paulo. Na primeira parte, se apresentariam três jovens estreantes, ainda amadores, Taiguara, Toquinho e Chico Buarque. Depois viria Elis Regina. Contudo, ainda que o empresário entrevisse o grande futuro da gaúcha, verdade é que ela ainda não era assim tão conhecida. Para encher a sala, era necessário um grande nome, uma estrela confirmada no cartaz do show. Walter Silva sugeriu então o nome de mais peso na época: Baden Powell. Mas o violonista não podia — ou não queria — e foi substituído por Jair Rodrigues. É provável que, ao não participar deste evento, o violonista tenha perdido a oportunidade de comandar ao lado da cantora o programa *O Fino da Bossa*, da TV Record, decorrente do show e que estreou em 19 de maio de 1965. Nesse primeiro programa na televisão, Elis cantou "Formosa" em duo com Ciro Monteiro, acompanhados por Baden Powell, que, com Rosinha de Valença, sua mais autêntica seguidora, Paulinho Nogueira e Aires,[42] formou o time de violonistas contratados pela TV Record. Gravado toda segunda-feira no teatro da Record, na rua da Consolação, em São Paulo, *O Fino da Bossa* ia ao ar às quartas-feiras: em seus dois anos de existência, recebeu todas as estrelas da MPB. A vida de Baden ficou dividida entre Rio e São Paulo, entre trabalho e farras. Um delas era no final de cada mês, quando os artistas da Record se encontravam no escritório da produção do *Fino da Bossa* para receber o salário. Vinicius de Moraes também participava frequentemente do *Fino da Bossa*, o que proporcionava uma boa oportunidade para prosseguir a parceria. Quer no trem que os levava para São Paulo, quer nos apartamentos do hotel Excelsior, onde costumavam se hospedar, Vinicius e Baden compuseram boa parte de seu repertório. Nessas idas e voltas à ca-

[42] O violonista paulista Doraci Aires de Arruda (1932), conhecido como Aires, acompanhou Agostinho dos Santos, o humorista Chico Anísio, Geraldo Vandré, Jair Rodrigues e participou do Trio e, logo, Quarteto Novo.

Smokings e violões em *O Fino da Bossa* com Edu Lobo, o famoso programa gravado no teatro da TV Record, em São Paulo.

pital paulista é que foram compostas "Canto de Ossanha", "Deixa", "História Antiga"...

Com isso, passavam-se os meses e não se falava mais de voltar a Paris. Heloísa alugou um apartamento, ajeitou-o todo... e no dia seguinte da mudança, Baden foi chamado para uma temporada de três meses em São Paulo, que começou no dia 13 de dezembro, no Teatro Municipal, com o show *Vinicius, Poesia e Canção*, com participação de Pixinguinha, Elizeth Cardoso, Carlos Lyra, Edu Lobo, Francis Hime, Suzana de Moraes e Paulo Autran. Heloísa desistiu do sonho de ter uma vida organizada, pelo menos enquanto fosse casada com Baden Powell. Mas a essa altura, ela já não tinha certeza de que ia ficar por muito tempo. Estava cansada das loucuras de Baden, do alcoolismo e da violência decorrente, da vida errante, da solidão em que vivia esperando o marido e, principalmente, da impossibilidade de se desenvolver profissionalmente, como sempre sonhara. Quando falava em trabalhar, Baden argumentava, sarcástico: "Trabalhar para quê, se você vai ganhar em um mês o que eu ganho em uma hora?", e retornava a sua ponte aérea, a seus compromissos profissionais e à boemia. E não só com Vinicius. Tinha um novo amigo do peito, muito mais jovem do que ele, Paulo César Pinheiro, que conhecera no batizado da sobrinha Jussara.

Criado em São Cristóvão, filho de um cearense, Paulo César era vizinho de João de Aquino. Fã de carteirinha de Baden Powell, sonhava em conhecê-lo. Um dia João lhe disse:

— Olha, o Baden voltou da França e vai haver o batizado da sobrinha dele, ele é o padrinho. Vai ter aquela bancada de música, você pode imaginar. Você quer vir?

Claro que queria, mas primeiro tinha que ver se o pai deixava. Paulo tinha apenas quatorze anos. Mas papai deixou.

— À meia-noite você tem que estar de volta.

Quando Paulo César Pinheiro chegou ao apartamento de Vera, em Olaria, para variar Baden Powell estava dormindo. Ele e Mario Telles, os dois chumbados. Mesmo assim, o menino voltou para casa às sete da manhã. O pai estava esperando na porta, enlouquecido. O garoto só teve tempo de trocar de roupa e ir para a escola, com uma bela bronca paterna no currículo. É que, quando Baden acordou, ele pegou no violão e a festa desembestou. Foi música a noite inteira. Num determinado momento, sua irmã Vera comentou que Paulo César tinha feito uma letra para uma música de João de Aquino e incentivou os dois a mostrarem "Viagem" a Baden. Este escutou com atenção, e se apaixonou pelo trabalho

Um dos grandes parceiros de Baden, Paulo César Pinheiro: fã de carteirinha do violonista desde garoto.

Quatro gerações de mulheres na vida de Baden: Neném, a mãe; Jussara, a sobrinha; Nicolina, a avó; e Vera, a irmã.

do letrista.[43] "Depois daquela noite, Baden começou a ir muito lá para São Cristóvão, ele me pegava e a gente saía. Aí eu comecei a chegar quase todo dia de madrugada em casa. Meu pai não entendia muito o que estava acontecendo, mas teve que se conformar. Baden me levava para todos os lugares, me apresentava a todo mundo. Mas não se falava em parceria, era só uma paixão que ele tinha pelo que eu fiz, pelo que eu estava fazendo. Depois ele começou a viajar muito, show pra lá, show pra cá, ia pra São Paulo tocar no *Fino*, voltava, ia novamente..."

Outro amigo do peito andava pelas redondezas. Era Pierre Barouh, que estava passando uma temporada no Brasil. Fora contratado para trabalhar em *Un homme, une femme,* filme de Claude Lelouch, mas o dinheiro da produção estava demorando a aparecer, e, enquanto a filmagem não começava, resolvera conhecer o país cuja música ele amava tanto. Muito romanticamente, ele tinha alugado uma choupana de pescador em Niterói. Ficava a semana toda lá, e aos domingos atravessava a Baía de Guanabara na barca, pois na época ainda não havia ponte, para ir ao Maracanã assistir ao futebol, depois passava a noite nos bares da Zona Sul, com os amigos Vinicius, Baden, Oscar Castro Neves, Milton Banana etc. Quando recebeu o telegrama de Lelouch avisando que a filmagem ia começar, fechou a choupana, pegou os cacarecos e passou a última noite no Brasil com sua turma, fazendo uma enorme canja saideira. No meio da festa, Vinicius sugeriu que adaptassem, de curtição, o "Samba da Bênção" para o francês. Pelas mãos de Pierre Barouh, nasceu então "Samba Saravah". Todos gostaram muito da versão francesa, passaram a noite a cantá-la, animadíssimos. Às nove horas da manhã, a música estava prontinha e foram gravá-la no Revox de Baden. Pierre ficou com a fita. Em Orly, Lelouch o estava esperando e Pierre mal deixou o cineasta falar da filmagem, preocupado que estava em contar a noite maravilhosa que passara com os amigos brasileiros:

— Você tem que ouvir essa fita, agorinha mesmo!

Foram direto para a casa de Lelouch, que escutou "Samba Saravah":

— Essa música é uma maravilha, ela tem que entrar na trilha sonora do filme. Vou modificar o roteiro, temos que achar um jeito de usar essa música.

E encontrou, fazendo com que o personagem de Pierre Barouh contasse para a esposa, interpretada por Anouk Aimée, uma viagem que fizera ao Brasil, e cantasse num dado momento a belíssima música que

[43] Baden gravaria "Viagem" em 1968 para o LP *27 Horas de Estúdio*.

trouxera de lá. Por motivos inexplicados, do tipo economizar dez segundos de fita, quando o filme saiu os autores brasileiros do "Samba da Bênção" não tiveram seus nomes nos créditos, o que aborreceu muita gente. Pierre Barouh, por exemplo, brigou com Lelouch, mas conseguiu que os nomes fossem inseridos na ficha técnica do filme; Vinicius de Moraes ficou ofendidíssimo e nunca mais voltou a falar com Pierre, tendo-o como responsável pela omissão. Devidamente remunerado com os direitos autorais pela adaptação francesa da música, Baden não se tocou mais do que isso com o caso. O filme ganhou a Palma de Ouro do Festival de Cannes em 1966 e, na vida real, Pierre Barouh se casou (por algum tempo) com Anouk Aimée. Porém, o mais importante, como salientava Pierre Barouh, é que a gravação do "Samba da Bênção" feita no Rio na véspera de sua partida influiu definitivamente sobre o som da Saravah, a sua gravadora.

Apesar do batalhão de "saravás" que remetem indubitavelmente ao candomblé, o "Samba da Bênção" não entrou no repertório do disco mais marcante de toda a carreira de Baden Powell, *Os Afro-Sambas*, gravado nos dias 3, 4, 5 e 6 de janeiro de 1966. As oito faixas do LP, compostas entre 1962 e 1965, são o resultado do impacto do disco de Carlos Coqueijo sobre a dupla, do encontro com Canjiquinha, da aproximação com a cultura afro-brasileira que lhe proporcionou o mestre de capoeira nas viagens a Salvador, das visitas aos terreiros de candomblé, das rodas de capoeira, de samba etc. Porém, o principal incentivo às composições foi o fato de que na época Baden estava estudando cantos gregorianos e modos litúrgicos com o maestro Moacyr Santos: "Eu fazia umas composições para o maestro ler. E eu percebi que os cantos africanos tinham muitíssima semelhança com os cantos gregorianos. Para mim, são iguais. Eu dei então uma levantada num tipo de samba mais negro, que tem um lamento próximo dos cantos africanos, que parecem com os cantos gregorianos. Aqueles mesmos, inclusive, que os jesuítas ensinaram aos índios no Nordeste. Por isso, a música nordestina tem uma escala com a quinta diminuta, como os cantos gregorianos. Nesse trabalho com Moacyr Santos, eu compus uns temas partindo dessas semelhanças entre o modo litúrgico e o africano, e aproveitei alguns para as parcerias com Vinicius".

Ao contrário de Baden, portanto, que sabia exatamente o que estava fazendo e onde queria chegar, é provável que Vinicius não tenha tido consciência, na hora em que colocou letras nas músicas que Baden lhe dava, da pesquisa puramente musical do parceiro. É claro que ele sabia perfeitamente que se tratava de uma série de cantos celebrando os orixás.

Os Afro-Sambas: um dos discos mais marcantes da carreira de Baden Powell, gravado em janeiro de 1966.

A temática das músicas lhe era sugerida por Baden e o conteúdo nascia das histórias que este lhe contava. "Eu, vindo do subúrbio, sabia dessas coisas. Vinicius não, ele vinha de outro mundo, ele era diplomata." É muito provável então que o "branco mais negro do Brasil" tenha descoberto a negritude na convivência com Baden. Passavam horas conversando, contando casos de assombração, de alma do outro mundo, para "criar um clima", ou, mais pragmaticamente, discutindo a cultura afro-brasileira, como testemunhava Vinicius de Moraes, relembrando a viagem que Baden fizera à Bahia quando acompanhava Sylvinha Telles: "[Baden] voltou a mil, inteiramente tomado pelos cantos e ritos dos orixás, e me explicava horas seguidas os fundamentos da mitologia afro-baiana. Assim fui absorvendo o que há de mais rico e orgânico nessa bela religião, e quando os temas de Baden vieram, eu estava, mesmo sem ser crente [...], preparado para formulá-las a meu modo".[44] Um modo, aliás, pouco convencional. Tanto que, demonstrando sua ignorância do culto afro-brasileiro, cometeu contrassensos — ou seriam licenças poéticas? — que escandalizaram muitos baianos chegados ao candomblé. Como, por exemplo, dizer que Ossanha é "traidor", o que não corresponde a nenhuma característica desse santo. Só quando as músicas ficaram prontas Vinicius teve consciência do achado musical do parceiro:

— Mas isso são afro-sambas! — exclamou, pasmo, ao ouvir o conjunto das composições.

E era exatamente isso. Mesclando harmonias dos cantos gregorianos e africanos com a batida dos tambores do candomblé, Baden acabava de criar um novo tipo de samba e uma batida que ficaria sendo uma marca pessoal dele. Os "afro-sambas", como os definiu Vinicius, assim passaram a ser chamados e deram título ao antológico LP, o primeiro a integrar numa produção de música popular (por oposição a "folclórica") o agogô, o afoxé, o atabaque e o bongô, diretamente importados do candomblé, ao lado de instrumentos modernos como sax, flauta, violão, contrabaixo, bateria... Uma verdadeira revolução, sintetizada em oito peças: "Canto de Ossanha", "Canto de Xangô", "Bocoché", "Canto de Iemanjá", "Tempo de Amor" (que ficou conhecida como "Samba do Veloso", nome do famoso bar de Ipanema, quartel-general da bossa nova, onde foi composta), "Canto do Caboclo Pedra Preta", "Tristeza e Solidão" e "Lamento de Exu". Infelizmente, apesar dos arranjos de Guerra Peixe, da produção de Roberto Quartin, dono da Forma, a gravadora pela qual

[44] Em "Meu Parceiro Baden Powell", crônica de Vinicius para O *Pasquim*.

foi lançado o disco, e da participação do recém-criado Quarteto em Cy e da cantora Dulce Nunes, o disco conta também com um "coro da amizade", que por ser composto de amigos de toda sorte, é absolutamente "desprofissional", para usar o neologismo de Vinicius de Moraes. O qual, num longo texto publicado na contracapa do disco, explica: "Não nos interessava fazer um disco 'bem-feito' do ponto de vista artesanal, mas sim espontâneo, buscando a transmissão simples do que queriam nossos sambas dizer". Ninguém contradirá o poeta: o disco está perfeitamente mal-feito. A não ser pela presença de Otto Gonçalves Filho (aliás, o cantor Gaúcho), o coro se compõe da "dançarina e estrela de teatro e cinema" Betty Faria (que faz também o sensual contracanto em "Canto de Ossanha"), do psiquiatra César Augusto Parga Rodriguez, da tabeliã Eliana Sabino, filha do escritor e jornalista Fernando Sabino, de Nelita e de Tereza Drummond, o novo amor de Baden Powell.

O casamento com Heloísa naufragara definitivamente no final de 1965. Para Baden, "era uma história de juventude que não tinha como durar". Quanto a Heloísa, ela se saiu dessa num estado de evidente depressão, talvez pela tristeza de perder seu amor, talvez pelo simples contragolpe de cinco anos de inferno. Sendo esta a hipótese mais provável.

Para Tereza, a vida era um paraíso. Conhecera o violonista ainda casado com Heloísa, em sua própria casa, para onde fora levado por Gaúcho. Ela morava no Leblon, com sua mãe, Joana, uma holandesa radicada no Brasil, cuja casa era muito frequentada pelo pessoal da bossa nova. Com seus longos cabelos castanhos e seus imensos olhos azuis, Tereza fascinou à primeira vista o violonista, que não largou mais do seu pé. A toda hora aparecia na casa de Tereza: "Na época eu tinha um namoradinho e a gente sentava no sofá da sala, para conversar. Daqui a pouco Baden chegava lá em casa, sentava na poltrona em frente da gente e ficava me olhando fixamente. Não dava mais para namorar, não é?". E o pobre namoradinho não teve como competir com Baden e seus 28 anos, seu violão, sua fama, sua vida fantasiosa totalmente fora dos padrões, seu charme. Também, ele não deu a mínima chance: "Os amigos dele ligavam lá para casa dizendo que o Baden tinha um show, mas que se recusava a subir no palco se eu não aparecesse. Ou diziam que o Baden não queria mais comer, só se eu fosse dar a comida para ele. Era muita responsabilidade para mim. De repente, me vi responsável pela carreira, e até pela sobrevivência dele". Era também muita honra, e Tereza, com seus dezoito anos, não resistiu. O namoradinho dançou, Heloísa dançou, e Tereza começou a namorar Baden.

Baden e Tereza Drummond, uma das grandes paixões de sua vida.

Mal acabou a gravação dos afro-sambas, Baden voltou ao estúdio da Forma, para gravar *Tempo Feliz*. Produzido por Roberto Quartin, o LP foi considerado pela imprensa como um dos "maiores discos de Baden Powell e um dos maiores de violão não amplificado que já se gravaram no Brasil". Talvez porque a ideia de fazê-lo brotara na cabeça de Roberto Quartin durante uma daquelas canjas que atravessavam a noite ou, mais precisamente, como contava na contracapa do disco, "numa madrugada morna típica de janeiro. Estavam aqui em casa Badeco, Tereza e um rapaz muito tímido, de nome Maurício, com gaitas de todo tipo e também com desculpas de todas as espécies para não usá-las". Até que Baden botou música no papo e no uísque da reunião. Aí Maurício desencabulou e a coisa partiu. A dupla de músicos mandou brasa e Roberto Quartin, que nunca esquecia que era um produtor, já começou a bolar um projeto que resultaria no belíssimo encontro de Baden Powell e Maurício Einhorn, gravado no final de janeiro de 1966. Além de músicas novas como "Vou por Aí", parceria com Aloysio de Oliveira, "Deixa" e "Tempo Feliz", frutos da safra parisiense de Vinicius de Moraes e Baden Powell, e "Pro Forma", de Maurício Einhorn, o disco incluía músicas gravadas anteriormente, como "Consolação" ou "Apelo".

Baden emendou a gravação com uma temporada de um mês no Teatro Santa Rosa, em Ipanema. Com a participação de Oscar Castro Neves no piano, Carlinhos no contrabaixo e Vítor Manga na bateria, o show resultou num disco ao vivo, *Ao Vivo no Teatro Santa Rosa*, no qual não há nenhuma música inédita. A única novidade é Baden fazendo sua estreia como cantor na faixa "Tempo Feliz", com seu fiozinho de voz infantil à beira de desafinar...

Na temporada, Tereza se deparou pela primeira vez com os sérios problemas que o alcoolismo do companheiro suscitava. Numa das apresentações, ele dormiu no camarim durante o intervalo e, quando Tereza o acordou para a segunda parte, ele cismou que o show ainda não havia começado e que ia tocar o roteiro da primeira parte. Tereza, desesperada, explicava que não era nada disso:

— Baden, você já tocou a primeira parte inteirinha, por favor, entre com a segunda.

— Não, vocês estão me enganando, vocês estão de sacanagem comigo, eu ainda não toquei.

Problemas idênticos teve pouco tempo depois Sérgio Cabral, diretor artístico do show *O Samba Pede Passagem*, no Teatro de Arena, no qual Baden tocava, que ficou um mês em cartaz. Tratava-se de um evento be-

O LP *Tempo Feliz*, com a participação do gaitista Maurício Einhorn, lançado pela Forma em março de 1966.

No camarim, entre turnês e gravações, uma breve pausa para descanso.

"O maior violonista de todos os tempos": a dedicatória do mestre Meira ao ilustre ex-aluno.

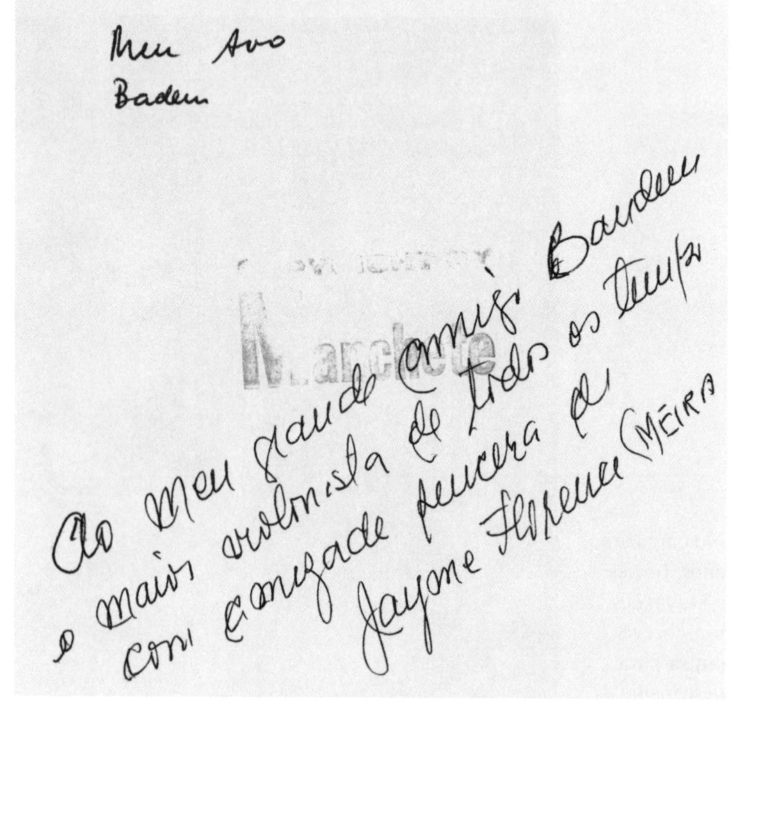

Meu Avo
Baden

Ao meu grande amigo Baden
o maior violonista de todos os tempos
com amizade sincera de
Jayme Florence (MEIRA)

neficente. A censura, que estava ficando braba, tinha vetado inteiramente o show *O Brasil Pede Passagem*, produzido por Vianninha e Ferreira Gullar, que perderam todo o dinheiro investido na produção e ficaram endividados até o pescoço. Então, chamaram Sérgio Cabral para montar um espetáculo que permitisse levantar recursos para pagar as dívidas. Sérgio montou um show só de samba — isso não deveria afetar a sensibilidade dos censores — do qual participaram gente da velha guarda, como Ismael Silva, o Regional do Canhoto, o Conjunto Raul de Barros, os grupos Samba Autêntico e Partido Alto, a garotada nova do MPB 4, o grupo Mensagem — com Sidney Miller, Luiz Carlos Sá (do futuro Sá e Guarabyra) e Sônia Ferreira (mais tarde do Quarteto em Cy) — e, astros principais, Aracy de Almeida e Baden Powell. Nessa ocasião, Baden reencontrou, depois de muitos anos, o velho e querido mestre, o Meira, integrante do Regional do Canhoto, a quem convidou para tocar com ele:

— Vou tocar agora para vocês junto com um homem que eu gosto muito. O que sei de violão eu devo a ele.

Foi, para ambos, um momento de muita emoção; para o público, o raro privilégio de ver os dois tocando juntos. Ao subir no palco, Meira falou do ex-aluno com ternura: "Considero hoje o Bad o melhor violonista do Brasil, seguido por José Menezes e Garoto. [...] Bad tem hoje problemas pessoais, frutos de sua carreira, cuja ascensão foi muito rápida", salientou o velho mestre, mostrando o quanto o magoava ver seu brilhante discípulo se estragar na bebida. E concluía dizendo que Baden tinha, acima de tudo, um ideal: "A busca da perfeição na composição". A essa altura dos acontecimentos, o ideal de Sérgio Cabral era levar o violonista até o teatro e uma vez no teatro, até o palco: "Eu passava no hotel dele, o Apa, e geralmente ele estava dormindo de porre. Eu o levava diariamente para o teatro. Ele chegava no camarim, deitava, dormia... E o show era delicadíssimo, porque, como tinha muita gente, o segredo era a direção. Aracy acabava ali, o MPB 4 começava aqui, e a luz... não podia errar. Aí eu pegava o Baden, levantava, botava ele no palco, no banquinho dele, arrumava o microfone para ele, e ele sem entender nada, e aí *pou!*, quando a luz batia nele, ele começava a tocar e era maravilhoso. O público delirava com Baden, era realmente fantástico. E eu ficava abismado: 'Esse cara é doido! Ainda há pouco ele estava dormindo, completamente bêbado, e agora esta tocando desse jeito!'". Um mistério que o próprio Baden explicava: "Quando eu sento para tocar, verdadeiramente eu me transformo em outra pessoa. Eu não sei explicar porquê, mas eu viro mesmo outra pessoa". Um disco ao vivo, raridade quase impossível de se encontrar hoje em dia, documentou o evento. Como previsto, o espetáculo não rendeu dinheiro aos artistas.

Nessa mesma época Tereza foi viver com Baden. Um conhecido dele lhe emprestou um apartamento que ficava perto do aeroporto Santos Dumont. Para quem fora criada na Zona Sul, com o mar a seus pés, foi absolutamente traumatizante viver no centro da cidade. A situação financeira de Baden estava péssima e Tereza, sem dinheiro, almoçava e jantava no Bob's da esquina, sem entender bem o que estava fazendo naquele barco, longe das mordomias de que sempre gozara. Na verdade, estava esperando que o companheiro ganhasse dinheiro. E, como fazia toda vez que precisava de dinheiro, Baden foi para o estúdio gravar mais um disco, o quarto do ano.

A carreira discográfica de Baden Powell foi quase sempre levada por motivos financeiros. Quando ele gravava um disco, não queria saber de *royalties*. Pedia uma determinada quantia à gravadora, gravava e pronto. Não recebia mais nada depois. E com a facilidade que tinha para tocar, ele podia entrar a qualquer hora num estúdio e bolar um disco em vinte e quatro horas. Se faltasse repertório, improvisava e sabia que o resultado seria excelente. Baden, que a vida toda treinou diariamente durante horas, com impiedosa intransigência para consigo mesmo, quando gravava seguia a inspiração, como nos shows, a partir de um vago projeto de repertório. Contudo, era muito exigente nas questões de som, na qualidade da interpretação, do *feeling*, muito mais do que na técnica, que ele queria perfeita mas que considerava secundária no resultado final. Ou seja, a técnica é o mínimo que se pode exigir de um músico. O que faz a diferença é a interpretação. Enquanto gravava, demonstrava uma consciência profissional para ninguém botar defeito, sabia muito bem quando tinha que gravar novamente. Com Baden não tinha isso de regravar apenas o trecho que não ficou bom e depois emendar com o que foi gravado antes, como costumam fazer os músicos, pois ele nunca tocou uma música duas vezes do mesmo jeito. Tinha que recomeçar tudo de novo, inteirinho. Baden não precisava, nunca precisou de conselho de diretor artístico: ele sabia muito bem o que queria e como chegar a isso.

Uma vez terminada a gravação, Baden se desinteressava pelo que acontecia depois. Não era mais problema dele. Até os anos 1990, raramente acompanhou a mixagem dos seus discos, assim como raramente os escutou depois de finalizados. Desde que recebesse o seu dinheiro, estava satisfeito. Talvez por isso Baden nunca tenha parado muito tempo numa gravadora: fazia o disco com aquela que oferecia o melhor preço.

Baden Powell com Milton Banana e o flautista Copinha,
que o acompanharam na gravação de *Tristeza on Guitar* em 1966,
primeiro LP pela gravadora alemã Saba.

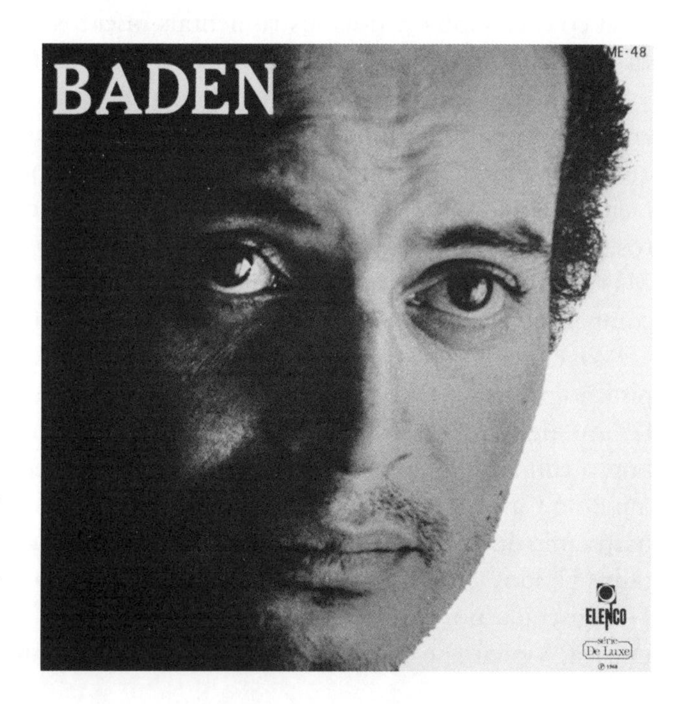

O LP *Baden*, da Elenco, lançado em 1968, edição brasileira (com alterações) do belíssimo *Tristeza on Guitar*.

Quanto aos contratos de exclusividade que assinava... era como se não existissem. Continuava artista exclusivo da Barclay, mas isso não o impedira de gravar três discos pela Forma desde que regressara ao Brasil; e além de gravar pela Forma, tinha acabado de assinar um contrato com uma gravadora alemã, a Saba, montada por Hans Georg Brunner-Schwer, um técnico de som.

O primeiro LP para a Saba foi feito no Rio, em dois dias. No dia 1º de junho, gravou no estúdio RioSom, e no dia seguinte, no Atonal Ltda. A rapidez da gravação não prejudicou em nada a beleza absoluta do disco, intitulado *Tristeza on Guitar*, produzido por Joachim-Ernst Berendt. Dos cinco músicos que o acompanhavam, dois eram velhos companheiros da estrada musical, o amigo de infância Milton Banana na bateria, e Copinha na flauta. Havia também dois percussionistas, Amauri Coelho e Alfredo Bessa. Este último, Baden já conhecia da gravação do LP *Os Afro-Sambas*, no qual ele tocava atabaques. Apesar de algumas redundâncias ("Canto de Ossanha", "Canto de Xangô", "Manhã de Carnaval" e "O Astronauta"), o repertório trazia novidades surpreendentes, como "'Round About Midnight" (ou simplesmente "'Round Midnight", como também ficou conhecida), de Thelonious Monk, um dos ídolos do violonista, "Das Rosas", de Dorival Caymmi, outro mestre de Baden, "Tristeza", de Haroldo Lobo e Miltinho, "Som de Carnaval", uma parceria com Copinha, e dois instrumentais inéditos de sua autoria: "Saravá" e "Invenção em 7 1/2", frutos sem dúvida da falta de parceiro.

Paradoxalmente, o irrequieto Baden Powell, que nunca parou em gravadora nenhuma, que raramente conseguiu aturar um empresário e que foi capaz de trair contratos e não cumprir compromissos, afetivamente falando sempre foi um ser sumamente fiel: aos amigos, aos parceiros, às mulheres, a seus ideais. Por isso, era o homem de um parceiro só. Mas se a amizade com Vinicius de Moraes se mantinha firme e forte, em compensação a veia artística da dupla estava secando aos poucos. Uma vez concluída a série de músicas que compuseram *Os Afro-Sambas*, a inspiração parecia esfriar e a produção estagnar. Obviamente, os dois ainda fariam algumas músicas, mas nenhuma com o pique dos afro-sambas, ponto culminante da parceria. Foi o caso, por exemplo, de "Para Fazer um Bom Café", encomendada por Carmen Costa, com o intuito de pedir patrocínio ao IBC (Instituto Brasileiro do Café) para uma turnê nos Estados Unidos. A composição, que proporcionou o maior ataque de riso — registrada por acaso no Revox de Lula Freire, quando, ensaiando a música, Vinicius se enrolou e cantou "Para Fazer um Bom *Cafer*" — era

Em São Paulo, no terraço do hotel, na época das gravações de *O Fino da Bossa*, em meados dos anos 1960.

de uma grande pobreza, e os próprios autores consideravam que ela não passava de uma piada. Nesse momento, Vinicius estava fazendo música com Edu Lobo e Francis Hime. Quanto a Baden, meio perdido, ainda não encontrara o letrista que entraria no lugar do poeta. Mas sempre podia surgir uma ou outra parceria nascida ao léu, de um encontro passageiro. Ainda no primeiro semestre de 1966, fez "Cidade Vazia", com Lula Freire, que foi inscrita para concorrer em junho no II Festival Nacional de Música Popular da TV Excelsior, em cuja primeira edição Baden já havia sido premiado. Tinha a música, mas faltava o cantor... Então alguém falou a Baden de um jovem mineiro que cantava lindo e que poderia defender a música no festival. Baden foi conhecê-lo e adorou a figura: não havia dúvida, era ele quem cantaria "Cidade Vazia" no festival, em junho. Em volta de Baden, todo mundo achou que ele estava maluco, pois com toda a celebridade dele, entregar uma música a um desconhecido era uma loucura, não podia. Mas não houve quem conseguisse contrariar Baden Powell: quando ele enfiava uma ideia na cabeça, ninguém tirava. Portanto, foi o desconhecido, um certo Milton Nascimento, quem defendeu "Cidade Vazia", tirando o quarto lugar.

Milton Nascimento não seria o único estreante a ganhar a confiança do grande violonista. Baden sempre ajudou os jovens músicos nos quais via talento, dando força, conselhos, orientações, dicas e, o mais importante, cada vez que podia, oportunidade de se lançar na carreira. Outro deles foi Gilberto Gil. Tereza e Baden estavam morando em São Paulo, onde, além do contrato permanente com a TV Record, ele se apresentava muito em boates e casas de show. Choviam contratos de trabalho e o casal acabou alugando um apartamento mobiliado na Consolação, sempre cheio de amigos: Francis Hime e a futura esposa Olivia, Edu Lobo e Wanda Sá, Vinicius, que também era um *habitué* do *Fino da Bossa*, Tom Jobim, quando estava de passagem, Toquinho, o publicitário e jornalista Franco Paulino, grande amigo de farra de Baden... Era uma época de intenso movimento em São Paulo, e nessa agitação toda, Gilberto Gil foi bater na porta de Baden. Tereza se divertiu muito com a primeira visão que teve do baiano: "Ele era contador na Gessy Lever e chegou lá em casa depois do trabalho, de terno e gravata, com uma pasta sanfona, cheia de... músicas. Eu me lembro que ele mostrou uma que tinha a ver com o homem que pisou na lua,[45] e Baden adorou. Deu conselhos: 'Olha, você tem que ir ver fulano, e fazer isso, e ir por aí, e falar com sicrano...'". Gil

[45] Trata-se de "Lunik 9", gravada no LP *Louvação*, de Gil.

foi bater na porta da casa de Elis Regina, que também se impressionou com o visual terno-gravata-pastinha sanfona, mas a visita rendeu. Elis defendeu "Ensaio Geral" no II Festival de Música Popular Brasileira da TV Record, em setembro de 1966. Vale lembrar que ela foi vaiada: desavenças da época.

Contudo, não há dúvida de que Gil procurava as pessoas certas. Baden era, com Elis, o maior nome da TV Record, apresentava-se nos horários nobres e podia se dar ao luxo, como fez na boate Blow Up, em São Paulo, de interromper seu show no meio, levantar e ir embora porque no público havia um casal falando alto demais. Era preciso muito cartaz para fazer isso (não foi a única vez) e continuar de pé na carreira. Mas Baden tinha esse cartaz todo, o que no mercado musical brasileiro era absolutamente excepcional, uma vez que o seu trabalho, quer discográfico, quer cênico, era instrumental. Um gênero que promoveu grandes nomes, com fama e tudo, mas raramente com o estrelato que Baden atingiu. Verdade é que, na época, a música instrumental era bastante valorizada. A Record, na época a emissora de maior audiência, incentivava-a muito, principalmente o violão, demonstrando uma abertura que infelizmente deixaria de existir nas décadas seguintes.

Ao *Fino da Bossa*, que era o programa mais badalado do Brasil, compareciam uma grande variedade de gêneros musicais e artistas, e se promovia todo tipo de encontros, como o de Paulinho Nogueira e Baden Powell. Apesar de serem contratados da Record, tinham poucas oportunidades de se encontrar, pois nunca participavam dos mesmos programas. Mas nesse, o tema era o violão, e ambos foram convocados. Cada um apresentaria sua parte, mas não poderia faltar um duo. Surgia aí uma oportunidade rara de juntar dois grandes mestres do violão e dois estilos radicalmente opostos: o lirismo tranquilo, lento, clássico de Paulinho Nogueira, com a garra, a pegada enérgica, a africanidade de Baden Powell. Um estilo absolutamente original, próprio de Baden, segundo a análise de Paulinho Nogueira: "Aquele estilo afro dele, aquilo é propriedade dele. Ele criou uma batida pessoal, principalmente usando os bordões, o tom menor — da emoção. A música africana é limitada em harmonias mas é forte pela fixação no ritmo. Isso, Baden faz com uma maestria muito grande".

No dia do show, reuniram-se numa salinha para ver o que podiam tocar e escolheram "Odeon", de Ernesto Nazareth. Ensaiaram e foram para o palco. Quando o duo acabou, foi uma verdadeira explosão. O público aplaudia enlouquecido, pedia bis com tal insistência que aconteceu

Baden Powell e Paulinho Nogueira: o encontro dos dois grandes violonistas no *Fino da Bossa* foi um estrondoso sucesso.

o que não podia acontecer num programa extremamente bem organizado como *O Fino da Bossa*, em que tudo era cronometrado: Paulinho e Baden repetiram a apresentação de "Odeon". E aí, deu tudo errado! Nenhum dos dois entrava no momento certo, não conseguiam acompanhar os improvisos um do outro, um horror. Mas o pior é que quando o programa foi ao ar, na quarta-feira, Paulinho Nogueira teve a desagradável surpresa de constatar que, na edição, tinham colocado a segunda interpretação, e com os aplausos da primeira!

Com esses contratos todos e o jogo duro de Tereza, que logo viu que tinha que "administrar" os bens do marido se quisesse comer todos os dias, a situação econômica melhorou e o casal alugou um apartamento na rua Duque Estrada, na Gávea, reintegrando Tereza em seu meio natural. Porém, não demoraram muito tempo por lá.

Naquele ano, a luz chegou à Barra da Tijuca, e Joana Drummond, a mãe de Tereza, se mudou para a casa que tinha lá, deixada pelo finado marido. Nada a ver com a megalópole emergente de hoje. Nos anos 1960, a Barra era o fim do mundo (carioca), e só alguns malucos adeptos da solidão tinham construído casas de veraneio, dispersas pelos matos que bordejavam ruas sem asfalto. Joana foi uma das primeiras moradoras do bairro. Sua casa era muito espaçosa, com um grande jardim e uma piscina. Baden, já enjoando do apartamento da Gávea, resolveu que agora iam viver com Joana, e levou consigo sua patota. A partir do sábado ao meio-dia começavam a chegar os amigos: Luiz Bonfá, Elis Regina, Sérgio Mendes, Toquinho, que acabava de chegar ao Rio, Gaúcho, Paulinho da Viola, bem novinho e desconhecido, Paulo César Pinheiro... Era muita gente, e de repente Joana tinha cinquenta, sessenta pessoas para o almoço. Havia churrascos, vatapás, feijoadas e festas memoráveis. A de São João, que por nada Baden teria perdido, era das mais animadas. Como um menino, ele soltava foguetes e ria vendo as faíscas no céu. Tudo acabava sempre em música, que rolava até altas horas. No meio dessa multidão de pessoas, algumas das quais chegavam lá não se sabe como, com seus instrumentos, e começavam a tocar, Baden certa vez notou um garoto ao violão e comentou com Toquinho, que estava chegando:

— Pô, cara, você chegou a tempo de ver um menino aqui que me impressionou. É um músico muito bom, me deixou realmente pasmo. Ele toca à beça. É um tal de Egberto, uma coisa assim...

Era Egberto Gismonti. Um amigo que o sabia vidrado em Baden Powell o levara para conhecê-lo. Toda essa garotada estreante sabia que encontraria em Baden um bom conselheiro, por isso procurava se apro-

Baden no aconchego da casa de Joana Drummond, mãe de Tereza, na então tranquila Barra da Tijuca dos anos 1960.

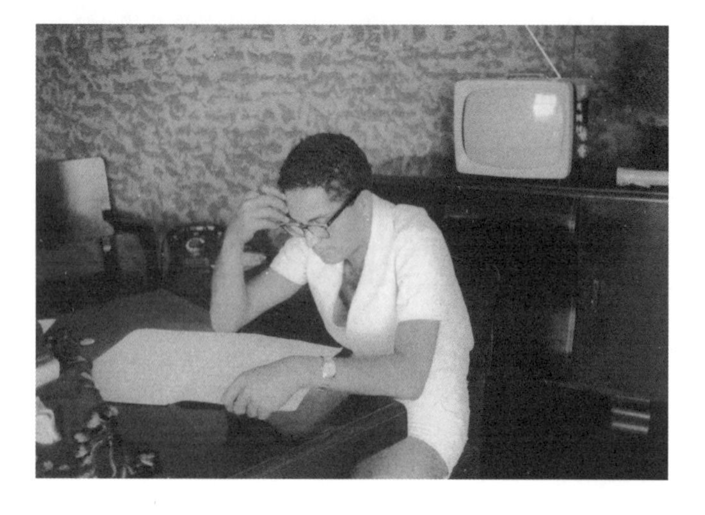

ximar dele. E, como fizera com Milton Nascimento e Gilberto Gil, Baden não poupava incentivos a quem os merecesse.

Na segunda-feira, a calma voltava, apenas interrompida pelo som do violão de Baden, que, sentado na varanda, fazia seus exercícios. Essa era uma das características de Baden Powell, seu método de estudo, com exercícios que ele mesmo criava. "Eu estudava cada vez com uma das mãos. Primeiro só a mão esquerda, aí eu fumava com a direita. Eu estudava, estudava, depois fazia os exercícios com a mão direita e fumava com a esquerda. Só parava de fumar quando as mãos se juntavam, na hora do show." E para cultivar a leveza e a agilidade das mãos, Baden pendurava um peso no punho quando fazia os exercícios. Nisso podia passar o dia inteiro, fazendo as escalas: lá-lá-lá-lá-lá-lará-lalá. Em geral, a convivência com ele era tranquila. Desde que pudesse tocar, não tinha exigência nenhuma. As empregadas de Joana o adoravam, lhe preparavam pratinhos, paparicavam-no. Baden era uma pessoa simples, simpática, agradável, que se dava com todo mundo. Até o dia que enchia a cara. Ele sempre foi um bebedor cíclico: tinha fases em que parava totalmente de beber, então era um charme. Mas de repente, sem mais nem menos, voltava ao vício, e aí não tinha limites. Podia beber uma garrafa de uísque inteira em algumas horas. Então a vida se tornava um inferno para quem convivia com ele. Joana suportava com paciência que o genro consumisse toda sua reserva de uísque importado, até o momento em que perdia a cabeça. Aí era briga séria.

"Teve uma vez que eu não aguentei mais tanta bebida lá em casa, peguei o copo cheio e atirei no jardim:

— Pronto, agora beba este leite aqui, e acabou o uísque."

Não adiantava. Baden ia beber no bar do Avião, assim chamado porque tinha um avião na frente, que ficava ao lado do restaurante La Molle. Uma vez, passou três dias em idas e voltas entre a casa e o bar. Na terceira noite, nem sequer conseguiu entrar na casa. Deitou-se na rede da varanda, mas não pôde dormir, com uma dor igual a uma pontada no ventre. Começou a vomitar, e a dor ia aumentando, e Baden pensando consigo mesmo: "Alguma coisa furou lá dentro, não é possível".

Era a primeira crise de pancreatite, os primeiros sinais enviados pelo corpo pedindo socorro, avisando que não aguentava mais ser tão maltratado. Mas como ninguém descobria o que ele tinha, Baden ficou nesse sofrimento durante uma semana, até que o doutor Clementino, que estava viajando, chegou e diagnosticou a pancreatite:

— Mas, meu filho, pancreatite com trinta anos? Você é muito novo!

Baden, Elis Regina e Wilson Simonal no show *Berimbau*, no Zum Zum, que estreou em dezembro de 1966.

Com Norma Bengell, que substituiu Elis no show do Zum Zum.

Tratando-se de um problema crônico, Baden ficou sabendo que se voltasse a beber teria novas crises. E ficou sabendo também que nunca engordaria, nem teria problemas de colesterol, porque com a pancreatite o organismo elimina toda a gordura, e tampouco teria cirrose, porque as duas doenças são antinômicas. Pelo menos foi o que lhe disse o médico.

Então, Baden parou de beber, e estava em plena forma quando estreou o show *Berimbau*, com repertório composto em grande parte pelos afro-sambas, no Zum Zum, com Elis Regina, em dezembro de 1966.

Tereza que, quando casara com Baden, acabava de concluir o científico, não tivera tempo de pensar em estudos universitários, em profissão, em futuro. Casar com Baden Powell era casar com o presente e com o dia a dia de sua carreira artística. E, de repente, ela já estava empresariando o marido. Apesar da juventude e da inexperiência, acabou revelando certo talento nas suas funções.

O show do Zum Zum foi produzido por Baden e coube a Tereza assessorá-lo, ou seja, fazer tudo: negociar o aluguel da sala, montar a programação, fazer os contratos, agendar os ensaios, cuidar da bilheteria, pagar os cachês... Na véspera da estreia, Baden recebeu uma proposta do Itamaraty para tocar na Casa Branca para o presidente Lindon Johnson. Mandou um telegrama se desculpando, tinha show no Zum Zum com Elis. E até fez bem, porque o show foi uma maravilha. Num cenário composto de garrafas de uísque como pano de fundo, os dois juntos foram extraordinários. Elis brincava com a voz, Baden brincava com o violão, eles iam conduzindo-se um ao outro, improvisando, cúmplices como só o podem ser grandes artistas ou grandes amigos. Elis Regina e Baden Powell eram ambas as coisas. No entanto, Elis teve que sair do show depois de alguns dias, pois tinha outros compromissos, sendo então substituída por Norma Bengell que, se não podia competir com Elis no nível do canto, ainda que tivesse uma bela voz, impressionava pelo carisma, o charme e a presença de palco. Além de sucesso, a temporada rendeu bastante dinheiro. E Baden pôde recomeçar a fazer suas loucuras...

Tereza, como antes Heloísa, tentava controlar as despesas e até conseguia melhor. Escondia o talão de cheques, que para Baden tinha valor de dinheiro: se havia cheque, havia dinheiro. Ignorava a noção de "cheque sem fundo" e ia assinando cheques, comprando tudo que lhe passava pela cabeça. Baden, que nunca foi de comer muito, herdara do avô materno o gosto pelas mesas fartas, os grandes jantares, adorando levar os amigos para restaurantes. Era capaz de reservar um restaurante para um jantar privado. E pagava a conta com nobreza. Da mesma forma,

Em frente à mansão de Stan Getz, perto de Nova York, em 1967:
Baden fez um único show com o saxofonista nos Estados Unidos,
durante os seis meses em que ficou hospedado em sua casa.

sempre foi um marido atencioso, cobrindo generosamente todas as esposas de presentes luxuosos, joias, perfumes, roupas escolhidas por ele com extraordinário bom gosto. Para o aniversário de Tereza, Baden alugou uma boate em São Paulo. O presente ficou na rua: era um carro zero quilômetro, embrulhado com papel e laços de fita.

Início de 1967, Baden Powell foi para os Estados Unidos, chamado por Stan Getz. O saxofonista norte-americano tinha grandes projetos para o violonista:

— Vou tirar seus papéis, você tem que vir trabalhar aqui.

Calhou na hora certa: o prêmio da vitória de "Cidade Vazia", no Festival da Canção Popular, fôra, além de uma estátua de bronze, duas passagens para Nova York, que Milton Nascimento, o vencedor, cedeu ao casal. Tereza viajou um mês antes do marido, levando na bagagem todos os documentos necessários para conseguir o *green card* e a autorização para trabalhar. Em maio, Baden chegou e Stan propôs que o casal se hospedasse em sua casa, em Irvingtown, uma cidadezinha à beira do rio Hudson, a meia hora de trem de Nova York. Era uma imensa mansão de quatro andares, na qual viviam Stan, sua esposa Monica Silfverskiöld, os dois filhos do casal e um exército de empregados.

Baden e Tereza ficaram com um andar para eles, e nos seis meses que durou a temporada norte-americana, cruzaram com o saxofonista algumas vezes. Esse desencontro era causado pelo tamanho da casa e pelos incessantes shows que chamavam Stan para longe. "Nós fomos muito bem tratados nos seis meses que ficamos lá, só que Stan era maluco. Certa vez viajou para a Suécia com Monica, que o empresariava, e, no dia seguinte, Stan apareceu em casa. Ele tinha brigado com a mulher e a deixou no aeroporto de Estocolmo, na zona internacional, sem dinheiro, sem passaporte e sem passagem. E ela ligando, desesperada, sem poder fazer nada. Aí ele voltou para a Suécia e foi buscá-la." Outra vez, ele foi dar um show em Londres e chamou Baden para tocar com ele. Quando chegaram à Inglaterra, se tocaram de que Baden não tinha autorização para trabalhar. Foi uma confusão tremenda para que ele não fosse impedido de tocar. Nos Estados Unidos, propriamente, Stan Getz levou o violonista para Buffalo: foi o único show que fizeram juntos nos seis meses que Baden passou lá. A verdade é que Stan Getz, como Baden Powell, desconhecia tudo dos processos burocráticos indispensáveis para um estrangeiro trabalhar fora de seu país. Ambos achavam que bastava dizer: "Por que você não vem aqui tocar?", para ir lá e tocar. Mas não era nada disso, e se Baden tocou muito com Stan Getz durante essa temporada, foi, na maioria dos casos, no estudiozinho que Stan tinha em casa. Tereza, no papel de técnico de som, gravou quilômetros de fitas, seguindo as ordens que os dois lhe davam, em pleno delírio experimental:

— Grave numa velocidade mais rápida. Agora, grave mais devagar. Vamos ver o resultado. É... está parecendo cravo, não acha? Está ótimo.

Nisso ninguém se lembrou de acompanhar o processo para conseguir os documentos, tanto que Baden nunca teve condições de trabalhar nos Estados Unidos e os documentos acabaram esquecidos em alguma gaveta na casa de Stan Getz. Entre eles, havia o diploma de "professor de violão" que Baden tirara na Escola Nacional de Música. Baden nunca mais recuperou o diploma: "Também, eu nunca precisei disso para as pessoas saberem que eu sei tocar violão, não é?".

Mas na época era até fácil conseguir o famoso *green card*. Até João Gilberto levava uma vida perfeitamente regular em Nova York, com documentos e tudo, e dava todos os shows que queria. Baden e Tereza inclusive foram vê-lo tocar numa boate no Village, em Manhattan. Ele estava casado com Miúcha, que conhecera em 1963, em Paris, no Candelária, boate latino-americana famosa, onde tinha ido encontrar a chilena Violeta Parra. O casal morava agora no Brooklyn, onde Baden e Tereza foram várias vezes visitá-los. João e Baden passavam a noite tocando, mostrando músicas um para o outro. Num desses encontros, João se encantou com alguma música que Baden cantou. Pediu que a cantasse novamente e novamente e mais outra vez... e Baden cantou a música até perder o fôlego. E João só escutando. Alguns meses mais tarde, voltaram a se encontrar; João pegou o violão e cantou a música certinho. Tinha aprendido letra, melodia e acompanhamento só escutando o amigo. Nessas noitadas nova-iorquinas, podia acontecer de João estar numas de tocar: então Baden calava o violão e, por horas seguidas, escutava respeitosamente o "mestre". Mestre, enfim, pela idade e pelo canto, no qual Baden sempre se espelhou, porque no que diz respeito à musicalidade, à criatividade, à ligação obsessiva com o violão e à relação estapafúrdia com o dinheiro, os dois eram idênticos.

Enquanto Baden estava nesse lenga-lenga norte-americano, Vinicius, no Brasil, bancava o anjo da guarda. Final de julho, recebeu uma carta do maestro Júlio Medaglia solicitando sua intervenção numa questão ligada a Baden. Antes de viajar para Nova York, este fora contatado por Joachim-Ernst Berendt, produtor de *Tristeza on Guitar*, que era diretor artístico do Berliner Jazztagen. Ele tinha convidado Baden para tocar no dito festival, que seria em novembro. Encantado, o violonista aceitou o convite e assinou o contrato, que a instituição germânica logo enviou. E sumiu. Agora Berendt precisava entrar em contato com ele e não o encontrava. No maior apuro, apelou ao amigo Júlio Medaglia. Este, então, se voltou para Vinicius, pedindo que fizesse com que Baden cumprisse o contrato que tinha assinado, pois senão, "além da coisa ficar suja para ele, para mim e para a música brasileira, o Berendt não vai querer muito mais coisas conosco, o que será lamentável, pois o bicho é utilíssimo!".[46] Dois meses mais tarde, em nova carta a Vinicius, Júlio Medaglia pedia nova ajuda ao diplomata. Já conseguira localizar o violonista na casa de Stan Getz e obtido a confirmação de sua ida a Berlim. Mas agora surgia um novo problema: "Baden quer levar a Tereza e mais dois percussionistas". Quem iria financiar tantas passagens? O festival não podia e Júlio contava com a ajuda do Itamaraty. Será que Vinicius podia fazer algo? No mês seguinte, nova carta: "Ainda aqui, às voltas com o *affair* Berlim, que só nos vai dar sossego, creio, depois do dia 5 de novembro, dia da apresentação [de Baden]". No mais, os problemas estavam resolvidos, Vinicius conseguira passagens pelo Itamaraty, o que proporcionou novas emoções e mais uma carta de Júlio: uma semana antes de embarcar, Baden ainda não tinha as passagens. Bem, isso é apenas uma pequena amostra das incessantes confusões que pontuaram toda a carreira de Baden.

No início de novembro, após seis meses em Nova York, Baden e Tereza finalmente embarcaram para Berlim, sem tristeza. Baden não se animara muito com os Estados Unidos e muito menos com Stan Getz: "Porque aí, é o seguinte: ele queria que a gente tocasse junto. Mas eu não podia virar acompanhante dele, e só. Eu também sou solista, tenho nome. Em Buffalo, ele tocou tudo e muito bem, que ele era gênio, mas quando chegou minha hora eu toquei pra valer. Ele sentiu a força. Deve ter pensado que eu ia empatar com ele".

Em Berlim, esperavam por ele Alfredo Bessa e Amauri Coelho, os dois percussionistas que exigira para a apresentação no Festival de Jazz de Berlim. Na programação do festival só havia feras: Ella Fitzgerald, Sarah Vaughan, Erroll Garner, Miles Davis, Herbie Mann, Jim Hall, Charlie Byrd, Barney Kessel, entre outros. Este último era simultaneamente fã e ídolo de Baden, e os dois músicos praticamente caíram de felicidade nos braços um do outro ao se conhecerem pessoalmente, e não pouparam ao público delirante uma canja excepcional na sala da Berliner Philharmo-

[46] Carta de Júlio Medaglia a Vinicius de Moraes, São Paulo, 24/07/1967 (arquivo Vinicius de Moraes da Fundação Casa de Rui Barbosa, Rio de Janeiro).

niker. Quanto a Baden, ovacionado, foi proclamado pela crítica o melhor instrumentista do festival, o que dispensa qualquer comentário sobre a qualidade do seu concerto. No LP *Berlin Festival Guitar Workshop*, que documenta alguns dos melhores momentos do evento, três faixas são com Baden: "The Girl from Ipanema", "Samba Triste" e "Berimbau".

Antes de regressar ao Brasil, Baden fez uma pequena turnê pela Alemanha, organizada por Joachim-Ernst Berendt. Em Villingen, sede da Saba, gravou em vinte e quatro horas, no dia 11 de novembro, *Poema on Guitar*, segundo LP pela gravadora alemã. Para Berendt, que novamente produziu o disco, como para os músicos do mundo do jazz, Baden é um jazzista. Tanto que seus discos na Saba, mais que todos, possuem um tempero jazzístico evidenciado aqui pela presença do contrabaixista alemão Eberhard Weber, do baterista suíço Charly Antolini e do flautista inglês Sidney Smith, todos jazzistas, assim como pela faixa "All the Things You Are" (de Jerome Kern e Oscar Hammerstein). Além de "Consolação", "Samba Triste" e "Eurídice", que a essa altura já estavam virando mania, Baden gravou também "Feitinha pro Poeta", "Dindi", "Tristeza e Solidão" e "Reza", dos amigos Edu Lobo e Ruy Guerra.

Eddie Barclay, vendo o mercado se encher de discos do seu suposto artista exclusivo — pela Elenco, pela Forma, pela Saba —, ficou fora de si. Tinha pago horrores para Baden gravar seis discos pela Barclay e, com apenas dois prontos, lá estava ele, gravando com a concorrência. A sorte de Baden é que o francês era mais artista do que empresário, e nunca lhe passou pela cabeça que podia processar o violonista traidor. Porém, Barclay lançou na França, sem dar satisfação a ninguém, todos os discos que Baden gravara por outros selos no período em que era exclusivo de sua gravadora.

No final de novembro de 1967, Baden e Tereza estavam de volta ao Brasil. Quem ficou feliz foi Paulo César Pinheiro, que escrevera longas cartas saudosas a Baden, reclamando de sua ausência. Estava tão duro que não podia mais ir ao Veloso[47] encontrar com o pessoal; pedia que por favor lhe trouxesse uma calça Lee, que por enquanto só tinha aquela marrom; não estava conseguindo mais escrever; e que "quanto à 'Lapinha', não ouvi mais nada a respeito". "Lapinha" era o título de uma parceria, a primeira, que tinham feito antes de Baden viajar.

"Eu ia muito lá para a Barra, na casa da mãe de Tereza. Ia, ficava um, dois dias, às vezes até uma semana. Certa vez Baden me falou:

[47] O famoso bar, hoje chamado Garota de Ipanema.

LAPINHA

bis { Quando eu morrer
me enterrem na Lapinha
Calça culote paletó almofadinha

Vai, meu lamento vai contar
Toda a amargura de viver
Ai, a verdade sempre dói
E às vêzes traz
Um mal a mais
Ai, só me fêz dilacerar
Ver tanta gente se entregar
Mas não me conformei
Indo contra a lei
Sei que não me arrependi
Tenho um pedido só
Último talvez
Antes de partir

REFRÃO

Sai, minha mágoa sai de mim
Há tanto coração ruim...
Ai, é tão desesperador
O amor perder
Prô desamor
Ah! tanto êrro vi — lutei
E como perdedor gritei:
Que sou um homem só
Sem poder mudar
Nunca mais vou lastimar
Tenho um pedido só
Último talvez
Antes de partir.

{ Quando eu morrer
ME enterrem na Lapinha

bis { Calça culote paletó almofadinha

bis { Adeus Bahia zum zum zum cordão de ouro
Eu vou partir porque mataram meu Besouro

bis { Zum zum zum ê Besouro
Zum zum zum cordão de ouro

Letra última

ADEUS TEREZA, ZUM-ZUM-ZUM CORDÃO DE OURO
NÃO DIGO ADEUS PORQUE VOCÊ É MEU TESOURO

"Lapinha", a primeira parceria entre Baden e Paulo César Pinheiro: deu muita mão de obra, mas também muito sucesso. Embaixo, versos adicionais para Tereza.

— Sabe, eu estou com uma ideia aqui de um samba, queria fazer contigo.

Eu até me assustei, porque ele era o parceiro de Vinicius, considerado o papa da música brasileira. Trocar Vinicius por um menino de dezesseis anos era uma coisa."

Baden mostrou a melodia, inspirada num tema folclórico baiano que ouvira de Canjiquinha e das meninas do Quarteto em Cy, "A música do Besouro", que contava a história de um famoso capoeirista do início do século XX que morreu de morte violenta. Baden tinha conservado o refrão da música, "Quando eu morrer, me enterre na Lapinha/ Calça-culote, paletó almofadinha", e composto uma segunda parte, para a qual propôs que Paulo César fizesse uma letra:

— Você topa fazer?

Era uma tremenda responsabilidade, e Paulo César ficou na dúvida se poderia assumi-la, mas também não podia perder uma oportunidade daquelas, já que o compositor a oferecia. Levou uma fita com a música para casa e dali a uns dias trouxe a letra para Baden, que gostou. Passaram uns dias e Paulo César voltou para a Barra com uma nova letra:

— Olha, aquela letra que eu te dei não está legal, eu fiz outra.

Baden escutou, gostou mais ainda e a segunda letra foi a que ficou. E aí começou o pesadelo para Joana, Tereza e suas irmãs, Anabela e Mariza. Porque Baden começou a ensaiar a música, e foi "Lapinha" 24 horas por dia. Adormeciam com o som da "Lapinha", acordavam com a "Lapinha", saíam, voltavam, e a "Lapinha" continuava. Certa noite, Baden cismou que precisava que alguém cantasse a música para ele ver se o acompanhamento estava bom. Não deu outra: foi acordar Anabela e Mariza, e botou as duas criaturas para cantarem a noite inteira "Lapinha". Mariza, que era pequenininha, adormecia no meio do canto e Baden, sem dó, a sacudia:

— Tem que cantar, menina, que essa música vai ser o maior sucesso.

Com isso, Baden foi com Paulo César mostrar a música aos amigos no Veloso, que continuava sendo o *point* predileto do pessoal da bossa nova. Logo nesse dia, estavam Tom Jobim e Vinicius, além do compositor Candinho, pai de Sylvinha Telles. Baden, na maior empolgação, disse para os amigos:

— Vou mostrar a vocês um samba novo que acabei de fazer aqui com meu parceiro.

Aí cantaram "Lapinha", e Paulo César Pinheiro se emocionou. Estava mostrando seu trabalho para o grande Vinicius de Moraes, seu modelo, seu ídolo, seu parâmetro! Mas quando acabaram de cantar, o poeta não disse uma palavra, levantou e foi embora. Paulo César ficou chocado... E Baden:

— Liga não, Paulinho, o Vinicius é assim mesmo, cheio de ciúmes.

Finalmente, o fato que poderia ter desencorajado o letrista estreante, pelo contrário, o incentivou a trabalhar mais ainda. E acabaria ficando amigo de Vinicius. Como Baden fizera anos antes com Vinicius e Lucinha Proença, Paulo César passou a frequentar assiduamente a casa de Baden e Tereza.

Baden, cuja situação financeira estava (momentaneamente) boa, tinha comprado o apartamento de Olaria para sua mãe. Depois, comprou a casa que alugara com Tereza ao regressar da Europa. Era um casarão charmoso, com um quintal grandão, meio abandonado, na rua Waldemar Falcão, em Itanhangá. Quando soube do projeto do irmão, Vera logo mandou Eloi, seu companheiro, que era advogado, assessorá-lo, pois só Deus sabe o que ia acontecer se Baden fizesse a compra sozinho. A casa ficou em nome dele e de Tereza, 50% para cada um. No embalo, Eloi aconselhou Baden a dar uma procuração à esposa, para que ela pudesse administrar oficialmente a carreira e os negócios do marido, o que já vinha fazendo de qualquer maneira desde que entrara em sua vida. Foi nessa casa que, de safra em safra, o repertório de Baden Powell e Paulo César foi se construindo: "Baden não dava nenhuma orientação para as letras. Às vezes, enquanto ele cantarolava a música, falava palavras desconexas, e eu usava essas palavras. Era uma música atrás da outra. Elis gravou muitas delas, e tudo que ela gravava da gente fazia sucesso".

No dia 11 de maio de 1968, a previsão de Baden se verificou: concorrendo na Primeira (e única) Bienal do Samba da TV Record em São Paulo, "Lapinha", defendida por Elis Regina (acompanhada pelos Originais do Samba), tirou o primeiro lugar. Entretanto, não fora fácil inscrevê-la. Ao contrário dos outros festivais, que se propunham dar uma chance aos jovens artistas estreantes, a Bienal só convidava sambistas famosos para concorrer. Tanto que, ao chamar Baden, achavam que ele inscreveria uma parceria com Vinicius de Moraes. Quando ele chegou com uma música cujo letrista era totalmente desconhecido, o júri recusou. E Baden, que nunca fez concessões, a não ser as que lhe convinham, mandou dizer que não queria saber se Paulo César era conhecido ou não: ou ele entrava com esse samba ou a Bienal seria sem ele. E a Bienal foi com ele. Mas, alguns dias antes, a imprensa acusou a música de ser um plágio. Com apoio de Eloi, Baden demonstrou que não era nada disso, que

Show no Teatro Opinião: Cybele, Franklin (flauta), Ernesto Gonçalves (baixo), Hélio Schiavo (bateria), Cynara e Baden; de costas, Alfredo Bessa (percussão).

Hélio, Alfredo e Ernesto acompanharam Baden durante anos.

a música apenas citava um refrão do folclore baiano. E tudo voltou a seu lugar, com a vitória final dos novos parceiros.

Baden, na época, estava fazendo uma temporada de três meses no Teatro Opinião,[48] com o show *O Mundo Musical de Baden Powell*. Trata-se do primeiro grande show do compositor, com muita badalação, matérias, críticas e entrevistas na imprensa. Era realmente uma superprodução, com direção artística de Luiz Paulino, diretor do filme *Mar corrente*, lançado em 1967 e inteiramente musicado por Baden, rei dos filmes sem futuro: apesar do elenco da pesada (Odete Lara, Norma Bengell, Paulo Autran, Oduvaldo Vianna Filho, Antônio Pitanga, Flávio Rangel, Zé Kéti) e da fotografia de Mário Carneiro, *Mar corrente* não teve mais sucesso que *Et la femme créa l'amour*, que Baden musicara com Michel Legrand, ou *Le Grabuge*, que ele musicaria na França no ano seguinte.

Na primeira parte do show, Baden, sozinho, dava, segundo a imprensa, "um extraordinário recital de violão com músicas populares e clássicas". Na segunda parte, entravam os músicos: Alfredo Bessa nas percussões, Hélio Schiavo na bateria, Ernesto Gonçalves no baixo e Franklin na flauta (uma banda que a partir de então o acompanhou durante muitos anos) e as irmãs Cynara e Cybele, ou seja, 50% do Quarteto em Cy, "cantando bonito e gostoso", dizia a crítica musical. O repertório era em parte conhecido, e uma das músicas, "Vento Vadio", de sua autoria, foi dedicada por Baden, numa das apresentações, a sua avó: "que hoje está fazendo 90 anos". Na plateia, Nicolina levantou e corrigiu energicamente: "Não, 89!". O repertório incluía também duas das novas parcerias com Paulo César Pinheiro: "Cancioneiro" e "Samba do Perdão". O show foi um grande sucesso, mas, alguns dias antes de encerrar a temporada, as meninas do Quarteto em Cy saíram de maneira precipitada, criando um sério problema para Baden, que acordou um dia sem cantora para fazer a segunda parte do show. Elis Regina, amigona do violonista, quebrou esse galho, e sem ensaio nem nada, mandou a brasa que pôde nos últimos dias da apresentação.

Ainda em 1968, Baden, sempre fiel a suas raízes, participou do LP *Gente da Antiga*,[49] com os queridos Pixinguinha, João da Baiana e Clementina de Jesus, que estava completando 68 anos, mas que todos chamavam de "Menina". É que a velha guarda estava em plena forma. En-

[48] Na realidade, trata-se do Teatro de Arena, que, com o enorme sucesso do show *Opinião*, em 1964, que lançou Bethânia, ficou conhecido como Teatro Opinião.

[49] Produzido por Hermínio Bello de Carvalho e lançado pela Odeon (EMI).

quanto gravavam, a produção mandou trazer caipirinha para todos. Pixinguinha, que apesar dos seus 71 anos continuava bom de copo, bebeu sua dose e perguntou, desdenhoso:

— Que limonada é essa?

Depois da gravação, sugeriu que fossem para a Praça XV, comer e beber uma coisa mais séria.

Em agosto, Baden Powell embarcou para Buenos Aires para um grande show com Vinicius de Moraes, Dorival Caymmi, Oscar Castro Neves e o Quarteto em Cy. O evento era uma das armas de combate do Brasil na guerra do café, que travava então com a Colômbia. Para defender a soberania de nosso cafezinho nacional, o IBC resolveu patrocinar shows de música brasileira. Na Argentina, contratou o representante da Elenco (através da Trova), Alfredo Radoszynski, para que coordenasse, junto com Aloysio de Oliveira, uma série de shows com as maiores estrelas da música brasileira. Apesar de nunca ter se apresentado na Argentina, Baden, muito conhecido e grande vendedor de discos no país, logicamente foi escalado.

Dorival Caymmi e Vinicius, que tinham pavor de avião, viajaram de navio, e os outros foram por via aérea, alguns dias antes do show. A não ser por um concerto de Astor Piazzolla ao qual foi assistir com a turma toda, Baden, que não era de fazer turismo, ficou trancado no hotel estudando violão durante os cinco dias de sua estadia em Buenos Aires, enquanto os outros iam passear, fazer compras, visitar a cidade.

O show era no Cine Teatro Opera, a sala de maior categoria da capital argentina. Nela se apresentaram os mais famosos artistas, de Josephine Baker a Sammy Davis Jr. e Louis Armstrong... O show dos brasileiros provocou um verdadeiro alvoroço, engarrafando a rua do teatro, parando o trânsito. Havia muito mais espectadores do que ingressos na sala e Alfredo teve que improvisar uma segunda sessão. Vinicius de Moraes resumiu perfeitamente o recital de Baden nesse show: "Pela primeira vez na minha vida — e olhem que sou um homem de muita viagem — vi um público de 1.600 pessoas levantar, eletrizado, como se fosse uma única pessoa, num determinado instante da improvisação que Baden fez sobre 'Samba de Uma Nota Só', de Antônio Carlos Jobim e do saudoso Newton Mendonça".[50] O público em delírio não contava com os funcio-

[50] Texto de apresentação do programa do show que a dupla faria em 1968 no Teatro Villaret, em Lisboa. Newton Mendonça faleceu de um ataque cardíaco em 22 de novembro de 1960.

nários da embaixada do Brasil: o embaixador Pio Corrêa lhes proibira assistir ao show. Boicote devido à presença de Vinicius, cuja posição no Itamaraty estava cada vez mais conflitada. Em compensação, havia o time do Santos, que tinha um jogo em Buenos Aires, e sua super estrela, o rei Pelé, que subiu no palco para dar um abraço nos companheiros e saudar o público. Com isso, quase não conseguiu sair do teatro no final do show, atacado pelos fãs, que pediam autógrafos, abraços e beijos...

De volta ao Rio, Baden gravou pela Elenco o LP *27 Horas de Estúdio*, assim chamado porque, quando o diretor financeiro da gravadora recebeu a fatura do estúdio, ele comentou, admirado:

— Puxa, só 27 horas de estúdio?

Baden tinha entrado no estúdio num dia e só saiu no dia seguinte, após gravadas as dez faixas do disco. O LP, com cinco músicas instrumentais inéditas de sua autoria, revela um Baden inspirado e compondo muito.[51]

Depois, teve que resolver seu problema de cantora, pois agora tinha uma turnê nacional com o show *O Mundo Musical de Baden Powell* e faltava-lhe a voz feminina. Lembrou-se então de uma cantora paulista, Márcia, que fizera um belo sucesso com "Eu e a Brisa", de Johnny Alf.

Quando chegou em casa, na rua Augusta, em São Paulo, Márcia, que não tinha telefone, encontrou debaixo da porta um bilhetinho da vizinha, que recebia os recados para ela: "O Baden Powell quer falar com você. Ligue para ele. O numero é...". Os amigos de Márcia sabiam que ela era fã do violonista, por isso ela suspeitou de que fosse trote de algum deles e não deu bola. Dali a pouco chegou a vizinha:

— Márcia, telefone para você.

Era o próprio:

— Gostei muito de você cantando "Eu e a Brisa" e quero que venha aqui para o Rio. Eu estou fazendo um show e deu um problema, o pessoal me largou na mão e você tem que vir.

Depois, Tereza pegou o telefone, acertou as coisas, propôs à cantora que se hospedasse na casa deles e Márcia fez as malas. Alguns dias mais tarde, bateu na porta da casa de Itanhangá. Além da banda que acompanhava Baden, entraram os Originais do Samba em alguns números. Para Márcia, esse convite foi um presente do céu. "Porque uma pessoa assim, com o nível de conhecimento que ele tem de música, era como se eu estivesse cantando com Deus. Ele era muito exigente, a coisa tinha

[51] O LP foi lançado na França, pela Barclay, com o título *Aquarelles du Brésil*.

que sair perfeita. E, ao mesmo tempo, ele incentivava muito a gente, era muito gostoso trabalhar com ele." Agora, trabalhavam mesmo, ensaiavam até a exaustão, até cair de cansaço. Baden parecia inesgotável. Tinha um gás, uma bateria interna que não acabava nunca. Incansável, ele ficava em cima do pessoal até obter o que queria. Enlouquecia os técnicos e os músicos até chegar à perfeição que procurava no som. Quando não estava dando certo, reclamava, e era para valer. Mas nunca era bronca de graça. Em compensação, quando um músico fazia uma coisa diferente, bonita, um som caprichado, Baden logo notava:

— Ai, que lindo, muito obrigado!

Todo mundo tinha dito para Márcia que era um inferno trabalhar com Baden, que ele bebia feito louco, ficava agressivo, e que ela tomasse cuidado. Mas Márcia não viu nada disso. Desde a crise de pancreatite, Baden tinha parado de beber, mesmo. "Foi maravilhoso trabalhar com ele. A gente amava o Baden. A banda toda matava ou morria por ele." Contudo, o que mais impressionou Márcia foi a maneira como o violonista a acompanhava. Uma característica que todas as cantoras que trabalharam com ele salientam. "Ele te dá um apoio, respeita a tua respiração, a tua maneira de interpretar. Acompanha de um jeito que te deixa assim nas nuvens, é uma delícia cantar com ele. Dá a impressão de que você está cantando com a Sinfônica. Acompanhar é uma arte, não é qualquer um que sabe, e Baden possui essa arte." Com efeito, quem viu Baden numa canja, por exemplo, tocar com outro violonista de menos porte que ele (a grande maioria), só pode ter se impressionado com a delicadeza, a sutileza com a qual ele segura o som do seu violão, modera a velocidade do toque e se espelha modestamente no parceiro, desvendando a sua enorme generosidade.

Quando a banda ficou pronta, fez-se uma reforma no *release* do show, trocando os nomes "Cynara e Cybele" por "Márcia" no texto de apresentação, mas mantendo os mesmo elogios. A turnê terminou no Teatro Bela Vista de São Paulo. Quando a banda chegou à capital paulista, Baden mandou uma passagem para Paulo César Pinheiro ir assistir ao show. Paulo César desembarcou do avião e foi direto para o teatro. Baden o estava aguardando:

— Olha, eu fiz um samba aí, você podia colocar uma letra em cima, que é que você acha?

Mas a letra, Baden a queria logo, logo. Então Paulo César passou a primeira parte do show trancado no camarim, fazendo a letra de "Até Eu". No intervalo, Baden e Márcia aprenderam a música. Pronto, agora

O show no
Teatro Opinião
com Márcia e
os Originais
do Samba.

a segunda parte do show ia começar e Paulo César se preparava para assistir à apresentação para a qual fora convidado. Mas não foi nada disso. Baden tinha outra ideia:

— Não, você vem pro palco cantar a música com a gente.

O violonista estava tão satisfeito com a nova parceria que cantou a música umas dez vezes seguidas, até o público decorar. Depois cantou mais uma vez, com a plateia. E Paulo César acabou regressando ao Rio sem ter visto nada do show! Quanto a "Até Eu", ela não está incluída entre as oito faixas selecionadas para o LP *Baden, Márcia e Originais do Samba*, que resultou do show e no qual figuram duas músicas inéditas, instrumentais, de autoria de Baden Powell: "Vento Vadio" e "Marcha Escocesa".

Essa última teve história. Em novembro daquele ano, a rainha Elizabeth II da Inglaterra fez uma viagem oficial ao Brasil. A embaixada da Grã-Bretanha organizou uma recepção e convidou Baden para tocar. "Foi coisa do Vinicius, né? Ele é que arrumou essa história. Aí eu fui, mas antes fui falar com Vinicius: que é que eu vou tocar? Bossa nova não adianta. Samba tampouco. Clássico também não... Bom, então eu vou tocar 'Marcha Escocesa', não é? Aí me explicaram tudo como tinha que ser, que não podia apertar a mão da rainha, aquelas coisas todas do protocolo, e eu fui. Fizeram uma rodinha em volta dela, ela sentou, e eu em frente a ela toquei a 'Marcha Escocesa' e mais outra música. Ela escutava e batia o pezinho assim..." Depois houve um coquetel, e o príncipe Charles, que estava na comitiva da rainha e já gostava de música, foi falar com Baden: "Quando você for à Inglaterra, pode me procurar. Eu adoro música, conheço os Beatles".

Em dezembro, Baden e Vinicius de Moraes, com nova esposa, Cristina Gurjão, foram fazer uma temporada em Lisboa, no Teatro Villaret. Quando chegaram lá, acharam que o show ficaria melhor com uma cantora. Baden ligou para Márcia:

— Vem aqui para Lisboa já, já.

— Mas Baden, eu não tenho passaporte.

— Se vire, eu preciso de você aqui.

Márcia apelou para a influência do empresário Marcos Lázaro, que em 24 horas providenciou documentos, passagens para Márcia e sua mãe, e ainda deu um dinheiro para a cantora. Quando Márcia chegou em Lisboa, Tereza a esperava no aeroporto, com cara de quem comeu gilete.

— Tereza, o que é que esta acontecendo?

— Nada, não.

Ensaio até a última hora: no camarim com Paulo César Pinheiro.

Black-tie: com Vinicius e Cristina Gurjão, a nova esposa do poeta.

Mas Márcia sentiu que alguma coisa estava errada. Quando entraram no Tivoli, um daqueles hotéis de cinco estrelas ou mais, onde a banda estava hospedada, a primeira coisa que Márcia avistou no imenso e luxuoso hall foi Baden, esparramado num sofá, com a cara inchada, totalmente bêbado e berrando:

— Eu quero o dentista do Salazar!

Era a primeira vez que Márcia via Baden embriagado, e foi um choque: "Porque ele quando bebe fica chato demais, e brabo. Se alguém quiser contrariá-lo, ele pode até ser violento. E entra numas de que não vai fazer isso, e não vai fazer aquilo". Fosse no Rio, Márcia teria virado as costas e ido direto para o Santos Dumont pegar a ponte aérea. Mas ela estava em Portugal, a 8 mil quilômetros de casa... Então ela se aproximou devagarinho do violonista:

— Ô, Marcinha, você veio? Eu estou com uma dor de dente que não aguento. Mas não vou entregar a boca a qualquer um, não é?

E recomeçou a gritaria. De tanto bater o pé, conseguiu que mandassem chamar o bendito dentista do Salazar, que deu um jeito no sofrimento do violonista.

O show estreou no dia 11 de dezembro, depois de Vinicius e Baden terem encontrado a mídia lusitana, dado montes de entrevistas, feito toda a divulgação necessária. No dia 13 de manhã, o hotel estava cercado pela imprensa, solicitando declarações do poeta.

— Declaração para quê, se eu já disse tudo que tinha a dizer?

Vinicius ainda não sabia que, na noite anterior, havia sido instaurado em seu país o Ato Institucional nº 5, o famoso AI-5, que dava plenos poderes ao governo militar e disseminava a censura, a repressão e a tortura no Brasil. À noite, no Villaret, o poeta, ciente de que seus dias no Itamaraty estavam contados,[52] comentou a tragédia que tomara conta do Brasil e leu seu poema "Pátria minha", enquanto Baden Powell dedilhava o Hino Nacional Brasileiro no violão. Estavam arrasados, mas a temporada tinha que prosseguir.

Depois do Teatro Villaret, o trio se apresentou na boate Ad Lib e em várias cidades de Portugal. A recepção do público português foi ótima, eles conheciam as músicas de cor e, mais impressionante ainda, todos os poemas que Vinicius declamava. A situação de Portugal não era nada melhor que a do Brasil, e o público delirava com os comentários de Vi-

[52] Em maio de 1969, Vinicius de Moraes foi aposentado compulsoriamente da carreira diplomática.

nicius, como que vingando a repressão que ele próprio sofria na época. Essa catarse gerou hostilidades dos salazaristas contra Vinicius e Baden.

Terminada a estadia em Portugal, todos viajaram para Paris. Pierre Barouh os estava esperando e ciceroneou a turma, que passou Natal e Ano Novo na capital francesa. Depois, Baden foi cumprir os dois compromissos importantes que tinha em Paris: primeiro, compor a trilha sonora de *Le Grabuge*, filme dirigido por Édouard Luntz;[53] depois, gravar um disco, o terceiro dos seis que devia à Barclay. Na terça-feira, 9 de janeiro de 1969, Baden começou a gravar. Por milagre. No domingo, Jacques Lubin tinha ido se encontrar com Baden no hotel para discutir os últimos detalhes da gravação. Chegou lá por volta das três da tarde e Baden mandou dizer que esperasse um pouco, que já estava descendo. Jacques esperou por duas horas e meia no saguão do hotel, até que Baden pediu que ele subisse para o quarto. Quando entrou, viu Baden deitado, mais branco que um fantasma, passando mal.

— Qual é, Baden, você está doente?

Na véspera, Baden, que vivia enfiado no seu querido bar Bellman, tinha festejado previamente a gravação com Ivan Jullien, responsável pelos arranjos de todos os discos de Baden na Barclay, e agora o violonista estava de ressaca.

— Quer que eu vá comprar um remédio para você?

— Não precisa, não, só quero meu leite.

E tomava litros de leite, nos quais colocava quilos de açúcar. Jacques, aflito, começou a calcular o preço que essa brincadeira custaria: mesmo que não gravassem no dia marcado, ele teria que pagar estúdio, músicos, técnicos... Apesar de tudo, na terça-feira, Baden se apresentou, numa forma excepcional, com seu violão Di Giorgio, na hora marcada no estúdio Hoche. Em cinco dias Baden gravou *Le Monde Musical de Baden Powell Vol. 2*, um misto — bem ao gosto do patrão da casa, Eddie Barclay — de música popular e clássica: Chopin, Bach, Haendel, versus Pixinguinha, Baden Powell e parceiros, ou sozinho.

A Maison Barclay, felicíssima com o retorno do filho pródigo, providenciou mais uma vez os melhores instrumentistas da praça para acompanhar o violão de Baden: o já habitual percussionista Sílvio Silveira, o flautista Raymond Guiot, o trompetista Ivan Jullien e o baterista Nelson Serra de Castro. E, já que Márcia estava em Paris, Baden a chamou para fazer os vocais. Infelizmente, ciosa do contrato mundial que tinha com a

[53] Produção da Fox, o filme não teve grande repercussão.

Após a turnê em
Portugal, turismo
em Paris com
Vinicius, Márcia
e a mãe da cantora.

Philips, ela não aceitou o convite. Jacques Lubin aproveitou para realizar um velho sonho: fazer Baden cantar. "Enfim, não se pode chamar isso de cantar, ele apenas cantarolava. Mas eu fazia questão que ele cantarolasse, achava que isso daria mais vida à música. Ele relutou um pouco e eu tive que insistir, prometi que se ficasse ruim a gente não colocaria no disco. Aí ele cantou primeiro "Formosa", na qual fez uma percussãozinha com caixa de fósforos, depois cantou 'Iemanjá', e enfim 'Lapinha'. Essa ele adorava. Ele me deu a letra e me obrigou a aprendê-la de cor!"

No quarto dia de gravação, Baden chegou eufórico ao estúdio. Acabava de fazer a gravação da famosa trilha sonora do filme *Le Grabuge*, para a qual havia ido a Paris:

— É genial, ge-ni-al — repetia, entusiasmadíssimo com o filme e com os temas que compusera. — Escuta a música que eu fiz.

E começou a tocar "Marítima". Jacques ligou discretamente o gravador e, quando Baden terminou de mostrar a música, fez com que ele a escutasse. O resultado estava impecável:

— Fui eu quem fiz isso? Está bom.

Tão bom que entrou no disco, o que não estava previsto. Outra música da trilha, "Três Histórias", também entrou no disco, mas esta já estava programada.

Terminada a gravação, Baden e Tereza regressaram ao Brasil. E, mais uma vez, encontraram um Brasil diferente. Porém agora não só em termos políticos, mas também musicais. Na realidade, o panorama musical do mundo ocidental estava se modificando profundamente. E no Brasil, uma nova geração de músicos, liderada por um grupo de baianos geniais, tinha surgido, projetada pelos festivais. Chegavam com ideias, projetos e conceitos que revolucionaram o mercado da música e roubaram a cena da bossa nova, pelo menos como movimento. Esse tipo de revolução não era exatamente o prato favorito do regime militar, tanto que em 1969 seus principais atores estavam no exílio. Apesar disso, suas marcas indeléveis continuavam impressas na música que vigorava então. Baden assistia a tudo ligeiramente indeciso, declarando em entrevista: "A produção atual de nossos compositores constitui um dos movimentos mais importantes do mundo, atualmente, em matéria de música popular. Mas também tem muita besteira na atual música popular brasileira. Não sei o que é Tropicalismo, mas é uma palavra bonita para se ganhar dinheiro. Eu faço o que sinto por dentro e não penso se vou ser moderno". Sob essas palavras, diplomaticamente educadas, escondia-se outra realidade: Baden detestava o Tropicalismo, assim como a Jovem Guarda e o iê-iê-iê, grande vencedor do IV Festival Internacional da Canção, imiscuído em duas músicas das cinco premiadas: "Cantiga por Luciana", defendida por Evinha, que tirou o primeiro lugar, e "Minha Mariza", pelos Golden Boys, que chegou na quinta posição, deixando para trás "Sermão", de Baden Powell e Paulo César Pinheiro (o que pode até explicar a animosidade do compositor).

Mesmo assim, estava com a agenda cheia, percorrendo o Brasil com o show *O Mundo Musical de Baden Powell*, que durou até que o noivo de Márcia, o locutor esportivo Sílvio Luiz, exigiu que ela regressasse a São Paulo para que finalmente casassem. O que aconteceu no dia 20 de maio de 1969. Baden e Tereza foram os padrinhos da cantora, de quem tinham se tornado muito amigos. Desde que começara a trabalhar com o violonista, Márcia passava longos períodos no Rio, sempre hospedada em Itanhangá.

Ao acesso de etilismo de Baden durante a temporada europeia, sucedeu um novo período de abstinência, consequência de uma nova temporada na Clínica São Vicente. Coincidiu dessa vez que Vinicius de Moraes também estava internado. Aliás, não só ele, mas também Grande Otelo, Ronaldo Bôscoli e Elis Regina — todos fregueses da casa. Nessas condições, o tratamento virou festa... Ao meio-dia saíam todos da clínica para ir almoçar no Antonio's, em Ipanema, o que não estava de modo algum previsto no tratamento. Assim como não estavam previstas as fugidinhas que Vinicius organizava certas noites, para se "reaclimatar", ou seja, ir tomar uns tragos nos bares da Zona Sul. Não tendo o mínimo sentimento de culpa — não se internava para parar de beber, só para se desintoxicar, limpar e recuperar forças para recomeçar melhor —, o poeta se autorizava alguns deslizes, driblando regularmente a rigorosa disciplina do tratamento. E lá ia a turma toda atrás dele. O doutor Clementino, que era amigo de muito tempo de Vinicius e agora de Baden, acabava chamando os dois para sua casa. Assim, pelo menos podia controlar a farra e impedir que bebessem. Eram noitadas de muita música, muito papo e muita água mineral.

Baden, novamente bem-humorado, voltou à vida sadia, acordava cedo, tomava café, depois sentava na varanda e estudava, estudava, estudava... Fazia escala em todas as cordas, de cima pra baixo, de baixo pra cima, durante horas, e o som fluía, parecia que o violão estava tocando sozinho. Era lindo. Baden não largava nunca o violão. Até quando assistia televisão, era dedilhando o instrumento. Elis Regina, que morava perto, na avenida Niemeyer, visitava o casal com frequência, ficava costurando com Tereza, papeando. Nos finais de semana, a casa enchia de amigos. Certas vezes, iam para a praia ou tomar banho de cachoeira, se bem que Baden ficasse só olhando. Sentado numa pedra, com o inseparável violão, fazia seu samba enquanto os outros se divertiam na água. Na época, a Barra ainda era aquele deserto e Baden adorava passear no mato com o velho jipe que ele tinha. Levava Paulo César e, no meio do passeio, parava o carro e falava para o garoto:

— Agora vai você.

Por incrível que pareça, foi Baden, que não tinha carteira de motorista (por isso só dirigia nas redondezas desertas da casa), mas que aprendera a guiar ninguém sabe como, quem ensinou Paulo César a dirigir. Contudo, a motorista oficial da família era Tereza, que estava de carro novo. Ganhara uma Lotus vermelha do marido, que sempre foi apaixonado por "baratinhas". A Lotus importada, com apenas uns dias de vida, pegou fogo na hora que Tereza ligou o motor. Ela só teve tempo de sair e assistir ao incêndio, que consumiu o carro todinho em menos de trinta minutos. O carburador, incompatível com a gasolina nacional, se deteriorou e começou a pingar nas velas, provocando um curto-circuito. Do carro só sobrou o volante, os pneus e um monte de cinzas que Baden cobriu com uma lona para o vento não levar antes que fizessem a perícia. No dia seguinte à tragédia, Baden comprou outra Lotus, dessa vez amarela, para a mulher.

Nela, percorreu a capital carioca, ciceroneando o amigo Pierre Barouh, que estava de volta ao Rio para rodar um filme sobre a "nova música brasileira". Um documento raro, do qual, além de Baden, participam Pixinguinha, João da Baiana, Maria Bethânia e Paulinho da Viola.[54]

Alguns meses mais tarde, quando se manifestavam os primeiros calores do verão de 1969, sem mais motivos que de outras vezes, Baden caiu em nova depressão e voltou a beber. A partir de então, nada mais pôde impedir o desfecho dramático de sua história de amor com Tereza, cansada da volubilidade do marido. "Esse negócio de para de beber, volta a beber, para novamente, volta de novo, eu não aguentava mais. Aquilo de ficar bêbado e cismar de não subir no palco, para mim era eu que não estava subindo no palco. Eu assumia tudo, era muita responsabilidade. Não dava mais para segurar a falta de compromisso: tinha que tocar, não podia porque estava bêbado; tinha adormecido e ninguém con-

[54] Intitulado *Saravah*, o documentário de 1h20, dirigido por Pierre Barouh, é uma viagem excepcional pela música brasileira.

O mar... só de longe, mesmo que seja o de Salvador.

seguia acordá-lo... Isso me dava uma raiva, mas uma raiva! Eu fiquei cansada."

Numa manhã de setembro de 1969, Tereza estava na cozinha tomando café. Baden entrou mal-humorado e comentou alguma coisa que Tereza teria que fazer naquele dia:

— Não, Baden, não vou fazer nada disso, porque hoje estou indo embora.

E continuou a tomar seu café. Baden enlouqueceu:

— O quê? Não vai embora coisa nenhuma! Dessa casa ninguém sai, só se for morto.

E trancou a casa todinha. Tereza não reagiu, sabia que cedo ou tarde ele ia beber e adormecer. Não deu outra. Ela então fez as malas e voltou para a casa de Joana.

No dia seguinte, chegou o empregado:

— O seu Baden mandou a senhora voltar para casa. Olha, ele está louco...

Tereza não voltou, e Baden ficou louco mesmo. Passou a assediar a casa de Joana, a perseguir Tereza, a enviar mensageiros pedindo que ela voltasse. Tereza teve que se esconder na casa de Lourdes May, que era a divulgadora dos shows de Baden e muito amiga dele. Claro que, com tudo isso, Baden se afogou no uísque. Entre dois porres monumentais, conseguia compor alguma música com Paulo César, músicas para Tereza, evidentemente. "Refém da Solidão" quase a trouxe de volta para casa. "A música era linda, e eu comecei a pensar: puxa, mas esse cara vai morrer e eu vou ser culpada da morte de Baden Powell!" Mas ela resistiu. Os amigos chegavam na casa de Itanhangá, encontravam Baden prostrado, inconsciente. Podia passar dez, doze dias sem comer absolutamente nada, só bebendo. Paulo César tentava dar uma força ao parceiro. Ia visitá-lo. Numa dessas visitas, encontrou Baden com uma arma na mão. Era uma pistola que tinha conseguido por intermédio de Brandino, um amigo que trabalhava na polícia. A arma era só para espantar ladrão. Mas nesse dia estava com outra função:

— Eu vou me matar — anunciou o compositor, em plena crise de desespero.

— Olha, se é para se matar, se mate sozinho.

E Paulo César foi embora. Baden continuou se matando, mas pelo seu método próprio, muito mais lento: com uísque.

Quando não suportava mais a solidão da casa de Itanhangá, ia perambular pelos bares de Copacabana, bebia até não saber mais quem era, nem onde morava. Numa madrugada, Lula Freire recebeu um telefonema do dono do bar do hotel Apa: Baden estava lá, completamente bêbado, com o telefone de Lula na mão, e só. O amigo foi buscá-lo, levou-o para sua casa. Baden ainda conseguiu falar:

— Vamos beber uma cervejinha?

— Cerveja nada, você vai tomar é um café.

Baden detestou o café, mas bebeu todinho e se deitou. Dormiu 24 horas seguidas.

Outras vezes, ia visitar os queridos Nilo e Selma Queiroz. Bebia o bar inteiro da casa e adormecia no sofá da sala. De manhã, lá estava ele dormindo, dormindo, e a faxineira desesperada, sem poder fazer a limpeza. Não havia barulho que o acordasse, só água. Mas jogar um copo d'água na cara de Baden era correr o risco de molhar o sofá, então os filhos de Nilo encontraram uma boa solução: passavam-lhe gelo na sola do pé. Só assim ele despertava.

O problema é que ele estava com uma temporada agendada para final de dezembro na Sucata, uma boate do Rio de Janeiro, com Márcia. "Eu me lembro que no dia 25 de dezembro, quando acabamos de almoçar, eu levantei da mesa e disse: 'Bem, gente, bom Natal pra todos vocês, mas eu vou embora, que tenho show com Baden'. Então peguei a ponte aérea, fui direto para a Sucata e esperei Baden chegar para a gente passar o som. Ensaio mesmo não precisava, que a gente já tinha trabalhado muito tempo junto. Esperei, esperei, e nada de Baden chegar. O Ricardo Amaral já estava ficando nervoso, mas eu fui me preparar. Ia cantar, né? Não sabia com quem, mas ia cantar. Até que chegou o Baden, bêbado. O Ricardo tinha mandado buscá-lo. A casa estava lotada. O Alfredo Bessa botou o Baden no banquinho, colocou o violão no colo dele, ajeitou o microfone. Aí eu dei um cutucão nele, e ele começou a tocar. Fez uns dois ou três acordes e falou: 'Gente Humilde', colocou a cabeça no violão e dormiu."

Márcia cantou "Gente Humilde" à capela, tentando como podia atender ao pedido de Vinicius de Moraes e Chico Buarque. A melodia, de autoria de Garoto, datava dos anos 1940. Foi Baden quem a mostrou a Vinicius, que se apaixonou por ela. Em 1969, viajando pela Europa para esquecer as mágoas diplomáticas, foi visitar Chico, exilado então em Roma, e juntos fizeram uma letra para a melodia. Quando ficou pronta, Vinicius mandou a fita para Baden:

— Fala para a Marcinha caprichar, que eu quero que ela grave essa música.

Márcia cantou bonito... e o público, entusiasmado, aplaudiu muito, o que acordou Baden. Mas quando pararam os aplausos, o artista dormiu novamente e o show acabou aí. Na manhã seguinte, Márcia pegou o primeiro voo para São Paulo. Às sete horas estava de volta em casa. Às nove, Baden Powell bateu na porta dela. Suplicou que ela voltasse, que ele não ia mais beber, mas Márcia foi inflexível e a temporada foi cancelada. Ricardo Amaral chamou Maria Bethânia para substituir Baden na Sucata.

Mas o anjo de Baden Powell era muito bom para ele. Poucos dias depois dessa história, Luiz Carlos Miele e Ronaldo Bôscoli, a super dupla de produtores, procuraram-no em sua residência. Vinham propor-lhe uma temporada no Teatro da Praia.

6.
PELAS ESTRADAS DO MUNDO

Miele e Bôscoli demonstravam grande coragem e otimismo ao contratar Baden Powell num período tão conturbado — e alcoolizado — da vida dele. Verdade é que o show intitulado *É de Lei* estreou em janeiro de 1970 e foi uma verdadeira terapia para o violonista, arrasado com uma dor de cotovelo que não acabava mais. Compôs para a ocasião a segunda safra de parcerias com Paulo César Pinheiro — "Violão Vadio", "Refém da Solidão", "Aviso aos Navegantes", "É de Lei", "Vou Deitar e Rolar (Qua Quara Qua Qua)" — a grande maioria dedicada a Tereza. Músicas nas quais desfilavam todos os sentimentos do compositor — do amor ao ódio, do desespero ao desejo de vingança, da vontade de morrer à de matar, da paixão ao desprezo — para com a mulher que o abandonara. E que foi assistir incógnita ao espetáculo: "O show inteirinho estava contando minha vida de cabo a rabo. Eu sentei lá e fiquei só ouvindo ele contar as coisas, dentro da visão dele, claro. E eu pensei, puxa, mas será que é necessário escancarar assim a nossa história? Mas não senti raiva nenhuma". Em compensação, Tereza sentiu-se traída pela amiga Elis Regina quando esta gravou "Vou Deitar e Rolar" no LP *Em Pleno Verão*. "No verso 'Todo mundo se admira da mancada que a belezinha deu', ela trocou 'belezinha' por 'Terezinha' e, achando graça na piada, ainda deu uma risadinha perceptível na gravação."

Ao contrário do que rolara durante o show *O Mundo Musical de Baden Powell*, no *É de Lei*, a atmosfera pesou terrivelmente. Baden estava de mau humor, tenso, deixando em Paulo César impressões inversas às tão entusiasmadas de Márcia: "Eu participava desse show, dizia uns dois poemas e cantava uma canção. Mas foi muito estressante trabalhar com ele. Até então eu só participava de show de longe, fazendo roteiros, escrevendo textos etc. Então, quando pisei no palco, com as ondas de Baden, senti um estresse emocional violento. Era assim com todos que trabalhavam no show. A gente nunca sabia se ia dar certo, se ia chegar até o fim. A gente não entendia, quando ele olhava para a gente com aquele olhar dele, se estava gostando ou dando bronca, se a gente estava certo ou errado. Todo mundo se sentindo mal e começava a ficar tudo ruim... Para mim foi uma experiência péssima, que até me afastou do palco durante cinco anos".

Mas para quem estava na plateia os problemas não transpareciam. O recital foi maravilhoso. A ponto de a jovem estudante e grande aficionada de violão Márcia Siqueira Toledo, embevecida com a maestria do violonista, resolver assistir novamente ao show. Foi à tarde comprar o ingresso no teatro e deu de cara com Baden, que estava chegando. Com a audácia da adolescente que ela era, já travou conversa com o artista, perguntou se podia bater uma foto dele. Márcia era linda, e o violonista esqueceu a fossa, a timidez, o mau humor, e entrou no papo, fazendo perguntas. Finalmente, convidou a garota para ir ao camarim, e assim foi...

"Me apaixonei loucamente por ele. Todo mundo sabia que ele era alcoólatra, tanto que meus pais não gostaram nada desse namoro. Além do mais, eu era muito nova. Durante dois anos, continuei vivendo com minha família. Mas a gente se via o tempo todo." Era um namoro complicado: um homem feito, de trinta e dois anos, e uma menina de dezesseis, cujos pais não queriam saber da história. Proibiam, em vão, a filha de se encontrar com o violonista. Era uma guerra infernal. Selma Queiroz, amiga eterna do compositor, tentava ajudar. Ela conhecia dona Rosa, a mãe de Márcia, e sempre tecia os maiores elogios a Baden: "É uma pessoa maravilhosa, um ser humano excepcional, apesar das falhas. Mas quem não tem defeito, não é mesmo?". Desconfiada, dona Rosa perguntava se ela deixaria uma filha sua namorar Baden. Mas Selma só tinha filhos... e dona Rosa concluía: "Eu sei que Deus há de me conceder a graça de que eles não fiquem juntos". Mas, por enquanto, estavam juntíssimos, e com o apoio dos amigos, conseguiam se encontrar diariamente.

Os porres e os shows continuavam pelo Brasil. Márcia (a cantora), agora com um bebê recém-nascido, distanciava-se da carreira artística. Mesmo assim, volta e meia, Baden insistia:

— Marcinha, essas músicas só você pode cantar.

E apesar da lembrança cruel da aventura na Sucata, ela acabava aceitando. Mas no dia em que deixou o filho de oito meses para ir cantar em Porto Alegre e encontrou o violonista mais uma vez bêbado, agressivo e afirmando que não ia tocar, ela se aborreceu.

— Vai tocar sim, e já.

E, enfrentando corajosamente a situação, empurrou o violonista com roupa e tudo para baixo do chuveiro, um santo remédio para os pileques. Depois desse episódio, ela se distanciou cada vez mais de Baden, preferindo se dedicar aos três filhos, que nasceram um atrás do outro.

Uma paixão: Baden e a namorada Márcia Siqueira Toledo,
de apenas dezesseis anos de idade.

Foi portanto sem cantora que Baden se apresentou algum tempo depois em Varre-e-Sai, sua cidade natal, assim chamada porque no século passado havia uma fazenda onde os tropeiros podiam pernoitar. Quando iam embora, a dona falava:

— Não tem que pagar nada, não, só varre e depois sai, para ficar tudo limpinho.

Apesar de ter saído de lá com três meses, Baden nunca esquecera o berço de sua família: "Meu pai sempre me ensinou a amar e a sentir saudade de Varre-e-Sai. Quando eu vou para lá, me sinto como uma criança à procura dos pais". Na infância, uma vez ou outra Baden passava férias na fazenda dos avós maternos, visitava a família paterna, mantendo assim os laços com a terra natal. Recebido como um herói pela população, que nunca esqueceu que Baden Powell de Aquino era varressaiense da gema, ele foi homenageado por Norivaldo Tupini, que era ninguém menos que o diretor da banda fundada no início do século por Thomaz de Aquino. Baden, que tocou melhor do que nunca para seus conterrâneos, agradeceu a homenagem presenteando o chefe da orquestra com um disco seu. Na capa do disco, escreveu a dedicatória: "Norival, tenho muitas saudades de Varre-e-Sai. Aí vai meu coração".

Ainda no ano de 1970, Elizeth Cardoso gravou quatro das novas parcerias de Baden Powell e Paulo César Pinheiro no LP *Falou e Disse*. Eram "É de Lei", "Aviso aos Navegantes", "Carta ao Poeta" e "Refém da Solidão". Baden tocou violão nas quatro faixas e ainda cantou em uma delas, "Aviso aos Navegantes". Porém, como ele estava "sob contrato com várias gravadoras", não podia ter seu nome no disco, sendo citado como B. P. de Aquino. A partir de então, Elizeth tornou-se uma das mais brilhantes intérpretes da dupla. Diga-se de passagem, o encontro com Baden proporcionara a Paulo César ter suas músicas cantadas pelas duas maiores cantoras brasileiras da época (e, por que não, de sempre): Elizeth Cardoso e Elis Regina. Essa última, curiosamente, depois que se separou de Ronaldo Bôscoli, parou de gravar parcerias de Paulo César e Baden. Era como se eles lhe lembrassem o casamento conturbado que ela queria esquecer. Inclusive, logo que se desquitou, Elis tinha encomendado uma música cujo tema seria o rompimento. Por isso, tinha que ser agressiva e rancorosa. Dito e feito: os dois, que já tinham treinado bastante com a separação de Baden e Tereza, compuseram "Última Forma". Mas demoraram para terminar a música... ou foi Elis que se consolou rapidamente? O fato é que quando entregaram a música à cantora, ela já estava em outra, namorando César Camargo Mariano, e não

Paulo César Pinheiro e Elizeth Cardoso: um encontro que rendeu.

demonstrou o mínimo interesse pela música; pelo contrário, manifestou até certa irritação quando os dois a cantaram para ela. "Última Forma" foi então para o baú, esperando tempos melhores. Que só viriam em 1972, quando Elizeth Cardoso a gravou no LP *Preciso Aprender a Ser Só*.

A essa altura, os dois compositores já estavam com uma produção alentada. Havia chegado a hora de lançar um disco dedicado às parcerias. Estas foram documentadas no LP *As Músicas de Baden Powell e Paulo César Pinheiro e Os Cantores da Lapinha*, pela Elenco. Os ditos Cantores da Lapinha eram na realidade uma banda formada exclusivamente para a ocasião e que reunia Cynara e Cyva, do Quarteto em Cy, e Ruy e Magro, do MPB 4. Elizeth Cardoso é quem estava escalada para gravar o disco, com os Cantores da Lapinha fazendo apenas o coro. Já estavam em plena gravação quando a cantora soube que não seria liberada pela Copacabana, sua gravadora, e teve que sair do projeto.

No final de 1970, Baden viajou pela primeira vez para o Japão, onde tinha uma turnê. Acompanhavam-no Alfredo Bessa, Hélio Schiavo e Ernesto Gonçalves. Como todo mundo que se apresenta no Japão faz um sucesso estrondoso, de fato, Baden fez um "estrondoso sucesso". Mas não se pode negar que havia dois motivos para tanto: dividindo o palco com Baden Powell estava Thelonious Monk, pianista de jazz norte-americano que ele admirava profundamente. Durante a turnê, que durou um mês, Monk fez aniversário. Como presente, Baden tocou em seu show um dos clássicos do pianista-compositor, "'Round About Midnight", um dos carros-chefe do repertório do violonista e que figura no LP *Live in Japan*, gravado durante a turnê, lançado no mesmo ano pela Barclay, com o título *Baden Powell Face au Public*. Depois a banda seguiu para a Alemanha, para uma turnê produzida por Claus Schreiner, que empresariou o violonista brasileiro durante vários anos.

O alemão descobrira Baden Powell no Festival de Jazz de Berlim de 1967: "Eu adorei ele, e quando me tornei produtor de shows, quis trabalhar com Baden. Mas foi uma dificuldade muito grande, pois eu não conseguia entrar em contato com ele. Em 1970, o empresário que montou a turnê no Japão me contatou para propor que eu organizasse uma temporada para Baden na Alemanha. Eu fiquei feliz de enfim me aproximar dele". A partir de então, durante sete anos Claus Schreiner trabalhou com Baden Powell. A excursão foi um verdadeiro acontecimento, confirmando o enorme prestígio do violonista brasileiro na Alemanha. Baden chegou a Frankfurt no dia 10, passou três dias fazendo divulgação, e do dia 13 de novembro a 10 de dezembro percorreu quatorze cidades, fa-

No Japão, saquê
para Hélio Schiavo
e Baden Powell.

A turnê pelo
Japão em 1970:
Ernesto
Gonçalves
(baixo), Alfredo
Bessa (percussão),
Hélio Schiavo
(bateria) e Baden.

Baden na percussão,
com Alfredo.

zendo dezessete shows com casa lotada, plateia apaixonada e artigos de imprensa aos montões. Em algumas apresentações, Baden contou com a presença de uma *guest star* prestigiosa, Astrud Gilberto: "A gente se conhecia da época em que ela era casada com João Gilberto e eu gostava muito dela, fiquei feliz de acompanhá-la. Ela cantou com aquele jeitinho dela. Depois fizemos um programa de televisão juntos. Foi ótimo".

Sem show nos dias 2 e 3 de dezembro, Baden foi até Villingen gravar dois LPs pela MPS (novo nome da Saba, vendida pouco tempo antes). O primeiro era *Canto on Guitar*, com seis faixas apenas. Poucos títulos, porém muita música. Tirando — mais uma vez — "Samba em Prelúdio" e "Marcha Escocesa", e a ainda inédita só com Baden "Vou Deitar e Rolar", registrada como "Qua Quara Qua Qua" no disco, as outras faixas são muito longas. Todas improvisadas na hora de gravar: "Três Temas da Fé Afro-Brasileira" dura mais de dezoito minutos, "Tributo a um Amigo", feita para Joachim-Ernst Berendt, dura mais de seis, e "Cegos do Nordeste", quase seis minutos. O segundo LP, *Images on Guitar*, com oito faixas, inclui três parcerias com Paulo César Pinheiro: "Até Eu", "Violão Vadio" e "É de Lei", que Baden lançara no show do Teatro da Praia e que gravava agora pela primeira vez. As cinco faixas restantes são improvisos, dois deles com a francesa Janine de Waleyne. A vocalista, uma das melhores de sua época, lhe fora apresentada nos anos 1960 por Jacques Lubin e era a única a poder seguir e até competir com Baden na área do improviso. Ele começava a tocar, e Janine, sem partitura, sem indicação nenhuma, saía improvisando divinamente em cima do violão. Por isso, Baden, que a incluiu em sua banda a partir daí, adorava trabalhar com ela. *Images on Guitar* seria lançado em 1972 no Brasil, sob o título *É de Lei*.

Terminada a gravação, o quarteto de Baden deu mais três shows na Alemanha e seguiu para Paris. Entretanto, Baden tinha aproveitado a presença na Alemanha para aderir à GEMA,[55] causando um grande conflito na administração de seus direitos autorais, uma vez que esqueceu de se demitir da SACEM. Eddy Marnay, que tinha apadrinhado a adesão do brasileiro à sociedade de autores francesa, recebeu algum tempo depois um telefonema desolado:

— Monsieur Marnay, Baden Powell é sócio da SACEM e acaba de aderir à GEMA, isso não é possível. Ele tem que escolher entre as duas sociedades.

[55] Sociedade de direitos autorais alemã.

A cantora francesa Janine de Waleyne: a vocalista competia com Baden Powell na área do improviso.

Essas confusões que Baden aprontou a vida toda com sociedades de direitos autorais, gravadoras, empresários e produtores de show, ou seja, com todas as instituições com as quais devia se relacionar no âmbito de sua carreira profissional, jamais eram geradas por alguma estratégia previamente avaliada, por maldade ou malandragem. Simplesmente, Baden era, como definiria o cantor francês Claude Nougaro, "um ovo fechado na casca, voando nas nuvens". Ele não tinha a mínima consciência de que o que estava fazendo era desonesto ou inconveniente. Baden vivia fora da realidade e das contingências práticas da vida. Ele sempre reagiu em função do momento presente. Se de repente algo lhe parecia bom, ele aproveitava a oportunidade, sem pensar nos compromissos que já tinha. Talvez nisso ele fosse o ser humano mais livre do mundo.

Em Paris, Baden fez a última apresentação da turnê, no dia 9 de dezembro de 1970. Era um show para a ORTF,[56] que incluía uma longa entrevista com o violonista. A apresentação foi gravada, proporcionando mais um LP, *Lotus*, na discografia dele. A música que deu o título do disco fora composta por Baden em 1968, em homenagem à Lotus vermelha de Tereza... aquela que pegara fogo. No dia seguinte, a banda estava novamente trancada no estúdio: dessa vez no da Barclay. Baden Powell queria sair de vez da gravadora francesa à qual ainda devia quatro discos, pelos quais já fora pago sete anos antes. Não suportava mais sentir-se preso a um contrato de exclusividade (que, aliás, pouco respeitara...) e durante a viagem, escrevia ao velho companheiro e conselheiro de sempre, Vinicius: "Estou tentando terminar o contrato com a Barclay. Realmente, é um pouco difícil, mas em todo caso não vou deixar de falar com ele. Estou duro que dá gosto, mas não tem importância, é melhor do que aturar esses editores três anos". Então trocou os três anos por três dias, e entre 10 e 12 de dezembro, matou parte da charada. Para gravar *Baden Powell Quartet,* volumes 1, 2 e 3, além da sua própria formação, participaram músicos adicionais, todos franceses, entre os quais um flautista mixuruca que quase enlouqueceu Jacques Lubin com a insignificância de sua atuação. Mas Baden o encontrara em uma de suas andanças pelos bares de Paris, e cismara que o queria na gravação. Como de costume, apenas acabou de gravar sua parte, Baden viajou. "Eu tinha que estar no Brasil... eu queria estar no Brasil por causa da namorada, estava doido

[56] Órgão de Rádio e Televisão Francesa, que hoje não existe mais, uma vez que a televisão e a rádio nacionais foram separadas em duas entidades autônomas.

para voltar." Ele foi embora e Jacques Lubin se virou sozinho com o arranjador das músicas, Jean-Michel Defaye, para finalizar os discos.

Resumindo, em três meses Baden gravou nada menos que seis discos, proeza que poucos músicos no mundo poderiam conseguir. Só Baden Powell, porque ele não "fazia um disco", da mesma forma que não "dava um show": ele simplesmente tocava. Ia tocando o que lhe passava pela cabeça, pelo coração, pela magia dos dedos, e a música ia fluindo. "Eram tantos discos, que eu já não tinha mais repertório, aí eu improvisava na hora..." De qualquer forma, tudo era improvisado com o violonista que raramente ensaiava o repertório, apenas fazia exercícios, sempre preparado para qualquer acaso musical. Acasos que podiam ocorrer numa casa de show lotada, num estúdio de gravação, na sala da casa de amigos, no bar de esquina num subúrbio... E quem estivesse em volta podia escutar, ligar o gravador, acompanhar, aplaudir... Uma vez que os músicos que com ele trabalhavam entrassem na viagem, a coisa rolava sem problemas. O que explica por que, quando gravava, Baden dificilmente fazia mais de duas ou três tomadas. Convenhamos, nessas condições, os discos tanto podiam ser admiráveis como qualquer coisa.

Baden passou Natal e Ano Novo no Brasil. Estava matando a saudade da namorada quando se lembrou que ainda devia um disco a Eddie Barclay: três semanas após ter regressado ao Brasil, estava de volta a Paris. Foi ver Jacques Lubin:

— Vamos gravar o sexto disco.

O último LP pela Barclay foi feito relembrando a primeira vez que Jacques viu Baden, na sala dos fundos do restaurante A Feijoada, sentado na liteira barroca de madame Faure. "Enquanto aguardava a hora de subir no palco, Baden começou a me mostrar umas músicas maravilhosas de Pixinguinha e Garoto. Eu me apaixonei loucamente pelos dois compositores e fiquei cobrando do Baden um disco com músicas deles:

— Vamos fazer um disco só com repertório de Pixinguinha e Garoto. Faça isso por mim, por favor.

Baden prometia que qualquer dia faria o disco. Quando ele falou em gravar o sexto e último LP para a Barclay, Jacques Lubin lembrou-lhe a promessa ainda não cumprida.

— Está bem, vou fazer o disco, mas você deixa eu colocar duas músicas minhas.

Na véspera da gravação, Jacques Lubin foi ao hotel encontrar Baden, que tocou umas cinquenta músicas de Pixinguinha e de Garoto. O produtor selecionou oito, entre as quais "Carinhoso", que deu o nome

Carinhoso: o sexto e último LP de Baden Powell pela Barclay, gravado em 1971, com músicas de Pixinguinha e Garoto.

ao disco, cuja capa representava Baden num cenário barroco que remetia à cena do primeiro encontro. As duas músicas de autoria de Baden eram "Carta ao Poeta" e "Márcia Meu Amor", esta inédita, e umas das poucas músicas de todo repertório de Baden Powell cuja letra foi feita por ele mesmo. Saudades da musa, trancada em casa pelos pais, impedida de acompanhá-lo nas viagens. Como Baden detestava viajar sozinho, na volta a Paris, convidou Paulo César para acompanhá-lo. "Era um verão quentíssimo aqui no Rio e um dia Baden chega lá em casa, em São Cristovão, perguntando se eu queria ir com ele para Paris. Imagine! Eu com vinte e um anos, nunca tinha viajado. Perguntei o que é que eu tinha que fazer para ir. 'Nada, eu tenho passagem. Me dê seus documentos para eu providenciar o passaporte e daqui uma semana a gente embarca.' Três dias depois lá vem o Baden novamente para me apanhar que a gente estava indo naquele dia!"

Paulo fez a mala às pressas, obviamente não tinha roupa adequada para o frio invernal na Europa. Para Paulo César, foi uma viagem muito louca, pois ele estava sem dinheiro, não falava uma palavra de francês, nem tampouco sabia se locomover em Paris, então acompanhava Baden aonde ele fosse, assistindo às gravações. No estúdio, acabou fazendo amizade com os músicos franceses, através de gestos e mímicas, e até ajudou na percussão. Ganhou assim um cachê... e certa autonomia. Baden gravou sua parte em três dias, de 20 a 22 de janeiro de 1971. Como não viera com a banda, foram convocados músicos locais: os brasileiros Sílvio Silveira e Luiz Agudo na percussão, Nelson Serra de Castro na bateria, Cesário Alvim no baixo e os franceses Raymond Guiot na flauta, Pierre Gossez no saxofone e Janine de Waleyne nos vocais. Jacques Lubin ficou encantado com a gravação. Baden lhe dera carta branca para fazer como quisesse. Jean-Michel Defaye escutava a gravação de Baden e construía o arranjo em cima: "Bem, aqui vamos colocar quatro trombones... nessa aí, vamos deixar o violão solo...".

Numa das músicas, houve um problema: Baden tinha afinado o violão um tom abaixo e quando os violinistas vieram gravar tiveram que mudar a afinação dos instrumentos: Baden já tinha ido embora. Outro problema foi a dor de dente, que novamente aporrinhava o violonista. Anos mais tarde, ele resolveria a questão com uma bela dentadura completa que lhe pouparia definitivamente novos desacertos dentais. Mas, por enquanto, sofria tanto que nem sequer podia comer. O terceiro problema foi a repentina chegada de Geraldo Vandré no estúdio. Perseguido pela ditadura, Vandré tinha saído do Brasil em 1968, rumo ao Chile. De-

Paulo César Pinheiro, Baden Powell e Jacques Lubin, durante sessão de fotos para a capa do disco *Carinhoso*.

pois viajara para a Argélia, Alemanha, Itália, e desde 1970 estava em Paris. E eis que vinha visitar Baden no Studio Hoche. Baden até gostou de ver o amigo querido. Mas, quando este entrou na cabine e, sentado no chão, começou a comentar a gravação, falando sem parar, Baden se irritou. Os dois acabaram brigando e o violonista, furioso, foi embora... sem Paulo César. E agora? Este não sabia nem voltar sozinho para o hotel. Vandré se propôs a levá-lo. Primeiro o convidou para jantar e depois o acompanhou até o hotel, e mesmo até o quarto. Lá, Vandré pegou o violão de Baden, que tinha saído, e começou a tocar. Dali a pouco chega Baden, arranca o violão das mãos de Vandré, dá-lhe uma bronca e o expulsa do quarto... e ninguém mais voltou a ver Geraldo Vandré nessa temporada, que durou quinze dias.

Em setembro de 1971, aconteceria o VI Festival Internacional da Canção, mas a maioria dos artistas promissores da MPB estava fora do Brasil, no exílio, fugindo da extrema violência da ditadura. A cultura, e mais ainda a música, tinham se tornado um dos bodes expiatórios da ditadura militar, que perseguia e censurava sistematicamente os artistas. Para salvar a imagem prestigiosa do festival, o diretor, Augusto Marzagão, pensou em convidar grandes nomes da música brasileira para concorrer, sem submetê-los ao julgamento prévio que selecionava as músicas que disputariam a final. Estavam convocados a concorrer nessas condições "vantajosas" Antônio Carlos Jobim, Vinicius de Moraes, Baden Powell, Gilberto Gil, Caetano Veloso, Chico Buarque, Milton Nascimento, Egberto Gismonti, Paulinho da Viola, Ruy Guerra, Capinam, Marcos Valle, Sérgio Ricardo... Mas, na véspera da abertura do festival, o grupo se retirou do evento. E, com ele, músicos menos conhecidos cujas músicas já tinham sido classificadas. Isso provocou uma verdadeira confusão e a detenção de doze dos compositores.[57] Baden aderiu ao movimento sem hesitar. Apesar de não ser politicamente engajado, ele estava perfeitamente consciente da situação e condenava a ditadura. Sempre solidário com músicos perseguidos pelos militares, participava, quando chamado, de qualquer evento de oposição ao regime. Contudo, sua vida nesse ano estava dividida, sem motivo político nenhum, entre o Brasil e o estrangeiro, onde tinha incessantes compromissos.

No final de 1971, ele embarcou novamente para a Europa a fim de fazer uma turnê organizada por Claus Schreiner. Além de Janine de Walleyne, o acompanhavam Afredo Bessa, Ernesto Gonçalves e José Farias

[57] Entre os quais Antônio Carlos Jobim.

Galvão na bateria. A formação deveria contar também com a presença de Dori Caymmi. Não era um encontro qualquer. Baden conhecera Dori e os manos Nana e Danilo quando ainda eram crianças. Na época, o violonista frequentava muito a casa de Dorival e Stella Caymmi, que ele adorava. Tinha uma relação muito carinhosa e cúmplice com Stella. Aliás, Baden sempre teve grandes amizades com "mulheres-mães", bem mais velhas do que ele, como dona Margot (a mãe de Itacy), Selma Queiroz e Stella. Além do carinho por esta última, Baden tinha grande admiração por Dorival, de quem se aproximara na Clínica São Vicente. O baiano também tivera suas fases etílicas — às quais Stella, com mão de ferro, pôs um fim rapidamente — e volta e meia se entregara aos cuidados do doutor Clementino. Animado com a perspectiva da turnê alemã, Dori tinha ensaiado à beça com toda a banda na casa de Baden em Itanhangá. Claus Schreiner enchera o país de cartazes anunciando os shows de Baden com seu prestigioso convidado, Dori Caymmi. Mas, na hora de acertar o cachê, Baden e o convidado, apesar da velha amizade, não se entenderam, e Dori pulou fora do projeto.

Durante a excursão, Baden foi contatado pela CBS. A gravadora estava interessada em lançá-lo internacionalmente, em especial nos Estados Unidos, e para isso assinou um contrato milionário com ele. De cara, já gravou dois discos nos estúdios Walldorf, em Frankfurt, produzidos por Joachim-Ernst Berendt, com assistência e alguns arranjos para cordas do maestro Júlio Medaglia, que foi homenageado num dos discos, *Grandezza on Guitar*, com um "Tributo ao Júlio" que muito o emocionou. Na época, o maestro estava vivendo na Alemanha, onde trabalhava para a televisão e como regente na Orquestra Filarmônica de Berlim. O primeiro disco, *Solitude on Guitar*, conta com a bateria do brasileiro Joaquim Paes Henrique e com o baixo do alemão Eberhard Weber. No repertório há músicas de Vinicius de Moraes, Tom Jobim, Dolores Duran, Johnny Mandel, Eberhard Weber, um tema tradicional do folclore germânico ("Kommt ein Vogel geflogen") arranjado por Baden Powell, e mais seis improvisações. "Eu ia tocando umas coisas, depois o pessoal da produção me perguntava o título, aí eu inventava qualquer coisa." Assim surgiram no repertório de Baden músicas inéditas e que ele nunca voltaria a tocar — nem lembrava como eram —, como "Na Gafieira do Vidigal", homenagem à gafieira liderada pelo percussionista Alfredo Bessa, "Chará", "Solitário", "Fim de Linha" e "Márcia Eu Te Amo". Márcia, de quem ele sentia imensas saudades. Aí Baden resolveu que o jeito era casar com a namorada. Passou o *réveillon* na casa de Júlio Medaglia e, na

Ensaiando com o amigo Dori Caymmi, que acabou
não participando da turnê alemã.

euforia do momento, convidou o maestro a ser seu padrinho de casamento. Um casamento que ele programou para ser na Dinamarca. Só Deus sabe por que lá! Mas, como inúmeros outros projetos de Baden, este não era nada realista. A moça ainda era menor de idade e a família continuava detestando o namoro. Então, Baden regressou ao Brasil... onde a namorada o esperava.

Quanto aos projetos da CBS, talvez fossem realistas. Porém, acabaram não sendo realizados: Baden não voltou a gravar pela CBS e não houve nenhum lançamento nos Estados Unidos.

Mas Baden vinha sendo solicitado por Philippe Thomas, dono da Musidisc, uma nova gravadora francesa que oferecia um adiantamento melhor do que tudo o que a Barclay, em plena decadência, poderia dar pela renovação do contrato do violonista. O que explica a pressa de Baden, interessado na proposta, em sair de sua ex-gravadora. A Musidisc, especializada em jazz, tinha artistas como Oscar Peterson e Dizzy Gillespie em seu catálogo. Baden voltou então para a França. Na época, o regime militar tinha instaurado uma lei que obrigava os brasileiros a pagar um imposto compulsório para sair do país. A Musidisc pagou a taxa para Baden poder viajar. Mas valeu a despesa pois, nessa leva, o violonista gravou *L'Âme de Baden Powell*, *L'Art de Baden Powell*, *Le Génie de Baden Powell* e *Le Coeur de Baden Powell*. Exceto por Janine de Waleyne, os músicos que o acompanhavam habitualmente estavam no Brasil, e Baden montou nova banda: na bateria Joaquim Paes Henriques, na percussão Luiz Agudo e no baixo Guy Pedersen. Hoje antiquário, Guy era um dos maiores baixistas da época. Seu currículo trazia longas colaborações com Michel Legrand, Stéphane Grappelli, Duke Ellington, Louis Armstrong, Roland Kirk — um maluco que tocava três saxofones ao mesmo tempo! —, Martial Solal, os Swingle Singers, Claude Nougaro... Nessa gravação, Pedersen iniciava uma parceria de muitos anos com Baden, que deixaria marcas luminosas na história da música. "Em toda a minha carreira, jamais tive com um parceiro uma comunhão como a que havia entre mim e Baden Powell. Exceto quando ele estava bêbado, havia entre nós um entendimento implícito. Não precisávamos falar nada, combinar nada, bastava um começar a tocar, o outro já sabia o que devia fazer. Era como se nós pertencêssemos um ao outro musicalmente. Havia uma simbiose entre nós, uma coisa fora do comum." Baden adorava Guy. Nos shows, quando apresentava a banda, sempre dizia: "No baixo, o maior baixista do mundo, Guy Pedersen!", e não estava longe da verdade. Os quatro discos gravados dessa vez somam um repertório de 32 mú-

Com o baixista Guy Pedersen: segundo Baden, “o maior do mundo”.

sicas, no qual Baden aborda delicadamente sambas tradicionais, bossa nova, cantigas praieiras, afro-sambas. Em "Abração em Madri", parte para uma viagem nos rasqueados do flamenco, à sua moda, perfeitamente original e emocionante. A música homenageia a capital espanhola onde se apresentou nessa temporada, dando-lhe o privilégio de ser ovacionado pelo público local em delírio, interpretando Segovia. Na plateia, deliciando-se com o show aberto por Gilberto Gil, estava Elizeth Cardoso. Concluindo a série de LPs, Baden fez uma saudação à França com uma música do folclore infantil do país, "A la Claire Fontaine".

A nova formação é perfeita, a voz angelical de Janine de Waleyne tece harmonias nos arpejos de Baden, apoiada pelo baixo e a ginga da sessão rítmica. Apesar de Baden ter a reputação de não deixar muito o que fazer aos diretores artísticos que o produzem, nota-se nitidamente nos quatro volumes a influência de Arnauld de Froberville, que imprimiu uma suavidade absolutamente inédita no ataque rítmico e na sonoridade de Baden, conhecido pelo ímpeto e força de seu som, algo que ele consegue exigindo dos *luthiers* violões com cavaletes muitos altos.

Os quatro discos também se destacam pela originalidade do repertório: "O problema com Baden era que ele gravava a torto e a direito, então nós tínhamos a maior dificuldade em encontrar um repertório inédito. Era um quebra-cabeça medonho". Só que a noção de "inédito" era perfeitamente estranha ao jeito de ser de Baden. Renovar o repertório era uma preocupação meramente comercial das gravadoras. A história dele era outra. Sua preocupação era a busca de uma perfeição jamais atingida na interpretação. Se bem que, levando a relação de Baden com a música até as últimas consequências, ele poderia ter tocado e gravado uma única e mesma música a vida toda, renovando a cada vez a interpretação, reinventando a cada interpretação a música. A decisão de gravar um disco podia ser um processo comercial. Porém, na maioria dos casos, quando Baden começava a tocar, o que contava era a relação que ele travava com o que estava tocando, era a procura da nota perfeita, do som ideal, da emoção exata. Por isso, renovar o repertório era secundário: nenhuma interpretação jamais poderia ser definitiva. Contudo, incentivado pelo diretor artístico da Musidisc, Baden precisava renovar o repertório, e o fazia à sua maneira: "Ele era engraçado, porque quando eu me queixava de que estava faltando músicas, ele falava: 'Deixe comigo, ligue o gravador que vai sair música'. E ele começava a improvisar. Eu gravava quilômetros de fita e depois fazia a seleção. Havia de tudo, do melhor e do pior... Quando ele não estava bem, ele se tornava muito redundante, utilizava truques mil vezes repetidos. Ficava uma coisa muito técnica, cheia de notas, mas sem interesse nenhum. Porém, quando estava em forma, aí sim ele arrasava. Fazia coisas extraordinárias, maravilhosas". O que mais encantava Arnaud no violonista brasileiro era sua calma, seu senso de pedagogia com os músicos.

Ainda em 1972, Baden finalmente foi para o Japão. Havia mais de um ano que um produtor japonês o havia convidado para gravar um disco pelo qual lhe pagaria 30 mil dólares. Um proposta que só podia interessar ao violonista. Contudo, quando ele chegou a Tóquio, percebeu que era uma história de louco. Foi discutir com o produtor para indicar-lhe o repertório, os músicos que ia precisar, ver a questão dos arranjos... em suma, montar a produção:

— Mas os arranjos já estão prontos.

— Como estão prontos, se eu ainda não escolhi o repertório?

— O repertório já está definido, a orquestra já gravou sua parte, tudo está prontinho... Só falta você fazer seus solos.

— A orquestra já tocou? Mas como é que ela gravou se vocês não sabem qual a tonalidade que eu vou tocar?

— Não, pode ficar tranquilo, tudo vai dar certo.

Bem, uma limusine levou Baden para o estúdio, que ficava num fim de mundo, afastado da cidade. A situação estava difícil, Baden precisava de seu uisquinho para tocar. E cadê bar no estúdio? Então ele foi a pé até o bar mais próximo, que não era nada próximo, e comprou uma garrafa:

— Pelo menos assim eu tenho um companheiro.

No estúdio, mostraram o que ele ia tocar: 32 músicas do repertório tradicional japonês. Baden ficou perplexo. Por que diabos chamavam um violonista brasileiro, da categoria dele, e pagavam-lhe 30 mil dólares para tocar música japonesa? Qualquer violonista daria conta do recado. Mas o que é que ele podia fazer? Já estava lá, o japonês insistindo que tinha que ser ele, Baden Powell, tinha que ser o violão dele:

— Imagine, um disco de música japonesa com Baden Powell...

Baden não conseguia imaginar, justamente. Mas francamente, o cachê valia qualquer sacrifício. Então Baden tocou em japonês pra valer. "Eram músicas bem curtinhas, um ou dois minutos no máximo. Eles passavam o *play-back*, eu escutava, lendo a partitura, tocava uma vez para treinar e pronto, podemos gravar! O negócio era fazer aquilo o mais rápido possível, para eu me livrar da armadilha. Acabava uma música, gravava outra e assim por diante, até completar 32. Em uma noite gravei o disco todo." Nunca soube do resultado final... nem queria. Recebeu seus

30 mil dólares, um monte de relógios Seiko, máquinas de fotografar Nikon, porque "japonês adora dar presente, não é?" e se mandou. O voo Tóquio-Rio fazia escala em Nova York. E eis que Baden resolve ir visitar Sivuca, que estava trabalhando na época com a cantora sul-africana Miriam Makeba em Nova York. "Aí eu saí zanzando pelo aeroporto, para ver como podia cancelar o voo, desembarcar minha bagagem e ficar em Nova York." Descabelado, perdidão, foi perguntar o que devia fazer a um policial, que lhe respondeu pedindo o seu passaporte. Baden enfiou a mão no casaco, um casacão longo que comprara na França, e em vez de puxar o passaporte, tira um bolo de dinheiro. Dezesseis mil dólares. O guarda olhou para aquilo e imediatamente levou Baden para o posto policial do aeroporto, a fim de interrogá-lo. Baden não falava inglês, tiveram que chamar um rapaz do FBI que falava português, a quem ele explicou que estava chegando de Tóquio, onde tinha tocado, e que aqueles dólares todos eram parte do cachê que recebera.

— O senhor tem um recibo?

Tinha, mas em japonês. Então chamaram outro rapaz do FBI, que falava japonês e pôde confirmar que era aquilo mesmo que o violonista estava dizendo.

— Nunca vi uma coisa dessas, esse cara é maluco — comentaram os policiais americanos.

Finalmente, Baden conseguiu transferir a viagem Nova York-Rio para o outro dia e recuperar a bagagem. Hospedou-se em um hotel na Broadway, no qual só a bagagem passou a noite, porque Baden foi visitar Sivuca, que morava em Riverdale. Por coincidência, estavam lá jantando Milton Nascimento e Martinho da Vila. "Foi um encontro maravilhoso", contou Sivuca, "mas, musicalmente falando, meio desencontrado, porque não aconteceu nada nessa reunião de feras. Baden ficou a noite toda lá em casa e no dia seguinte viajou para o Rio."

Naquele ano de 1972, Baden e o parceiro Paulo César Pinheiro concorreram no VII Festival Internacional da Canção da TV Globo[58] com "Diálogo", defendida por Tobias e Cláudia Regina, tirando o segundo

[58] Esta 7ª edição do FIC foi alvo de uma polêmica até hoje não resolvida, que é o motivo pelo qual o corpo de jurados foi demitido poucos dias antes de começar o festival. Segundo o organizador do festival, Solano Ribeiro, os militares exigiram que Nara Leão, que presidia o júri, fosse afastada. Solano, então, num gesto de solidariedade para com Nara, demitiu todos os membros do júri. Mas segundo alguns deles, a pressão, na verdade, vinha da própria Globo, que não queria que a música "Cabeça", de Walter Franco, preferida dos jurados, fosse a vencedora do festival.

lugar, logo atrás de "Fio Maravilha", de Jorge Ben (que ainda não era Benjor na época). "Diálogo" fora dada primeiramente a Vinicius de Moraes, que fizera sucessivamente três letras para a música, mas nenhuma convinha ao compositor, que acabou dando a parceria a Paulo César. "Não havia mais afinidade musical entre os dois. Vinicius ficava um tempão com as músicas, com dificuldade em colocar letra, e quando conseguia, Baden não gostava", lembra Paulo César. Vinicius reclamava:

— Então, tudo que eu faço não dá?

E fazia outra letra, mas também não era isso. "Aí Baden me dava a música e eu fazia a letra como ele queria. Assim como 'Diálogo', 'A Volta', que Elizeth Cardoso gravou,[59] também foi primeiro para Vinicius e só depois passou para mim. Mas Vinicius já estava em outra, compondo com Toquinho. A história musical deles chegara ao fim."

Sabendo da prodigalidade de Baden, sempre disposto a gravar para quem pedisse, a Musidisc, na França, resolvera proteger sua exclusividade de qualquer maneira. Arnauld de Froberville, sempre no comando da produção, encontrou um bom contraponto à infidelidade de seu artista: encher-lhe a agenda de gravações, para que ele não tivesse tempo de gravar com outras. Ainda em 1972, Baden gravou *Samba Triste* em Paris. "Assim, todo mundo ficava satisfeito: ele ganhava dinheiro e a Musidisc ia constituindo um bom catálogo. Quando gravamos *Samba Triste*, Baden estava bebendo e eu fiquei com medo que ele sumisse sem avisar, como ocorrera quando gravou os LPs precedentes. Quando eu me toquei que ele estava hospedado no Hilton de Orly, pensei: puxa, e se esse cara de repente resolver pegar um avião e voltar para o Brasil sem fazer o disco? Então, na véspera da gravação, eu fui para o Hilton e passei a noite de plantão, sentado na poltrona do quarto dele, vigiando." Da formação anterior, compareceram para a gravação de *Samba Triste* Guy Pedersen e Janine de Waleyne. A sessão rítmica contava agora com a bateria do francês Jean Arpino e a percussão do brasileiro Jorge Arena. Mais uma vez, Arnaud conseguiu que o repertório fosse inédito, ou quase, já que ele inclui "Samba Triste" e "Valsa nº 1", gravadas anteriormente. Mais uma vez, o ídolo Dorival Caymmi consta no repertório com "Chico Ferreira e Bento" (que na realidade se chama "A Jangada Voltou Só"), assim como "Do Jeito que a Gente Quer", "Samba de Deixa" e "Casa Velha".

A essa altura dos acontecimentos sentimentais de Baden Powell, de volta ao Rio, a namorada completara dezoito anos. Saiu da casa dos pais,

[59] No LP *Preciso Aprender a Ser Só*, vol. 2, Copacabana, 1972.

Ensaiando no camarim com Vinicius de Moraes e Elizeth Cardoso.

para viver com ele em Itanhangá. Só que 50% da casa ainda pertencia a Tereza, o que incomodava muito Baden. Então ele comprou a parte da ex-mulher. E, como sempre, Baden pôs a organização da vida profissional nas mãos da companheira: "Eu sem experiência nenhuma tinha que negociar contrato de show. Ainda bem que as exigências de Baden se resumiam a três linhas: data, hotel, cachê. O cachê era a única coisa que o interessava. Era como para os discos. Ele não queria *royalties*, exigia um cachê. Baden agia exatamente como os cantores de blues nos anos 1920, 1930, que nunca pensavam no futuro, queriam o dinheiro logo, logo". Nos anos 1970, só Baden Powell e Ray Charles continuavam funcionando dessa maneira...

Com doze discos gravados entre 1970 e 1972, Baden deu uma paradinha em 1973, dedicando-se às parcerias com Paulo César Pinheiro ("Elegia", "Eu Sei que Vou Cantar"...) e ao palco, com uma longuíssima temporada no Canecão, com Elizeth Cardoso. A ideia de juntar os dois veio dos diretores artísticos, Sérgio Cabral, Bibi Ferreira, Paulo Pontes e Flávio Rangel, roteirista do show. Elizeth gostava e admirava profundamente Baden, tinha-o como um filho. Ficou encantada com a entrada dele no elenco. Contudo, na época, Elizeth estava no auge de sua carreira, ela era uma enorme vedete, muito maior do que Baden, e os organizadores ficaram um pouco na dúvida, sem saber se estavam certos em juntar os dois. Será que o público de Elizeth aceitaria a presença de Baden? Mas o violonista se revelaria deslumbrante, sendo tão aplaudido quanto a cantora. O show estava inicialmente previsto para março, mas devido à complexidade da montagem, atrasou mais de um mês. Tudo isso para nada, pois na véspera da estreia, marcada para 25 de abril, a censura vetou o show todinho e grande parte do repertório. Também não foi por acaso. Os diretores artísticos tinham concebido conscientemente um show revolucionário, inclusive do ponto de vista político, com um roteiro que incluía músicas como "Pesadelo" ("Você corta um verso/ E eu faço outro/ Você me prende vivo/ E eu fujo morto/ Que medo você tem de nós"), de Paulo César Pinheiro e Maurício Tapajós. Foi um deus-nos-acuda geral, Sérgio Cabral negociando junto aos censores:

— Essa aí vocês não podem vetar, não, ela já foi gravada...

— Ah, foi? E por quem?

Sérgio Cabral sabia que o fôra pelo MPB 4, mas não ia dedurar, então o jeito foi mesmo montar outro show em uma semana. Oito dias intensos, numa correria enlouquecida, mudando cenário, trocando roteiro, completando o que sobrara do repertório, fazendo novos arranjos, ensaiando noite e dia. Mas o elenco foi maravilhoso, compreensivo, apesar de algumas disputas de espaço sonoro. *Pem-pem-pem!* — as marteladas de um técnico que pregava o cenário enquanto Baden ensaiava o violão. Houve ameaça de briga, mas Paulo Pontes interferiu:

— Peraí, Baden, o técnico também é artista.

Baden reconheceu:

— Também é artista, sim.

E foi ensaiar no camarim. Também fazia parte do show o extraordinário bandolinista Luperce Miranda, que fez um duo com Baden. Os dois tocaram "Um a Zero", de Pixinguinha, enquanto atrás a orquestra tocava Vivaldi. Durante o ensaio, Baden quase enlouqueceu com o virtuosismo de Luperce.

— Puxa, Sérgio, esse velho está me cansando. Ele toca depressa pra burro: *teque-te-teque-te, teque-te...*

Para Baden falar isso, o bandolinista devia ser mais do que craque, pois em termos de rapidez ninguém chegava aos pés do violonista de Varre-e-Sai. Certa vez, no *Fino da Bossa*, tinham apresentado um quadro de quatro violonistas: Zé Menezes, Baden, Toquinho e Paulo Nogueira. Combinaram tocar "Apanhei-te Cavaquinho". Ensaiaram os quatro e quando subiram no palco, Zé Menezes, sacana, acelerou o ritmo e saiu a mil por hora com o cavaquinho. E os outros três, enlouquecidos, atrás... Dali a pouco, Toquinho para... Paulinho Nogueira para... Só Baden foi até o fim. Com Luperce Miranda também segurou o ritmo, mas sofreu. A temporada, que acabou estreando no dia 2 de maio, durou quatro meses, com casa lotada todas as noites. Baden, que bebia suas duas garrafas de uísque por dia durante os dois meses de ensaio, no dia em que começou o show, cortou totalmente o consumo de álcool. Nem cerveja ele bebeu mais. Uma medida que dá a dimensão do respeito, da admiração e do amor que ele tinha pela Divina. Jamais se atreveria a correr o risco de estragar o show dela. Só uma noite não teve condições de tocar devido a um problema de pressão baixa. No mais, ele deu tudo que tinha, e tinha muito. Nem Elizeth nem Baden eram conhecidos na época por suas posições de esquerda. Ambos eram bastante desligados politicamente. Porém, de tanto implicar com todos e tudo, a censura acabou conscientizando-os. Numa das apresentações, Elizeth abriu o bocão e declamou "Quero as janelas abrir/ Para que o sol possa vir",[60] enquanto Baden tocava o Hino à Bandeira. No repertório inicial, Baden tinha previsto tocar

[60] "Janelas Abertas", de Vinicius de Moraes e Antônio Carlos Jobim.

o Hino Nacional. Mas este foi vetado pela censura. Baden então pediu à embaixada da França autorização para tocar a "Marselhesa". Autorização concedida, recebeu verdadeira ovação do público, consciente de sua carga revolucionária, que afinal lhe dizia muito mais sobre a violência que estava sofrendo do que o Hino Nacional brasileiro. Mas isso, os censores, que nunca foram conhecidos por sua cultura, não sabiam...

A temporada se encerrou em agosto, e em outubro nosso herói estava fazendo nova temporada, solo, em São Paulo, no Café-Concerto Casa das Ilusões, na rua Augusta. A imprensa paulistana foi pródiga em espaço: anunciou a presença do violonista para um show de despedida antes de partir para uma turnê de seis meses na Europa. Nas entrevistas, perguntavam como estava a parceria com Vinicius: "O Vinicius precisa sempre ter um violonista que o acompanhe. Acontece que eu fui subindo e cheguei a um ponto que não podia mais ser apenas seu acompanhante, teria que ter uma participação maior no show, fazer solos e tudo, e Vinicius, que é um homem inteligente, compreendeu minhas razões".[61] Revelou ainda, em reportagens detalhadas, sua biografia, como se fosse um desconhecido. Apesar da fama, do sucesso e da longa carreira, nunca fora assunto de jornal, talvez devido à reputação de antipático, agressivo, arrogante, quando era apenas de uma timidez doentia, que o impedia inclusive de saudar o público quando entrava e saía do palco.

Em novembro, seguia se despedindo do público paulistano, dessa vez com o show *Contos e Cantos*, no Teatro da PUC (TUCA), nos dias 9 a 25. No show, entraram os violões de Meira e Dino, mais um flautista, um baixo e um baterista, assim como, no vocal, a cantora Sílvia Maria, parceira do Zimbo Trio, sucessora de Márcia (a cantora).

Acabou ano, começou ano, e Baden continuava no Brasil. Em março de 1974, estava de volta ao Teatro Opinião com um novo show: *Quadrus*. A imprensa carioca, por sua vez, anunciou: "Uma despedida antes de voltar à Europa". O show estreava numa quarta-feira. No domingo que precedia, Baden visitou o amigo Nilo Queiroz. E foi aquele papo gostoso de sempre, bebendo uísque, tocando violão. A certa altura, Nilo disse para o filho Cláudio:

— Ô Cacau, mostra pro Baden como você está tocando bem flauta.

Cacau, todo encabulado, foi buscar a flauta. Quando voltou para a sala, viu Baden já pronto, com o violão afinado:

— Vamos tocar "Carinhoso".

[61] Em *Folha de S. Paulo*, 12/10/1973.

Tocaram "Carinhoso", e Baden disse para Cacau:

— Você vai tocar essa música comigo no meu show.

Cacau, que tinha vinte anos e nenhuma experiência de músico profissional, achou que era papo de bebum, pois àquela hora já tinha rolado muito uísque no copo de Baden. Mas na terça-feira recebeu um telefonema de João das Neves, diretor artístico do show, avisando que tinha ensaio no dia seguinte (dia da estreia) às quatro horas. Cacau ficou bobo! Na quarta-feira às quatro horas estava no Teatro Opinião. Baden reunira um elenco de músicos da maior categoria para a circunstância: Raul Mascarenhas no sax, Chaplin na percussão, Oswaldo na bateria, Braz Limonge no oboé e um tcheco no cello.

— Então vamos começar o ensaio. Que é que nós vamos tocar?

Os músicos, estupefatos, olharam para Baden:

— Mas você é quem sabe o que nós vamos tocar...

Às oito horas da noite continuavam sem saber exatamente o que iam tocar, a não ser "Carinhoso". Nos bastidores, Chiquinho de Moraes escrevendo os arranjos, passando para o copista; na rua o público fazendo fila; Baden bêbado, e Cacau apavorado: "Mas foi uma boa escola. Depois disso eu aprendi a tocar qualquer coisa de supetão". João das Neves conseguira, no meio da confusão geral, armar um esquema cênico:

— Olha, Cacau, você fica sentado na plateia. Como a sala do Opinião é muito escura, ninguém vai te ver. Aí, quando Baden tocar o "Carinhoso", você acompanha ele do seu lugar.

No final, Baden perguntava: "Mas que flauta maravilhosa é essa no público? Ah, mas é o Cacau. Eu conheci esse menino quando ele tinha quatro anos...". E Cacau então subia no palco e tocava mais três músicas com Baden. Na primeira noite, o flautista estava com tanto medo, que "Carinhoso" ganhou um considerável suplemento de vibratos e trêmulos. Ao subir no palco, Cacau cochichou no ouvido de Baden que não dava para continuar. E Baden, no microfone:

— Não dá o quê, meu filho? Claro que dá, vamos tocar.

E deu. Contudo, Cacau, que se tornou um dos flautistas e saxofonistas mais procurados na França, onde se radicou alguns anos depois, nunca abriu mão da certeza de que o convite só surgira porque Baden estava bêbado e continuou assim até a estreia. E estava bêbado mesmo. O que não o impediu de tocar maravilhas, de dar um show de qualidade. Mas na hora do "Samba da Bênção", Baden começou a cantar "É melhor ser alegre que ser triste..." e quando chegou no "Ele é negro demais no coração", em vez de encadear com as intermináveis "bênção fulano, bênção sicrano, bênção beltrano e outros saravás" que não acabavam mais, para surpresa geral, *tchum*! Baden deu um acorde final e saiu correndo. Só teve tempo de chegar nos bastidores para vomitar uma semana de uísque. Depois disso, parou novamente de beber.

No mais, quem disse que no Brasil a música instrumental nunca teve vez? Baden foi obrigado a prorrogar quatro vezes o final da temporada, que, antes prevista para uma semana, acabou durando um mês. E só não durou mais porque ele estava realmente de viagem marcada para a Alemanha, dia 9 de abril, onde ia tocar na sala da Berliner Philharmoniker. Iniciaria lá uma turnê com vinte datas agendadas pela Europa, com banda formada por Guy Pedersen, Joaquim Paes Henrique e o percussionista Pedro Sorongo.

Todos eles viviam na Europa, por isso Baden fez a viagem sozinho. E sozinho não dava. Procurou novamente o famoso "cachorro engarrafado", eterno companheiro de solidão. Morria de saudades de Márcia, passava horas ao telefone falando com ela. Certa noite, acabou adormecendo no meio da conversa, e Márcia, do outro lado do oceano, não se atrevia a desligar, receando magoar o namorado se ele acordasse e quisesse retomar a conversa interrompida. Ela ficou aguardando longas horas ele voltar a falar... Mas Baden só acordou no dia seguinte. Quando Claus Schreiner, produtor da turnê, apresentou a conta de telefone ao violonista, ele ficou furioso. Fora de si, ligou para dar uma bronca na pobre namorada. E continuou bebendo. Na véspera da estreia, tomou um pileque monumental, e no dia seguinte não conseguiu levantar. Claus Schreiner tinha marcado ensaio às duas horas e ao constatar que o artista não se apresentara na hora indicada, mandou seu advogado para o hotel de Baden: "Com esse problema de bebida — o Baden é só música e uísque — eu não aguentava mais pagar multa aos organizadores dos shows. Via a hora em que minha produtora ia falir por causa dos porres de Baden. Ele ficava num estado tal que não podia subir no palco, não podia tocar, não podia sequer levantar da cama, aí tinha que cancelar o show. Tanto que passei a levar sistematicamente meu advogado nas turnês de Baden, coisa que eu nunca fiz com outro artista, para me ajudar". Nem para o advogado era fácil. Com seus um metro e oitenta, seu longo sobretudo preto, seu chapéu e uma pasta na mão, entrou nesse dia no quarto de Baden:

— Guten Tag![62]

[62] "Bom dia!", em alemão.

Baden, esparramado na cama, entre garrafas de uísque vazias e cinzeiros cheios, olhou para o advogado:

— Eu conheço o senhor, já o vi num filme sobre os nazistas!

O advogado viu que o caso era desesperador, virou as costas e foi embora. À noite, Baden, em plena forma, fez um belo show: "Eu tinha uma grande capacidade de me recompor. Em dez minutos eu estava novinho e ninguém acreditava. Estava completamente apagado, de repente eu levantava, ligadão, tocava tudo e, quando acabava, apagava de novo". Na Alemanha, aproveitou uns dias livres para ir a Villingen gravar *Estudos*, disco "ganha-pão" cujo repertório tem todo o jeito de improvisações feitas na hora de gravar... Nesse período, Márcia foi se encontrar com Baden. De tão feliz, o violonista parou de beber e resolveu que dessa vez enfim poderia realizar seu sonho e se casar com Márcia. E elegeu a cidade xará, Baden-Baden, na Floresta Negra, para a cerimônia. Começou a providenciar os documentos no consulado. Mas esquecera que já era casado, com Heloísa... Bom, então, pelo menos, ia desquitar. Começou a reunir a papelada, pediu ajuda à irmã no Rio, mas rapidamente se aborreceu com a burocracia que ia ter de enfrentar e desistiu. Terminada a turnê alemã, Baden seguiu com Márcia para Paris.

No dia 12 de maio, se apresentou no Olympia. Pierre Barouh, amigo fiel, fez o texto do programa, pois dessa vez Baden tinha direito a um verdadeiro recital, patrocinado pela Europe 1 e registrado em um álbum duplo ao vivo, *Baden Powell à Paris*, lançado pela RGE. As dezenove faixas gravadas abrangem os clássicos do repertório do artista. O clima geral da gravação revela um Baden ousado, dinâmico, elétrico, e um público entusiasta.

Nesse mesmo ano, Arnauld de Froberville realizou um grande sonho, que era reunir dois dos maiores músicos do mundo: o violinista Stéphane Grappelli e o violonista Baden Powell, num LP intitulado *La Grande Réunion*. Stéphane Grappelli, nascido em Paris em 1908, era o fundador, com o guitarrista cigano Django Reinhardt, de um quinteto de cordas, o Hot Club de France, que se inscreveu na história como um dos grandes momentos do jazz mundial. Django tinha um estilo absolutamente original, nascido da fusão do jazz com a tradição musical cigana, mas também do fato de ele ter perdido três dedos da mão direita num incêndio quando era criança, o que o obrigou a inventar uma técnica no violão, que aliás fez escola. Não existe hoje em dia na França um só guitarrista cigano que não toque à maneira de Django Reinhardt. Para Arnauld de Froberville, foi fácil realizar seu projeto: "Ambos eram artistas da

Musidisc, se admiravam mutualmente, e adoraram a ideia". No entanto, Stéphane Grappelli, com agenda cheia, só encontrou tempo para gravar no dia 5 de setembro de manhã cedo, pois à noite viajaria para Nova York. Às dez horas da manhã, Grappelli e seu violino estavam no estúdio Damiens, prontos para ensaiar e logo gravar. Baden chegou a uma hora da tarde. Encontrou um Stéphane já meio irritado: "É, eu fiquei um pouco preocupado porque tinha o avião à noite. Mas não me aborreci, já estava acostumado. Django também sempre chegava atrasado, quando chegava... Muitas vezes ele se esquecia de comparecer a um show... Contudo, eu adorei o estilo de Baden Powell e tudo aquilo que ele tocava. Os brasileiros têm um jeito de compor coisas simples e tão lindas. E, ritmicamente falando, o que Baden faz, nem Django teria sido capaz de fazer. Baden é um músico fora do comum".[63] Apesar da alegria com a qual Grappelli evocou, 22 anos mais tarde, o encontro, a sessão, segundo Froberville, foi mais tensa do que alegre. Grappelli aflito com a hora de ir para o aeroporto, Baden constrangido com a situação que criara por chegar tão atrasado. É claro que não havia tempo para ensaiar. O produtor mandou ligar o gravador e os músicos tocaram ao deus-dará:

— Depois eu vejo o que faço com o que foi gravado.

Às seis horas, Grappelli foi embora, deixando Baden impressionado: "Eu me lembro como se fosse hoje. Ele estava lá no estúdio, com a malinha dele, que ele ia viajar no mesmo dia, aí tirou o paletó, colocou no encosto de uma poltrona, tirou o violino do estojo, e nós começamos a tocar. No estúdio só tinha cobra para acompanhar a gente, Guy Pedersen, Jorge Rezende e Clément de Waleyne na percussão e Pierre-Alain Dahan na bateria. Aí o Grappelli, com pressa, né, que ia viajar, 'Vamos lá, vamos lá'. E acredite quem quiser, ele lia a partitura à primeira vista, já tocava com o sentimento brasileiro, interpretava, saía improvisando em cima do violão. Eu nunca vi isso, era uma loucura o que ele tocava. Ele era muito mais do que tudo que eu estava pensando. Ele me deu uma aula de música nesse dia".

A Musidisc ficou com cinco horas de fita... dava facilmente para fazer dois LPs. Porém, devido a problemas na gravação, das sete faixas do segundo volume de *La Grande Réunion*, só três têm participação efetiva de Baden Powell. De qualquer forma, o que deveria ter sido um LP his-

[63] Ao dar seu depoimento para este livro, Stéphane Grappelli mandou dizer a Baden que gostaria de repetir a experiência de *La Grande Réunion*. Infelizmente, ele morreu dois meses depois da entrevista, em dezembro de 1997.

La Grande Réunion: o LP, gravado às pressas em 1974, não ficou à altura dos dois grandes músicos.

tórico, por conta de todos esses problemas, resultou num trabalho relativamente medíocre. A bem dizer, o disco é de chorar... de desespero, na medida em que se percebe que o encontro poderia, deveria ter sido grandioso. A ideia era genial. Mas, no resultado, sente-se perfeitamente que foi feito às pressas, cada um dos músicos tocando seu negócio, com um talento de cair de quatro, mas sem uma preparação, sem aquela indispensável cumplicidade que faz os músicos darem tudo de si. Faltou tempo aos dois artistas: tempo para se conhecer, se entender, para se encontrar musicalmente. Faltou tempo, pura e simplesmente, para gravar! Enfim, *La Grande Réunion* não passa de um enorme desencontro, de uma oportunidade perdida para sempre.

Mas, bom ou ruim, o que prevalecia para Baden era o cachê. Mais uma vez, ele estava precisando de fundos. O pagamento da casa em Itanhangá andava atrasado e a qualquer hora ela podia ser penhorada. O violonista conseguira da gravadora alemã 7 mil dólares, que foram direto para as mãos dos credores do violonista. Porém, a dívida era bem mais elevada do que o dinheiro adiantado pela MPS. Para salvar definitivamente seu patrimônio, Baden tinha que continuar trabalhando duro.

Surgiu justamente nessa época uma oportunidade inesperada. O cantor francês Claude Nougaro convidou-o para participar do espetáculo que estava preparando. Oriundo de Toulouse, no sul da França, filho de um cantor lírico e de uma professora de piano, Claude Nougaro é uma figura fundamental da música francesa da segunda metade do século XX, e uma imensa estrela.[64] Um pouco à maneira de Baden, ele teve uma formação musical clássica, aproximando-se depois do jazz, dos ritmos africanos e finalmente dos brasileiros. Músico aberto a todas as influências, a todas as confluências, ele marcou a música francesa pela genialidade das fusões rítmicas que elaborou em sua obra e mais ainda pela admirável qualidade da sua escrita. Malabarista das palavras, cada frase sua, mesmo na conversa mais banal, era um poema, um achado linguístico surpreendente.

Claude conhecia Baden: "Nos anos 1960, o nome de Baden pairava nos lábios de todos, tanto que me era familiar. Um nome que me intrigava... Ele tocava num restaurante à margem do Sena, frequentado pelos músicos de jazz, e eu fui lá uma noite. Foi a primeira vez que eu ouvi uma música verdadeiramente brasileira, que eu desconhecia. Até então, para mim, a música brasileira eram os sambas de opereta, com plumas e pae-

[64] Nascido em 1929, Nougaro morreu em Paris em 2004.

tês,[65] e de repente erguia-se diante de mim uma zona de magia musical que me impressionou muito. Do ponto de vista rítmico, eu descobri uma nova proposta carnal, um novo balanço da alma. Uma música que se dirigia à voz humana, algo que eu não encontrava nas outras músicas. Havia nela uma tristeza sensual e, de repente, uma imensa alegria. E eu recebi essa mensagem. Depois disso, Baden sumiu da minha vida por muitos anos. Em 1974, eu estava preparando uma temporada no Olympia e queria enriquecê-la com ritmos diferentes, abri-la a outras galáxias musicais. Tinha formado uma banda com músicos de jazz, com africanos, e convidado a dupla de brasileiros Teca e Ricardo".[66] Quando soube que Baden Powell estava em Paris, Claude entreviu com alegria a possibilidade de incluir o violonista no espetáculo. Ligou para Baden, pedindo que fosse até sua casa discutir a proposta: "E eis que ele chega acompanhado de uma moça de uns dezoito ou dezenove anos, deslumbrantemente bela". Era Márcia.

Naquela tarde, portanto, Baden e Márcia foram à casa de Claude Nougaro. O violonista falava pouco o francês, o cantor não dava um pio em português. Assim mesmo se acertaram, e Baden aceitou o prestigioso convite. A temporada estreou no dia 24 de setembro de 1974. Acompanhando Nougaro, havia o antilhano Eddy Louiss, maior organista e alcoólatra da música francesa, o trio do grande pianista Maurice Vander e o quarteto de sopros de Ivan Jullien, além do percussionista brasileiro Jorge Arena. Para Teca e Ricardo, que estavam começando a ser conhecidos, esse convite era uma grande oportunidade: "Alguns dias antes da estreia, nós fomos à casa de Claude ensaiar e ele nos disse que tinha uma boa notícia: 'Além de vocês vai ter também o Baden Powell no show'. Nós ficamos na dúvida, será que era mesmo uma boa notícia? Com um músico dessa categoria, o que é que ia sobrar pra gente?". Mas, na realidade, foi um belo show para todos que participaram. Claude não queria aquela coisa de primeira parte, segunda parte, terceira. O show era todo dele. Entrava, começava a cantar e logo chamava Teca e Ricardo para acompanhá-lo numa das músicas, "Petit Pavé". Ambos tocavam violão, e Teca também tocava percussão, berimbau... Depois ele saía, deixando o palco para os dois brasileiros, que apresentavam quatro músicas

[65] Nougaro alude aqui ao pseudo-samba à francesa popularizado por Jacques Offenbach, na opereta *La Vie Parisienne*.

[66] Exilados políticos na França, Teca Calazans e Ricardo Vilas se conheceram em Paris, onde se uniram na vida e no palco.

O cantor Claude Nougaro, com quem Baden percorreu toda a França e boa parte da Europa em turnê.

No Olympia, com Jorge Arena na bateria e Guy Pedersen no contrabaixo.

e saíam. Depois Claude voltava ao palco, chamava Baden, que unia seu violão à voz de barítono do francês. Este novamente saía, e Baden fazia seu solo. No final, todos voltavam e faziam "Bidonville", a versão francesa de "Berimbau", assinada por Claude Nougaro. A vedete era o cantor francês, mas ele soube muito bem dividir o palco com Baden, deixar-lhe o espaço que sua imponência merecia. "O show foi espetacular, jamais vi um sucesso assim", nunca esqueceria Ricardo Vilas. Era um sucesso inesperado, pois na época ele estava atravessando uma fase difícil.

A bem dizer, Jean-Michel Boris assumia um certo risco ao organizar um longa temporada (de 24 de setembro a 15 de outubro e de 22 de outubro a 1° de novembro) para o cantor francês nessas condições. Quanto a Baden, ele estava então em plena forma. Dir-se-ia que ele estabelecia uma hierarquia pessoal nos compromissos que assumia. Uns prestigiosos, outros não. Pois a observação dos meandros de seu alcoolismo revela que em shows realmente importantes, como *O Mundo Musical* ou o show do Canecão com Elizeth Cardoso, e agora o do Olympia, ele jamais bobeou. Era como se certos eventos, certas salas ou certas pessoas gerassem em sua mente um respeito incontornável, ao contrário de outros. Tanto que, nas cinco semanas passadas no Olympia, Baden jamais se apresentou embriagado no palco. Pileques sim, mas só depois do show. E que pileques! No final da temporada, Marilyn,[67] que comandou durante várias décadas o célebre bar dos bastidores do *music hall* parisiense, comentou com Boris que com Baden Powell e Eddy Louiss realizara a melhor receita de sua longa carreira. Nougaro, que também bebia muito, porém nunca quando estava trabalhando, nesse período passou a beber para segurar a dor de cotovelo que o atormentava. Jean-Michel Boris o viu certa vez entrar em seu escritório, desesperado:

— Você não sabe o que está acontecendo. É terrível, eu estou completamente apaixonado pela mulher de Baden. Vou enlouquecer. Não sei o que faço...

Esperar, só podia mesmo esperar... Terminada a temporada do Olympia, estava prevista uma turnê, organizada por Jean-François Millier, que começaria em fevereiro de 1975 e percorreria a França, alguns países da Europa e iria até a Argélia, durante toda a primavera e o verão. Com isso, ficou claro que Baden permaneceria fora do Brasil mais do que os seis meses previstos. O melhor era assentar a vida por ali mesmo. Alugou en-

[67] Marilyn faleceu na década de 1990 e era uma figura imprescindível do Olympia: quem frequentou os bastidores da casa, conheceu a animada "dona" do bar da coxia.

tão um apartamento na rue de Tocqueville, no XVIIe arrondissement, bairro burguês e tranquilo da capital francesa. Quanto a Márcia, que desistira de estudar odontologia como sonhava quando garota, inscreveu-se na Universidade em Paris para um curso de francês.

Nos primeiros dias de 1975, Baden seguiu para a Côte d'Azur para se apresentar no MIDEM.[68] Convidada especial do evento, Elizeth Cardoso pediu a Baden e Guy Pedersen que a acompanhassem. E durante o show aconteceu uma coisa incrível, que o baixista jamais esqueceria: "Elizeth começou a cantar 'Serenata do Adeus' e de repente deu uma pane de eletricidade. Apagaram-se as luzes, os microfones, os amplificadores, as mesas de som, tudo. A sala ficou na maior escuridão e, imperturbável, Elizeth continuou a cantar, como se nada tivesse acontecido. Baden no violão e eu no baixo, continuamos também. E tudo estava no lugar: o tempo, o som, tudo perfeito. Era um milagre!". Elizeth cantou a música até o fim, no escuro e sem amplificação, enchendo o vasto espaço do Palais des Congrès de Cannes com aquele vozeirão extraordinário, dando um banho em todos os cantores de música popular do planeta. Quando acabou a música, a luz voltou, e o público, pregado nas poltronas, não podia nem se mexer, paralisado pela emoção. Quando despertou, num delírio total, ovacionou a cantora e seus músicos.

Em fevereiro começou a turnê com Nougaro. Músicos, técnicos, empresário, *roadies* formavam uma equipe de trinta pessoas, à qual se juntou um cachorro perdido que Nougaro recolheu durante a turnê, que rodou durante quase um ano, começando pela Bélgica. Baden Powell continuava em plena forma. Resolvera parar de beber de vez e para isso tinha feito acupuntura. Nas horas vagas, ficava no quarto, tocando violão, fazendo seus exercícios, alheio ao clima festivo da caravana. Só aparecia na hora de subir ao palco e aí era deslumbrante. Fazia muito sucesso. Em várias cidades onde passava era presenteado pelos *luthiers*, seus admiradores, com um violão. Era a melhor propaganda que podiam fazer de seus instrumentos. Com tanto violão, Baden falou certa vez para Ricardo Vilas (da dupla com Teca) que ia lhe dar um. Algum tempo mais tarde, comentou:

— Sabe aquele violão que eu te dei?

Só que Baden tinha se esquecido de dar o violão...

No meio da turnê, a acupuntura falhou e Baden recomeçou a beber. Começou de mansinho e foi aumentando, aumentando, e no final da tur-

[68] Mercado Internacional do Disco e das Editoras Musicais.

nê a situação estava ficando dramática. Em Annecy, a equipe viu a hora de ter que tirá-lo do palco. Em Lille e em Amiens, ele não conseguiu tocar; tiveram que chamar um médico, pois ele estava "muito mal". Jean-Pierre Brun, o empresário, chegou a ponto de trancá-lo no quarto para que ele não fosse beber. Constrangido, Nougaro lamentava: "Era desesperante ver aquele homem que eu estava levando ao meu público se autodestruir daquela maneira. Algumas vezes, na hora de começar o show, ele não aparecia. Nós íamos buscá-lo no hotel e o encontrávamos sozinho, o quarto inundado pela água de um banho que ele esquecera de tomar, garrafas jogadas pelo chão. Era lamentável". Nunca havia explicações, apenas o olhar infinitamente embaraçado de Baden quando despertava da ressaca. Segundo o doutor Clementino, "Baden era um alcoólatra culpabilizado". Bebia porque tinha crescido na cultura da malandragem, porque encontrara Vinicius de Moraes, outro "malandro" legítimo; bebia por solidão crônica, por fossa existencial... Bebia sem saber bem o porquê: "Tem uma razão, né? Depressão... Eu entrava numa fossa, com motivo ou sem motivo. Eu tinha um lado de autodestruição muito forte, e era pela bebida. Eu era capaz de beber e destruir tudo em cima de mim. Acabar com tudo, acabar com esse negócio de violão, não quero mais essa porcaria, brigava com ele. Era isso, eu bebia para me destruir. Porque na verdade eu nunca fui viciado em bebida, acho que nem gosto de beber. Quando eu parava, eu não sentia a mínima falta. Mas não sentia falta mesmo, ficava bebendo leite. Eu adoro leite. Agora, se aparecesse um aborrecimento, se entrasse na depressão, eu tomava um gole e aí tinha que ir até o final. Eu não podia me restringir: 'Vou beber dois goles e pronto'. Se começasse a beber, podia consumir três barris de uísque. E quanto mais tomado, mais fraco eu ia ficando, mais eu sentia raiva de mim e mais eu me destruía. Raiva de não ter aguentado, aí você pensa: 'Ah, é assim, então agora eu vou acabar comigo'. E bebe mais ainda. Era um processo diabólico".

Talvez tenha sido nesse depoimento, dado em 1999, quando completava mais de dois anos sem beber uma gota de álcool, que Baden pela primeira vez parou para pensar no problema. Aos amigos, aos familiares, às companheiras, jamais explicou o que o levava a beber assim. Baden, ao mesmo tempo algoz e vítima da sua profunda solidão, nunca conseguiu se comunicar com os outros. E é provável que seu único verdadeiro interlocutor tenha sido o violão, e sua única voz, a música. Porém, mais forte que o desejo de autodestruição, era o instinto de conservação do compositor, que, ao sentir que atingira o limite das forças, parava repentinamente de beber e, se necessário, se internava por vontade própria. Estava claro que o maior desejo de Baden era não beber mais. Tanto que, na turnê Nougaro, as fases com uísque se alternavam com períodos regados a leite. Um belo dia, Baden anunciava feliz: "Parei de beber", e tinha parado mesmo. (Mas aí era Eddy Louiss que começava.) Assim prosseguia a turnê, com seus altos e baixos. Que não eram só devidos a Baden. Companheiros, esposas, namoradas acompanhavam a excursão, causando inevitáveis incidentes. Como no dia em que a mulher do Eddy Louiss cismou que Teca estava paquerando seu marido... logo Teca, a cantora mais discreta e comportada do *show biz* mundial! E foi um escândalo no hall do hotel, no meio das malas, dos instrumentos e dos integrantes da turnê, estupefatos. Nos intervalos da turnê, Baden assumia compromissos próprios.

No dia 9 de maio, com Guy Pedersen, Jorge Arena e, novo integrante da banda, Coaty de Oliveira, baterista radicado em Paris, Baden fez um show em Frankfurt, que foi gravado. Porém, as fitas ficariam esperando autorização do artista para ser lançadas em disco (*The Frankfurt Opera Concert*) durante dezessete anos. A MPS se consolou lançando *Apaixonado*, um LP que Baden gravara dois anos antes no Rio, inteiramente instrumental e com todas as faixas de sua autoria. Provavelmente improvisações, pois, com exceção desse disco, essas músicas nunca mais apareceram, nem em outras gravações, nem em apresentações públicas. A inspiração do compositor continuava viva e pródiga. Faltava-lhe, para assentar suas composições, um parceiro. Paulo César Pinheiro estava longe, e além do mais, a fonte, como acontecera com Vinicius, andava secando. Paulo César se tornara um letrista muito procurado por outros compositores, afastando-se aos poucos da possessiva parceria com Baden. Este voltou ao ritmo enlouquecedor da turnê com Nougaro: cada dia em uma cidade, em cada cidade um show. Não havia domingo nem feriado. Em Paris, sozinha, Márcia o esperava, sempre perdidamente apaixonada: "Eu era inexperiente, não tinha consciência do que estava vivendo. E eu amava tanto ele... A vida com Baden foi duríssima, mas eu só vim a perceber isso muito mais tarde, depois de separada"..., quando percebeu que nem todos os maridos mantinham suas esposas trancadas em casa, proibidas de sair, como Baden fazia com ela, e que nem todas as mulheres apanhavam do marido, como era seu caso. O dito marido estava cansando do casamento e esquecia os problemas conjugais no uísque, evidentemente. Já tinha elegido seus bares em volta de casa, na avenue de Villiers e na rue de Lévis. Quando estava em Paris, zanzava de um a outro, procurando esquecer os problemas no uísque. Márcia, muito jovem, não tinha estrutura para administrar essa barra. Certa vez, completamente perdida, ligou para Sílvia Eugênia, esposa de Jorge Arena, o percussionista de Baden Powell.

— Baden saiu ontem de casa e até agora não voltou, estou desesperada. Que é que eu posso fazer?

Sílvia Eugênia, bem mais velha do que Márcia, era uma pessoa segura de si, decidida, experiente. Tinha morado um ano no Japão, seguindo o marido, que havia sido contratado para tocar no hotel de Yamashiro Kagao, uma estação de águas, e fazia um ano que vivia em Paris, onde Jorge fora contratado para tocar no Chez Régine. Sílvia conhecera Baden na gravação de um programa para a televisão e o achara esquisito. O contato que teve com ele nessa ocasião se limitou ao casaco que o violonista lhe pediu que segurasse enquanto tocava. Mas, quando ele soube que Sílvia era enfermeira (tinha trabalhado na Santa Casa do Rio de Janeiro, na equipe de Ivo Pitanguy), passou a solicitá-la frequentemente para tratar das inúmeras doenças (reais ou imaginárias, pois Baden sempre foi meio hipocondríaco, adorando se automedicar, comprando montanhas de remédios). Os dois casais se visitavam muito. Para Márcia, aflita, Sílvia era um porto seguro. Pediu que a ajudasse a "catar" o Baden sumido desde a véspera. Não via que estava dando o marido de mão beijada a Sílvia, cujo próprio casamento estava desmoronando. Sílvia, que conhecia os circuitos de Baden, encontrou-o às quatro da manhã num bar da Place Blanche, no norte da cidade.

— Baden, vamos embora que Márcia está preocupada.

— Ah é? Está bem, mas não vou não.

— Então liga pra ela...

— Não ligo nada. Espera, fique aí, tome um negócio comigo.

Então Sílvia tomou um, dois, três e mais um bocado de "negócios"; o sol nasceu no céu de anil do verão parisiense e, às seis da manhã, a amizade entre os dois começava a se colorir de leve. O que não impediu, uns dias depois, que Baden, num acesso de ciúme descontrolado e movido a álcool, desse uma bela tamancada na cabeça de Márcia (o violonista aderira à moda dos tamancos ortopédicos). Dessa vez foi para Márcia que, mais uma vez, a amiga enfermeira foi convocada. Baden, que é a pessoa mais amena, mais tranquila, mais pacífica do mundo, quando ébrio virava o próprio capeta. Uma vez recuperado, ficava desesperado, morria de vergonha, pedia desculpas a Márcia, a cobria de presentes, prometia que não ia mais beber, jurava que iam ser felizes até o fim da vida. Mas reco-

Teca e Ricardo, uma dupla de brasileiros na turnê de Claude Nougaro.

Baden e Sílvia Eugênia em visita a Versalhes, para selar o novo amor.

meçava. Hospitalizava-se cada vez que sentia que estava à beira do abismo, para se desintoxicar. Nesse período, internou-se numa clínica em Domont, nos arredores de Paris. Estava pesando apenas 43 quilos. Seguiu um tratamento rigoroso, comprou uma bicicleta para fazer exercício, comeu tudo a que tinha direito e engordou dez quilos. Voltou para casa refeito e no dia seguinte estava no botequim da avenue de Villiers, enchendo a cara.

Qualquer mulher sensata teria fugido correndo da figura. Mas Sílvia, a par de tudo isso, curiosamente não o fez. Com o verão, Nougaro e companhia iriam agora girar pela Suíça e pelo sul da França, polos de veraneio e centros dos grandes festivais. Sílvia juntou-se à caravana. Márcia viajara ao Brasil para visitar a família, e Baden, momentaneamente aliviado dos problema conjugais, tinha dado uma alta ao uísque. Infelizmente, com tantos anos de bebida no currículo, a saúde de Baden começava a dar sinais de cansaço, que ele resolvia de maneira muito pessoal, se automedicando, absorvendo indiscriminadamente todo tipo de remédios — calmantes, excitantes, antidepressivos, analgésicos... — que tanto podiam curá-lo como, pelo contrário, piorar o seu estado. Quando a caravana chegou a Marselha, por exemplo, Baden estava se sentido muito mal. Diagnosticou pressão baixa, tomou uma pilha de medicamentos e, embrutecido, deitou-se naquilo que mais se parecia com um sofá no camarim: uma tábua de passar roupa. Deitou na tábua e adormeceu tão profundamente que nem sequer sentiu a "cama improvisada" desabar e se espatifar — com ele em cima — no chão, onde ele continuou a dormir tranquilamente.

Em julho de 1975, a turnê chegou a Grenoble, e foi lá que o caso se consumou: Sílvia trocou o quarto do percussionista pelo do violonista. O que, evidentemente, criou um clima estranho na turnê, até que todo mundo se acostumou com essa situação esquisita. Jorge Arena, colocando o profissionalismo acima da dor de corno, continuou dignamente a cumprir seu contrato com Baden. Quanto a este, ligou para o produtor Arnauld de Froberville pedindo que por favor avisasse a Márcia, de volta a Paris, que estava tudo acabado entre eles e que ela podia regressar ao Brasil. Arnaud, indignado, mandou o violonista às favas:

— Quer romper com a moça, então assuma!

Não assumiu. No próximo intervalo da excursão, em vez de retornar para casa, hospedou-se no Hilton em Paris, com Sílvia. Até que Jorge ligou para Márcia e lhe explicou a situação. No final de agosto, Márcia fez as malas e comprou uma passagem para o Rio. Como só havia vaga na semana seguinte, ela se hospedou na casa de Arnauld de Froberville. Soube então que Claude Nougaro acabara de se separar da esposa — também — e estava deprimido. Solidária, ela ligou para ele, para dar uma força, sabe como é, não?, estavam na mesma situação... O cantor, que continuava apaixonado por ela, não deixou escapar tão providencial oportunidade. Justamente na noite seguinte, dia 9 de setembro, comemoraria seus quarenta e seis anos, e convidou Márcia para sua festa de aniversário. Poucos dias depois, ela regressou ao Rio. Uma semana mais tarde, Nougaro bateu na porta da casa dela: tinha ido pedi-la em casamento. Márcia casou-se com Claude, teve um filho e os mesmos problemas que teve com Baden: um marido alcoólatra que infernizou sua vida durante uns quatro anos: "Acho que com ambos eu pensei que estava apaixonada por um homem, quando na verdade o que eu amava era a música que eles faziam".

Durante o troca-troca conjugal, o show continuou. A turnê Nougaro só se encerrou no outono de 1975. Sílvia se instalou então no apartamento da rue de Tocqueville. Começava aí um novo capítulo da vida de Baden Powell.

7.
PARIS AINDA

Sílvia e Baden mal pararam em casa, pois havia uma turnê europeia marcada para outubro e novembro. Viajaram pela Finlândia, Áustria, Suíça, e regressaram a Paris no final de novembro, pensando em curtir um merecido repouso. Porém, a morte súbita de Josephine Baker, no dia 9 de dezembro de 1975, modificou o rumo das coisas. A cantora norte-americana, que conquistara o coração do público francês cantando "J'ai deux amours/ Mon pays et Paris...",[69] estava em plena temporada no Bobino, prestigiosa casa de show da rue de la Gaîté, no XIVe arrondissement de Paris, quando sofreu um enfarte. Baden, que como ela fizera da França sua segunda pátria, foi chamado para substituir a grande dama no palco do qual ela desertara definitivamente.

Em fevereiro de 1976, a convite de Franco Fontana (o homem a quem a música brasileira deve a abertura do mercado italiano), Baden viajou com Guy Pedersen e o percussionista Coaty de Oliveira para fazer um show em Roma. Na noite de 11 de fevereiro a banda se apresentou no Teatro Sistina. Na sala, maravilhada com o concerto, estava Liza Minnelli. A atriz trabalhava no filme *Nina*, que seu pai, Vincente Minnelli, estava rodando em Roma. A estrela norte-americana fez questão de ser apresentada ao artista. Franco Fontana fez mais: organizou um jantar depois do show no Santo Padre, um dos melhores restaurantes da cidade, e convidou Liza Minnelli. Como ocorre frequentemente nessas ocasiões, uma funcionária da embaixada do Brasil em Roma, que participava do jantar, cismou que queria oferecer uma feijoada para o violonista e sua esposa no dia seguinte:

— Ah! Vocês poderiam convidar a Liza, já que a conhecem...

Na manhã seguinte, a mulher ligou para se certificar de que eles iriam, de que Liza também iria, de que estava tudo certo, que o endereço era tal e tal, que era para chegar às 13h30. Até que Baden, que evidentemente não transmitira o convite a Liza Minnelli, se aborreceu e declarou para a esposa:

[69] "Eu tenho dois amores/ Meu país e Paris."

Liza Minnelli fez questão de ser apresentada a Baden Powell
após o show do brasileiro em Roma.

— Sabe o quê, Sílvia? Eu não vim a Roma para comer feijão.

E em vez de feijoada, o casal foi visitar as catacumbas. Quando regressaram a Paris, encontraram um telegrama de Vera de Aquino. A mãe de Baden estava muito doente. Na mesma noite embarcaram para o Rio de Janeiro. Quando chegaram, dona Neném já estava em estado de coma. Ela faleceu dois dias depois, em 16 de fevereiro de 1976, de enfisema pulmonar. Como fizera anos antes com seu pai, Baden fez questão de arcar com todos os gastos do enterro. Mesmo longe da família, ele não deixava de ajudá-la quando necessário, mostrando-se sempre generoso.

Embarcou em seguida para a Europa. Era início de março e tinha uma turnê na Alemanha, com Claus Schreiner. Fez uma escala em Paris, para arrumar as malas, e seguiu com Sílvia para Berlim, onde ia estrear a temporada na Berliner Philharmoniker, uma sala que já era parada obrigatória em seus roteiros. Chegou no dia da apresentação passando mal. Tinha comido um omelete na véspera (parecia que, para Baden, ovo não combinava com show: como vimos, ele já havia sofrido uma queimadura com ovos fritos na véspera de seu primeiro show no Olympia, em 1963). Agora estava com febre e náuseas. Sílvia não via condições de ele tocar. No entanto, a atuação do médico, a força de vontade do doente e, quem sabe, a presença ameaçadora do eterno advogado de Claus, foram mais fortes que a intoxicação alimentar. Baden deu um recital brilhante. Contudo, Claus Schreiner tinha esgotado sua reserva de paciência:

"Eu trabalhei sete anos com o Baden. Foram sete anos de angústia, sem nunca saber se ele ia cumprir o contrato. Cada noite era aquela ansiedade. Será que ele vai tocar? Será que ele não vai tocar? Eu não tinha mais como aturar esse estresse constante e sistemático. Achei melhor parar de trabalhar com Baden. Contudo, reconheço que eu devo muito, mas muito mesmo, a ele. Ele me abriu novos horizontes, novos caminhos musicais que eu nunca tinha imaginado. Eu me lembro que uma vez ele me falou de maneira um pouco rude:

— Você é um idiota, não entende nada de Brasil, nem de brasileiros, e quer trabalhar com música brasileira. Era bom você pegar um avião e ir para o Brasil ver as coisas de perto.

E eu fui. Fui mesmo. Ele estava com toda razão. Graças a ele eu me tornei um dos especialistas de música brasileira na Alemanha. Isso eu devo a Baden."[70]

[70] Claus Schreiner é autor do livro *Música popular brasileira* (1978), publicado na Alemanha, na Inglaterra e nos Estados Unidos.

Mesmo assim, após sete anos trabalhando com Baden, Claus Schreiner encerrou a colaboração. O que foi uma lástima, pois o alemão, malgrado a rigidez — feitio totalmente incompatível com a gestão da carreira de Baden —, tinha estrutura para organizar grandes turnês para o artista, cujos cachês na época variavam de 3 mil dólares por dia, em caso de temporada, a 7 mil, no caso de shows isolados. Portanto, no final dessa turnê, em clima de agressividade e mau humor, Baden Powell e Claus Schreiner se separaram.

O próximo compromisso era com a Musidisc. Como "gato escaldado tem medo de água fria", Arnauld de Froberville armou um esquema para impedir que Baden Powell bebesse durante a gravação. Alugou um estúdio no lugar mais afastado e deserto da Normandia, no noroeste da França. A estratégia deu certo. O violonista se comportou direitinho durante os cinco dias da gravação. E gravou os três LPs que ainda devia por contrato à Musidisc: *Mélancolie*, *Tristeza* e *Baden Powell canta Vinicius de Moraes e Paulo César Pinheiro*.

Na edição do dia 11 de agosto de 1976, o *Diário de S. Paulo* noticiou que o violonista brasileiro fora atropelado em Paris. A informação chamou a atenção da imprensa. No dia seguinte, *O Estado de S. Paulo* comentava o acontecimento: "O acidente ocorrido com o violonista e compositor brasileiro Baden Powell não teve maiores consequências. Segundo se informou, o artista foi levado a um hospital apenas por precaução médica. Baden foi atropelado anteontem, ao atravessar uma rua a caminho da Gare de Lyon,[71] para apanhar o trem que o levaria a Côte d'Azur, onde faria duas apresentações. [...] Ontem, em contato telefônico com a imprensa, a mulher do instrumentista disse que ele não queria ser importunado por repórteres e acrescentou que tudo estava bem. Também recusou-se a fornecer o nome do hospital em que seu marido estava internado, por temor de que os jornalistas fossem perturbá-lo". Temor coisa nenhuma! Dificilmente Sílvia poderia fornecer o nome do hospital, visto que Baden não fora hospitalizado, sequer atropelado... O acidente era apenas uma desculpa que Sílvia tinha arranjado para justificar à produção do show em Nice a ausência do artista. Num novo ataque de alcoolismo, Baden se recusara a viajar: "E que é que eu ia dizer ao organizador? 'Baden está de porre, e cismou que não quer dar show'? O jeito era inventar essa história de atropelamento. Falei que ele tinha machuca-

[71] Uma das cinco principais estações ferroviárias de Paris, que serve o sudeste da França.

Material promocional de Jean-Pierre Brun, um dos diversos empresários que administraram a carreira de Baden Powell.

do a mão, e violonista sem mão não pode tocar, não é? Não sei se o organizador acreditou, mas o que é que se podia fazer? Aí eu disse ao Baden que ele ia ter que aparecer com a mão enfaixada... Durante uns quinze dias, cada vez que ele saía eu fazia um curativo grandão na mão dele". Mas nem todo acidente era fictício, e Baden, que estava bebendo horrores, chegando a consumir quatro garrafas de uísque por dia, acabou ferindo a mão de verdade.

Uma noite, o plantão da SOS Médecins[72] recebeu uma chamada, pedindo urgentemente um médico na rue de Tocqueville, nº 40. Por ser o fundador desse serviço de emergência médica, o doutor Marcel Lascar se outorgara um privilégio: escolhia os seus pacientes. Quando foi informado de que o chamado era para um certo Baden Powell, ele fez questão de ir pessoalmente. Suspeitou mesmo que se tratava do grande violonista brasileiro que tanto admirava. Sílvia abriu a porta do apartamento e o médico perguntou:

— Esse Baden Powell é o grande Baden Powell?

Era o próprio, mas quando o médico viu o quadro clínico, quase se arrependeu das prerrogativas. Completamente embriagado, Baden tinha esmagado um copo com a mão. O dedo médio da mão direita estava praticamente todo secionado. Baden, sentado numa poltrona, embrutecido pelo álcool, contemplava a poça de sangue no chão. Lascar não tinha condições de tratar do caso:

— Sinto muito, mas eu não posso fazer nada. Temos que levá-lo imediatamente para o pronto-socorro.

— Para hospital ele não vai. Se o senhor não fizer algo aqui e agora, ele vai ficar assim mesmo...

— Mas eu não posso me responsabilizar, o caso é grave demais e bastante complicado.

— Então eu me responsabilizo — disse Sílvia. — Pode tratar a mão dele.

E Baden, salivando pelos cantos da boca:

— É... é... é isso mesmo, o senhor pode cuidar do dedo.

— Mas eu não tenho anestésico.

— Não faz mal, não, eu bebo mais um uisquezinho... — animou-se o ferido.

[72] SOS Médecins é um órgão privado de médicos que funciona como um pronto-socorro a domicílio. É um serviço que funciona principalmente à noite, para casos que não necessitam de hospitalização, mas que apresentam alguma urgência.

Lascar viu que não havia outro jeito e costurou o dedo: 22 pontos!

— Olha, eu não posso garantir nada. Há um risco de infecção e eu não sei como é que esse dedo vai ficar. Não sei se vai se salvar. Eu fiz o que pude, porque vocês me obrigaram.

Seis dias depois, o médico voltou à rue de Tocqueville para tirar os pontos: "Eu não sei se foi milagre, se Baden é um extraterrestre, só sei que o dedo estava completamente curado e que uma vez tirados os pontos, não se via nem cicatriz. Francamente, eu não sei explicar como é que foi isso". Mas Baden era um força da natureza, e seus médicos, quer no Brasil, quer na Europa, dificilmente entendiam como ele sobrevivia a tantos excessos, e também às inúmeras doenças que estes provocavam.

É provável que Sílvia tenha contribuído bastante para mantê-lo vivo naquela época. Entre as primeiras medidas que tomou para acertar a vida do marido, com a cumplicidade de Marcel Lascar, que daquele dia em diante tornou-se o médico da família e um amigo querido, houve a falsificação do uísque. Às escondidas, evidentemente, diluía o uísque com água. A dificuldade era botar a dose exata de água para que Baden não notasse a artimanha. Sílvia também caprichava na cozinha, fazia as comidas que Baden gostava, obrigava-o a alimentar-se bem. A não ser nas fases em que caía na bebida e não comia nada, Baden era um verdadeiro *gourmet*, grande admirador da gastronomia francesa, mesmo das comidas mais audaciosas: ostras, *escargot à l'ail*, *magret de canard*, *pot-au-feu*...[73] Ele só vacilou numa coisa: nunca gostou dos queijos e vinhos. Um absurdo! Com Sílvia, frequentava os melhores restaurantes da capital, a vida do casal era muito festiva. "Nós tínhamos nosso roteiro. Primeiro a gente ia jantar no Pied de Cochon, no Les Halles.[74] Lá eles fazem um pé de porco à milanesa que é uma loucura, só francês para cozinhar uma maravilha daquelas! Depois íamos para o Chez Régine."

Chegavam lá e encontravam todo mundo, como Jean-Paul Belmondo, Alain Delon, Omar Sharif, Serge Gainsbourg e Jane Birkin,[75] além

[73] Respectivamente, escargot ao alho, filé de pato, cozido francês.

[74] Bairro muito animado, de dia e de noite, no centro de Paris. O Pied de Cochon é um restaurante tradicional, frequentado por artistas, políticos e o pessoal da noite.

[75] Casal mítico dos anos 1970, que tornou-se mundialmente conhecido com a música "Je t'aime moi non plus". Gainsbourg, que morreu em 1991 em consequência de todos os excessos que curtiu na vida, foi um dos compositores franceses de maior impacto neste século, e sua musa, a atriz e cantora inglesa Jane Birkin, encanta o público francês com seu lindo sotaque, minuciosamente cultuado há cinco décadas.

da própria turma: Jean-Pierre Brun, que empresariava Baden, sua esposa Josy, Marcel Lascar e a namorada Pia, a cantora lírica Maria d'Apparecida, e Luana, futura esposa do conde Gilles de Noailles, neto da poetisa Anna de Noailles. Ela se tornou a primeira condessa negra da aristocracia francesa... que torceu o nariz para o enlace. Luana era manequim e trabalhava com Courrèges, Paco Rabanne, Louis Féraud. As noites da turminha terminavam em geral no Chez Castel, outro ponto chiquérrimo e muito fechado da noite parisiense. Voltavam para casa de manhã. Às vezes, dava preguiça de ir até a rue de Tocqueville, então iam dormir no George V.[76] Acordavam às três da tarde e só tinham tempo de tomar banho, se enfeitar e cair na gandaia outra vez. A vida ia passando nessa festa constante.

Havia muito trabalho e portanto muito dinheiro, até o dia em que a fossa pegava Baden de supetão, atirando-o novamente na bebida. Quando chegava à beira do abismo, internava-se. Nessa época, ele tornou-se freguês regular do serviço de desintoxicação do Hôpital Saint-Antoine, de Paris. Acabou ficando amigo da casa e podia até ter suas exigências, como a de que Sílvia o acompanhasse nas internações.[77]

— Ah! Mais monsieur Baden, ce n'est pas possible.[78] A sua esposa não pode ficar. Não há cama para acompanhante nos quartos.

— Mas eu não posso ficar sozinho, ela tem que se internar também.

Então o doutor Darny, chefe do serviço e fã do violonista brasileiro, abria uma exceção e o hospital fornecia um quarto com duas camas. Só restava à equipe médica assistir, abismada, à bagunça que o casal armava. Mesmo nesses períodos mais difíceis a cumplicidade entre os dois se mantinha. Havia em Sílvia um lado malandro, impertinente, que Baden jamais encontrara nas outras companheiras, e que calhava bem com seu modo de ser. Eles se divertiam muito nos períodos de internação. Durante o dia, fugiam do hospital, iam passear na rua, almoçar no restaurante, fazer compras. Regressavam com o carrinho de supermercado cheio de alimentos proibidos na dieta: geleia, manteiga salgada, toda sorte de pãezinhos, frios. Só poupavam as bebidas alcoólicas. À noite, não conseguiam dormir cedo. Vagavam pelos corredores do hospital, assistiam televisão,

[76] Um dos mais luxuosos hotéis parisienses.

[77] Ao contrário do Brasil, nos hospitais franceses não está previsto que o paciente se interne com um acompanhante, exceto em casos muito graves.

[78] "Mas, senhor Baden, não é possível."

jogavam buraco, contavam histórias, conversavam muito e fumavam sem parar. Baden fumava cinco maços por dia. Na verdade, ele acendia o conteúdo de cinco maços por dia, mas fumar mesmo... o cigarro, preso entre o dedo mindinho e o anular, se consumia sozinho enquanto Baden dedilhava o violão. O que era melhor para sua saúde, mas perigoso para o meio ambiente. Numa dessas hospitalizações, não havia quarto com duas camas, então Baden ficou num quarto individual e Sílvia noutro, em frente. Certa noite, Baden entrou no quarto de Sílvia e sacudiu a mulher, que dormia profundamente:

— Neném, Neném... eu botei fogo no quarto.

— Joga água que apaga — aconselhou Sílvia, completamente entorpecida pelo sono.

— Já joguei, mas a janela não abre e o quarto está cheio de fumaça.

Baden tinha adormecido com o cigarro aceso na mão.

De repente, deu um estalo na mente de Sílvia: "Baden falou que tinha tocado fogo no quarto?". Despertou de vez, acendeu a luz e viu o marido encolhido na poltrona, dormindo.

— Ué, que é que você está fazendo aqui?

— Eu não disse que botei fogo na cama e que o quarto está cheio de fumaça?

Sílvia foi avaliar o estrago... um buraco desse tamanhão na colcha, no cobertor, no lençol, no colchão e, realmente, muita fumaça. O casal se ajeitou na cama de Sílvia.

Apesar da maneira fantasiosa de levar adiante o tratamento, Baden saía do hospital fortalecido... até a próxima depressão. Sílvia tentava entender por que o marido se estragava assim na bebida. Entre remorsos e promessas de que nunca mais beberia, Baden procurava motivos, explicações. Achava que talvez fosse por não ter filhos. Mas em junho de 1977 Sílvia engravidou: "O Baden ficou louco! O sonho dele era ser pai". Sílvia já havia conferido o quanto Baden gostava de crianças quando os porteiros do prédio da rue de Tocqueville, um casal de portugueses, tiveram um bebê e pediram que Baden e Sílvia fossem os padrinhos. "Nós batizamos o menino, que se chamava Didier. E Baden adorava o menino. A gente levava ele lá pra casa e ficava cuidando. Baden preparava o banho, botava espuma, e brincava com ele. Então Baden acompanhou minha gravidez com muita atenção. Ia comigo ao médico para os exames, insistia para levar o frasquinho de xixi para as análises e tinha o maior cuidado comigo." Com alguns meses de gravidez, Sílvia esteve ameaçada de perder o bebê. A amiga Maria d'Apparecida a apresentou ao dou-

Baden, com seu jeito característico de segurar o cigarro,
entre o dedo médio e o mindinho.

tor Langlois, que conseguiu evitar um aborto, mas Sílvia teve que ficar em repouso absoluto até o fim da gravidez. Então, para matar o tempo, procurava com Baden um nome para o bebê. Dedicavam noites inteiras a essa questão. Queriam um nome francês. Para menino, Sílvia gostava de Jean-Pierre. Mas Pierre significa ao mesmo tempo Pedro e pedra, e Baden argumentou que os brasileiros iam sacanear, chamá-lo de pedra... Então se chamaria Jean-François. Não, ninguém nunca conseguiria pronunciar esse nome corretamente no Brasil. Até que uma noite, quando escutavam rádio, o locutor anunciou uma peça de Carl Philipp Emanuel Bach (filho de Johann Sebastian).

— Philippe! Taí, Philippe Baden! Vai ficar lindo — exultou Sílvia.

— Para quê Baden?

— Você esperou quarenta anos para ter um filho e não vai colocar Baden no nome dele?

Então pronto, ficou decidido Philippe Baden se fosse menino. Para uma menina, seria Sílvia Baden. Mas, no fundo, no fundo, todo mundo esperava menino. Até a empregada portuguesa, animadíssima, comentava a chegada de Philippe.[79]

Enquanto Sílvia preparava o ninho, Baden continuava no batente, participando em 1977 do LP *Maria d'Apparecida chante Baden Powell*. Radicada em Paris, Maria d'Apparecida foi a primeira cantora lírica negra a interpretar *Carmen* no Opera. Também brilhara cantando *Porgy and Bess*, de Gershwin, *La Voix Humaine*, de Francis Poulenc, ou *West Side Story*, de Bernstein... Infelizmente, em 1975, ela sofreu um grave acidente de carro. Uma vez recuperada das sérias lesões, Maria d'Apparecida não teve mais condições de seguir a carreira no canto lírico, convertendo-se à música popular. Obteve razoável sucesso na Europa, com o aval de personalidades como Jean-Louis Barrault ou Jorge Amado, e o apoio do amigo Baden Powell, que participou — fazendo arranjos, produção, voz e violão — do primeiro LP de cunho popular da cantora, assim como do show de lançamento.

[79] Não é um acaso que a empregada fosse portuguesa: devido à forte emigração lusitana, principalmente durante o salazarismo, Paris se tornou a segunda maior cidade portuguesa do mundo, depois de Lisboa. Grande parte da população imigrante vinha das zonas rurais do norte de Portugal. A grande maioria dos homens ia trabalhar no setor de construção, no qual ainda predominam, enquanto as mulheres tomaram conta da limpeza do país, nos escritórios e em casas particulares.

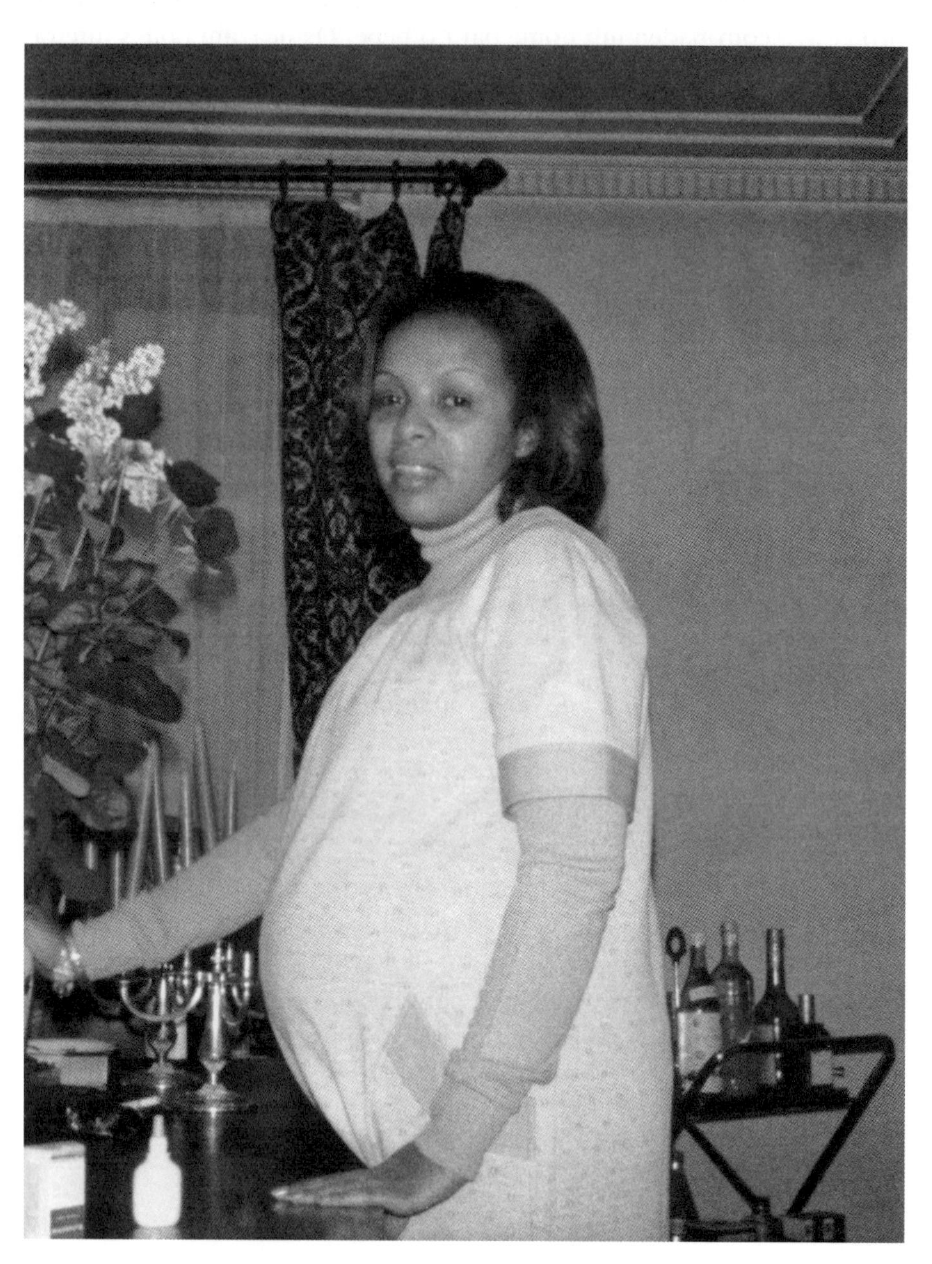

Sílvia, a companheira de Baden Powell que o fez pai.

No dia 15 de abril de 1978 nasceu, por cesariana, na clínica Sainte-Isabel de Neuilly,[80] Philippe Baden Powell. Contentíssimo, Baden festejou o acontecimento à sua maneira: bebendo durante um mês. Mas, para a circunstância, em vez de uísque, bebeu vinho do Porto, garrafas e mais garrafas de vinho do Porto. O problema é que na França, quando nasce uma criança, os pais têm três dias para registrá-la. Depois dos três dias é a maior encrenca que se possa imaginar. Geralmente, é o pai quem faz isso — quando há um pai, é claro —, uma vez que a mãe está hospitalizada. Só que Baden, na etílica celebração do novo estatuto de pai, não se lembrou de ir à prefeitura. Felizmente, havia monsieur Jean para salvar a situação. Monsieur Jean era motorista, proprietário de um táxi de luxo, tipo limusine, para fregueses prestigiosos, como políticos e artistas. Durante a gravidez de Sílvia, passara a servir regularmente o casal: "Eu trabalhei muitos anos para monsieur e madame Baden e nunca conheci pessoas tão boas. Para mim, eles eram como minha família. Nós ficamos muito amigos, eles nos convidavam, a mim e a minha esposa, para jantar na casa deles, ou no restaurante. Eram extremamente generosos. Havia vezes em que monsieur Baden reservava o carro para o dia todo e, no final, só saía uma horinha. Mas pagava a diária toda. Sílvia também era muito boa. Ela era tão graciosa, eu gostava de acompanhá-la na feira e vê-la escolhendo as frutas, os legumes, com aqueles gestos delicados. Era um charme de mulher". Monsieur Jean era o anjo da guarda do casal, dava-lhes a maior assistência. Tanto que foi graças a ele que Philippe pôde ser registrado a tempo. Acompanhou Baden até a Prefeitura, preencheu a papelada, indicou onde ele devia assinar. Depois levou Baden, que queria oferecer uma joia à esposa, para a rue du Faubourg Saint-Honoré.[81] Na primeira loja, Baden — todo descabelado, sem fazer a barba, vestido de qualquer jeito e ainda meio bêbado — foi impedido de entrar. Na segunda, o motorista tomou as devidas providências: foi com ele, explicou ao proprietário que se tratava do grande violonista Baden Powell. Com isso, ele foi muito bem recebido. Comprou uma pulseira para a esposa e uma corrente de ouro com uma cruz para o filho. Na clínica, o quarto de Sílvia estava repleto de flores, enviadas dos quatro cantos do mundo, parabenizando o artista e sua família. Naqueles anos, a Sécurité Sociale ainda era generosa, e as parturientes tinham direito a quinze dias

[80] Um dos bairros mais chiques da periferia de Paris.

[81] Rua das butiques de alta costura, das joalherias luxuosas, das grandes perfumarias e lojas de presentes, frequentada pela classe alta francesa... e pelos turistas.

Show em Paris com Maria d'Apparecida: a cantora lírica brasileira, radicada na França, acabou se convertendo à música popular.

de hospital (hoje são cinco, quando muito!). A família Baden Powell voltou para o apartamento da rue de Tocqueville no final de abril.

Apesar da inexperiência, Baden revelou-se um pai muito criativo: "Ele não era de trocar fralda... mas adorava preparar mamadeira, dar banho. Foi ele que me ensinou a colocar um copo de leite na água do banho do neném para ele não ter assadura. E nem Philippe, nem Marcel, nosso segundo filho, jamais tiveram problemas dessa sorte. Foi uma boa dica. Eu não sei como ele sabia disso". A bem dizer, Baden sempre foi um paradoxo, um misto de anarquia e organização. Ao mesmo tempo que administrava sua vida da maneira mais confusa, ele era muito metódico nas coisas domésticas. Em casa, por exemplo, era ele quem arrumava os armários, as prateleiras da cozinha. Sílvia se divertia com a ordem do marido, capaz de indicar onde se encontrava qualquer objeto que ela não achasse na casa. Passada a ressaca de vinho do Porto, o músico parou de beber. Não tocaria numa gota de álcool durante três anos. E deixou crescer o bigode, que nunca mais tirou. Baden, que sempre fora vaidoso, e fazia parte com Elis Regina e outras celebridades da clientela da Bibba, loja de roupas situada na Praça Nossa Senhora da Paz, no Rio, inspirada na moda da *Swinging London*, mudou repentinamente de estilo, passando a se vestir sistematicamente de branco. No final dos anos 1990, já separado de Sílvia, o violonista se negou a ver nessa mania vestuária qualquer homenagem a Oxalá. Dizia que era apenas uma medida prática: "Assim eu não precisava pensar em como devia me vestir. Eu só comprava roupa branca, tudo igual e pronto. Não havia mais esse negócio de 'será que a camisa combina com a calça? Será que o casaco casa com a camisa de gola rulê?' A gola rulê eu gosto porque assim não preciso usar gravata. Facilita, né? E esse negócio de tocar de paletó e gravata é horrível, eu acho. Parece um cara que saiu do escritório...". Contudo, por baixo da preocupação vestimentar, havia a mão de Sílvia, adepta do candomblé. Philippe e Marcel eram espectadores das práticas dos pais: "Lá em casa tinha muito candomblé com mamãe. Eu não gostava disso, eu não gostava de ver minha mãe incorporar. Mas meu pai aderia, ele permitia que os rituais acontecessem em casa; eu vi rituais, matança de bichos. Tinha um espaço na casa para o ritual candomblé. Meu pai era católico nominal, a gente às vezes ia para a igreja, mas em casa o candomblé era muito mais forte e presente". Um mundo com o qual as demais companheiras de Baden não tinham nenhum vínculo, nenhuma intimidade. E com elas, Baden, que sempre convivera, mesmo que de longe, com os cultos afro-brasileiros, fosse com seus pais em São Cristovão, fosse na

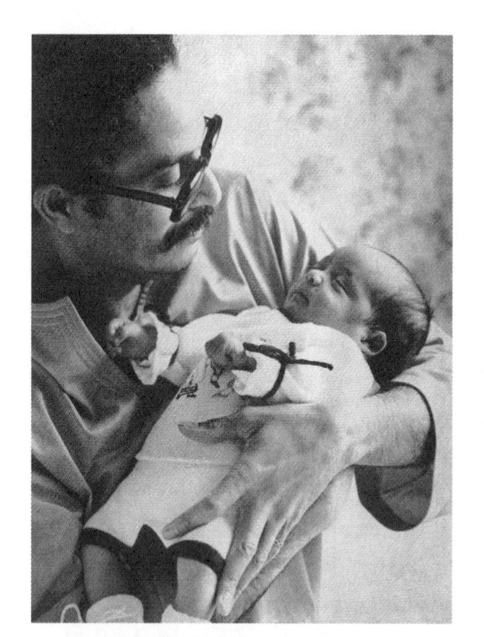

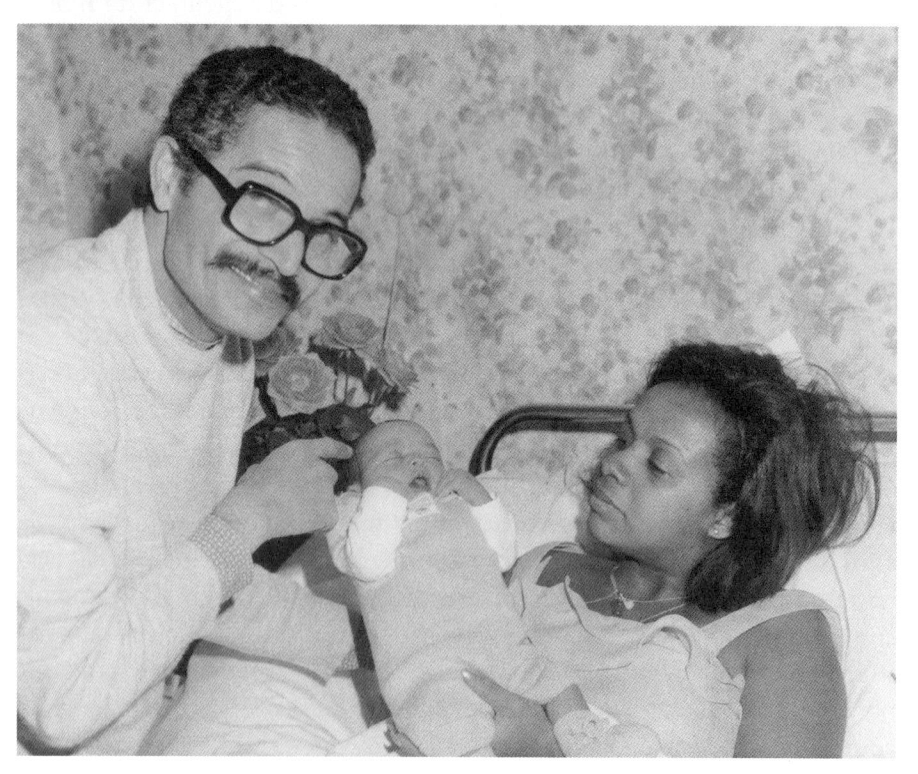

O nascimento de Philippe no dia 15 de abril de 1978, em Paris:
pai pela primeira vez, aos 41 anos, Baden ficou maravilhado.

Bahia com Canjiquinha e depois nas pesquisas para os afro-sambas, se distanciou desse universo. Mas era dele que tanto Baden quanto Sílvia eram oriundos. Ao casar com ela, Baden se reaproximou do candomblé, e nos anos 1970 dizia abertamente que era "chegado a um tambor".[82] O que provavelmente, muito mais do que uma comodidade, explica a roupa branca. Para Sílvia, "a ligação de Baden com o candomblé era coisa muito antes de ele me conhecer... Claro que se vestir de branco tinha a ver com Oxalá, que era o santo dele. Ele agora diz que é evangélico, não quer mais falar dessas coisas". De 19 a 25 de junho de 1978, em plena época da Copa do Mundo, Baden se apresentou no Olympia, com uma banda composta por Guy Pedersen, Coaty de Oliveira, Zezito e Sam Kelly. Mais uma vez, foi brilhante, mesmo no dia em que três cordas do seu violão quebraram, uma depois da outra, durante a apresentação de uma música. Continuou tranquilamente a tocar com cinco, quatro, três cordas. E não fez o menor comentário. Em compensação, foi muito mais comunicativo no que diz respeito à Copa do Mundo, que naquele ano era na Argentina. Bom patriota, cada vez que havia um jogo do Brasil na hora do show (nesse período o Brasil jogou contra o Peru, a Argentina e a Polônia), ele comunicava ao público, à medida que iam sendo marcados, os gols das partidas.

Em julho, partiu para uma temporada de verão no sul da França, que deu lugar a um reencontro com o violinista Stéphane Grappelli. Os dois músicos, que não se viam desde a gravação do LP *La Grande Réunion*, dividiram o palco do festival de jazz de Villeneuve-les-Avignons, deliciando o público com uma "grande reunião", muito mais festiva do que o disco... Monsieur Jean fora contratado como motorista do artista para a turnê. Com mulher, bebê e todos os cacarecos que isso significa, Baden não queria mais ouvir falar de trem ou avião. Como Tereza e Márcia antes dela, Sílvia agora empresariava o marido, e quem acabou assumindo o papel de babá foi monsieur Jean. Durante os shows, enquanto Sílvia, um cigarro atrás do outro, supervisionava tudo na coxia, Jean tomava conta de Philippe: dava a mamadeira, contava histórias, ninava: "*Dodo dodo, l'enfant do/ L'enfant dormira bien vite...*",[83] cantando-lhe todo o repertório infantil francês. Quando havia fumaça demais no camarim, monsieur Jean levava o bebê para fora. Philippe ia aprendendo a

[82] "Eu não sou espírita, não, mas sou chegado a um tambor", declarou em entrevista à *Manchete*, 15/04/1979.

[83] "Dorme, dorme, criancinha/ Criancinha dormirá logo logo..."

vida de artista: banhos na pia do quarto de hotel, noites em cama sem grade — Sílvia forrava o chão em volta com almofadas, caso ele caísse —, sestas no teatro, durante os ensaios, e horas de carrinho nos bastidores durante os shows.

Em setembro, Baden e Sílvia estavam de volta a Paris, prontos para assistirem ao show antológico dos amigos Vinicius de Moraes, Antônio Carlos Jobim, Miúcha e Toquinho no Olympia. A temporada durou dez dias. Baden ia diariamente visitar os amigos no hotel onde estavam hospedados. Na primeira vez foi sozinho. Na segunda, com Sílvia. Na terceira, levou o filho; na quarta, o violão... Até que Vinicius se tocou:

— Ih, parece que o parceirinho quer tocar com a gente. Vamos convidá-lo?

O violonista, que só estava esperando isso, entrou no show, e assim o público parisiense foi presenteado com um encontro excepcional, que jamais ocorrera, nem ocorreria, no Brasil: Tom, Vinicius, Toquinho, Miúcha e Baden no mesmo palco. Baden tocou sozinho, com o ex-parceiro e com Toquinho. E com o grupo todo na hora do imprescindível "Samba da Bênção".

Para Tom, Vinicius ou Miúcha, era uma festa reencontrar o velho amigo de tantos carnavais. Para Toquinho, uma grande emoção: "Eu sempre tive Baden como meu mestre. Mesmo sem ele saber, sem me dar aulas. Eu tenho Baden como um parâmetro fantástico. Quando eu tinha uns dezesseis anos, eu escutava os discos dele e depois tocava todos os arranjos que ele fazia. Toda minha mão direita vem de Baden Powell, da maneira dele tocar. Quando ele toca um samba, parece que tem dois violões, porque ele utiliza os dedos de uma maneira diferente, e eu peguei esse movimento dele. Ele me influenciou muito também na composição. Eu comecei a compor por causa dele. Músicas como 'Tarde em Itapoã' eu fiz em cima das músicas dele. Eu me lembro que eu e Chico [Buarque] éramos fãs de Baden. Quando a gente queria paquerar as garotas, tocava 'Canto de Ossanha' para elas e era aquele sucesso!". Então, quando Baden Powell subiu no palco do Olympia, foi um grande momento para Toquinho. Juntos, os violonistas interpretaram dois choros, muito aplaudidos pela plateia.

Depois do show, começava a festa. Grande conhecedor da capital francesa, Baden ciceroneava os amigos e os levava para a noite parisiense. Tomavam um drinque — para Baden um café e uma Perrier! — na boate do hotel Méridien de Porte Maillot, escutando os melhores jazzistas que lá se apresentavam. Na época, era Al Jarreau. Quando acabava

Encontro excepcional: Baden no palco do Olympia em 1978, com Tom Jobim, Vinicius de Moraes, Miúcha e Toquinho.

a apresentação, este se juntava aos brasileiros e a turma partia para outra. Qualquer que fosse o programa da noite, o jantar tinha que ser no Chez Guy, o melhor restaurante brasileiro de Paris, que Vinicius elegera como cantina. Comandado pelo casal franco-brasileiro Guy Leroux e Cléa de Oliveira, o famoso restaurante da rue Mabillon, no Quartier Latin, tinha sido inaugurado em 1972. Guy nas panelas, preparava com arte bem francesa finíssimas feijoadas, moquecas, churrascos, casquinhas de siri, xinxim de galinha, bobó de camarão, quindins, tortas de banana etc., que lhe valeram o prêmio de Melhor Restaurante Estrangeiro de Paris, atribuído pela fina flor dos *chefs* franceses, em 1978, ano da segunda edição do concurso. Na sala, responsável pelo clima aconchegante e a decoração de extremo bom gosto, a bela Cléa, uma mulata com medidas de manequim, atendia os clientes. Baden foi levado pela primeira vez ao Chez Guy por Janine de Waleyne, em 1972, com Elizeth Cardoso e Sandra de Sá, de passagem por Paris, depois do MIDEM. Muito reservado nos primeiros tempos, Baden acabou tornando-se freguês assíduo da casa e amigo querido dos donos. Uma das atrações do Chez Guy eram as famosas feijoadas de sábado, ao meio-dia. Nesses dias, Cléa acrescentava um tempero a mais ao ambiente e tornava-se cantora, animando a festa com o apoio de uma pequena banda. O restaurante lotava nesses dias e rolava feijão com música até cinco ou seis da tarde.

O Chez Guy era muito frequentado pelo meio artístico francês e brasileiro: Jean-Pierre Cassel, Marcel Camus e sua esposa Lourdes de Oliveira (uma das duas estrelas femininas do filme *Orfeu negro*), os Étoiles, Pierre Barouh, Georges Moustaki, Jorge Amado e Zélia... Sem contar as inúmeras estrelas que lá jantaram pelo menos uma vez e cuja fotografia com autógrafo e elogios ao cardápio decorava uma das paredes da casa. Marcello Mastroianni, Catherine Deneuve, Alain Delon, Régine, Claude Lelouch... e, evidentemente, todas as estrelas brasileiras que passavam por Paris — Maria Creuza, Toquinho, Vinicius, Gal Costa, Maria Bethânia, Gilberto Gil, Chico Buarque, Milton Nascimento, Nelson Pereira dos Santos, Cacá Diegues... mataram no Chez Guy a saudade de seu feijãozinho durante as temporadas europeias. Baden, Sílvia e o bebê sempre apareciam. O violonista beliscava uma farofa, mas volta e meia, generoso, pagava a conta para todos. E ainda oferecia a música! Se não tinha levado seu próprio violão, pegava o Di Giorgio vagabundo que estava pendurado na parede do restaurante, do qual tirava sons fabulosos.

— Mas eu pensava que ele tinha um violão especial para fazer aquele som. E agora ele está tocando desse jeito maravilhoso com essa porca-

Acompanhando Cléa de Oliveira numa das canjas no Chez Guy, em Paris: ali Baden Powell ficou tocando uma vez durante treze horas seguidas...

ria de instrumento! — pasmou-se uma amiga de Cléa presente numa dessas feijoadas.

Baden esquecia da vida, das horas, do mundo e de que estava no salão de um restaurante. Uma vez ele começou a tocar às duas da tarde e só largou o violão às três da manhã. O restaurante fechou, o pessoal da limpeza fez a faxina da sala, a garçonete refez as mesas, Guy preparou a comida, o restaurante reabriu para o serviço da noite, a clientela veio, jantou, foi embora e Baden não parou de tocar... O problema é que ele passou horas executando a mesma música. Mas ninguém reclamou.

Na temporada com Vinicius, a turma chegava tarde, depois de o restaurante fechar. Enquanto Cléa, na cozinha, providenciava uma comidinha caseira para os amigos, Vinicius e Baden, felizes de se reverem depois de tanto tempo, passavam a noite relembrando os velhos tempos.

— E essa aí, Badeco, você lembra? — E cantavam "essa aí".

— E essa outra, Vina, você ainda sabe? — Sabia... e cantavam "essa outra".

E de "essa aí" em "essa outra", acabaram despertando a veia criativa e compondo nova parceria. Vinicius de Moraes estava casando pela nona e última vez, com Gilda Mattoso, a assistente de Franco Fontana, promotor da turnê. Gilda estava vivendo em Paris, num minúsculo apartamento no XIe arrondissement, onde muitas dessas noitadas pós-show terminavam. Acomodados no chão, com almofadas à guisa de poltronas, Tom Jobim e Ana Lontra, Toquinho e sua esposa Mônica, Vinicius, Gilda, Miúcha, Baden e Sílvia faziam... música, é claro. Numa dessas reuniões, Baden Powell e Vinicius de Moraes compuseram "Deixa nº 2", título provisório de "Queixa", que seria gravada em 1979 por Elizeth Cardoso no LP *O Inverno de Meu Tempo*.

Terminada a temporada no Olympia, Tom Jobim, Vinicius, Miúcha e Toquinho seguiram para Londres. Mas o sucesso em Paris fora tal que Jean-Michel Boris pediu que fizessem mais um show. Este foi marcado para depois da apresentação na Inglaterra, mas, como não havia nenhuma data livre no Olympia, o show extra acabou sendo à meia-noite. O grupo voltou então para Paris e novamente chamou Baden ao palco. Terminada a temporada, Miúcha seguiu para Roma. Foi lá que Baden a procurou para convidá-la a fazer um disco com ele. Encantada com a ideia, Miúcha voltou a Paris e começou a estudar o repertório. Chegaram a ir para o estúdio escutar as bases que já estavam gravadas, mas Baden não estava bem, várias melodias não estavam prontas e os dois artistas não conseguiram se entender sobre o projeto, que desmoronou ali mesmo.

Canja e alegria no minúsculo apartamento de Gilda Mattoso em Paris: Gilda foi a nona, e última, esposa de Vinicius de Moraes.

Talvez não fosse o momento certo. Miúcha foi embora sem ter gravado. Baden deveria seguir para o sul da França, convidado para tocar na edição de 1978 do prestigioso festival de jazz de Juan-les-Pins, na Côte d'Azur. Infelizmente, apesar de continuar o jejum, Baden sofria agora dos efeitos de seu etilismo passado. Sua saúde causava-lhe muitos problemas, agravados pela inconsequência com que ele se tratava. Enfraquecido, debilitado, estava sem forças na hora de embarcar. Mas de modo algum queria perder tão bela oportunidade. Chamou então o médico e amigo Marcel Lascar:

— Marcel, você tem que vir comigo, preciso do meu médico.

Encantado com a perspectiva de ver de perto o que era a vida de turnê, Marcel embarcou com Baden e Sílvia: "No dia do show, Baden estava passando realmente mal. Parecia difícil ele subir no palco. Então eu lhe apliquei uma injeção de vitamina C que o eletrizou e ele pôde fazer o show. Não deu para acreditar como esse homem tocou. Nunca vi ninguém tocar tão bem. Na mesma noite, havia Gilberto Gil. O baiano ficou pasmo. Quando Baden acabou o show, Gil comentou, entusiasmado: 'Você ouviu? Ele tocou todos os ritmos. Tudo, ele toca tudo. Ele é o maior!'".

Com o novo amor vivendo em Paris, depois do show no Olympia, Vinicius tinha ficado na capital francesa. O poeta, Baden e respectivas esposas se viam muito, andavam juntos, frequentavam a casa uns dos outros.

Às parcerias musical e etílica, Baden e Vinicius acabavam de acrescentar outra: agora ambos sofriam de diabetes. Trocavam receitinhas, nomes de remédio, conselhos, endereços de médicos. Como Vinicius de Moraes começou a passar mal nesse meio tempo, Baden o apresentou ao doutor Lascar, que o internou no hospital da Salpêtrière, no XIIIe arrondissement. Mas a temporada começou a se prolongar demais e Vinicius, agoniado, queria voltar para o Brasil. Nem o médico, nem Gilda achavam que fosse o melhor momento para ele viajar. Baden sugeriu então uma façanha: solicitar a intervenção da única pessoa que Vinicius escutava, Mãe Menininha do Gantois. Conseguiram fazer com que ela ligasse para Vinicius e dissesse que ele não podia viajar. Era não contar com a esperteza do poeta. Quando foram visitá-lo no hospital, ele comentou assim, *en passant*:

— Sabe quem me ligou? Mãe Menininha.

— Ah é? — fingiram surpresa — E que foi que ela disse?

— Ela falou que eu estava ótimo e podia viajar quando quisesse...

E Vinicius regressou ao Brasil com Gilda.

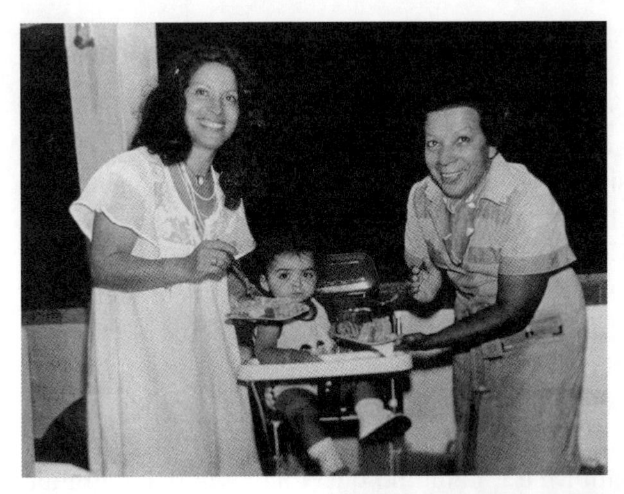

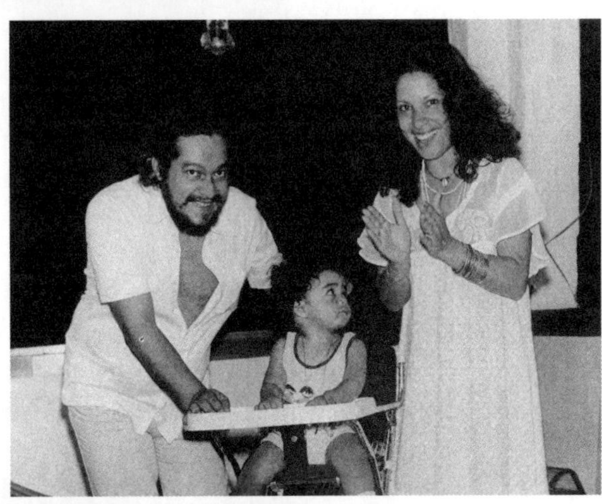

Presença das madrinhas
Clara Nunes e Elizeth
Cardoso e do padrinho
Paulo César Pinheiro
no aniversário de
Philippe Baden Powell.
Clara havia se casado com
Paulo César em 1975.

Poucos dias depois, Baden disse a Sílvia:

— Neném, vamos para o Rio batizar Philippe?

— Vamos.

— Mas temos que chegar lá ainda esse ano.

Por quê? Porque sim. Só deu tempo de comprar as passagens. No dia 29 de dezembro de 1978, Baden, Sílvia e Philippe desembarcaram no Galeão. O batizado foi no dia 2 de fevereiro de 1979, na Igreja da Ressurreição. Vinicius e Gilda assistiram à cerimônia. Mas quem segurou o menino na pia batismal foram Paulo César Pinheiro, Clara Nunes e, a madrinha de consagração, Elizeth Cardoso. A festa começou na sexta-feira à tarde e terminou na segunda de manhã, incrementando a mais fabulosa canja que se possa sonhar. Entre os muitos convidados que assistiam ao evento estavam Meira, Paulinho da Viola e seu pai, o grande chorão César Faria, Joel Nascimento e o jovem Raphael Rabello, que Baden conheceu nessa ocasião. Três gerações de violão, três gerações de cavaquinho na mesma festa. Os seis se juntaram numa sala do primeiro andar da casa de Itanhangá e tocaram durante oito horas seguidas. Um sonho! As cordas choraram o melhor da música brasileira.

Nem Baden nem Sílvia sabiam exatamente quanto tempo iam ficar no Brasil. O único projeto era batizar Philippe. A carreira agora era na Europa, e a residência principal do casal, em Paris. Portanto, vinham para "passar um tempo". Nas poucas entrevistas que concedia à imprensa brasileira (não eram mais numerosas as que dava noutros lugares: fosse qual fosse a sua evidência no momento, Baden nunca gostou de dar entrevistas), ele explicava que sua vida profissional se concentrava na Europa. Era lá que estava seu público, seu mercado, seu ganha-pão seguro. Reclamava do Brasil: queixava-se da falta de respeito pelos músicos, da falta de campo para trabalhar, salientando que na Europa podia haver dez shows em dez salas diferentes no mesmo dia, que as dez enchiam, enquanto no Brasil não havia condições de se organizar mais do que um show por noite numa cidade... Dizia que sua carreira na Europa superara a do Brasil, que era muito mais conhecido e reconhecido no velho continente do que no próprio país. Parecia um pouco magoado. Ora, mal pisava no chão brasileiro, chovia trabalho para ele. Nem a "música do desbunde", liderada pelos Novos Baianos e seguidores, nem a nova onda nordestina, com Alceu Valença, Geraldo Azevedo, Fagner, Belchior, Elba Ramalho e Zé Ramalho, que marcaram os anos 1970, nem grandes figuras como Chico Buarque, Caetano Veloso, Gilberto Gil e Milton Nascimento diminuíam o carinho e a admiração do público brasileiro pelo vio-

No grande quintal da casa de Itanhangá, alugada e depois comprada pelo músico quando regressou da Europa.

lonista. Foram surgindo propostas de show, contratos e novamente o sucesso. E não era assim tão fácil encontrá-lo. Baden, sem telefone em casa ("custa caro e dá muito trabalho"),[84] sem empresário, sem ninguém para representá-lo no Brasil, escondido em Itanhangá, curtia o descanso escutando os passarinhos — que lhe inspiravam harmonias para as composições — tocando violão, de bermuda e chinelo, brincando com seus cães, filas brasileiros... Não procurava trabalho — não viera ao Brasil para isso —, mas o trabalho o encontrou. Aí, foi ficando.

Em junho de 1979, participou de um show beneficente para as crianças da APAE no Parque do Anhembi, em São Paulo, ao lado de Francis e Olivia Hime, Nana, Dori e Danilo Caymmi, Edu Lobo, Simone. Havia nove anos que não se apresentava em São Paulo. Comovido com o carinho e o entusiasmo que os paulistas lhe demonstraram nessa ocasião, resolveu montar um show inteiro. Mas antes tinha um compromisso no Teatro Clara Nunes, no Rio de Janeiro, em julho. Foi uma temporada triunfal, com casa lotada todas as noites, tendo que acrescentar uma segunda sessão aos sábados e domingos. E no mês seguinte, de volta a São Paulo, estreou no Procópio Ferreira, na famosa rua Augusta, com o show *Encontro com Baden Powell*. A temporada de quinze dias, documentada pela imprensa paulista como "apoteótica", rendeu um disco ao vivo, gravado nos dias 18 e 19 de agosto, e lançado pela Atlantic, o selo jazz da Warner. E trouxe novos contratos, de modo que o violonista acabou ficando seis meses na capital paulista, num apartamento mobiliado que alugou para a família, em Pinheiros.

Em novembro de 1979, Varre-e-Sai, berço da família Aquino, celebrou seu centenário. O mais famoso filho da cidade não poderia desdenhar de tão importante evento e participou, com a família e o violão, dos festejos. Depois, regressou a São Paulo, onde estava cheio de compromissos. Acabava de assinar um contrato com a Warner no Brasil. O primeiro LP do artista para a nova gravadora foi *Nosso Baden*, gravado entre os meses de dezembro de 1979 e maio de 1980, e produzido por Sérgio Cabral, a convite da Warner.

"Aí é que eu vi que era uma coisa difícil dirigir o Baden. Porque sem chegar a ter um ouvido privilegiado, eu sei quando as pessoas erram, se estão desafinadas, sei quando o som não está bom. Mas o Baden tocava e quando ele acabava uma música, eu, completamente deslumbrado, gritava para ele:

[84] É o que declarava em entrevista à *Manchete*, em abril de 1979.

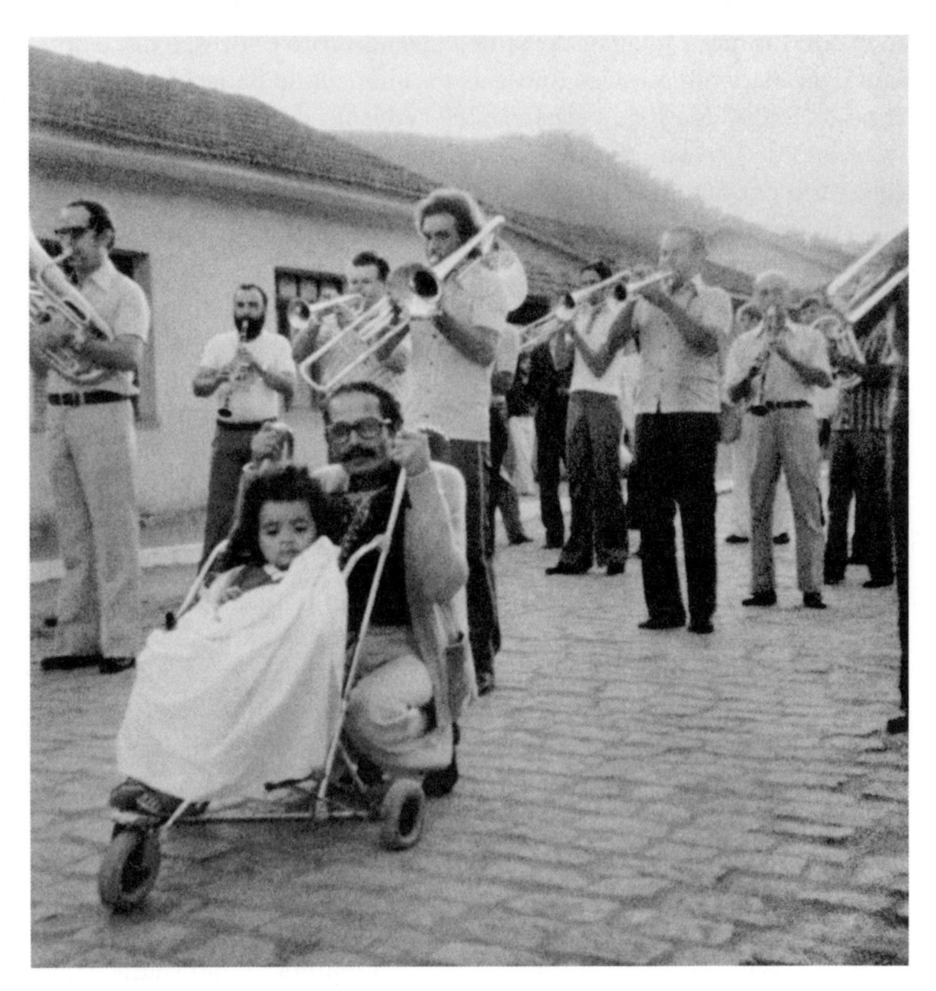

No centenário de sua cidade natal, Varre-e-Sai, Baden foi o herói da festa.

— Baden, está uma maravilha.

— Maravilha não, está um merda. Vou tocar de novo.

E tocava quantas vezes achasse necessário, cada vez melhor. Eu não conhecia o limite dele. Eu não sabia se ele tinha limite."

Quando estava sóbrio — e Baden continuava absolutamente sóbrio — sua atitude profissional era muito mais rigorosa, e sua exigência, muito maior. Com os Originais do Samba fazendo coro e vozes, o disco apresenta várias reminiscências musicais da infância de Baden nas rodas de choro: "Jongo" de João Pernambuco, "Abismo de Rosas" de Canhoto, "Odeon" de Ernesto Nazareth, "Ingênuo" de Pixinguinha, na qual, incentivado por Sérgio Cabral, Baden se arriscou a colocar uma letra.

Terminada a gravação, Baden começou a preparar o show, com título homônimo ao disco, que ia apresentar no Teatro Clara Nunes, nos meses de julho e agosto de 1980. Dirigido por Sérgio Cabral e cercado pelos já velhos cúmplices Alfredo Bessa e Hélio Schiavo, além de Ovídio Moreira Filho na cuíca e Saulo Bezerra de Melo no baixo, Baden novamente lotou a casa e arrebatou o público com um show considerado pela crítica "um dos melhores programas musicais da cidade".[85] Com duas partes e muito bis no final, o show incluía um repertório no qual predominavam parcerias com Paulo César Pinheiro, dentre as quais a inédita "Canção das Flores", que o compositor fizera para seu filho Philippe e que, claro, figura no disco *Nosso Baden*.

Nessa época, Vinicius de Moraes já estava bem adoentado. Baden, muito presente, ia visitá-lo sempre que as apresentações permitiam. Levava comidinhas para o amigo tão querido, dava muito apoio a Gilda. Pouco antes da estreia, Vinicius chamou Baden para ir a sua casa. Recebeu-o em sua célebre banheira. Queria conversar com o amigo: "Ele me disse que na véspera tinha conversado com Deus. É, ele me disse que tinha visto Deus e discutido com ele seriamente. Tinha perguntado por que ele tinha que morrer agora". Vinicius não disse a Baden se Deus tinha respondido à pergunta, porém, alguns dias mais tarde, em 9 de julho de 1980, ele faleceu. Baden já tinha estreado a temporada no Clara Nunes e o triste acontecimento levou o violonista a modificar o roteiro de seu show. Fazendo da segunda parte uma homenagem emocionante (e emocionada) ao parceiro, "que era muito mais que um pai para mim",[86] Baden apresentou um repertório de músicas da dupla, além de "Feitinha

[85] Diana Aragão, *Jornal do Brasil*, 10/08/1980.

[86] Idem.

pro Poeta", parceria com Lula Freire. Profundamente chocado pela perda daquele que transformou sua vida, nem por isso Baden compareceu ao cemitério ou deu declarações à imprensa. A morte nunca foi assunto de conversa para ele. Traduziu sua dor para a música, sua língua materna, e num disco, *De Baden para Vinicius*, gravado ao vivo durante o show *Nosso Baden*, que registra justamente a parte dedicada ao poeta. Também produzido por Sérgio Cabral, só foi lançado em 1981, pois a Warner estava com o LP *Nosso Baden* saindo do forno, pronto para ser lançado quando a temporada do show terminasse.

O mercado da música entrava então na era do marketing, que incrementou, a partir da década de 1980, uma verdadeira avalanche de "presentinhos", "brindes" e toda sorte de ideias comerciais, com o intuito de vender mais... como se já não fosse pela música que as pessoas comprassem um disco. Quem adquiriu o LP *Nosso Baden* ganhou um compacto com "A Estrela e a Cruz", música de Baden Powell e letra de quem quisesse fazer... pois a ideia "genial e comercial" da história era, como estava escrito na capa do compacto: "Você quer ser parceiro de Baden Powell? Este LP é acompanhado de um disco compacto com a gravação de uma melodia de Baden Powell, denominada 'A Estrela e a Cruz'. Você poderá colocar sua própria letra na melodia e enviá-la [...] para a WEA Discos Ltda." etc. Resumindo, quem escrevesse a melhor letra se tornaria parceiro do grande compositor e a música seria gravada por Zezé Motta. Tudo indica que ninguém conseguiu superar com "a melhor letra" aquela que Billy Blanco já fizera na década de 1950. O lance da Warner não teve desfecho.[87]

Vinte meses haviam passado desde que Baden e Sílvia tinham chegado da França para passar "alguns dias" no Rio. Apesar da alegria de estar de volta em casa, Baden sentia que algo tinha mudado no Brasil. O ambiente musical não era o mesmo. "Os músicos já não se encontram", lamentava o compositor nas entrevistas. Filho da boemia, das farras, das serenatas, das músicas que nascem na toalha de papel da mesa de um bar da esquina, das canjas que varam a noite, dos pileques que terminam na cama de não se sabe quem, Baden não reconhecia mais o Rio, não se sentia mais à vontade no próprio país. A morte de Vinicius criara um imenso vazio no coração do violonista, que se sentia meio perdido sem a presença paternal, sem a cúmplice amizade do velho guerreiro. A parceria

[87] Na verdade, Baden não estava muito satisfeito com a letra de Billy Blanco, e procurava outra para sua composição.

NOSSO

BADEN

Você quer ser parceiro de Baden Powell?

Este Lp é acompanhado de um disco compacto com a gravação de uma melodia de Baden Powell, denominada 'A ESTRELA E A CRUZ'. Você poderá colocar sua própria letra na melodia e enviá-la, acompanhada da Ficha de Inscrição que se encontra no verso deste compacto, para WEA Discos Ltda. — Rua Itaipava, 44, Jardim Botânico, Rio de Janeiro, CEP n.º 22461, em nome de Sergio Cabral até o dia 31 de dezembro de 1980.
A música será gravada com a melhor letra no próximo disco de Zezé Motta.
Algumas palavras e a idéia para a letra são sugeridas pelo autor na própria gravação, e você poderá segui-las ou não. Você verificará que a melodia é cantarolada duas vezes, justificando a idéia de Baden Powell: a 'ESTRELA' é uma parte e a 'CRUZ' é a outra, exigindo-se, portanto, uma letra para cada parte.
O compacto não poderá ser vendido separadamente.

Um brinde para o público: a chance de tornar-se um parceiro de Baden Powell... mas a coisa não pegou.

com Paulo César Pinheiro estava interrompida. A amizade tinha seus altos e baixos: "Eu não sei por que, de repente Baden estava brigado comigo. Da mesma forma, dali a pouco acabava a briga na cabeça dele, mas eu não estava sabendo. E eu não entendia nada", lembra Paulo César. Baden estava meio desconectado da música brasileira. Não acompanhara sua evolução durante cinco anos e agora se sentia por fora de tudo o que estava acontecendo. Apesar do indubitável sucesso que fazia no Brasil, pelo menos no Rio de Janeiro e em São Paulo, bateu-lhe no coração uma saudade da "pátria do exílio".

Em setembro de 1980, Baden regressou a Paris com a mulher e o filho. Não tinha nenhum compromisso especial na Europa, apenas "fugia da violência do Rio", segundo noticiava a imprensa nacional. Ao saber que Baden Powell estava em Paris, Jean-François Millier, o mesmo que organizara a turnê com Nougaro em 1975, o procurou. Acabava de ser contratado para dirigir o Palais des Glaces, um grande *music hall* parisiense que tinha entrado em decadência, chegando a fechar, e que seus donos queriam relançar. Para fazer a reabertura, Jean-François Millier pensou em Baden Powell. Era, de certa forma, um presente de grego, porque o show seria na última semana de dezembro, em pleno período de festas de fim de ano, quando as casas de show dificilmente enchem. Mas Baden ocupa um lugar privilegiado no coração dos franceses, inclusive dos jornalistas. No início de dezembro começaram a chover matérias na imprensa anunciando a presença do violonista brasileiro na cidade para uma temporada no Palais des Glaces, do dia 22 de dezembro a 4 de janeiro. Feliz da vida, Baden concedeu até entrevistas. Encontrava com os jornalistas no querido bar do Bellman, e não faltou jornal para anunciar a temporada do "grande violonista Baden Powell, oriundo das favelas brasileiras",[88] porque mesmo na França, clichê do tipo "músico brasileiro = favelado" gruda mais que carrapato... Também houve quem soubesse descrever o artista com palavras mais apropriadas e inteligentes: "Feições de intelectual, com óculos de armação preta, cabelos pretos, espesso bigode preto, Baden Powell exala uma concentração extraordinária e o sorriso que o ilumina imperceptivelmente quando ele toca é todo interior, meditativo, distanciado... Baden Powell é uma espécie de monumento da música brasileira".[89] Nessa ocasião, Baden Powell deveria lançar seu último disco, *Simplesmente* (como se chamaria na França o LP *Nosso Ba-*

[88] *L'Humanité*, jornal do Partido Comunista Francês, 29/12/1980.

[89] *Le Monde*, 06/01/1981.

den), mas o distribuidor francês, não tendo recebido em tempo as cópias do Brasil, só pode fornecer uma fita cassete à imprensa.

No final de janeiro de 1981, Baden seguiu para a Itália, para uma pequena turnê. Em Milão, encheu por duas noites seguidas os 2.500 lugares do Teatro Nazionale. Em Roma, sozinho no palco, lotou o Teatro Sistina. E, mais uma vez, o público eletrizado delirou com o artista, que pela primeira vez se apresentava cantando para o público italiano. O charme e o virtuosismo de Baden conseguiram abalar até o crítico do *Corriere della Sera*, Maso Biggero, que não lhe poupou elogios, coisa rara em suas matérias.

Em Paris, Baden e Sílvia tinham alugado um apartamento na rue de Lévis, nº 38, a dois quarteirões da rue de Tocqueville onde viviam antes: "Era um apartamento grande, confortável, cheio de camas. Não sei por que, a dona tinha mania de cama. Na sala, em vez de sofá, havia uma cama. O prédio era novo, mas não tinha elevador, e a gente morava no terceiro andar. Mas a rua era muito engraçada. Em frente ao nosso prédio havia uma moça que vendia frutas, e eu ficava com preguiça de descer para fazer as compras. Passava a encomenda pela janela e ela colocava as frutas num elevador improvisado. Todos os comerciantes da rua nos conheciam: o açougueiro, o padeiro... Quando eu ia fazer compras com Philippe, o salsicheiro o chamava para dar uma fatia de presunto. Se a gente precisava sair, sempre havia quem tomasse conta de Philippe. Eu adorava aquela rua. Era muito alegre e familiar".

O problema é que o telefone fora cortado, o que era muito incômodo para o artista e sua esposa-empresária. Monsieur Jean, constrangido com a situação, propôs resolver a questão. Solicitou a intervenção de um amigo que trabalhava no PetT[90] e poucos dias depois teve a explicação: havia uma conta a pagar de 52 mil francos.[91] Muitas chamadas para o Brasil, onde a filha de Sílvia e Jorge Arena estava vivendo com a avó... A linha estava no nome do dono do apartamento e Sílvia jurou que pagara a conta do telefone diretamente a ele. Ele jurou que Sílvia não tinha pago... mas monsieur e madame Baden conseguiram enfim uma linha de telefone, apesar de monsieur Jean ter levado uma bronca do amigo influente do PetT: "A próxima vez que você tiver amigos precisando de telefone, dispense minha ajuda, por favor, porque com essa história eu me dei mal com o Ministro das Comunicações, viu?". Mas monsieur Jean

[90] Poste et Télécommunications (Correio e Telecomunicações).

[91] Na época, o equivalente a 5.200 dólares.

PALAIS DES GLACES

J-F MILLIER présente

A PARTIR DU 22 DECEMBRE

BADEN-POWELL

SOIREE : 20H30 - DIMANCHE 17 HEURES

LOCATION : 3 FNAC ET PALAIS DES GLACES - 607 49 93

37, rue du Faubourg du Temple - 75010 PARIS

Os shows no Palais des Glaces, em Paris: sucesso de crítica e público.

tinha pelo casal carinho e indulgência de sobra: "Eles eram muito originais. Mas é coisa de artista, não é?". Volta e meia, Baden Powell pegava a família e ia passar uns tempos no Hilton de Orly... um hotel luxuoso num lugar sinistro. Baden se trancava no quarto e não saía mais de lá. Sílvia ficava sem ter o que fazer. Então mandava chamar o motorista para que a levasse a... Paris. Coisa de artista, não é? Dali a pouco voltavam para casa.

Em maio de 1981, Baden se apresentou novamente no Palais des Glaces em Paris, dessa vez com dois percussionistas, o malinês Sam Kelly, que o acompanhava desde 1978, e o brasileiro Wilson Vasconcelos. E com um disco para promover: *Simplesmente* até que enfim havia chegado às mãos da distribuidora francesa, a Melody. Encorajado com o sucesso do violonista, Jean-François Millier organizou uma temporada de cinco semanas: "E foi o mesmo sucesso. O Palais des Glaces era uma sala de setecentos lugares e, durante cinco semanas, ela lotou. Eu tinha impressão de que Baden poderia ficar lá, eternamente, com a casa sempre cheia", disse Millier. Maravilhada mais uma vez, a imprensa francesa elogiou o artista que conseguira se apresentar durante cinco semanas no Palais des Glaces deixando a metade do público... na calçada, e os críticos musicais sem adjetivos para qualificá-lo: "Seus recitais suscitam um verdadeiro e inesquecível entusiasmo do público e a prodigiosa sensibilidade deste artista, assim como sua fabulosa técnica, literalmente transforma os fãs da música brasileira".[92]

Infelizmente, esse mar de rosas escondia uma tempestade nos bastidores da vida do violonista. Após três anos de abstinência, ele voltara a beber no final da temporada no Palais des Glaces. Por quê? Nem ele sabe dizer. Talvez o choque da morte do querido Vina? Na embriaguez, começava sentindo-se eufórico. Chamava Sílvia para sair, iam para lá, iam para acolá, se divertiam muito. Passados alguns dias, entrava numa fase de agressividade, ficava violento. Aí todo mundo tirava o time de campo, porque tudo podia acontecer: pancada, ou até, como aconteceu um dia, uma bicicleta lançada pela janela do terceiro andar... A editora musical dele, Marie-Claude Lagarde, estava chegando à porta do prédio, quando viu aterrissar, ou melhor, se espatifar, a adorada bicicleta de Baden na calçada da rua... Subiu correndo, preocupada com o que iria encontrar, e encontrou exatamente o que receava: o artista ébrio. Não gostou nada

[92] Jean Désaleux, *Artistes et Variété*, setembro/outubro de 1982.

do cenário, pois tinha ido a trabalho, para discutir o repertório do próximo show. Ela então reclamou do estado em que ele se encontrava:

— Olha, Baden, eu vim aqui para a gente conversar, mas pelo visto você não está em condições. Eu vou embora, se vire sozinho.

Baden olhou para ela, sentou, pegou o violão e deu um banho, deixando a editora completamente pasma: "Eu não sei como ele conseguia aquilo. Era uma coisa impressionante, porque parecia que ele nem sequer poderia ficar sentado, e de repente lá estava ele tocando maravilhas no violão... Não dava para entender". Quando passava a fase de agressividade e de bicicletas voando, Baden entrava em depressão. Trancava-se então no apartamento e na solidão que se apoderava dele. Deitava, botava um disco. Sempre o mesmo, podia ficar dias e dias escutando a mesma música. Uma vez era Quincy Jones, outra era Bach, Paganini, Barbra Streisand... Um negócio obsessivo. E não havia horário. Às quatro da manhã ele estava ouvindo música num volume altíssimo. O que o salvava era que no prédio a maioria dos apartamentos era de escritórios. Mesmo assim, havia queixas da vizinhança, a polícia vinha... E quando estavam mais ou menos resolvidos os problemas domésticos, começavam os profissionais:

— Não vou fazer esse show, não.

— Como não vai fazer esse show?

— Não vou.

E não ia. Sílvia tinha que inventar algum pretexto para justificar por que ele não faria o show. E depois vinham as multas... que ela se recusava a pagar. Baden acabava não ganhando dinheiro e os empresários iam perdendo. Como a única intermediadora nas negociações era Sílvia, as brigas eram sempre com ela, que acabava sendo o alvo de todas as críticas. De modo que não parava empresário na vida de Baden. Enquanto ele não bebia, tudo corria bem, mas se voltasse a beber, o empresário saía correndo para não perder mais dinheiro com um artista que a qualquer momento podia se recusar a fazer o show para o qual fora contratado. Desde a volta a Paris, a colaboração com Jean-Pierre Brun acabara. Agora quem estava organizando as turnês de Baden era Pascal Laire, que lhe fora apresentado por um casal de amigos, assessores de imprensa da Musidisc. Tanto Baden como Sílvia o achavam meio malandro nas questões de dinheiro, mas adoravam seus modos educados, seu visual impecável e seu humor. Divertiam-se muito nas turnês com Pascal e também brigavam muito... até que se separaram em 1982. Mas, enquanto durou a colaboração, ele organizou boas turnês para Baden e procurou atender sempre que possível ao desejo de Sílvia de hospedar-se nos hotéis do Relais & Châteaux para curtir a gastronomia francesa.[93]

No verão de 1981, Baden fez uma turnê no sul da França, durante a qual Sílvia, que o acompanhava com Philippe, engravidou pela segunda vez. E Baden enlouqueceu de alegria pela segunda vez também. E foi tudo igualzinho à primeira vez, inclusive na ameaça de perder o bebê nas primeiras semanas de gravidez. Sílvia teve que ficar um mês em Grasse, no litoral mediterrâneo, porque não podia viajar. Quando a gravidez ficou mais adiantada, a novela do nome recomeçou, tal como havia ocorrido com Philippe. O casal, que continuava com Sílvia Baden na cabeça para uma eventual menina, para um menino escolheu Marcel (homenagem ao amigo médico Marcel Lascar). Enquanto Sílvia meditava sobre os nomes, Baden fazia suas turnês sozinho. Desde que brigara com Claus Schreiner, em 1976, Baden Powell não se apresentava mais na Alemanha por falta de empresário. Até que foi contatado por Gaby Kleinschmidt, produtora de shows de grandes jazzistas do quilate de Dollar Brand e Max Roach, e ela propôs integrá-lo nas turnês que montava para seus artistas. Em novembro de 1981, após cinco anos de ausência, Baden partiu para uma série de apresentações em diversas cidades alemãs. Novamente sem beber, foi profissionalíssimo, mandou brasa e satisfez amplamente a empresária alemã, que prometeu organizar uma temporada para o ano seguinte. Mas, naquele momento, Baden tinha uma turnê de seis semanas pela França e Bélgica. Com alguns meses de gravidez, Sílvia já estava melhor e pôde acompanhá-lo.

Conduzidos, com a maior delicadeza, por monsieur Jean na sua confortável limusine, eles foram primeiro para Bruxelas. Depois, percorreram a França de cabo a rabo, e em todas as direções. "Eu me lembro de que uma vez ele tinha três shows seguidos, o primeiro em Toulouse, no sul da França, o segundo em Rennes, no oeste, e o terceiro em Strasbourg, no leste. Então nós saímos de Toulouse de manhã cedo, chegamos em Rennes às cinco da tarde. Eu deixei Sílvia no hotel com Philippe e a babá, desta vez havia uma, e levei monsieur Baden para o Teatro. Ele gostava de ir logo ver a sala onde ia tocar, ficava no camarim fazendo os exercícios, se concentrando. A alimentação dele era presunto e leite, servidos no camarim mesmo", lembra o motorista. A turnê terminou no dia 27 de março. No dia 28 estavam em casa. No dia 29, Baden sugeriu que

[93] Relais & Châteaux é uma cadeia de hotéis tradicionais e luxuosos, conhecidos pela excelência de seus restaurantes.

Sílvia e seu jeito malandro que tanto agradava Baden:
o casal e o compadre Billy Blanco.

Louis Marcel com a avó materna,
dona Célia.

fossem comprar o enxoval para o bebê que estava para chegar. Ele já tinha visto os móveis que queria para o quarto, tudo branco... No dia seguinte, 30 de março de 1982, Marcel nasceu na mesma clínica que o irmão mais velho, também por cesariana. Mais uma vez, flores, telegramas e parabéns do mundo inteiro. Já habituado, monsieur Jean assessorou o patrão no registro do nascimento de Marcel Powell de Aquino. Baden, exultante, ligou para Billy Blanco para dar a notícia e pedir que ele fosse a Paris batizar a criança.

— Mas Baden, cadê o dinheiro? A passagem custa caro, e eu não posso.

Então ficou combinado que o batizado seria na ocasião da próxima ida ao Brasil.

No mesmo ano em que nasceu Marcel, morreu em Petrópolis, onde morava com sua filha Irene, a avó de Baden, Nicolina, às vésperas de completar cem anos.

Por enquanto, Baden tinha mais uma turnê. E com apenas vinte dias de idade, Marcel partiu para sua primeira excursão. Era um desses anos em que, apesar da data, a primavera esquecera de vir. Cobras e lagartos caíam do céu nublado, a temperatura baixa, o tempo úmido... a limusine de monsieur Jean, no papel de chofer e babá, rumou com Baden e família para a Alemanha. Meinhem, Stuttgart, Munique... O motorista, boquiaberto, assistia em cada cidade ao triunfo do patrão: "Para mim, que até conhecê-lo, de Baden Powell só sabia do escoteiro, era impressionante ver o sucesso que ele fazia, como era conhecido e querido onde quer que ele tocasse. E o público era muito jovem". Para se ter uma ideia do que Baden Powell representava, ele era o único músico brasileiro na época que era apresentado simplesmente pelo nome, sem que se acrescentasse nos cartazes ou na imprensa o rótulo "músico brasileiro".

De Munique, a turnê prosseguia para Berlim. Gaby Kleinschmidt avisou que o motorista já não seria mais necessário, pois agora viajariam de avião.

— De jeito nenhum, nós vamos de carro para Berlim — insistiram Baden e Sílvia.

— Então a gente se encontra lá amanhã.

No dia seguinte, Baden, Sílvia e as crianças embarcaram na limusine para uma viagem que se revelou extremamente conturbada. Até chegarem à entrada de Berlim, tudo correu bem. No caminho pararam, na já muito ecológica Alemanha, para almoçar num restaurante de beira de estrada. Sentaram na única mesa livre, nos fundos da sala. Baden puxou o maço de cigarros, Craven A, e começou a fumar enquanto aguardavam os cardápios. Em vez de cardápio, o garçom veio avisar que a mesa estava reservada e que era proibido fumar. Baden não respondeu, não reagiu, simplesmente olhou para ele com aquele olhar assassino que ele sabia ter quando se irritava. Um olhar que aterrorizava até os cachorros na casa de Itanhangá, e que teve o mesmo efeito sobre o garçom: a família e o motorista almoçaram na mesa reservada fumando tudo o que queriam, absolutamente indiferentes às regras do local. No final da tarde, chegaram à fronteira entre a RFA e a RDA.[94] Entraram na fila de carros que aguardavam, sob o olhar inquisidor de soldados armados, com metralhadoras apontadas para os passageiros, sua vez de apresentar os passaportes. Entregaram os documentos ao policial, que os analisou com minúcia, olhou para os passageiros, contou os passaportes, contou os passageiros, examinou novamente os passaportes, e declarou com tom seco:

— Tem uma pessoa a mais.

A "pessoa a mais" era Marcel, que nem Sílvia nem Baden tinham lembrado de inscrever em seu passaporte. E aí começou a confusão. A polícia queria confiscar o carro, ordenou que todos saíssem da limusine. Sílvia, muito senhora de si, fez um escândalo e se recusou a sair do carro. Monsieur Jean achou que ia acabar seus dias em algum gulag siberiano. Porém, corajosos (ou totalmente inconscientes?), Baden e Sílvia não abriram mão e acabaram vencendo a burocracia da fronteira. A polícia devolveu os passaportes e eles atravessaram. Com o atraso que o incidente provocara, tiveram que acelerar para chegar a tempo ao teatro, pois o recital de Baden era à noite. E não viram o cartaz indicando Berlim Ocidental, para onde deviam ir. Quando se tocaram, estavam perdidos no *imbroglio* de Berlim Oriental, do outro lado do muro mais difícil de atravessar de toda a história da humanidade. E, claro, ninguém no carro falava alemão. Ficaram zanzando, perdidos na cidade. "E o problema é que monsieur Baden precisava fazer xixi a toda hora e eu não podia estacionar o carro porque a polícia não deixava. Era proibido. Aí, mal eu parava o carro, já surgiam guardas de tudo quanto é canto, com metralhadoras, ordenando que saíssemos." E não encontravam o caminho para ir a Berlim Ocidental, até que um chofer de táxi piedoso os guiou até o famoso muro que os separava de seu destino. E lá, novamente, a novela da

[94] Ainda havia as duas Alemanhas: a República Federal Alemã e a República Democrática Alemã. Berlim ficava na RDA, dividida em dois setores separados pelo famoso muro: Berlim Ocidental, da RFA capitalista, e Berlim Oriental, da RDA socialista.

"pessoa a mais" no carro. Passavam as horas e os passaportes não voltavam... Evidentemente, era impossível telefonar para o teatro para avisar. Mas monsieur e madame Baden não perdiam a postura. Muito calmos, acomodados no banco do fundo da limusine, esperavam o desfecho da história. E mais uma vez conseguiram domar os rigorosos meandros da lei e passaram o muro. Finalmente, em contato com um telefone, avisaram Gaby de que iam chegar atrasados, mas quando chegaram já eram onze horas da noite e os organizadores já tinham reembolsado os espectadores, que já tinham ido embora... Quando a empresária avisou que agora a turnê prosseguiria de avião, ninguém protestou. Monsieur Jean regressou sozinho para Paris.

Apesar das rocambolescas (ou apenas badenianas?) aventuras, a turnê mais uma vez confirmou a fama de Baden Powell na Alemanha, onde o violonista teve o orgulho de constatar que na maior loja de discos de Colônia, a Saturnos, ao contrário dos outros músicos que estavam classificados pelo tipo de música, ele o era pelo seu nome.[95] Além da admiração que tinham pelo violonista propriamente dito, o público alemão estava descobrindo a música brasileira de maneira mais aprofundada. Havia muito que ali se abriram casas de show para a música brasileira, mas com particular preferência pelos músicos que consideravam mais ligados ao jazz, como Hermeto Paschoal, Egberto Gismonti, Airto Moreira, Flora Purim, Tânia Maria e o próprio Baden Powell...

A partir da década de 1980, talvez como contraponto à prepotência musical e econômica do rock, o público europeu passou a se interessar também por aquilo que a imprensa chamou de *world music*, e que designava tudo que não era nem rock, nem música nacional. Assim, a música de qualquer país (exceto os EUA e a Grã-Bretanha) se tornou a *world music* do país vizinho. Ainda que muitos países tenham se sentido marginalizados e até humilhados pelo rótulo, que soava um pouco como "música do Terceiro Mundo", ela acabou tendo dois grandes méritos. O primeiro foi implantar, desenvolver, expandir e popularizar pelo mundo músicas até então pouco conhecidas do grande público, como a africana, a árabe, a latino-americana, a cigana etc. O segundo foi dar a essas músicas todas o seu devido *status* de música, e não mais de alento ideológico para os militantes de esquerda, como aconteceu nos anos 1970. Naquela década, a América Latina e suas ditaduras militares despejaram no solo do Velho Mundo milhares de exilados e suscitaram milhares de ati-

[95] Não só em Colônia: o mesmo acontecia nas lojas de discos na França.

Baden num momento de inspiração, compondo.

tudes solidárias. Uma delas era pagar um ingresso para aplaudir, com o maior entusiasmo e sem a mínima responsabilidade musical, qualquer exilado que se decretasse músico. E na década de 1970, baseando-se na equação "brasileiro = músico", não faltou quem improvisasse o papel de "sambista da pesada", com um violão desafinado e um pandeiro furado, no mercado francês.

Nos anos 1980, a percepção que os europeus passaram a ter da música latino-americana em geral, e brasileira em particular, se modificou. A apreciação já não era baseada no regime político do país de origem do músico, mas na qualidade intrínseca de seu trabalho. Essa consciência de que o Brasil podia fazer outra coisa além de batucada para rebolar ou música de protesto, ou, em outros termos, que o Brasil não se reduzia a Carnaval e favela, foi, entre outras coisas, ao longo dos anos, semeada por Baden Powell. Ele era o brasileiro mais atípico que se possa imaginar, o brasileiro sem mulata, sem decote, sem paetês, sem coxas morenas, sem confetes e serpentina, sem batucada, sem alegria, sem risos. Um brasileiro que não era nem favelado, nem flagelado, nem exilado político. Magrela, com óculos que o faziam parecer uma coruja, cara fechada, quase carrancudo, calado, sentado num banquinho, viajando com seu violão pelo samba e pelo choro, por Bach e pelo jazz. Um brasileiro tocando da maneira mais despojada e interiorizada. E, apesar disso tudo, um brasileiro profunda e inegavelmente brasileiro. E ao mesmo tempo universal. Por isso, nos seus vinte, trinta anos de Europa, Baden Powell deu a dimensão da autenticidade da música brasileira. Por isso ele foi chamado "doutor em música" pela imprensa alemã. Por isso também, em 1983, seria homenageado, na Alemanha, por um grupo de aficionados pelo Brasil, que fundou a Escola de Samba Baden Powell.

Na década de 1980, a música brasileira na Europa estava colhendo os frutos das sementes plantadas desde 1963 por Baden Powell. Em duas décadas, ele tinha preparado a cama para todas as músicas do Brasil, todas as inovações, no Velho Mundo. No final de 1982, Baden estava com nova turnê europeia, organizada por Gaby Kleinschmidt. Apresentou-se na Suíça, na Áustria e na Alemanha, onde gravou *Felicidades*,[96] um disco ao vivo cujo repertório reúne alguns clássicos da música brasileira ("Na Baixa do Sapateiro", "A Felicidade", "Samba do Avião", "Só Danço Samba"), além de "Cai Dentro", parceria recente com Paulo César

[96] O LP foi reeditado em CD em 1987, pela Globo Records da França, e uma segunda vez pela Movieplay do Brasil, em 1997, já com o nome *Live in Hamburg*.

Pinheiro, e improvisos em torno de temas tradicionais nordestinos como "Asa Branca" em "Variações Brasileiras" ou "Cântico Nordestino". A temporada se encerrou em Roma, onde o violonista fora convidado para dar um recital no sínodo dos bispos. Vários nomes tinham sido sugeridos para esse recital, e o de Baden foi o escolhido para tocar na igreja de Santa Maria Maggiore, no Vaticano.

Nessa viagem, Sílvia não o acompanhou. Na volta, Baden Powell passou por uma cidadezinha alemã que o encantava: Baden-Baden. Com um nome desses, só podia!

8.
ALEMANHA

Não foi bem por acaso que ele foi parar lá. Havia mais de um ano que Baden Powell pensava em ir morar na Alemanha: "Sendo filiado à sociedade de direitos autorais alemã, a GEMA, eu achava mais prático administrar a questão dos meus direitos se residisse na Alemanha". Não era só por questões de direitos autorais que Baden queria sair da França. Havia o problema dos impostos. Descobrira que na Alemanha o imposto de renda era muito menos elevado do que na França, onde a metade do que ganhava ia (ou teria que ir) para o fisco, o que lhe parecia uma imensa injustiça. Em termos fiscais era, portanto, mais interessante para ele viver na Alemanha. Mas tampouco era só isso. Baden sempre acreditou nas profecias de Nostradamus, e se impressionara com uma delas, que anunciava uma grande catástrofe na França no início da década de 1980. Àquela altura da história da França, ele achava que a chegada do socialismo ao poder, com a eleição de François Mitterrand para presidente em 1981, e ainda a ascensão do xenófobo Front National, poderiam ser os catalisadores da tal catástrofe. Ambos os fenômenos pareciam-lhe ameaçadores e o deixavam inquieto. O fato era que Baden Powell sentia muito medo pelos filhos: receava uma guerra, violência, agressões. Além disso, a carreira dele na França andava meio devagar. E na verdade, talvez graças ao empenho de Gaby Kleinschmidt, o seu melhor mercado de trabalho estava na Alemanha. Essa conjunção de fatos fez com que lhe parecesse mais prático viver lá.

Quanto à escolha de Baden-Baden, é muito provável que tenha sido por pura graça. Havia muito que ele conhecia esta estação de águas na Floresta Negra, onde ele tinha feito vários shows desde os anos 1960. Numa recente passagem por lá com Gaby, tinham brincado com o nome da cidade: "Essa cidade aí é para mim!". Conhecida desde a Antiguidade por suas águas alcalinas, Baden-Baden teve seu período áureo em meados do século XIX, quando a nobreza, os políticos e as celebridades de todos os tipos iam fazer lá seus tratamentos de saúde.[97] Contudo, em 1983,

[97] Baden-Baden significa algo como "Banho-Banho" em alemão.

com 40 mil habitantes e apesar de sua beleza, Baden-Baden não passava de uma cidadezinha perdida e meio morta, cuja única distração era um cassino. Mas talvez fosse exatamente isso que atraía Baden Powell, além do irresistível trocadilho: um lugar afastado de tudo, do turbilhão da vida parisiense, das tentações, da agitação e da insegurança própria às grandes cidades; um lugar tranquilo, onde se sentiria protegido e no qual poderia se reestruturar, reorganizar sua vida.

De volta da Itália, Baden Powell passou por Baden-Baden para procurar uma casa. Com a ajuda da empresária Gaby, encontrou uma mansão maravilhosa, com jardim para as crianças, em Ebersteinburg, o bairro mais chique da cidade, uma espécie de Beverly Hills local. Como ele não podia comprovar um trabalho regular na Alemanha, a casa foi alugada em nome de Gaby, que pagava o aluguel e deduzia o dinheiro dos cachês de Baden. Sílvia, em Paris, preparou a mudança com ajuda de monsieur Jean, e Bodo, irmão de Gaby, foi buscá-la em seu caminhão. Na hora de atravessar a fronteira, o caminhão foi barrado: a documentação para entrar na Alemanha não estava em ordem. Sílvia, ao mesmo tempo obstinada e impertinente, sabia que com paciência as coisas acabariam se resolvendo: "Esperei, porque não falar a língua do país tem suas vantagens. Cansa! Eles se cansam de você e acabam deixando entrar". E, realmente, a mudança acabou entrando na Alemanha. O que não dispensou o casal de enfrentar a burocracia para regularizar sua situação no país e obter estatuto de residente. Eram numerosas idas à prefeitura, intermináveis filas de espera, montes de formulários a preencher. Não se sabe se por conta da complexidade das leis alemãs ou pela indolência do casal, a carteira de residente demorou um ano para sair. Enquanto isso, Baden tivera que provar judicialmente que, ao decidir morar e trabalhar na Alemanha, não tomaria o lugar de um violonista alemão. Uma vez comprovado que não havia nenhum violonista alemão querendo ser Baden Powell no lugar de Baden Powell, este voltou a seus shows e suas turnês. E Sílvia, a seus afazeres.

A casa era imensa, com dois andares, um subsolo com lavanderia e sauna; havia uma piscina interna de água quente. Durante os quatro anos em que a família morou na casa, a única função da piscina foi a de servir de mictório a Baden, que sempre adorou fazer xixi em lugares inusitados. Em Baden-Baden, a piscina era dele e a única queixa que poderia haver era a dos familiares, incomodados com o cheiro. Os poucos móveis que tinham trazido de Paris não ocuparam nem metade da residência. Sílvia resolveu enfim montar sua casa: "Eu nunca tinha tempo de mobiliar uma

Louis Marcel, Philippe e Sílvia em frente à placa da cidade onde passaram a morar: Baden-Baden, um lugar perdido no meio da Floresta Negra, na Alemanha.

Muita neve: Baden brincando com seu filho Philippe.

Dentro de casa: Louis Marcel e a piscina de água quente.

casa, pois a gente sempre se mudava antes, então não tínhamos quase nada. Mas em Baden-Baden eu pude comprar tudo o que faltava". E, tratando-se de comprar, tanto Baden como Sílvia eram os reis das despesas. Tudo o que queriam, compravam. E sempre queriam o melhor, o mais caro. Mesmo assim, não esqueciam de onde vinham e sempre debochavam do comportamento dos novo-ricos. Depois da mobília, compraram um carro: sempre louco por carros, Baden escolheu um Jaguar, cujas prestações eram pagas por Gaby, que, assim como o aluguel, deduzia-as dos cachês de Baden. Como uma criança, ele gastou uma energia descomunal para conseguir que as duas letras da chapa do carro, inscritas logo após as três primeiras letras do nome da cidade (BAD), fossem EN. Achava graça ter uma placa com seu nome.

Ao chegar em Baden-Baden, Sílvia tinha contratado um motorista, Peter, que a família só chamava, *à la française*, monsieur Pierre. Ele falava um pouco de francês, o que facilitava a comunicação. Em geral, quem guiava o Jaguar era ele, pois todas as vezes que Baden — nessa época já com carteira de motorista — pegava o carro, batia. Invariavelmente, ia parar na delegacia, onde não entendia o que lhe diziam. Mandava chamar Franz, um dos seus *roadies*, que tinha duas grandes qualidades: morava em Baden-Baden e falava um pouco de português. Então ele fazia a tradução. De tanto bater o carro, Baden acabou ficando conhecido na delegacia. Quando chegava, os policiais se lamentavam: "Ah, não! O senhor de novo? Bom, então chama o Franz".

Quanto a aprender a falar o alemão... nem sonhar. Com sua grande musicalidade, Baden até enganava. Fingia perfeitamente que falava a língua de Goethe. O ritmo e a música eram igualzinhos, só faltava sentido às palavras, que não passavam de onomatopeias e barbarismos. Mas, na hora de falar mesmo, apelava para o filho: Philippe — que falava francês na escola, pois estudava na escola francesa de Baden-Baden, português em casa e alemão na rua — é quem servia de intérprete aos pais. E, por ser muito novo, nem sempre entendia o conteúdo exato do que estava traduzindo... No mais, a vida em Baden-Baden era muito pacata. As relações com a vizinhança eram ótimas, particularmente com a senhora que vivia na casa ao lado e cujo animal de estimação era um sapinho. As crianças sempre iam visitar o sapinho da vizinha. "Ela era como uma avó para mim e meu irmão Marcel. A vida era maravilhosa lá, os alemães são muito atentos à qualidade de vida, ao meio ambiente, às relações humanas. Vivíamos no meio da montanha, num lugar tranquilo, sem trânsito. Ficamos amigos dos netos da vizinha, que sempre passavam as férias com

O casarão da família em Baden-Baden, no bairro mais chique da cidade.

Louco por carros: até a chapa do automóvel o artista conseguiu registrar, após muito esforço, como BAD-EN.

ela." Vez por outra, o padre da igreja pedia a Baden Powell para tocar na missa. Às oito da noite todo mundo se trancava em casa e a cidade parecia morrer. Tanto que era sempre uma alegria quando os amigos de Paris ou do Brasil iam visitá-los. Eram recebidos com todas as mordomias, levados para os melhores restaurantes da cidade, para o cassino, e matavam as saudades em papos intermináveis. Não raro, por exemplo, Luana de Noailles pegava o trem e ia passar um final de semana com os amigos: "Era muito gostoso. A gente dava imensos passeios pela floresta, catava cogumelos. Baden sabia muito sobre cogumelos, conhecia os bons e quais eram os venenosos. À noite eu e Sílvia ficávamos conversando, e Baden tocando violão".

Baden adorava tocar violão na floresta. Levava as crianças e, enquanto brincavam, ele, sentado numa pedra, fazia exercícios. No inverno, Sílvia chamava o limpa-chaminés, para limpar a fuligem dos canos da chaminé da sala, e acendia a lareira. Fora, caíam toneladas de neve. A temperatura podia chegar a -30º C. Baden, completamente aclimatado, se sentia muito bem: "Eu gostava muito do lugar, mas um brasileiro novinho em folha nunca ia se acostumar lá". Como todos os habitantes da região, de manhã, com a pá, tinha que abrir um caminho na espessa camada de neve que tapava todas as aberturas da casa. Contudo, a grande distração era ir a Paris. Eram pinceladas de animação no decorrer de um dia a dia monótono. "A gente morava em Baden-Baden, mas dentista, pediatra, médico, tudo era em Paris. Roupa a gente só comprava em Paris. Então, todo mês viajávamos para lá. O trem passava por Baden-Baden e ia direto para a Gare de l'Est,[98] em quatro horas."

Philippe ficava encantado com essas escalas na "terra natal" dele:[99] "No início a mudança para a Alemanha foi bastante traumática para mim. Eu adorava quando íamos a Paris. Havia um ambiente descontraído, muito leve, na França de Mitterrand". Nessas fugidinhas que davam a Paris, não perdiam as feijoadas de sábado à tarde no Chez Guy. E de repente estavam novamente felizes, alegres, cantando, conversando, se divertindo. Reencontravam toda a turma. Sílvia papeava com as amigas,

[98] Uma das principais estações ferroviárias de Paris. Como o nome indica, ela liga Paris à região leste da França e da Europa.

[99] Baden sempre falava com muito orgulho para os filhos que eles eram franceses. Mas quando, já maior de idade, Philippe quis se radicar em Paris e foi tirar seu passaporte francês, descobriu que, segundo a lei, ele deveria ter optado pela nacionalidade francesa antes de completar 18 anos...

que lhe faziam muita falta na vida solitária da Floresta Negra. Baden, que continuava homem de poucas palavras e muitos acordes, pegava o violão e embarcava numa longa viagem musical, banhada de saudades. É que agora tinha que lidar com as saudades não só do Brasil, mas também da França. Era muita saudade. Uma vez por ano, a família ia para a terra natal, curtir umas férias. Se aparecesse contrato para show durante o descanso, Baden não recusava. Assim foi que, nos primeiros dias de maio de 1984, estreou uma temporada de duas semanas no Golden Room do Copacabana Palace, que recebeu ampla cobertura da imprensa; mais uma vez, Baden conferiu a fidelidade do público brasileiro. Apesar de anunciar em entrevistas que, desde que chegara ao Brasil, tinha composto umas dez músicas — enfatizando através dessas declarações o fato de que só no Brasil conseguia compor —, o repertório do show só apresentava uma novidade: "Cabelos Brancos", com letra de Paulo César Pinheiro. "Ela me deixou engasgado, com um nó no peito, é uma canção muito séria. Foi bom, porque depois de muito tempo nos encontramos uma noite e relembramos coisas antigas", comentou o violonista.[100] E como em todas as vezes que falava à imprensa, evocou a vontade de regressar definitivamente ao Brasil. Mas não demorou na terra.

Em agosto de 1984 tinha um importante compromisso em Paris. Os proprietários do Palais des Glaces, sem consultar Jean-François Millier, seu diretor artístico, tinham simplesmente vendido o *music hall* à prefeitura de Paris, que decidira transformar o local em um teatro. No final de agosto, portanto, as portas do Palais des Glaces iam fechar para a reforma e Jean-François Millier seria demitido. Ele resolveu fazer do mês de agosto uma grande despedida, organizando uma série de shows com os artistas que ele tinha programado durante os três anos de seu mandato. Jean-François Millier contatou-os todos. Um dos mais prestigiosos era Baden Powell, que foi o primeiro a responder "presente", pois, como observava Jean-François Millier, "Baden é uma pessoa excepcionalmente fiel. E isso é muito raro no meio artístico. Poucos artistas são atenciosos e generosos como ele. Eu sei que se eu precisar de Baden, a qualquer hora, onde quer que esteja, é só chamá-lo que ele vem imediatamente. Ele é amigo mesmo". Baden Powell tinha feito a reabertura do *music hall* em 1980. Então, logicamente, foi ele quem fechou a casa. Na quinta-feira, 30 de agosto de 1984, Baden Powell, pela última vez, lotou o Palais des Glaces. A dupla Les Étoiles fazia a abertura do show e, na parte de Ba-

[100] Entrevista a Diana Aragão, *Jornal do Brasil*, 04/05/1984.

den, cantavam com ele uma música inédita, "Voltei": "Dá meu copo que eu vou beber/ Quero ver minha casa encher/ Como há muito já não se faz". Parceria com Paulo César Pinheiro, era uma música cheia de saudades do Brasil. Baden começara a bolá-la numa das tardes de feijoada no restaurante Chez Guy em Paris e os *habitués* da casa a tinham como o hino dos "exilados". "Voltei" foi gravada numa belíssima interpretação pelos Étoiles, e depois por Elizeth Cardoso no LP *Luz e Esplendor*, de 1986.

Já não era assim tão frequente Baden tocar em salas do gabarito do Palais des Glaces. Nos anos 1980, o público jovem se empolgava mais com as megaproduções elétricas regadas aos decibéis alucinantes do rock do que pelo despojado intimismo acústico de artistas como Baden Powell. Agora ele se apresentava mais em locais menores, no estilo do conceituado New Morning, com aproximadamente 600 lugares. Templo do jazz e da *world music*, o New Morning havia aberto suas portas no final da década de 1970 e programava anualmente uma temporada com Baden. Mais de uma vez, ele não apareceu no dia do show... embora não se possa afirmar que isso acontecesse só por manha dele. Pois, a bem dizer, de tanto mudar de empresário, de gravadora, de editora, estava ficando cada vez mais difícil para Baden ter o controle de sua carreira. Da mesma forma que a bagunça editorial e discográfica permitiu que fossem lançadas a torto e a direito, por qualquer um, inúmeras compilações e discos piratas do violonista sem ninguém ter autorizado a utilização das músicas, a confusão empresarial fazia com que surgissem vez ou outra pessoas que improvisavam o papel de agentes do artista e vendiam shows sem seu consentimento. Entre essas malandragens e a versatilidade de Baden, mais de uma vez, ao irem assistir a um concerto dele, as pessoas encontravam as portas da casa de show fechadas e um bilhetinho avisando que a apresentação fora cancelada por "motivos independentes da direção". Tudo isso deixava evidentemente a charmosa madame Farhi, dona do New Morning, muito embaraçada, tanto mais que ela gostava muito do violonista. A ponto de ter consentido que, durante as apresentações dele, o serviço de bar — aliás a maior fonte de renda da casa — fosse interrompido. Isso porque, num de seus concertos, enquanto ele caprichava na precisão do toque, na limpidez da sonoridade, na beleza da harmonia, seu som foi coberto pelo indelicado *clique-clique-clique* de copos e garrafas se entrechocando no ritmo do passo da garçonete, que os levava numa bandeja até os clientes cuja mesa — que azar — ficava ao pé do palco. Calmamente, Baden parou de tocar e explicou ao público: "Desculpem, mas eu não quero atrapalhar o barulho do pessoal do bar com minha música". Depois desse incidente, quando Baden Powell tocava no New Morning só se bebia durante o intervalo. Como explicaria madame Farhi, era só pedir: "Quando os músicos pediam que o público não consumisse durante o show, eu fechava o bar. Mas Baden não tinha falado nada... Aliás, ele nunca pedia nada. Quando as coisas não estavam como ele queria, ele simplesmente se recusava a tocar, sem maiores explicações. E eu não sabia por quê, tinha que adivinhar. Uma vez ele chegou no palco e viu que havia uma cadeira para ele. Mas ele queria um banquinho. Em vez de me comunicar seu desejo, ele voltou para o camarim e disse que não ia tocar. Quando conseguimos entender qual era o problema, nós procuramos um banquinho... e ninguém encontrava banquinho no local. Acabamos colocando um caixote de cerveja. Aí ele voltou ao palco, sentou em cima do caixote, tocou três ou quatro músicas, levantou e saiu do palco novamente. O caixote não convinha... Aí foi um auê danado, acabamos pedindo um banquinho emprestado no bar vizinho. E ele finalmente fez o show... A temporada durava cinco dias. No terceiro dia, ele chega... o banquinho tinha sumido! A casa lotada e ele, no camarim, se recusava a subir no palco. E o pessoal louco atrás do banquinho... Acabamos descobrindo que um espectador mal-educado tinha tirado o banco do palco para se sentar".

Exceto os shows na França, negociados diretamente por Sílvia, era Gaby Kleinschmidt quem administrava a carreira de Baden nos outros países europeus. Além das apresentações solo, ela o integrava nas turnês *all star* que organizava anualmente com os grandes jazzistas que representava na Europa. Um deles era o percussionista Airto Moreira, com quem Baden fez várias excursões. Numa delas, Gaby teve a ideia de juntar os dois no palco. Mas no final da segunda apresentação, Baden decretou que não queria mais dividir o show. "Esse cara não sabe tocar, não tem repertório." E como se não fosse suficiente, a partir desse momento Baden não quis mais falar com o percussionista. Ficou um ambiente tenso na turnê, com os dois músicos obrigados a viajar no mesmo ônibus. Nisso, Baden exigiu que as viagens fossem num horário tal que o ônibus chegasse ao destino na hora do café da manhã. Portanto, quando terminava um show, em vez de ir dormir, os músicos tinham que embarcar no ônibus e seguir para a cidade onde tocariam na noite seguinte. Airto Moreira aturou sem reclamar, e com muita paciência, as manhas do colega. Baden conservava suas manias como se continuasse a ser a grande vedete que havia sido nas décadas de 1960 e 1970. Contudo, as coisas tinham mudado. Ele continuava sendo — e sempre seria — um grande artista, disso ninguém duvidava. Porém, ele já não era mais uma grande estrela. Questão de moda... Sua fama declinara um pouco, pois a concorrência era muito maior. Ele já não era mais solicitado pelas gravadoras que outrora disputavam sua exclusividade. Na França, a Musidisc não renovara o contrato. Para Arnauld de Froberville: "Baden já tinha dado tudo que tinha para dar e chegou um momento em que eu não vi mais o que ele poderia fazer de novo". No Brasil, a Warner não lhe propunha mais nada. Na Alemanha, seu maior admirador, Joachim-Ernst Berendt, que produzira praticamente todos os discos alemães do violonista desde 1966, esgotara seu potencial de paciência: "Trabalhar com Baden Powell era lidar também com seus problemas pessoais, tanto afetivos como de alcoolismo. Na época em que ele se radicou em Baden-Baden, a situação se tornou intolerável. Eu não podia ser ao mesmo tempo seu produtor e seu psicanalista. Se bem que acabei lhe escrevendo uma longa carta na qual agradeci por tudo e expliquei que não estava preparado para continuar trabalhando com ele". Essa carta selava o fim de uma colaboração iniciada em meados dos anos 1960, quando Joachim chegou no Brasil com a intenção de realizar seu maior sonho: produzir um disco de Baden Powell, que ele considerava um "gigante da música brasileira". Quando expôs seu projeto aos amigos do Brasil, todos comentaram com o mesmo tom de compaixão: "Pobre coitado, você nunca vai encontrar esse cara... ninguém nunca sabe onde ele anda. E mesmo que o encontre, nunca vai conseguir levá-lo para um estúdio". E realmente, os dias passavam e nada de Joachim encontrar Baden: os números de telefone que tinha eram velhos, Baden nunca estava no endereço indicado, e o alemão já estava desistindo do projeto quando entrou num barzinho em São Paulo e deu de cara com Baden.

— Quer me contratar para a sua gravadora? Claro que aceito.

Acertaram tudo, negociaram o contrato e marcaram encontro no estúdio RioSom, para gravar o primeiro disco, quatro semanas depois, quando Baden regressaria ao Rio. Mas Baden não conseguia lembrar o endereço do estúdio: "Então, a gente se encontra no Veloso, um bar que fica na esquina da Montenegro e da Prudente de Morais, em Ipanema".

Joachim, encantado, voltou ao Rio. E novamente os amigos, em tom de compaixão, comentaram: "Daqui a quatro semanas?! Mas, Joachim, até lá ele já vai ter esquecido!". No entanto, no dia marcado Baden estava no Veloso com seu violão esperando Joachim. E oito dias depois, estavam os dois no estúdio gravando *Tristeza on Guitar*.

Quase vinte anos mais tarde, sem a preciosa assessoria de Berendt, Baden gravou *Felicidades*, lançado pela Pläne, um selo de pequeno porte. Evidentemente, com as ofertas de show diminuindo e sem gravar, restava a Baden, como principal fonte de renda, os direitos autorais... o que normalmente deveria representar muito dinheiro devido os inúmeros sucessos planetários que constam na sua impressionante musicografia. Só que a situação editorial de Baden era das mais confusas e difíceis de controlar. Ele tinha assinado contratos com tantos editores, que acabava não sabendo mais quem administrava o quê. Sem contar que nem todos os editores eram honestos e nem todos os contratos eram claros e em benefício do artista. No final das contas, ninguém saberia dizer se ele realmente recebia a totalidade dos seus direitos autorais. Porém, qualquer que fosse a situação, com ou sem dinheiro entrando na conta, o padrão de vida continuava o mesmo: altíssimo.

Para não variar, nem Baden nem Sílvia levavam a situação em conta, vivendo muito acima do que suas rendas lhes permitiam. A casa luxuosíssima em Baden-Baden custava horrores. Gastavam sem contar em restaurantes, em roupas compradas nas butiques mais chiques de Paris. Quando viajava com Sílvia, ficavam nos melhores hotéis. Em Paris, por exemplo, só se hospedavam no Holiday Inn da Place de la République. Reservavam uma suíte para a família, que já era conhecida no hotel. O porteiro até tomava conta das crianças quando o violonista e sua esposa saíam à noite.

— Estamos saindo. Os meninos já estão dormindo. O senhor dá uma olhadinha neles de vez em quando?

— Podem ficar tranquilos, daqui a pouco eu subo para ver se está tudo bem.

Com isso, as despesas foram excedendo as entradas de dinheiro, os gastos eram maiores que os cachês: na hora de receber, não somente Baden não ganhava nada, como ainda ficava devendo a Gaby. Achando que era incompetência da empresária, apesar da grande amizade que os ligava, dispensou-a. Contratou então Gunnar Pfabe, o *road-manager* da Gabriele Kleinschmidt Promotions, que, por falar português, sempre o acompanhara nas turnês montadas por Gaby: "Na realidade, eu era empresário, secretário particular, motorista, intérprete, babá... Baden gostava de ser servido. Assim ele tinha impressão de continuar sendo a grande vedete de outrora. Parecia que ele vivia na lembrança do passado, quando estava no auge da carreira, e isso era muito ruim, porque ele não queria ver que as coisas tinham mudado... Por exemplo, ele fazia questão de ser representado por um empresário, o que já não era realmente indispensável". Como Gunnar morava em Colônia, Baden colocou à sua disposição um dos quartos desocupados da casa para o novo empresário fazer seu escritório e se hospedar quando ia a Baden-Baden: "A maioria dos quartos da casa estavam vazios. Curiosamente, aquele que ele me deu, no qual havia uma mesa e uma cama, estava entulhado de caixas de papelão cheias de arquivos, papeladas e não sei mais o quê que nunca tinham sido abertas. Eu me virei assim mesmo". Gunnar acompanhava Baden em todos os shows. Os dois viajavam no adorado Jaguar do violonista. Na maioria da vezes, Gunnar guiava. Baden adorava a velocidade. Quando estavam numa autoestrada, sentado ao lado de Gunnar, com o violão no colo, Baden o incentivava a acelerar, obrigando-o a ultrapassar qualquer carro que tivesse a audácia de correr mais que o Jaguar:

— Passa, filhinho, passa esse filho da puta.

E não queria fazer qualquer parada no caminho, sequer para ir ao banheiro:

— Deixe que vou mijar na garrafa mesmo.

Uma vez, regressando de um show em Düsseldorf, Baden se queixou de que Gunnar estava muito devagar e resolveu que quem ia guiar era ele. Sílvia e os meninos o acompanhavam. Baden meteu o pé no acelerador e saiu a duzentos por hora. Dali a pouco o carro, exausto, quebrou. Tiveram que abandoná-lo no meio da estrada... e aqui acabou a história do Jaguar. Deste, pelo menos, porque Baden comprou outro algum tempo depois. Nesse meio tempo, as viagens aconteciam no carrinho vagabundo de Gunnar: "Na época, Baden estava muito desalentado, irritado, agressivo. Ele só relaxava quando Sílvia e os meninos vinham com a gente. O resto do tempo, ele sempre estava muito tenso, reclamava de tudo e de todos, vivia se queixando dos empresários que tinha antes... 'tudo um bando de ladrões', dizia. Eu acho que ele estava muito infeliz".

Em julho de 1986 a França comemorou a abertura dos "Anos Brasil-França" (ou França-Brasil, dependendo da nacionalidade de quem estava falando). Durante dois anos os dois países desenvolveriam, ampliariam, expandiriam contatos e intercâmbios econômicos, industriais, científicos, culturais... e que foram inaugurados com *Couleurs Brésil*, um grande festival de MPB ao qual compareceu a nata dos músicos brasileiros. De 2 a 6 de julho, o público que encheu o Zénith e a Grande Halle do Parc de La Villette, no norte de Paris, pôde aplaudir Milton Nascimento, Gilberto Gil, Gal Costa, Chico Buarque, Fafá de Belém, Maria Bethânia, Luiz Gonzaga, Alceu Valença, Moraes Moreira, Armandinho...

Só não aplaudiu Caetano Veloso, porque este cancelou sua participação na última hora, o que abriu uma vaga na programação. Jean-François Millier, diretor artístico do festival, estava muito constrangido, pois fora impedido de convidar aquele que ele considerava o maior monumento da música brasileira, Baden Powell. O motivo era que os artistas que participariam do festival deviam obrigatoriamente residir no Brasil. Mas com a deserção de Caetano Veloso, Jean-François Millier, feliz, argumentou que a única solução era chamar Baden. Mais uma vez, Baden respondeu prontamente ao chamado de Jean-François. Sabia que fora escalado de última hora, para substituir Caetano, mas estava consciente de que seria excelente, mesmo nessas condições, participar de um evento de tal calibre. Cancelou dois shows que tinha na Alemanha para ir a Paris, onde abriu a noite em que se apresentavam Maria Bethânia e Chico Buarque, de volta à cena após muitos anos, no Zénith. Quando Baden apareceu no palco, os cinco mil espectadores que estavam esperando Caetano Veloso manifestaram ruidosamente sua decepção. Porém, com três acordes Baden Powell ganhou o coração da plateia. Quando, no final do show que encerrava a noite, Chico Buarque o chamou com Maria Bethânia para uma canja, a sala delirou, e um sorriso — tão raro — iluminou o rosto do violonista.

Depois da apresentação no *Couleurs Brésil*, Baden seguiu direto para o Rio. Fora contatado em Baden-Baden por Ronaldo Bôscoli para fazer uma minitemporada no Canecão, onde ia apresentar, segundo as palavras de Bôscoli, diretor do espetáculo, um concerto "produzido",[101] o que significava provavelmente "cuidadosamente preparado". Liderados por Alfredo Bessa, quatro ritmistas acompanhavam o violão. Tudo muito simples e lindo, como convinha à arte do violonista. Não se tratava de um show só dele, mas de um importante evento que incluía vários artistas. Curiosamente, Baden se apresentou entre Lobão, às 19 horas, e Marina, às 21 horas, o que deixou o violonista pesaroso. Não gostava nada de estar assim comprimido entre dois roqueiros. Logo ele, que, ao negociar o show com Ronaldo Bôscoli, exigira que não houvesse bateria na sua banda, pois achava que era coisa de americano! Os longos anos longe da terra natal, a saudade, a necessidade de preservar sua brasilidade faziam com que Baden optasse por um repertório essencialmente nacionalista. Mais ainda, até renegando o jazz que ele tanto amara na juven-

[101] Mauro Dias, *O Globo*, 21/07/1986.

No Zénith, durante o festival *Couleurs Brésil*, em julho de 1986, com Chico Buarque e Maria Bethânia: sucesso absoluto.

tude, declarando em entrevista: "O jazz é uma música repetitiva e burra".[102] Em pleno surto de nacionalismo (planejara inclusive tocar o Hino Nacional no show, mas acabou desistindo), Baden reclamava da cultura norte-americana, que "não vai além do chiclete, da Coca-Cola e do ketchup".[103] Havia algum tempo que vinha riscando os compositores estrangeiros de seu repertório, inclusive os clássicos. "Minha obrigação como artista é mostrar a música brasileira no exterior, divulgá-la. É a música mais forte, mais importante do mundo."[104] Um radicalismo momentâneo que passaria com o tempo.

A temporada no Brasil prosseguia com um show no Gallery e cinco dias no Projeto SP, em São Paulo, um giro por Curitiba, Brasília, Salvador e Recife, duas semanas no Maksoud Plaza, novamente em São Paulo, e mais uma vez o Canecão, no Rio. Depois de tanto tempo longe dos palcos brasileiros, era indispensável um show para "matar a saudade", no qual ele tocaria essencialmente músicas conhecidas pelo público, órfão do maior violão do Brasil, e até do mundo. Por isso, uma única música inédita entrou no repertório, "Voltei", com a qual Baden Powell abria o show. Apesar de alguns problemas técnicos na estreia, o show do Canecão foi muito aplaudido e elogiado pela crítica. A cotação do violonista no coração dos brasileiros continuava em alta.

Dentro do projeto Brasil-França, a edição de dezembro de 1986 do Festival Internacional de Violão da Martinica foi inteiramente dedicada ao Brasil. Encarregado de montar a programação, o violonista Turibio Santos convidou uma variada e rica amostra de violonistas brasileiros: os violeiros Xangai, Elomar e filho, o bossanovista Carlos Lyra, os chorões Paulinho da Viola e seu pai César Faria, gente da MPB como Geraldo Azevedo e Gilberto Gil, e violonistas clássicos como João Pedro Borges, Henrique Eanes e o próprio Turibio Santos. Além de Baden Powell, que era tudo isso ao mesmo tempo. Hospedados no mesmo hotel, os músicos brasileiros e seus acompanhantes transformaram sua estada numa grande festa. Só Baden nunca se juntava ao grupo. Trancado no quarto, tocava violão, dormia, comia. E bebia, mas já não como outrora, como na época dos porres avassaladores. Agora limitava o consumo à cerveja e com menos embriaguez.

[102] *Jornal da Tarde*, 30/07/1986.

[103] *O Globo*, 21/07/1986.

[104] Idem.

Fanny Augiac, a diretora do festival, pediu que no final do evento Turibio Santos arranjasse alguns encontros entre os músicos. Este então namorou a ideia de tocar com Baden Powell. Nunca tinham se apresentado juntos em público. Haviam se conhecido no início da década de 1960 na casa de um amigo comum. Turibio começara a tocar coisas de Bach e Baden improvisara em cima. Muito impressionado, Turibio tinha convidado o violonista para ir a sua casa num outro dia. Mas, profissionalmente, raramente se cruzavam. Pertenciam a universos distintos. Um era músico clássico, outro era da boemia, da vida noturna, das boates. Em 1965, Turibio, nomeado professor no Conservatório de Paris, foi visitar Baden, que acabava de regressar da França, para pedir-lhe alguns conselhos. Com sua habitual generosidade, Baden deu-lhe todas as dicas indispensáveis para a vida em Paris e o recomendou a todos os amigos, principalmente ao famoso Sílvio Silveira. Nos anos em que Turibio morou na França, os dois violonistas se encontravam esporadicamente. Agora, imaginava um encontro no palco entre eles... Foi para o quarto de Baden discutir a questão com João Pedro Borges, Henrique Eanes e Neco, que tocava cavaquinho.

Baden e Neco já tinham tocado várias vezes juntos e ficaram felizes ao se reverem. Começaram a conversar, a relembrar velhos casos do passado, e a preparação do "encontro no palco" pedido por Fanny Augiac acabou sendo um inesquecível bate-papo. Baden, que estava chegando perto dos cinquenta anos, era o mais velho da turma. E todos o tinham como um mestre, uma referência, um modelo fascinante... mas impossível de seguir, como constatava Turibio Santos: "O violão de Baden é uma invenção dele. Baden Powell é uma coisa única. É impossível haver seguidores dele. Pode ter imitadores de segunda categoria, mas seguidores não. Ele construiu o universo musical dele, de um extremo bom gosto, espetacular, com uma noção de sonoridade fora de série. Um som muito bonito que ele é capaz de tirar de qualquer violão. Ele não tem esse negócio de 'meu violão', de 'eu só gosto desse instrumento'. Ele pega qualquer um que lhe caia nas mãos e tira aquele som extraordinário. E uma coisa curiosa é o processo de criação dele. Porque ele sempre diz que a função nobre na música é ser compositor. Ou seja, tudo leva à composição. Ele é um compositor extremamente melódico. Ele não é um compositor de harmonia, feito Tom Jobim. Para Baden, o que interessa é a melodia. A harmonia depende do que ele está pretendendo, buscando com a melodia. Em todas as músicas dele, a melodia é muito forte. Por isso é muito difícil para outro violonista tocar as músicas de Baden Powell. A não ser

O bebê Philippe e o violão do pai: filho de peixe, peixinho é...

O *luthier* de Baden fabricou um violão profissional para o tamanho de Philippe (na foto), mas quem se tornou violonista mesmo foi Marcel.

que seja uma música formal. Senão ele sai em cima de uma melodia e faz pequenos contratempos, muito maliciosos e bonitos, que só ele consegue. Aí fica praticamente impossível interpretar Baden Powell. Eu já gravei músicas de João Pernambuco, de Dilermando Reis, de Garoto. De Baden nunca consegui. Não consegui porque ia ficar careta, ia faltar aquela 'salsa' que ele mesmo coloca nas músicas. Até Raphael Rabello, que era um violonista espetacular, sempre evitou o repertório de Baden Powell".

Talvez por isso aquela tarde na Martinica não tenha sido um encontro musical, mas algo de muito mais importante: Baden, que quase nunca falava, que só se exprimia através da música, nesse dia começou a falar, a contar, a relembrar. E as pessoas presentes, fascinadas, receberam as confidências do violonista como uma excepcional aula de história da música. Ele revelou as fontes preciosas de onde bebera, contou de Pixinguinha, Meira, Donga, João da Baiana e toda a velha guarda com a qual convivera... falou das rodas de choro, da Lapa, da zona, de Renato Murce e da Rádio Nacional, contou sobre seu pai, que o encaminhou na música, e sobre Vinicius de Moraes. E os colegas, maravilhados, viajaram pelo passado de Baden, percebendo que ele não era apenas um patrimônio da música, mas também um porta-voz da memória musical brasileira. E nisso, também, Baden Powell é único. Ninguém na história do Brasil é tão representativo quanto ele de todas as faces do universo musical do país.

A última noite do festival da Martinica era de Baden. Ele fez seu recital solo. Cara fechada, todo de branco, Baden subiu ao palco e deu o seu recado, friamente. Quando os aplausos — em tom convencional — silenciaram, Baden chamou Turibio Santos. E foi então que tudo aconteceu. Juntos, os dois grandes violonistas presentearam o público com um grandioso recital de choro. Um daqueles momentos privilegiados de magia e perfeição, quando os músicos esquecem a plateia, o palco, e se perdem no puro prazer de tocar juntos, com rara cumplicidade. Um desses momentos excepcionais, que só acontecem uma vez na vida...

No final de dezembro, Baden Powell estava novamente na Alemanha. Comprou montes de presentes para as crianças e festejou o Natal e o Ano Novo com a família. Uma das alegrias de Baden foi descobrir então que seus filhos queriam estudar música. O violonista nunca pensara seriamente se seus filhos deveriam ser instrumentistas, achava que eles resolveriam a questão sozinhos, tanto que não forçou nenhum dos dois a nada. Evidentemente, a música fazia parte importante da vida dos dois garotos. Quando Philippe era bebê, Baden costumava colocar um disco

O encontro de Turibio Santos, João Pedro Borges e Baden
no festival da Martinica, em dezembro de 1986.

Na Alemanha,
como os
alemães:
bebendo
cerveja aos
montes.

de Chopin na vitrola na hora de ele dormir. Rolava Chopin até altas horas da noite, ninando o sono do menino. "Mas, para falar a verdade, nunca forcei nenhum dos dois a fazer música. Eu não estava muito interessado em que eles fossem músicos. Uma vez fui lá no Hopf, meu *luthier* na Alemanha, buscar um violão que ele tinha fabricado pra mim — todo ano ele fabricava um violão para mim — e levei o Philippe comigo. O Hopf pegou um violão pequeno, não um violão de criança, um violão profissional, de pinho e jacarandá, com o braço de ébano e tudo, mas pequeno, que a gente chama de violão oitavado, pois ele é uma oitava acima do violão normal. Ele pegou um violão desses e deu de presente para Philippe. Mas o Philippe não se ligou muito no violão. Ele quis estudar piano, e eu deixei. Ele começou a estudar piano com um professor. Eu não interferia, ficava só olhando, observando... O Marcel foi outra história. Lembro que uma vez nos estávamos assistindo um filme de Carlitos na televisão e teve uma cena que um cara quebrava um violino na cabeça do outro, e o Marcel começou a chorar: 'Olha, pai, quebraram o violino!'. E vi que ele tinha ficado chocado mesmo. Eu aí pensei: 'Ah, esse tem amor pelo instrumento...'. Mas eu fiquei quieto. Depois ele falou que queria estudar violino. Como meu pai. Não, na verdade ele queria estudar violoncelo. Mas, como era muito pequeno, o professor fazia ele estudar violoncelo num violino."

Apesar da satisfação que os meninos lhe proporcionavam, a situação de Baden ia de mal a pior. A vida bucólica em Baden-Baden, na prática, era terrivelmente triste e solitária. Decepcionados, Baden e Sílvia justificavam sua presença na Alemanha por tudo o que isso representava de bom para as crianças. Tudo girava em torno de Philippe e Marcel, do bem-estar deles, da segurança, da vida sadia que levavam em Baden-Baden, do bom nível da escola, da chance de aprender a falar alemão e francês além do português.

No entanto, Baden ficava cada dia mais frustrado e amargurado, tornava-se mais irritável do que nunca. Diante das dificuldades financeiras, das dívidas crescentes, do trabalho diminuindo, ele jogava a culpa nos empresários malandros, nos produtores safados, na prepotência do rock, na desonestidade das gravadoras, no imperialismo norte-americano, na incompetência geral, na crise europeia... De tanto tédio, Baden voltara a beber. Saía à noite e rodava pelos bares da cidade. Com quase 10 anos, Philippe começou a tomar consciência da situação: "Foi nessa época que comecei a perceber o alcoolismo do meu pai. Antes eu não estava consciente disso. E me dei conta que ele podia ser violento, inclusive com nós, seus filhos. Vi que o casamento estava passando por uma crise. Meus pais brigavam muito. Eu ouvia meu pai dizendo para mamãe que ela fosse embora, e ela respondendo que não podia fazer isso às crianças..." Buscando consolo ao telefone, Sílvia ligava para as amigas em Paris ou no Rio e passava horas contando as mágoas. E a conta do telefone atingia valores exorbitantes...

Longe do Brasil, sua maior fonte de inspiração, sem parceiro, o Baden compositor não fazia mais nada, e o Baden intérprete não se renovava, não produzia, apenas reproduzia, com técnica perfeita e cada vez menos alma, o que sempre fizera. E Baden somatizou. Passou a ter mil problemas de saúde, a começar pela diabetes, muito mal-cuidada, que estava piorando, e dores de todo tipo. Fazia tratamentos variados, massagens, banhos de água quente, de água fria, de lama, de algas. A única coisa que o aliviava era tocar violão... até o dia em que teve uma inflamação na costela de tanto roçá-la contra o instrumento. Havia em Baden-Baden, cidade termal, muitas clínicas sofisticadas, e ele foi internado na melhor delas. Nas mãos do doutor Gianolli, um italiano que ele consultava uma vez por mês em Baden-Baden, e do doutor Hammelin, seu assistente, o violonista equilibrou a taxa de açúcar, engordou, parou de beber e saiu mais ou menos refeito da clínica. Mas continuou deprimido. Um dia o doutor Gianolli olhou para ele e disse:

— Sabe de que é que você esta sofrendo? De banzo!

— De banzo? Eu estou gastando uma grana preta em clínica, tratamento, médico, remédio e não sei mais o quê e no final das contas estou é com banzo? Então, vamos embora.

Porém, com vários compromissos profissionais a cumprir, Baden não podia regressar ao Brasil naquele momento. Então, para que Philippe e Marcel não perdessem o início do ano letivo, Sílvia embarcou para o Rio com eles em fevereiro. Matriculou-os no Liceu Molière da Aliança Francesa. Assim, em março, iniciariam as aulas normalmente, o que era uma raridade na vida desses dois garotos, cuja escolaridade era completamente caótica, na medida em que se pautava pelas viagens do pai. Frequentemente os professores recebiam um bilhetinho de Sílvia, avisando que os meninos iam faltar por algum tempo. Havia os que se conformavam com esses alunos turistas. Outros reclamavam, deixando-os embaraçados com as cobranças. Mas agora, pelo menos, começariam o ano no momento certo. Os meninos ficaram com a avó materna, dona Célia, que estava morando na casa de Itanhangá. E Sílvia voltou para a Alemanha para preparar a mudança e despachar a mobília para o Brasil.

Durante os meses de março e abril, Baden não parou. Tinha uma turnê na Áustria, Suíça, Holanda, Dinamarca, Suécia e Alemanha. Gunnar Pfabe, que não estava sabendo nada dos projetos do patrão, continuava tranquilamente a excursão com seu artista. Mas Baden se sentia cada vez pior, tanto do ponto de vista da saúde como psicologicamente. Deprimido, agressivo, de mau humor. O penúltimo show era em Hamburgo, na Alemanha. No dia seguinte, Baden, Gunnar e o promotor da turnê seguiram no carro deste para Augsburg, para a última apresentação. De repente, no meio da viagem, Baden pediu que o deixassem na próxima cidade, pois preferia viajar sozinho de trem. Só que o trem não passava por Augsburg. Gunnar continuou de carro e foi buscá-lo à noite na estação de Kempten, a uns 100 quilômetros de Augsburg. Baden o esperava no bar, bebendo uma cerveja atrás da outra. Depois seguiram para Augsburg. O show era no dia seguinte. Foram para o hotel e Baden levou Gunnar para o cassino, mandou que jogasse para ele, enquanto bebia mais cervejas. No dia seguinte, Pfabe o encontrou no bar do hotel, enchendo a cara novamente... Em geral, nessa época, Baden nunca bebia antes de fazer um show. Mas dessa vez, no meio da tarde, quando o empresário chegou, já estava bem embriagado. Baden, que tanto bebera para enfrentar o sucesso, agora bebia para suportar o que, em comparação com o que fora sua carreira nas décadas precedentes, parecia um certo declínio. Ele não fazia tantos shows como antes, não se apresentava em salas tão grandes como no passado, não era tão paparicado como outrora. A turnê de dois ou três meses que Gunnar Pfabe montava anualmente estava longe de render o dinheiro dos shows quase cotidianos que fazia noutros tempos. E, além do mais, praticamente não gravava e não compunha. Em suma, sua estrela estava ficando opaca.

O show de Augsburg foi lamentável. Baden tocou apenas meia hora, e muito mal. "Ainda bem que era uma pequena cidade provinciana, com um público pouco informado, que não percebeu o que estava acontecendo...", disse o empresário. Baden deveria estar se sentindo muito mal moralmente para chegar a ponto de estragar assim o próprio show. Vale salientar que se era frequente ele se recusar a subir no palco, era extremamente raro ele não tocar bem quando já estava diante do público. Logo que o show acabou, o violonista pediu a Gunnar que o levasse para a estação, onde pegou o trem para Baden-Baden. No dia seguinte, o empresário ligou para Sílvia para acertarem as contas da turnê. Ninguém atendeu. Após alguns dias sem conseguir falar nem com Baden nem com Sílvia, contatou o motorista do casal, que lhe disse que eles tinham regressado ao Brasil... abandonando o Jaguar numa garagem onde estava sendo consertado, devendo conta de telefone, de luz, além de muito dinheiro a Gaby e a Gunnar — que só conseguiu ser pago alguns meses mais tarde, por intermédio da GEMA. Em suma, da vida paradisíaca que sonhara curtir na Alemanha, Baden fizera um inferno, um profundo mergulho na decadência, o auge do descontrole e da confusão que reinavam na sua existência desde que se tornara conhecido. Baden voltou ao Brasil como quem corre para se aninhar no colo aconchegante da mãe.

9.
IDAS E VOLTAS

"Os planos imediatos são descansar, matar a saudade dos filhos, arrumar a casa. Depois começar o trabalho, compondo com meus amigos daqui e realizando pequenas excursões pelo exterior", declarou ao chegar no Brasil à imprensa,[105] que não deixou de anunciar com entusiasmo a volta definitiva do violonista pródigo. Cheio de energia, cheio de projetos. Paulo César Pinheiro também se alegrou com a volta do parceiro: "Era o retorno de um grande violonista, um dos maiores de todos os tempos". Antes de tudo, era preciso reformar a casa. Uma reforma iniciada alguns anos antes e que ficara pela metade, porque Baden e Sílvia nunca permaneciam o tempo suficiente para levar o projeto até o fim. E também porque, mesmo sóbrio ou bebendo muito menos, Baden continuava sofrendo das "tristes consequências de um passado alegre", como constataria seu médico, o doutor Clementino Fraga Filho. Não só em termos de saúde como também temperamentais: vinha tendo havia alguns anos reações imprevisíveis, que o levavam a brigar sem mais nem menos com as pessoas com quem lidava.

A tal reforma da casa fora programada em 1984. Baden tinha solicitado os conselhos do compadre Billy Blanco, que além de músico era formado em arquitetura e nunca deixara de exercer a profissão. Billy fez um belo projeto e foi mostrá-lo a Baden. Mas nada foi feito. Algum tempo depois, Baden chamou outro arquiteto. Os dois passaram uma tarde bebendo uísque, imaginando grandes projetos arquitetônicos para a casa. Depois disso, o arquiteto nunca mais apareceu. O tempo foi passando e o dinheiro da reforma acabou antes de ela ter começado. Pior, tinha começado sim: uma parte da casa fora quebrada, e quebrada ficou. Agora Baden ia acabar a obra de vez. Porém, como sempre, projetos e Baden não combinavam. Nada foi feito e a casa ficou meio desmanchada, conservando seu aspecto caótico de canteiro provisório, apesar de charmosa.

Quanto ao descanso, ele só durou um mês. No dia dez de junho de 1987, Baden embarcou para Nova York, para fazer no Blue Note os

[105] *O Globo*, 10/05/1987.

shows que tivera que cancelar alguns meses antes, quando ainda vivia em Baden-Baden. Não conseguira tirar o visto a tempo porque o consulado dos Estados Unidos ficava em outra cidade, complicando bastante as providências. Agora, com os documentos em ordem, e mais de vinte anos depois do show com Stan Getz em Buffalo, voltava a se apresentar nos Estados Unidos. Eram dois shows por noite, um às 19h, outro às 21h, de 11 a 14 de junho. Dividia o palco com Joe Pass. Apesar de já terem se cruzado nos caminhos da vida e dos festivais, os dois violonistas nunca haviam tocado juntos. Para Baden, a experiência foi extremamente positiva: "Batemos muito papo antes de começar a apresentação. Ele fez uma coisa que me emocionou muito, pois tocou umas quatro músicas brasileiras na parte dele. Aí eu toquei "Round About Midnight', do Thelonious Monk, um *standard* da música norte-americana que eu adoro". Apesar das poucas aparições de Baden Powell nos Estados Unidos durante sua longa carreira, a crítica norte-americana, extremamente elogiosa, demonstrou um profundo conhecimento do artista e de sua obra. Na época, Tereza Drummond estava radicada em Nova York. Ela foi assistir ao show, mas não procurou Baden.

Baden voltou ao Brasil e emendou com uma temporada de um mês no Un, Deux, Trois, no Rio. Com direção artística e roteiro de Ronaldo Bôscoli, o show se intitulava *Baden em Solo*, ou seja, sozinho no palco e de volta ao solo natal. Levou o show para São Paulo, regressou ao Rio para se apresentar no Projeto Brahma Extra, *O Som do Meio Dia*, na Casa de Cultura Cândido Mendes. Além do concerto, com novo roteiro e direção de Maurício Tapajós, o Projeto Brahma apresentou nessa ocasião uma exposição no *foyer* da Casa de Cultura com documentos iconográficos e biográficos que resumiam a carreira "desse gigante da MPB que, felizmente, está de volta", como salientava o *release* do evento. Em suma, Baden tinha passado praticamente quinze anos fora do Brasil nessa última viagem e, contudo, seu público não o esquecera: era o mesmo sucesso, o mesmo amor, a mesma admiração de sempre. E com um show atrás do outro, o moral começou a subir. Em agosto participou da Semana Musical de Brasília, com João Bosco, talvez o mais autêntico seguidor do Baden Powell dos afro-sambas, Luiz Melodia, Lô Borges e a banda Plebe Rude. Agora era a vez de São Paulo se beneficiar novamente com a presença do músico querido. Nos primeiros dias de 1988, Baden apresentou-se durante dez dias no 150 Night Club do hotel Maksoud Plaza. Sempre vestido de branco, camisa gola rulê, calça boca de sino, apesar de a moda ter caído havia mais de dez anos.

NEW YORK POST

Thursday June 11 1987

Powell's the boss(a)

By LEE JESKE

THE Brazilian guitarist Baden Powell has a reputation for being elusive. When he was booked into the Blue Note a couple of months ago for what was to be his first U.S. engagement in ages, he canceled out at the last minute.

The Blue Note didn't give up, and this week Baden Powell's solo guitar brilliance is on full display at the club.

BADEN POWELL: *Guitar virtuoso.*

Baden Powell, who gained fame during the years of the bossa nova craze (he composed many bossa nova standards), is an entrancing virtuoso of the acoustic guitar.

During the opening night's first set, he mixed lines of pristine, classical beauty with rolling rhythmic chording.

His playing – which draws less from jazz, one of the main inspirations of bossa nova, than from flamenco and the music of such

JAZZ
review

early Brazilian composers as Hector Villa-Lobos, Pixinguinha and Ernesto Nazareth — is beautifully detailed and unique.

Throughout the 15-song set (which included two breakneck bossa nova vocals), Powell played with mesmerizing intensity. At times he used a hushed, angelic touch ("Tempo Feliz"), at times he pulled out the stops for some breathtaking rhythmic razzle-dazzle (a roller-coaster version of "The Girl From Ipanema"), but most frequently, he mixed the two ("Quaquaraquaqua"). It was a stunning set.

Sharing the bill with Powell is the popular solo mainstream guitarist Joe Pass.

Baden Powell and Joe Pass are at the Blue Note, 131 W. Third St., through Sunday. Shows at 9 and 11:30 p.m. $17.50 cover, $5 minimum. Reservations: 212-475 8592.

Baden dividindo o palco do Blue Note de Nova York com Joe Pass, em 1987:
o "virtuose do violão" brasileiro marcando presença no templo do jazz.

Já estava quase completando um ano desde que regressara ao Brasil, porém os projetos de composição e parcerias com Paulo César Pinheiro ou outros não se concretizavam. O repertório não contava com nenhuma música inédita, salvo "É", segundo anunciava Denise Lima em artigo do *Globo*,[106] música que não consta nem na musicografia de Lula Freire, o suposto letrista, nem na de Baden Powell. A carreira de Baden foi pontuada de anúncios desse tipo, eventos, projetos, parcerias que ele sonhava que iam acontecer, mas que nunca se concretizavam... por esquecimento, indolência, preguiça ou desorganização. No mais, com virtuoso saudosismo, o violão de Baden percorreu a obra de Ernesto Nazareth, Pixinguinha, Dorival Caymmi, Catulo da Paixão Cearense, João Pernambuco, Luiz Gonzaga, Tom Jobim e dele mesmo. Mais relaxado do que de costume, Baden comentava as músicas, explicava o repertório, contava histórias. A certa altura, pediu licença ao público para dar uma avaliação do rock, que consistiu em fulminar o ritmo que, desde 1955, era a expressão musical máxima da juventude do planeta Terra. Papo de dinossauro, como salientava Lauro Lisboa Garcia, do jornal *O Estado de S. Paulo*.[107] Baden Powell esquecia, no seu radicalismo exacerbado, que quando jovem navegara com seu violão e muita maestria pelas águas musicais ianques. E que alguns meses antes tocara "'Round About Midnight", um dos seus grandes sucessos jazzísticos, no Blue Note. Contudo, pelo virtuosismo de suas interpretações, foi aplaudido, entre outros, pelo fã de sempre, Toquinho, que se encontrava na plateia. Apesar do nacionalismo, das posições conservadoras, o que contava era a música. E nesse ponto Baden continuava sendo o maior violonista do mundo.

Em maio de 1988, o artista estreou uma temporada de um mês no recentemente aberto Jazzmania, no Rio de Janeiro. Inspirando-se no New Morning parisiense, Luiz Antônio Cunha e Marcos Henrique tinham montado essa casa de shows no mesmo esquema que seu modelo: mesinhas na plateia para o público, um bar no fundo da sala, programação bastante sofisticada e shows obrigatoriamente em dois atos. E como o New Morning, o Jazzmania abriu uma exceção para o violonista: suspendeu o serviço de bar durante a apresentação e fez até mais, pois ele exigiu fazer o show numa leva só, sem intervalo. Havia anos que Baden não se apresentava mais com banda. Sem dúvida, por motivos financeiros e outros que enumera: "Esse negócio de muito músico no palco às

[106] *O Globo*, 06/01/1988.

[107] *O Estado de S. Paulo*, 08/01/1988.

vezes complica um pouco. Fica aquela confusão de microfones, a percussão fica mais alta que o violão, o público se aborrece". Mas na hora de tocar um samba, confessava que sentia falta do apoio rítmico por trás. No show do Jazzmania, ele resolveu o problema da maneira mais interessante, em termos pecuniários: levou os dois filhos para o palco, para fazerem a percussão. Philippe, com dez anos, e Marcel, com seis, apresentaram-se pela primeira vez em público. Filho de peixe, peixinho é: os meninos deram conta do recado.

Parecia que o público não conseguia matar a saudade de tantos anos do violonista, que não parava em casa, numa incessante ponte aérea Rio-São Paulo. Quando encerrou a temporada do Jazzmania, seguiu para a capital paulista com novo compromisso de três semanas no L'Onorabile Società. Com sua eterna modéstia, Baden abriu a primeira apresentação dizendo ao público, que lotava a casa de show: "Fiquei tanto tempo sem tocar no Brasil que tive medo que não viesse ninguém. Obrigado por terem vindo". Prosseguindo a maratona, Baden passou o mês de agosto apresentando-se no Alô Alô, na rua Barão da Torre, em Ipanema, com o show *Sentimentos*.

Se Baden não parava de atuar nos palcos desde que chegara no Brasil, estes se limitavam aos de duas cidades apenas, Rio e São Paulo, e seu potencial de espectadores começou a se esgotar. Tanto que raramente lotou o Alô Alô. Mas Baden achava que havia um público que ele nunca atingira e do qual chegara a hora de se aproximar: as crianças e os adolescentes. Para isso, o violonista adaptou o horário do show às exigências do público jovem que resolvera conquistar. No mês de outubro, todos os domingos apresentou o show *Sentimentos* no Un, Deux, Trois, às 18h, e com preço do ingresso especial para menores de doze anos. As crianças compareceram e Baden Powell lhes contou histórias de sua infância, de seu aprendizado e deu uma bela aula de música. Apresentou-lhes um repertório assinado pelos maiores compositores brasileiros, de Pixinguinha a Caymmi, de João Pernambuco a Ernesto Nazareth, de Luiz Gonzaga a suas próprias composições, com e sem Vinicius de Moraes. Um divertimento didático e indispensável para quem queria mostrar à nova geração suas raízes profundas. Porém, redundante para alguém como Baden Powell, que já vinha tocando esse repertório havia muitos anos, tanto no palco como em seus discos. E, em termos de discos, Baden não gravava havia muito.

O grande acontecimento da carreira do violonista foi, portanto, o LP que chegou às lojas em janeiro de 1989, trazendo "sangue novo" e

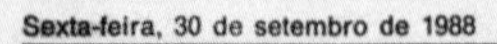

Sexta-feira, 30 de setembro de 1988

O GLOBO

RIO SHOW

Fim de Semana

Baden leva bossa nova às crianças

A bossa nova, com seu "sambinha de uma nota só", quer alcançar crianças e adolescentes. Esse foi o objetivo do cantor e compositor Baden Powell ao sugerir um novo horário para o seu show "Sentimentos", no "Un, deux, trois".

Domingo passado, Baden estreou o horário das 18 horas e viu entre o seu público as crianças que tanto desejava. E foi para esse público especial que acrescentou pequenas histórias de sua vida, entre uma canção e outra.

Na platéia, seu filho Felipe, de 10 anos, ouvia atento às músicas do pai. Era a segunda vez na vida do menino que podia ver um show do pai:

— Criança não pode entrar em boate, e só por assistir ao show dele, acho que todas as crianças que estavam lá se sentiram adultas — diz Felipe.

Ele conta que a maioria de seus colegas não gosta muito das músicas do pai:

— Quem gosta mesmo são os pais deles. Só o meu colega francês, Ronald, de 9 anos, adora as músicas de meu pai — conta.

Outro menino, Bruno Dayrell, de 11 anos, vibrou com a técnica e habilidade de Baden Powell ao tirar o som de um tambor das cordas do violão:

— É um som difícil, achei que era impossível alguém fazer isso. Pelo menos nunca tinha visto ninguém tocar assim. Gostei do show, dessa música e de "Asa Branca". A Bossa Nova não é o tipo de música que mais me atrai (prefiro o rock, "Sting" e "Legião Urbana") mas é legal de ouvir — conclui.

■ **'SENTIMENTOS' — Show com o violonista Baden Powell.Domingos, às 18h. Un, Deux, Trois — Avenida Bartolomeu Mitre 123 — 239-0198. Couvert: CZ$ 1.800, adulto; criança até 12 anos, CZ$ 1.200. Até dia 18.**

Baden Powell mudou o horário do seu show para que crianças e adolescentes pudessem assisti-lo

Baden sugeriu uma matinê no Un, Deux, Trois para seu show *Sentimentos*: queria contar com a presença de crianças e adolescentes na plateia.

O Papa João Paulo II e Dom Estevão (Maurício Vasquez), um bispo que na juventude foi parceiro, e até empresário, de Baden Powell.

muita inspiração. *Violão em Seresta* é um dos discos mais vibrantes de Baden Powell. E, no entanto, fora feito sob encomenda (e patrocínio) da Banerj Seguros, em 1988, e não passava de um disco-brinde, prensado com apenas 3 mil exemplares, sob o título de *Rio das Valsas*. Idealizado por Franco Paulino e João Guerra, o repertório reunia grandes clássicos seresteiros, como "Rosa", de Pixinguinha, "Primeiro Amor", de Patápio Silva, "Chão de Estrelas", de Sílvio Caldas e Orestes Barbosa, "Revendo o Passado", de Freire Jr., além de músicas mais contemporâneas porém com nítido sabor seresteiro, como "Valsa Sem Nome", "Velho Amigo", "Canção do Amor Ausente", de Baden Powell e Vinicius de Moraes, mais "Serenata do Adeus" e "Valsa de Eurídice" de Vinicius de Moraes, e, enfim, "O Que Tinha Que Ser", de Vinicius e Tom Jobim. Um disco conceitual, o que já é em si uma raridade na discografia do violonista,[108] que remete a sua infância, ao tempo das serenatas nas ruas de São Cristovão, das rodas de música em casa, quando adormecia ouvindo o violino do pai. Reminiscências que despertaram no violonista uma emoção, uma delicadeza, uma leveza raramente atingidas na sua obra. "Baden confere um tratamento camerístico aos temas seresteiros, eliminando as inclinações rítmicas, preferindo pausas medidas e notas meditadas", salientava o crítico Tárik de Souza[109] a propósito do LP que em 1989 foi prensado e lançado no comércio pelo selo Ideia Livre Produções Culturais, com outro título, *Violão em Seresta*. Mas sua história não acaba aí. Em 1991, seria lançado novamente, em CD, pela Caju Music, com um terceiro título: *Seresta Brasileira*. No mesmo momento, a JSL, selo francês de Joel Leibovitz, lançava-o na Europa com seu primeiro título, *Rio das Valsas*. Em ambos os países, o CD receberia da crítica a cotação máxima.

Ainda em 1989, seguindo *Violão em Seresta*, o disco, houve *Violão em Seresta*, o show, que Baden Powell apresentou no Projeto SP, em fevereiro desse ano. Numa noite, ao fechar a apresentação com o "Samba da Bênção" — como já se tornara hábito obrigatório em seus shows — na hora dos "saravás", pediu proteção aos orixás e ao amigo de infância Maurício Vasquez, que àquela altura era o bispo Dom Estevão, e que estava assistindo ao show. O religioso não se abalou com o sincretismo em

[108] Salvo *Os Afro-Sambas*, são raros os discos de Baden Powell pensados a partir de um conceito. Em geral, a coesão de seus trabalhos se deve ao estilo extremamente pessoal do violonista, muito mais do que a seu repertório.

[109] *Jornal do Brasil*, 07/01/1989.

que de repente se viu envolvido, e atendeu à sua maneira ao pedido do violonista, abençoando a todos com o sinal da cruz.

Desde abril de 1986, Chico Buarque e Caetano Veloso apresentavam um programa mensal na TV Globo, chamado *Chico & Caetano*, no qual recebiam grandes estrelas da MPB.[110] Baden foi convidado para o programa. Mas ele estava mal de saúde, debilitado e sem energia, tanto que ao receber o convite, não se animou, e como costumava fazer em tais casos, falou para Sílvia: "Cobre muito caro, assim a produção desiste de mim". Sílvia cobrou um horror, mas a produção aceitou... No dia da gravação, Baden chegou completamente alheio, mais magro e frágil do que nunca. Durante o ensaio, não conseguiu encadear duas notas no violão, deixando em pânico tanto a produção, como Chico e Caetano, seus anfitriões, além de Elizeth Cardoso, com quem faria um número além do seu próprio. Consternados, viam-no adernar no seu banquinho, prestes a cair a qualquer momento. Não sabiam o que fazer. Porém, como ocorrera tantas outras vezes, na hora da gravação, o milagre aconteceu. Baden despertou e foi extraordinário. Era o primeiro encontro de Baden e Elizeth desde o MIDEM, em Cannes, em 1974. Novo encontro ocorreu algum tempo depois, em junho de 1989. Juntos, os dois artistas apresentaram-se por duas noites, em uma série de concertos organizados no Espaço Cultural H. Stern, com o show *Revivendo Vinicius*, uma homenagem ao poeta por um dos seus maiores parceiros e uma das suas melhores intérpretes. Baden só voltaria a se apresentar no Rio de Janeiro em maio de 1990, no Rio Jazz Club, onde fez uma temporada de duas semanas. Os shows de 2 a 6 de maio foram gravados, resultando num CD, lançado em julho do mesmo ano pela Caju Music.

A travessia do deserto discográfico de Baden Powell estava chegando ao fim, graças, sem dúvida, à recém-criada gravadora Caju Music. Se o violonista ficara tanto tempo sem gravar, era em parte devido a sua organização problemática, porém muito mais devido à falta de interesse das multinacionais pela música instrumental, até pelo trabalho de um artista do nível de Baden Powell. A sofisticação das interpretações de Baden estava a mil léguas de distância dos produtos comerciais[111] prezados pelas

[110] O programa deu origem ao LP *Melhores Momentos de Chico & Caetano*, lançado pela Som Livre em 1986.

[111] O termo "produto" para designar os artistas e sua produção discográfica passou a ser utilizado pelas gravadoras a partir da década de 1980, indicando assim sua pouca consideração pela arte musical.

gravadoras. É provável que não só Baden Powell mas muitos outros artistas tivessem caído no esquecimento não fosse o entusiasmo e a fé de certos loucos que passaram a abrir pequenos selos independentes para gravar a música de que gostavam. Foi o caso de Peter Klam, alemão radicado no Brasil, que fundou a Caju Music. No catálogo inicial de nove títulos, a Caju Music tinha como destaque Baden Powell, que inaugurou a sua colaboração com o CD *Live at the Rio Jazz Club*, título em inglês porque Peter Klam já estava de olho no mercado estrangeiro. Com repertório já gravado inúmeras vezes em discos anteriores, Baden explicou: "O que preciso no momento é relembrar, fazer voltar à tona coisas muito importantes da MPB, que ficaram esquecidas. Na verdade, tenho feito muito isso nos últimos anos, mas vou fazer mais ainda". Fazer mais para manter viva a memória musical, fazer mais também porque cada interpretação de Baden é uma nova visão da música, uma nova apropriação, uma nova emoção. "Acho que nunca mais vou gravar uma versão [de "Asa Branca"] como aquela. Realmente me tocou o coração."[112]

Para Baden, o futuro de sua música estava no passado, porque o presente estava nas mãos da TV, das fábricas de disco, das multinacionais que não davam chance ao artista, dos empresários que só queriam trabalhar com artistas que enchem salas de 20 mil pessoas... Para o lançamento do *Live at the Rio Jazz Club*, Baden fez diversos shows pelo país.

Em novembro, Baden estava no estúdio Sinth, no Rio de Janeiro, gravando... *Os Afro-Sambas*. Punha um ponto final em 24 anos de frustração: "A gravação feita em 1966 era de péssima qualidade sonora, pois na época só existiam dois canais estéreo. Além do mais, no dia em que gravamos teve um tremendo temporal, a chuva inundou o estúdio. Os músicos tocavam sentados em caixas de cerveja e uísque que nós tínhamos bebido. Estávamos muito inspirados, mas também muito bêbados. Pouco profissionais, a bem dizer. Mas a gravação tinha que sair naquele dia. Todo mundo participou do disco, esposas, namoradas, amigos...". Pelo visto, ninguém, sequer Vinicius de Moraes, percebeu na época a importância dos afro-sambas na obra de Baden Powell. É inegável que o grande achado de Baden como compositor, o que em sua obra marcou a música brasileira, são os afro-sambas. E ele sabia disso. Contudo, não teve condições de impor essa consciência aos demais participantes da gravação. Sem que Baden tenha jamais comentado nada sobre o assunto, tal desencontro faz pensar que, na relação com Vinicius, o que prevalecia

[112] Entrevista a Carlos Calado, *Folha de S. Paulo*, 25/07/1990.

era a opinião do poeta. Este é quem tinha a autoridade, o poder de decisão. Ainda que a genialidade fosse a mesma para ambos, o carismático Vinicius se comportava como líder incontestável da dupla... Diferença de idade e, sem dúvida, social.

Em 1990, Baden resolveu consertar o erro, fazer o disco que sentia em suas entranhas desde que compusera os afro-sambas. Sozinho, reescreveu todos os arranjos, assumiu a direção artística, a regência e os solos, participou da sessão rítmica fazendo percussões e ainda assinou o encarte que acompanhava o disco. Mas não modificou uma vírgula sequer das músicas para que o público que conhecia de cor o repertório do disco não se decepcionasse: o projeto era fazer agora, tal como deveria ter sido feito, o disco que gravara com Vinicius de Moraes em 1966. Evidentemente, os músicos já não eram os mesmos, exceto o Quarteto em Cy, que participou da gravação. Porém, quando o CD saiu, em dezembro de 1990, apenas 3 mil felizardos tiveram acesso ao que foi apenas um disco-brinde. Ele só pôde ser feito graças à Ideia Livre Produções Culturais, que continuava apostando na cultura, apesar de a Lei Sarney de incentivo cultural ter sido suprimida pelo governo Collor, e graças também ao patrocínio do Banco BMC. Seis meses mais tarde, o máster do disco seria liberado para comercialização na Europa (pelo selo JSL) e no Japão, fato que teria o dom de irritar profundamente as cantoras do Quarteto em Cy. Ninguém avisara que o disco seria comercializado, e elas nunca receberam os *royalties* que lhes cabiam. Mas, em termos de confusão, Baden e Sílvia continuavam os mesmos, como os donos do Jazzmania teriam o triste privilégio de conferir em julho de 1990.

Estava acertada uma temporada de duas semanas no Jazzmania, que deveria estrear no dia 5 de setembro de 1990, com o show *Tempo Feliz*, dirigido por Ronaldo Bôscoli, e no qual Baden Powell iria lançar uma nova cria, a amazonense Felicidade Susy, de vinte anos. O violonista e a cantora vinham ensaiando havia algum tempo, na casa de Itanhangá, um repertório inédito, que abrangia obras de Pixinguinha, Noel Rosa e Ary Barroso, acompanhados por um quarteto de cordas. Baden estava muito empolgado com a cantora "maravilhosa". Sílvia, bem menos... ainda que, apesar do ciúme, reconhecesse que o show ficaria lindo. Tão lindo que Ronaldo Bôscoli achou que era mais adaptado ao ambiente do Un, Deux, Trois que ao palco do Jazzmania. Chico Recarey, o dono do Un, Deux, Trois, que não esquecera do sucesso que Baden fizera na temporada anterior na sala, topou a ideia e fechou com o artista uma temporada de um mês. E assim Luiz Antônio Cunha e seu sócio ficaram a ver navios,

Gravado em estúdio em 1988, o belo *Violão em Seresta* teve mais dois títulos: *Rio das Valsas* e *Seresta Brasileira*.

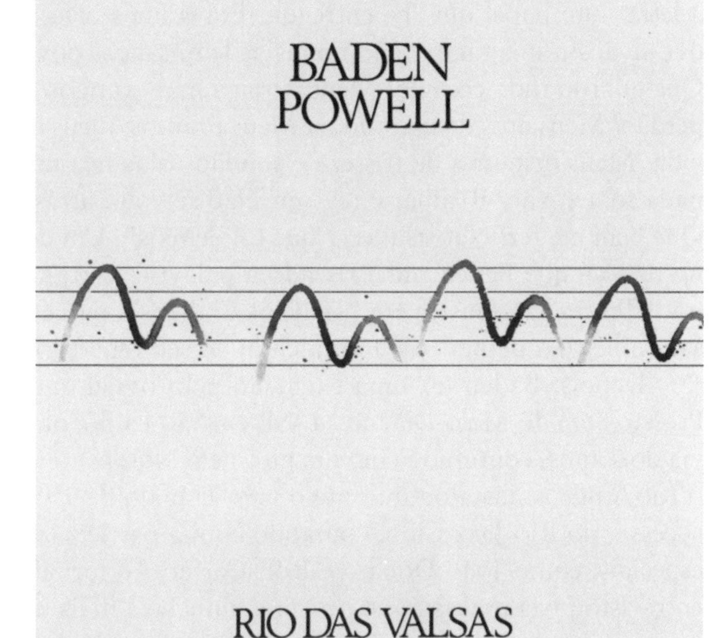

Rio das Valsas, a edição europeia do disco de 1988.

porque ninguém os avisou que o show não seria mais no Jazzmania. Souberam do cancelamento pelos clientes que ligavam para desfazer as reservas... Evidentemente, eles não gostaram da piada, e quando, com muita dificuldade, conseguiram falar com Sílvia, cobraram-lhe uma multa de 40 mil cruzeiros. E dessa ela não conseguiu se livrar: "Foi a única multa que eu paguei! Mas Chico Recarey tinha feito uma proposta muito melhor que o pessoal do Jazzmania, então valia a pena, até pagando a multa". Só que o artista e sua empresária se deram mal nessa aventura, porque o show foi um grande fracasso de bilheteria. Tinha tudo para funcionar, mas não funcionou, tanto que acabou muito antes de completar o mês previsto.

Sem Felicidade Susy, mas com o mesmo texto escrito por Ronaldo Bôscoli, o show viajou para o Japão e para os Estados Unidos. Em Washington, Baden tocou na mesma noite que Charlie Byrd, e no final do show deliciaram o público com uma canja improvisada. Em Nova York, onde se apresentava pela segunda vez no Blue Note, uma surpresa o esperava: Tereza Drummond. Dessa vez, Tereza pediu que avisassem o violonista da sua presença. Baden foi pessoalmente buscá-la na porta da boate. Quando se viram, caíram nos braços um do outro, muito emocionados. Restos de uma paixão que não acabara. Depois do show, Tereza foi até o camarim. Baden tocou uma música só para ela, depois escreveu a letra num papel que lhe entregou. Era o mais belo pedido de perdão que se possa imaginar: "São tantas as lembranças povoando o coração/ Que guardo inda comigo/ Meus desejos mais antigos/ Meus pedidos de perdão/ Meus atos de ingratidão/ Meus prantos, meus espantos diante da vida/ Meus instantes de tristeza e solidão/ Mas fica uma certeza de que nada foi em vão/ Reamar é reviver/ Não se volta atrás, mas que prazer/ Que bem me fez/ Não esquecer que foi demais". Um detalhe importante no texto é que Baden tinha riscado a palavra "certeza", substituindo-a por "Tereza". A música era "Cabelos Brancos", parceria com Paulo César Pinheiro, que Baden nunca incluiu no seu repertório.

Depois, Baden fez uma excursão pelo Brasil que começou com o Projeto Som do Meio-Dia, no MASP, em São Paulo, onde não tocava havia dois anos, continuou com um giro pelo Nordeste e enfim voltou para o Rio, onde se instalou durante o mês de maio de 1991, dessa vez com sucesso, no Rio Jazz Club, contando com a participação de convidados especiais, como João Donato e Ron Carter. Ao jornal *O Globo*, que o entrevistou nessa ocasião, o artista denunciava mais uma vez quanto, a seu ver, a juventude estava desinformada musicalmente. Para o compo-

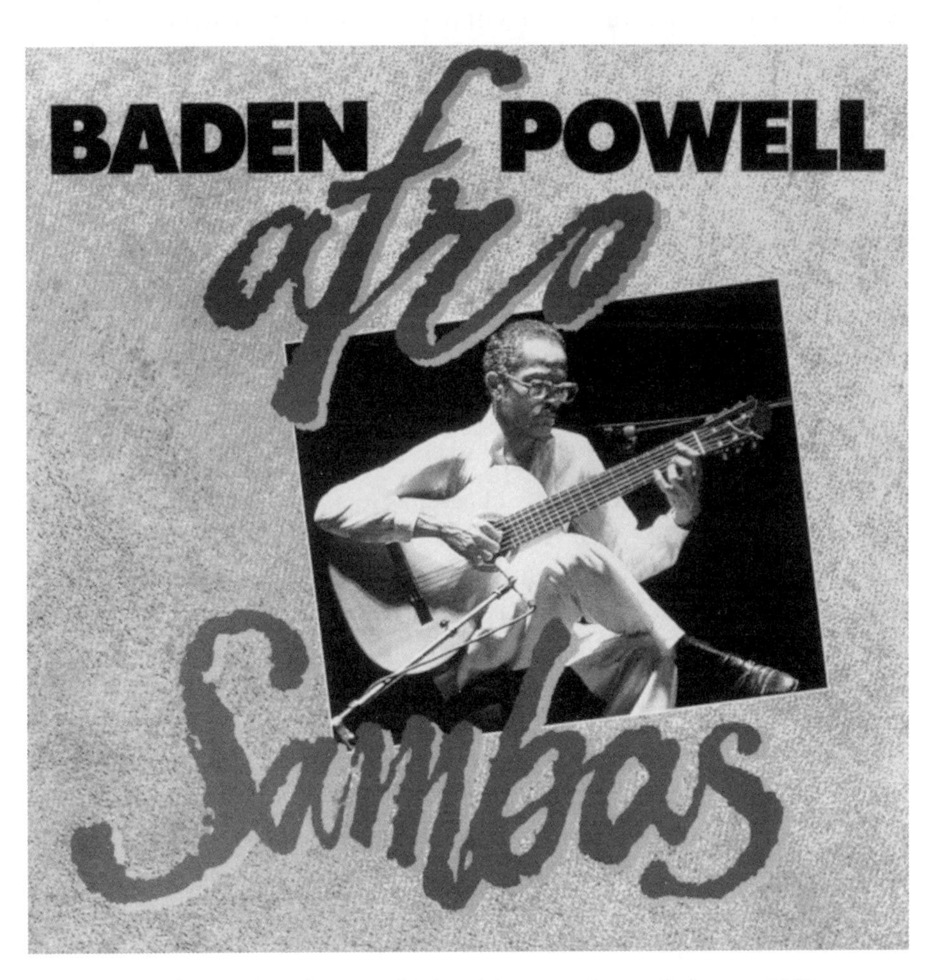

Os *Afro-Sambas*, disco antológico, foi regravado por Baden em 1990, insatisfeito com a qualidade técnica do original de 1966.

sitor, tornara-se quase uma obrigação "passar o máximo de informações ao público e incentivar os jovens".[113]

Três anos depois de ter regressado ao Brasil, Baden fazia um balanço deste país "como uma casa em que os moradores colocaram o fogão na sala, a geladeira no quarto, a cama no banheiro, o guarda-roupa na cozinha". Porém, mais do que o confronto com as dificuldades próprias à vida no Brasil, que ele esquecera durante os longos anos passados na Europa, eram as mudanças que o machucavam. Aos 54 anos, Baden percebia que as coisas já não eram como antes. De maneira quase obsessiva, lamentava a falta de comunicação entre os músicos, o fim da boemia, das farras. O fim de uma época passada: a de sua juventude. Pois o que acabara, na realidade, era seu tempo de criança, de adolescente. E também seu estrelato. Não se podia negar que Baden tinha um público fiel no Brasil, porém um público restrito. Sua fama continuava grande no meio musical, mas na rua ele não passava de um desconhecido e, claro, nem em sonho sua música tocava no rádio, e mesmo a televisão raramente o convidava. Os tempos do *Fino da Bossa* estavam longe... Quanto a seus discos, nem sequer estavam à venda.

Em maio de 1991, contudo, chegou às lojas brasileiras um novo disco de Baden, *Love Me with Guitar*. De novo, na realidade, só tinha o título, pois se tratava do muito antigo *Le Monde Musical de Baden Powell*, da Barclay. Fora lançado por ocasião da recente ida de Baden aos Estados Unidos, pela United Artists, com o título de *Fresh Winds*, e o selo Joker/Imagem o estava lançando no Brasil. A impressionante discografia de Baden Powell, praticamente impossível de contabilizar de maneira precisa, andava espalhada pelos quatro cantos do mundo. Mas o Brasil foi onde o violonista menos gravou. E quem quisesse comprar um disco dele tinha a maior dificuldade em encontrar algo nas prateleiras das lojas. Sem gravadora para promover seu nome e seu trabalho, dificilmente Baden venderia discos no Brasil. Porém, agora que ele estava definitivamente — se é que essa palavra algum dia teve sentido para ele — de volta ao país, aos poucos alguns discos começavam a ser reeditados em CD no Brasil. Depois do *Love Me with Guitar*, *Tempo Feliz*, gravado em 1966 com o gaitista Maurício Einhorn, foi lançado em CD pela Polygram em agosto de 1991. Na mesma época, o violonista estava excursionando pelo sul do país, de São Paulo a Curitiba, Florianópolis e Porto Alegre.

[113] Entrevista a José Domingos Raffaeli, *O Globo*, 23/05/1991.

As temporadas no Rio Jazz Club tinham se tornado um compromisso anual, e em maio de 1992, Baden estava pelo terceiro ano consecutivo no palco do clube da cave do hotel Méridien, para um temporada de duas semanas. Aparentemente reconciliado com a cultura ianque, Baden incluiu no repertório músicas como a maravilhosa "Cry Me a River", de Arthur Hamilton, e o clássico "'Round About Midnight", de Thelonious Monk, num show mais instrumental. Reconhecia que cantava de brincadeira, mas que fundamentalmente era compositor e instrumentista. Todo ano, Baden fazia uma temporada na Europa. Ele tinha um empresário na Suíça, Daniel Bakman, que organizava turnês que o levavam da Finlândia à Espanha, da Itália à Holanda, e passavam evidentemente pela Suíça, onde Baden gravou *Live in Switzerland* em maio de 1992, no Théâtre de Beausabre, em Morges. Um CD cheio de novidades no repertório do violonista, que voltava às raízes clássicas com números como "Adelita", de Francisco Tarrega, e "Jeux Interdits", a célebre música do filme homônimo que ninguém mais no planeta se atrevia a tocar e à qual Baden, com sua garra pessoal, dava uma nova vida.[114] E mais "Astúrias", de Albeniz, uma homenagem ao Nordeste, e "Variações sobre Asa Branca", de Luiz Gonzaga, "um compositor que nem ele mesmo sabia da importância de sua obra", segundo Baden Powell. Além disso, uma suíte de cantigas de roda e dos hinos Nacional, à Bandeira, ao Flamengo, "Coisa nº 1", de Moacyr Santos, e "Bolinha de Papel", de Geraldo Pereira.[115]

Em agosto estava de volta ao Brasil. Tinha show em Salvador e a grande novidade era que se apresentaria com os filhos. Não mais como percussionistas acompanhantes, mas como músicos treinados. Grande profissional que era, apesar de tudo, jamais Baden teria integrado os filhos num show se não tivesse certeza de que eram bons o bastante e que tinham nível para dialogar com ele. Ninguém mais do que Baden podia

[114] Interpretada por Narciso Yepes, "Jeux Interdits" foi tema do filme homônimo do diretor francês René Clément, com Brigitte Fossey. Como "Pour Élise", de Beethoven, para os estudantes de piano, "Jeux Interdits" tornou-se o hino dos aprendizes de violão do mundo inteiro, fazendo com que ninguém mais a suportasse...

[115] Esta referida como "Falseta" na capa do disco. Esse tipo de erro é muito comum na discografia de Baden Powell, uma vez que nas gravações fora do Brasil quem indicava o título das músicas era ele mesmo, e não havia ninguém para conferir. Quando ele não sabia o título exato, inventava qualquer um. Da mesma maneira, a grafia do título das músicas é às vezes bastante fantasiosa. Assim surgiram, nas mãos dos europeus desinformados, músicas do repertório brasileiro como "Quaquaraquaquá" e "Chico Ferreira e Bento", entre outras.

medir a competência dos meninos, que estavam completando respectivamente quatorze e dez anos. Afinal, fora ele quem os formara, como testemunharia Marcel: "Quando eu era pequeno, a gente brincava de show com Philippe. Ele fazia uma luz especial em cima da gente, e tocava piano, mas eu não tocava nada. Então ele me ensinou 'Yesterday', dos Beatles, no violão. Ele mostrou as posições, eu ia tocando e ele solando em cima. Quando mostrei para o papai, ele falou: 'Muito bem, mas agora vamos corrigir. A posição da mão é assim. Agora você vai fazer exercícios...'". Tendo ficado claro para ele que não se tratava de uma empolgação passageira, só para "fazer como o papai", mas que demonstravam real talento e interesse pela música, Baden passou a se envolver no aprendizado dos filhos. "Acho que papai queria ver primeiro se a gente tinha talento. Depois, sim, ele se envolveu", comenta Philippe. Baden queria que ele fosse engenheiro nuclear. Argumentava que não pudera estudar porque a falência do pai o obrigara, ainda muito jovem, a sustentar a família, o que era apenas uma parte da realidade. Também interrompera os estudos porque só queria saber de tocar violão e nunca manifestara a mínima ambição universitária. Porém, para os filhos tinha sonhos além da música. Philippe não sabia se queria ser engenheiro ou músico, ambos caminhos o atraíam. "De qualquer forma, para estudar engenharia eu precisava de uma estabilidade que a vida dos meus pais tornava impossível. Eles tinham sonhos ambiciosos para mim, mas não faziam nada para que eu os pudesse realizar... Hoje sou músico e gosto muito, mas também teria gostado de fazer estudos superiores, de ir à faculdade. Agora, é verdade que, como qualquer menino, quando eu era pequeno, só queria ser como papai. Pegava o violãozinho oitavado que o *luthier* alemão, o Hopf, tinha me dado e ficava tocando." Então, Baden e Sílvia procuraram um professor de música para o filho mais velho. Quando o professor perguntou qual instrumento ele queria aprender a tocar, Philippe respondeu sem hesitação:

— Quero tocar piano.

"Talvez porque quando era pequeno papai sempre botava um disco de Chopin para eu adormecer." Philippe começou a tomar aulas de piano na Alemanha com um certo senhor Pons. Contudo, Baden não se ligou nos estudos musicais do filho. Só quando a família voltou para o Brasil é que ele começou a dar alguma atenção ao aprendizado de Philippe, então com treze anos de idade. Procurou para ele a melhor professora de piano, Sônia Vieira Madeira, diretora da Escola Nacional de Música do Rio de Janeiro. Quanto a Marcel, ao chegar ao Rio tinha se apoderado do violão oitavado que o irmão recebera de Hopf e agora não queria mais saber de tocar violino ou violoncelo, só lhe interessava o violão. E queria como professor o maior violonista do mundo: seu pai.

— Ah, não, meu filho, eu não tenho nem tempo nem saco para isso, arranje outro professor de violão por aí.

"Eu ainda não tinha pensado no assunto. Mas ele foi para o quarto, discutiu com o irmão e dali a pouco chegam os dois:

— Mas nós queremos que você seja nosso professor de música. Tem que ser você.

Era uma exigência deles que eu não podia recusar. Aí, tudo bem, comecei a dar aula de música, de solfejo, de harmonia para os dois e de violão para Marcel. Ele, eu peguei zero quilômetro. Nem pegar direito no violão ele sabia. E era canhoto, ainda por cima. Como eu, né? Mas ele toca destro. Não tem por que tocar de outro jeito. Já se viu piano para canhoto? Então, não precisa de violão para canhoto." Estudar música com Baden Powell era coisa séria, não dava para levar as coisas amadoristicamente. Eram três, quatro horas de exercícios por dia. Baden, exigente, não perdoava esses alunos muito especiais.

— Antes de mais nada, tem que fazer os exercícios. Coloca a mão assim. E esses exercícios, tem que fazer a vida toda.

Como o próprio Baden fazia. Os meninos sabiam disso. Quantas vezes não o viam sentado na cozinha da casa de Itanhangá — o melhor lugar para o som do instrumento — à noite, quando tudo ficava silencioso, tranquilo, estudando até amanhecer? Ligava o metrônomo e podia ficar doze horas trabalhando o mesmo exercício. E o que ele cobrava de si próprio, cobrava dos filhos, principalmente de Marcel, por ele tocar violão. Depois vinha o estudo das melodias. Qualquer coisa que os meninos começassem a tocar, ele ia logo exigindo:

— Cadê a partitura? Tem que tocar com partitura.

E ia ensinando a ler música. Quando não tinham mais hesitação na leitura, ensinava interpretação.

— Meu filho, você tem que dar cor, vida à interpretação. A música tem que falar. Técnica, estudando, qualquer um sabe, mas sem interpretação a música fica crua. Então tem que vesti-la. É na interpretação que reside o talento do instrumentista.

A música em si, Marcel aprendia em uma hora. Mas a interpretação era outra história. Nota por nota, acorde por acorde, ficava três, quatro horas caprichando num som. Era outra forma de ensinar música, muito menos convencional, mas que marcou os meninos. Baden continuava bebendo bastante na época. Às vezes, passava a noite inteira deitado no sofá da varanda, escutando música. As seis caixas de som parafusadas no teto da varanda difundiam o som altíssimo pela casa toda. Como sempre, elegia um disco e o tocava sem parar, noites inteiras durante meses. Cada vez que o disco chegava ao fim, Baden levantava e botava novamente para tocar. Muitas vezes, porém, não conseguia levantar, então chamava Philippe. "Eu cansei de passar noites em claro porque papai me chamava a toda hora para botar o disco novamente. Mas nisso ele começava a me explicar o disco. Eu lembro que teve uma época que era o Jacques Loussier. Aí ele analisava tudo, a técnica, o som, como ele tocava. Outra vez era o disco dos Swingle Singers... Acho que as melhores aulas de música que eu tive foram as dele." Marcel estava com três meses de violão quando o pai anunciou:

— Bom, agora vamos botar isso no show. Eu ensinei, agora tem que ver se funciona no palco. Mas vocês sabem como é que se entra no palco? Como é que se segura o violão? Como é que se vai até o banquinho? Como é que se saúda o público?

E isso, também, ele ensinou aos filhos, porque para ele ser profissional também era saber se apresentar ao público. Uma coisa só ele não ensinou a Marcel, a batida do samba: "Era uma coisa que eu queria muito saber fazer, essa batida dele, um jeito muito específico de tocar samba que ele tem. Isso ele não me ensinou. Ele me falou que tinha criado essa batida, mas que ele não sabia ensinar porque era uma coisa que estava dentro dele, que ele não sabia explicar. Uma coisa que vem do tamborim e do surdo. Aí, eu escutei muito ele tocar e acabei achando... mas tampouco sei explicar como é que é".

Foi assim que, em agosto de 1992, Baden levou os filhos para o palco em Salvador. Por sinal, aceitara o show por insistência dos dois meninos. Como acompanhavam praticamente todas as viagens do pai, acabavam indicando os lugares que queriam visitar. E de Salvador eles gostavam muito. Só não tinham previsto que dessa vez iriam lá a trabalho. Salvador foi só um tira-gosto. O negócio esquentou mesmo em fevereiro de 1993, quando, como todo ano, Baden se apresentou no Rio Jazz Club, só que dessa vez com Philippe e Marcel. E foi para nenhum crítico botar defeito. Mas também o pai, exigentíssimo, não deixaria passar qualquer defeito. Tinham ensaiado feito loucos, e apesar das súplicas de Sílvia, que pedira que no dia do show os deixasse descansar, Baden acordou os filhos às sete da manhã e botou os dois para ensaiar até a exaustão. Ele tinha para com os filhos a mesma exigência que para si: "Eu sempre tra-

Philippe, Marcel e Baden: o pai formou os filhos para a música.

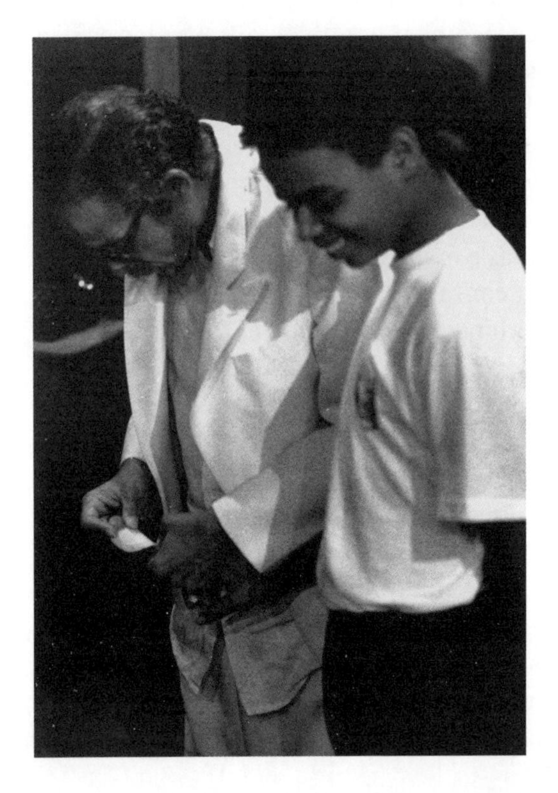

Unha de violonista é coisa séria:
Baden lixa as de Marcel.

balhei muito. Mesmo com a boemia e as farras, eu sempre estudei seis a oito horas por dia...". Na hora do show, ironizando sobre o sucesso planetário da lambada paraense, que dominara as paradas de sucesso no final da década de 1980, botando — momentaneamente — a MPB para trás, Baden anunciou, ao subir sozinho ao palco, que ia tocar de tudo, exceto lambada. Tocava um tributo ao cego Aderaldo, um *pot-pourri* de cantigas de roda, o Hino Nacional, o Hino à Bandeira e até o do Flamengo e "Coisa nº 1", de Moacyr Santos, outro de seus mestres. Logo chamava os filhos. "E aí era um chororô medonho", contaria Sílvia, com os olhos brilhantes de orgulho maternal. "Era tão emocionante que eu chorava, Baden no palco chorava, o público na sala chorava. Só os meninos riam, achando maravilhoso estar no palco." Philippe ao piano, Marcel ao violão e uma belíssima demonstração do virtuosismo e ecletismo musical de ambos. Como o pai, navegavam nas águas do clássico, do folclore, da MPB e até — com impressionante *feeling* — do blues. Aos 10 anos, Marcel brilhava na interpretação a quatro mãos — duas dele, duas do pai — de "Brasileirinho". "Foi a primeira música que o papai me ensinou, e ele falou assim: 'Isso vai ficar muito bom, porque você é pequenininho, e tocando 'Brasileirinho' vai ficar ótimo'."

Nesse ano, Philippe e Marcel acompanharam o pai em todos os seus shows pelo Brasil. Em julho, estavam no SESC Pompeia em São Paulo, apoiados pelas percussões de Flávio Neves, Trambique e Zizinho; no final do ano no Vinicius Piano Bar, no Teatro Cecília Meireles, no Rio.

Em 1993, Vinicius de Moraes teria completado oitenta anos. Para homenagear o finado poeta, o governo carioca decretou 1993 "Ano do Vinicius". Entre muitas cerimônias e manifestações que marcaram aquele ano, houve um evento, no dia em que seria o aniversário de Vinicius, na Câmara Municipal do Rio de Janeiro. Na plateia, entre outras personalidades presentes, estava, é claro, Baden Powell, que mandou avisar aos organizadores que tivessem a gentileza de não chamá-lo para tocar, pois ele não desejava subir ao palco. Dito e feito. Porém, a certa altura da cerimônia seu nome foi citado, e qual não foi a surpresa de Baden ao ouvir a plateia, repleta de estudantes, aplaudi-lo delirantemente, ovacioná-lo de pé. Quando a festa acabou, conversando com Sérgio Cabral, Baden Powell se queixou de que, com um público daqueles, não o tivessem chamado para tocar...

Mesmo assim, o ritmo dos shows ia diminuindo. Com menos compromissos, sem parceiro, sem gravadora, Baden passava longos períodos em casa, inativo. Apavorada com a ideia de que ele pudesse voltar a beber como antes e pouco chegada às antigas amizades e à família do marido, Sílvia o mantinha afastado de todos e de tudo que pudesse ser um incentivo para ele cair na farra, inclusive dos profissionais que queriam trabalhar com ele e que eram frequentemente barrados, impedidos de chegarem até o artista. Baden vivia num grande isolamento. Estava no Rio, em casa, mas nunca via a família, quase não encontrava os amigos e trabalhava cada vez menos. Restava-lhe como opção tocar violão. E beber... Preparava, com certa organização, copinhos de uísque na geladeira, e regularmente ia até a cozinha, abria a geladeira, sorvia de um trago só o conteúdo do copinho. Mas eram tantos copinhos que, em março de 1994, Baden mais uma vez entregou-se aos cuidados do doutor Clementino. Este já não trabalhava mais na Clínica São Vicente, mas na Sorocaba, em Botafogo. Foi, portanto, na Clínica Sorocaba que Baden procurou seu médico querido. Cada vez que sentia que estava à beira do abismo, Baden se internava espontaneamente. Sentia aproximar-se uma crise de depressão ou de violência e ia diretamente para a clínica. Em breve, os cuidados dispensados pela equipe médica o tranquilizavam, e ele se tornava o paciente mais querido da clínica. As enfermeiras o adoravam, fazendo-lhe todas as vontades. Exceto uma, polonesa rigorosa, que não lhe perdoava nada. Chegava uma hora em que Baden não aguentava mais, precisava sair um pouco, respirar fora da clínica, o que era terminantemente proibido. Ele tentava dar uma fugida. Saía do quarto de mansinho, pegava o elevador, chegava no térreo e nunca conseguia atingir a saída, pois a polonesa estava lá, barrando a passagem:

— Aonde você pensa que vai?

— Vou comprar fósforos... — argumentava Baden, piorando o caso, já que também estava proibido de fumar durante o tratamento. Mesmo assim, uma vez conseguiu driblar a vigilância polaca. Quando voltou, a enfermeira o submeteu a um interrogatório, para saber por onde andara.

— Eu estava lá na garagem da clínica, negociando a bicicleta com um cara que quer comprá-la.

A enfermeira desistiu de entender por que diabos um paciente seu estava vendendo uma bicicleta no subsolo da clínica. Dessa vez, Baden internara-se com nova crise de pancreatite. O tratamento acabou no final de março, e no início de abril ele embarcou sozinho para sua turnê anual na Europa. Sabendo da presença do amigo no Velho Mundo, Pierre Barouh, eterno fã, que estava justamente montando um festival no sul da França, convidou-o como destaque do evento. E, para convencê-lo de que não se tratava de um festivalzinho vagabundo, deu-lhe os detalhes da programação. Na mesma noite que Baden, por exemplo, havia Naná Vasconcelos. Com isso, se deu mal: Baden detestava Naná Vasconcelos, o "Vanjo Orico do berimbau", dizia dele, demonstrando que tampouco gostava da artista principal do filme O *cangaceiro*, que voltara a cantar nos anos 1980. E Baden Powell não apareceu no festival...

Alguns dias depois do pai ter viajado para a Europa, Marcel saiu do colégio e foi comprar balas na banca de seu Jorge. Ele era freguês do baleiro e costumava comprar fiado, pagando tudo no final do mês. Neste dia, Zeca, seu padrinho de crisma, que o acompanhava, aconselhou, sem maiores explicações, que ele pagasse as dívidas:

— Olha, é melhor você pagar logo tudo, porque amanhã não vai dar pra você pagar.

Marcel achou estranho, mas fez como lhe dizia Zeca. Quando chegou em casa, Sílvia lhe disse:

— Amanhã vamos para a Alemanha fazer show com seu pai. Vá arrumar suas malas.

No dia seguinte, Sílvia e seus dois filhos embarcaram para fazer a turnê pela Alemanha, Áustria, Suíça, Itália... Com isso, a vida escolar dos meninos, como fora a de Baden quatro décadas antes, prosseguia aos trancos e barrancos. "Eu faltei um mês à escola. Quando voltei, tive que recuperar tudo aquilo, era difícil. Mas isso aconteceu montes de vezes na minha vida", comentava filosoficamente Marcel.

Quando a família regressou, um mês mais tarde, para o Brasil, Baden e sua Cia. Powell, como chamara o conjunto formado com os dois filhos, já estava com show marcado no Rio Jazz Club. No mês de julho, a família Powell estava na Sala Guiomar Novaes, no Teatro Cecília Meireles, para uma temporada. Um disco ao vivo foi gravado no dia 14 de julho pela CID, mas só seria lançado no ano seguinte. A presença dos filhos a seu lado deu a Baden um novo pique e uma nova inspiração, fazendo com que incluísse algumas composições inéditas no repertório do CD *Baden Powell e Filhos Ao Vivo*. É o caso de "Prelúdio das Diminutas", "Prelúdio para a Mão Esquerda" e "Atravessado" (também conhecida como "Marcel Atravessado no Choro"), resultantes dos exercícios que Baden criou para o filho Marcel, e "Tributo ao Blues", assinada por Baden Powell e Philippe Baden Powell. Com infinito carinho mas muita modéstia, o pai coruja abre o disco apresentando seus músicos: "E agora, a continuação. E a continuação são os meus filhos". Primeiro, Philippe, o mais velho. Segue uma belíssima "Invenção a Duas Vozes", a do piano e a do violão, no qual pai e filho competem em virtuosismo. Ao piano bachiano de Philippe se sobrepõem as sonoridades de cravo do violão de Baden, que com 45 anos de carreira continuava reinventando, com suprema e incessante maestria, a sua arte. E, no momento em que parecia estar passando o cetro a seus discípulos, demonstrava que continua à frente de todos. Talvez justamente por saber que seus herdeiros vão dar continuidade a seu trabalho, a seu talento. Isso proporcionava uma certa paz ao artista e despertava-lhe novamente a imaginação e a genialidade. Com um violão promissor e evidente talento, Marcel ainda demonstrava certa imaturidade. Inclusive, nervoso durante a gravação do show, quando tocava "Magoado", aquela mesma música com a qual seu pai, com dez anos de idade, tirara o primeiro lugar como solista ao se apresentar no *Papel Carbono*, de Renato Murce, escorregou do banquinho, o que obviamente interrompeu a execução do número, levando o pai ansioso a confessar que, quando tocava com os filhos, precisava fumar para manter a calma. Calma que Baden jamais perdia na hora de corrigir tecnicamente os filhos. Nisso, sempre um pedagogo, ele tratava de explicar tudo com ternura. Agora, diante de qualquer demonstração de desleixo, Baden ficava uma fera, como na vez em que Philippe percebeu, na hora de subir ao palco, que tinha esquecido as partituras em casa.

Em novembro, Baden foi, pela segunda vez em sua carreira, para a Argentina. Tinha marcado um primeiro show numa boate em Buenos Aires, a Blades, que foi um verdadeiro caos. O público, pouco interessado em música, só queria mesmo beber e papear. Baden segurou heroicamente a barra, mas detestou o show. Felizmente, havia três outros previstos no clube de jazz Oliverio. E lá, o sucesso foi tal que o organizador, Menéndez, pediu a Baden que prorrogasse a temporada. A mídia assediou o violonista, que participou dos melhores programas de rádio da capital portenha, deu entrevistas, foi comparado por um jornalista a Gandhi... (fisicamente, o que não era nada absurdo) e elogiado por "sus invenciones barrocas en la guitarra". Baden tinha outros shows marcados em Córdoba e no Chile, depois dos quais regressou a Buenos Aires, onde se apresentou durante mais três semanas no Oliverio, com casa lotada todas as noites, só parando porque outro artista estava programado no clube. A grande cantora Mercedes Sosa foi assistir ao show nos primeiros dias da apresentação e logo fez amizade com o violonista, que durante sua estada em Buenos Aires encontrou-a diariamente. Os dois tinham até pensado em fazer um disco juntos, o que, como muito projetos de Baden, nunca aconteceu. Porém, Baden regressou para casa feliz pelo sucesso que fizera na temporada em Buenos Aires, Córdoba e Santiago do Chile.

De volta ao Rio de Janeiro, trancou-se no estúdio Rock House e, entre os dias 20 de dezembro de 1994 e 3 de janeiro de 1995, gravou *Baden Powell de Rio à Paris*, um CD com repertório quase todo inédito, assinado por Baden Powell solo ou com filhos, exceto as já conhecidas "Mesa Redonda" e "Vou Deitar e Rolar", parcerias com Paulo César Pinheiro, "Pra Que Chorar", com Vinicius de Moraes, e "El Dia que Me Quieras", dedicada a Mercedes Sosa. Ainda impregnado da prazerosa viagem à Argentina, Baden compôs para esse CD "Um Carioca Portenho", homenagem a Buenos Aires. Outra homenagem também figura no CD, "Tributo ao Professor Meira", além de "Samba Novo", "Abertura Afro-Brasileira nº 2", "Sermão" e "Sentimentos Brasileiros", de Baden Powell solo. E mais "Asa Delta", parceria com Philippe, e "Velhos Natais", com Marcel. Além da indubitável inspiração criativa, havia outro incentivo para tanta música inédita. Baden e Sílvia tinham finalmente fundado a própria editora, a Baden Powell Produções Artísticas, o que representaria um real acréscimo nas rendas do casal. Mas, para isso, era preciso haver novas músicas a editar. O disco foi lançado simultaneamente pela CID no Brasil e pela Body & Soul na França, selo da Frémeaux & Associés, pequena porém prestigiosa editora. Apesar da cotação máxima (quatro estrelas) que lhe foi atribuída pela revista francesa *Le Monde de la Musique* e da técnica impecável, infalível, como sempre, do violonista, *Baden Powell de Rio à Paris* é um disco relativamente frio, sem alma, sem emoção. Como que respondendo a Mauro Ferreira, do jornal *O Globo*, que a propósito do CD *Baden Powell e Filhos Ao Vivo* salientava que "a presença dos filhos em nada diminui o valor do CD", o frio *De Rio à Paris*, gravado solo, mostra que pelo contrário, a partir da década de 1990, foi nos discos gravados com os filhos que Baden revelou maior emoção e criatividade.

No início de janeiro de 1995, Baden e filhos tinham uma temporada no Hotel Intercontinental no Rio. No dia da estreia, Baden tomou um porre e declarou que não tocaria. Para os filhos, embora acostumados a ver o pai bêbado, foi um choque. Para Sílvia, mais uma vez um problema, que ela resolveu decidindo que haveria show, com ou sem Baden. E ela botou os filhos sozinhos no palco. Divididos entre o ódio à inconsequência do pai e a chance que isso representava para a autoafirmação de ambos, os dois meninos assumiram a responsabilidade de substituir o pai. "Claro, no início foi difícil, porque as pessoas vinham assistir a um show de Baden Powell, mas chegavam e não havia Baden Powell, aí elas iam embora. Mas aos poucos fomos nos impondo, e acabamos com a casa

Em Buenos Aires, Baden Powell e Sílvia em noitadas
no apartamento da amiga Mercedes Sosa.

cheia", lembrava Marcel. E com elogios da imprensa, que saudou a atuação dos filhos de Baden.

Na mesma época, Baden estava muito empolgado com um projeto de método de violão, elaborado a partir das aulas que vinha dando ao filho Marcel. A ideia lhe fora sugerida havia muito pelo maestro Guerra Peixe, falecido no ano anterior. "Ele me falou uma vez que eu precisava escrever um método passando a maneira que eu toco, que é diferente da maneira dos outros concertistas, dos outros violonistas. Ele me disse: 'Você tem uma escola que você criou e precisa passar isso para alguém, senão de repente você morre e não fica nada'. Então eu resolvi que tinha que passar tudo isso para o meu filho, e comecei a ensinar a Marcel. E, realmente, ele tem o mesmo som que eu, a mesma maneira de tocar que eu, tudo igual. Porém, Guerra Peixe não se conformou: 'Mas não é só isso, Baden, você precisa escrever essa coisa toda'. Aí eu resolvi que ia fazer. Mas alguém teria que bancar."

Não faltaram candidatos para bancar. Na França, um dos editores de Baden, Francis O'Neil, propôs que ele escrevesse cem exercícios para o violão, que ele publicaria: "Sou muito criativo, tenho essa capacidade de criar exercícios quando estou ensinando. Não ensino por método. Olho o aluno, vejo os defeitos que ele tem, e crio o exercício para aquela dedilhação. Se ele erra outra coisa, aí eu crio um novo exercício para corrigir esse outro erro. Francis O'Neil falou várias vezes: 'Me dá esses exercícios que eu publico'. Eu escrevo um, depois rasgo o papel, escrevo outro...". No Japão também havia um editor interessado. Baden imaginou que ficaria melhor ainda se o método fosse acompanhado por um vídeo de demonstração. O projeto foi crescendo, cada dia mais completo, mais interessante e mais rentável. Cada pessoa a quem Baden falava do projeto o encorajava:

— Faça isso, Baden, que você vai ficar milionário. O que tem de gente querendo aprender a tocar violão como você...

E Baden, entusiasmado:

— Olha, eu só preciso estar com a cabeça tranquila, porque, realmente, com a cabeça que não está muito bem, você não faz isso, não. Precisa estar muito tranquilo mesmo.

Nessas condições, é claro que o método de violão foi mais um projeto não realizado, pois, para Baden, estar muito tranquilo era a coisa mais difícil. Para variar, ele queria mudar-se novamente. Louco para regressar à Europa, para voltar a morar em Paris... Desde 1993, Sílvia movia o céu e a terra para encontrar um empresário na Europa que os fizesse voltar. Em vão: ninguém mais queria saber de Baden Powell, um artista difícil demais de lidar. Cacau Queiroz, radicado em Paris, estava trabalhando então com o pianista cubano Alfredo Rodríguez, cujo empresário era André Souliès. Cacau falou do violonista a André, que não se empolgou muito. Não que receasse problemas com o artista, que pouco conhecia, a ponto de pensar que ele era meio cafona e desatualizado. Mas, diante da insistência de Cacau, acabou se deixando convencer. Comprou uns discos do violonista, escutou, avaliou e viu que era muito melhor do que tudo que imaginara. Em 1994, ele entrou em contato com Sílvia e negociaram um contrato exclusivo de seis meses para começar. Ele tinha uma boa agenda, tendo empresariado artistas do porte de Michel Petrucciani, Salif Keita, Ray Charles, e poderia reestruturar a carreira do violonista na Europa.

Em março de 1995, Baden, Sílvia e filhos desembarcaram em Paris. O empresário os esperava no aeroporto. Ao ver o artista, ficou inquieto: Baden acabava de sair de um novo tratamento na Clínica Sorocaba. Mais magro, frágil e debilitado do que nunca, tomava muitos remédios, que misturava com cerveja, e o coquetel o deixava completamente zonzo e alheio. André tinha alugado um confortável apartamento para o violonista e sua família, na rue Casimir-Périer, no elegante VIIe arrondissement, a dois passos da Câmara de Deputados, do boulevard Saint-Germain e do rio Sena. E como nada podia ser banal com Baden, o apartamento ficava no prédio em que, como indicado na fachada, vivera e morrera em 1874 a famosa Condessa de Ségur, escritora que encantou a infância de várias gerações, qual uma Monteiro Lobato francesa. A família se instalou no apartamento e Sílvia inscreveu os filhos na melhor escola privada do bairro. Tanto o aluguel do apartamento como a escola eram caríssimos, o que constrangia Philippe: "Como bons brasileiros, meus pais pensavam que na escola privada o ensino era melhor. Só que na França a escola pública é excelente e até melhor, além de ser gratuita. Resultado, pagavam horrores quando podiam não pagar nada". Felizmente, a turnê que André organizara, com quarenta shows marcados, garantia uma renda de 100 a 150 mil francos mensais ao violonista, proporcionando-lhe um padrão de vida luxuoso.[116]

De março a agosto de 1995, Baden excursionou pela Europa. Estava em plena turnê quando recebeu um telefonema do compadre Billy Blanco:

[116] O valor equivale a 20 ou 30 mil dólares.

Herança da formação clássica, Baden sempre trabalhou com partituras. Aqui, alguns exercícios do próprio punho do violonista.

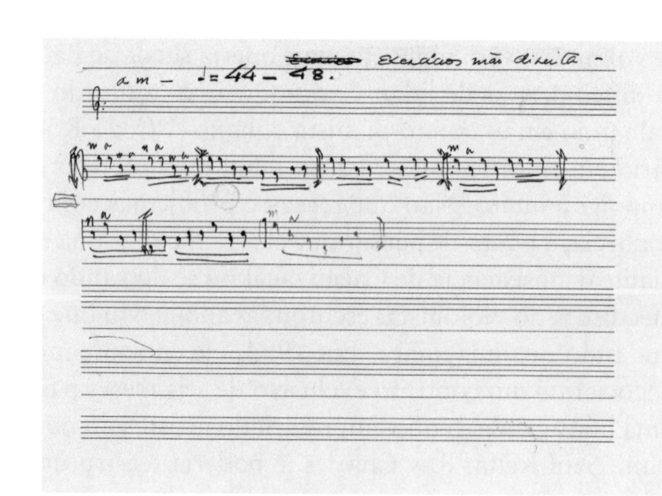

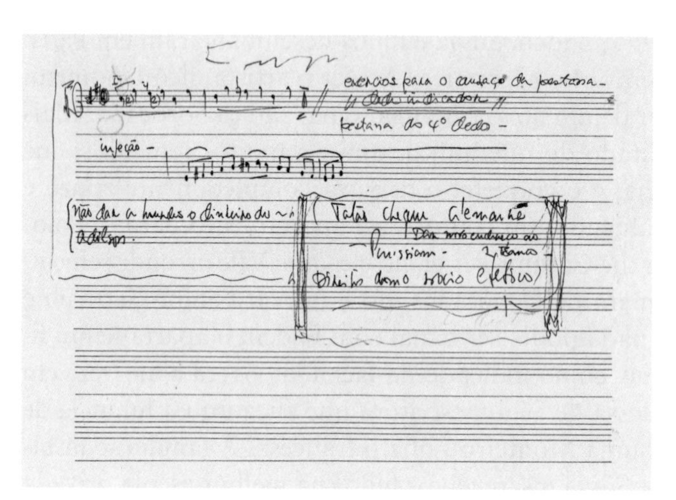

— Escuta aí o que o jornal está anunciando: "O violonista e compositor Baden Powell é o vencedor do XV Prêmio Shell de Música Popular Brasileira".[117]

Para receber o prêmio pelo conjunto de sua obra, além de Baden Powell, também foram indicados nesse ano Rita Lee, Roberto Carlos e Tim Maia. Porém, o júri, composto por músicos e jornalistas especializados,[118] elegeu o violonista. Antes dele, Tom Jobim, Luiz Gonzaga, Chico Buarque, Dorival Caymmi, Braguinha, Herivelto Martins, Caetano Veloso, Gilberto Gil, Jorge Ben, Edu Lobo, Milton Nascimento, Paulinho da Viola e Martinho da Vila tinham sido premiados. A cerimônia de entrega do prêmio estava prevista para novembro. Baden ficou feliz da vida pelo que considerava, com razão, o mais belo reconhecimento que poderia receber do Brasil, e prosseguiu a turnê, que passava por dois dos mais importantes festivais de jazz da Europa.

O primeiro era em Nice, no sul da França, que todo ano espalha seus palcos pelos belíssimos jardins públicos de Cimiez, uma das colinas que dominam a cidade. Com uma programação eclética de setenta bandas ou artistas, o Nice Jazz Festival atraiu, na edição de 1995, uma média de 45 mil espectadores. A configuração do festival faz com que aconteçam três ou quatro shows ao mesmo tempo. Na mesma hora que Baden Powell, no palco vizinho, apresentava-se o grupo de rock Morphine, cujo som eletrizado cobriu o acústico do violonista. Com uma gentileza e uma paciência que em outros tempos jamais demonstraria, Baden interrompeu seu concerto, esperou que o Morphine concluísse o dele, e voltou, uma hora mais tarde, sorridente para o palco, onde deliciou seu público com a segunda parte do show. Para os últimos números, chamou seus dois "convidados especiais", Philippe e Marcel. Ambos receberam os maiores elogios da imprensa, que neles observou "a mesma elegância do pai".[119] Pai que siderou Luc Gaurichon e Rémy Kolpa Kopoul, os programadores do festival — homens de esquerda —, ao se queixar em entrevistas à imprensa de que o problema da França era a abundância de estrangeiros que lá viviam! Tal raciocínio — carro chefe das reivindicações da extrema direita francesa — soava mal na boca de um artista que, primeiro, era um desses estrangeiros, e, segundo, embora não exatamente politizado,

[117] *O Estado de S. Paulo*, 19/07/1995.

[118] Verônica Sabino, Ithamara Koorax, Paulo Moura, Tárik de Souza e Arthur Dapieve.

[119] Fara C., *L'Humanité*, 19/07/1995.

sempre fora próximo dos meios de esquerda; sempre se mostrara solidário com a oposição durante a ditadura, denunciava os problemas sociais de seu país, a corrupção, e participava de shows beneficentes.

Os acasos da programação do festival de Nice fizeram com que Claude Nougaro também estivesse se apresentando nesse ano, o que ocasionou um encontro cheio de emoção entre os dois grandes músicos, que não se viam desde 1975. No dia seguinte, Baden seguiu para o segundo grande festival da turnê, em Montreux, na Suíça. Havia quase duas décadas que os artistas brasileiros eram parte imprescindível do elenco do festival, seja participando da célebre Noite Brasileira, que costuma abrir o festival, seja atuando na segunda parte deste, dedicada ao jazz propriamente dito. Praticamente todos os artistas brasileiros de renome, e até alguns pouco conhecidos, já tinham se apresentado no mínimo uma vez, alguns mais de duas, no palco do grande festival suíço. Baden Powell nunca, o que era uma grande injustiça com ele e uma grande falha na programação do festival. Sua ausência era devida ao fato de que o festival conta com as gravadoras para o financiamento das viagens dos artistas, vindos dos quatro cantos do mundo. E como Baden não parava em gravadora nenhuma, não havia quem arcasse com sua ida a Montreux. Mas nesse ano, ajudando Souliès nos seus esforços para promover Baden, havia o editor Patrick Frémeaux, que já lançara o CD *Baden Powell de Rio à Paris*, e estava interessado em continuar colaborando.

No dia 22 de julho, não na Noite Brasileira e sim na programação jazz do festival, Baden Powell se apresentou solo no Montreux Jazz Festival. Teceu no violão novos improvisos e novas emoções para um repertório já clássico, estritamente brasileiro e no qual entravam seus compositores favoritos (João Pernambuco, Dorival Caymmi, Luiz Bonfá, Tom Jobim, Pixinguinha, Ary Barroso, Luiz Gonzaga), além de Geraldo Pereira e de suas composições próprias. Como todos os artistas que se apresentam no festival, voltou para casa com o máster prontinho de um disco, *Live at Montreux*, que foi lançado no ano seguinte pela Frémeaux, na Europa. Ao sair, o CD seria eleito disco do mês pela revista francesa *Jazz Hot* e pela *Jazz Review*, de Tóquio. A turnê foi um sucesso, mas as relações com o empresário, difíceis. Na árdua posição de intermediária entre Baden Powell e o resto do mundo, Sílvia era a porta-voz do marido. Tanto que, profissionalmente, ela se dava mal com todos. Quanto a André Souliès, um rapaz esquisito, confuso, que além do mais se vestia com desleixo, tinha modos meio grosseiros e falava pelos cotovelos, deixando todos enlouquecidos, faltava-lhe o jogo de cintura necessário para

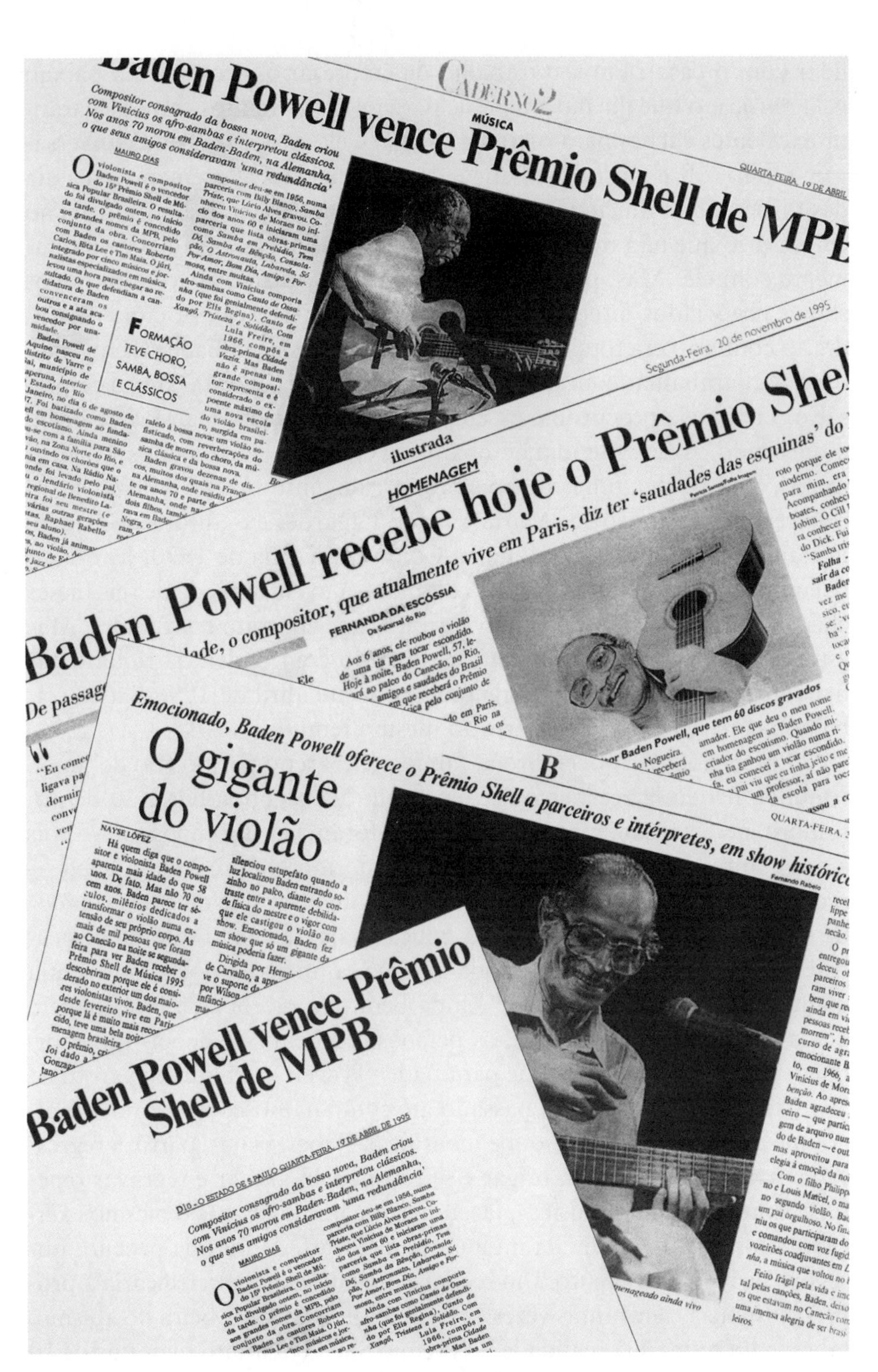

CADERNO 2

QUARTA-FEIRA, 19 DE ABRIL

MÚSICA

Baden Powell vence Prêmio Shell de MPB

Compositor consagrado da bossa nova, Baden criou com Vinicius os afro-sambas e interpretou clássicos. Nos anos 70 morou em Baden-Baden, na Alemanha, o que seus amigos consideravam 'uma redundância'

MAURO DIAS

FORMAÇÃO TEVE CHORO, SAMBA, BOSSA E CLÁSSICOS

Segunda-Feira, 20 de novembro de 1995

ilustrada

HOMENAGEM

Baden Powell recebe hoje o Prêmio Shell

De passagem pela cidade, o compositor, que atualmente vive em Paris, diz ter 'saudades das esquinas' do Rio

FERNANDA DA ESCÓSSIA
Da Sucursal do Rio

Aos 6 anos, ele roubou o violão de uma tia para tocar escondido. Hoje à noite, Baden Powell, 57, levará ao palco do Canecão, no Rio, amigos e saudades do Brasil em que receberá o Prêmio ...

B

QUARTA-FEIRA

Emocionado, Baden Powell oferece o Prêmio Shell a parceiros e intérpretes, em show histórico

O gigante do violão

NAYSE LÓPEZ

Há quem diga que o compositor e violonista Baden Powell aparenta mais idade do que 58 anos. De fato. Mas não 70 ou cem anos. Baden parece ter séculos, milênios dedicados a transformar o violão numa extensão de seu próprio corpo. As mais de mil pessoas que foram ao Canecão na noite de segunda-feira para ver Baden receber o Prêmio Shell de Música 1995 descobriram porque ele é considerado no exterior um dos maiores violonistas vivos. Baden, que desde fevereiro vive em Paris, porque lá é muito mais reco... cido, teve uma bela noite...

D10 - O ESTADO DE S.PAULO QUARTA-FEIRA, 19 DE ABRIL DE 1995

Baden Powell vence Prêmio Shell de MPB

Compositor consagrado da bossa nova, Baden criou com Vinicius os afro-sambas e interpretou clássicos. Nos anos 70 morou em Baden-Baden, na Alemanha, o que seus amigos consideravam 'uma redundância'

MAURO DIAS

O violonista e compositor Baden Powell é o vencedor do 15º Prêmio Shell de Música Popular Brasileira. O resultado foi divulgado ontem, no início da tarde. O prêmio é concedido aos grandes nomes da MPB, pelo conjunto da obra. Concorriam com Baden os cantores Roberto Carlos, Rita Lee e Tim Maia. O júri, integrado por cinco músicos e jornalistas especializados em música, ...

compositor deu-se em 1956, numa parceria com Billy Blanco, *Samba Triste*, que Lúcio Alves gravou. Conheceu Vinicius de Moraes no início dos anos 60 e iniciaram uma parceria que lista obras-primas como *Samba em Prelúdio*, *Tem Dó*, *Samba da Bênção*, *Consolação*, *O Astronauta*, *Labareda*, *Só Por Amor*, *Bom Dia, Amigo* e *Formosa*, entre muitas.

Ainda com Vinicius comporia afro-sambas como *Canto de Ossanha* (que foi genialmente defendido por Elis Regina), *Canto de Xangô*, *Tristeza e Solidão*. Com Lula Freire, em 1966, compôs a obra-prima *Cidade Vazia*. Mas Baden ...

Prêmio Shell, em 1995: o grande reconhecimento.

lidar com o casal. Em seu trabalho de empresário, prevalecia a paixão pela música, o que lhe dava o pique para negociar muitos shows e garantir excelentes cachês para o artista. Baden e ele se davam bem, conversavam muito sobre música, tinham certa cumplicidade. Porém, no dia a dia das turnês, nada funcionava como Sílvia queria. Por trás, Baden dizia ao empresário que não tratasse nenhum assunto com ela, que falasse diretamente com ele. Mas, por outro lado, em plena turnê, apareciam novos shows negociados diretamente por Sílvia, que passava por cima de André. A confusão era total. Finalmente, Sílvia convenceu Baden de que não dava para trabalhar com André, e que era melhor contratar outro empresário. Então, ela procurou o ex-empresário do marido, Jean-Pierre Brun, esquecendo os desentendimentos que tivera com ele nos anos 1970. E impôs, a partir daí, uma colaboração forçada entre André Souliès, Jean-Pierre Brun e sua sócia, Marie-Claude Lagarde, ex-editora de Baden. Portanto, tudo voltou ao seu lugar. Como na década de 1970, Jean-Pierre empresariando, Marie-Claude editando. A exclusividade de seis meses chegara ao fim, portanto não havia ruptura de contrato com André. Mas este, pensando que continuaria trabalhando com Baden, já tinha datas marcadas até o ano seguinte, de modo que até abril de 1996 Baden trabalhou com André e Jean-Pierre ao mesmo tempo.

Em meados de novembro, a família embarcou para o Rio de Janeiro, onde Baden ia receber o Prêmio Shell. Na segunda-feira, 20 de novembro, no Canecão, mais de mil pessoas foram ver o compositor — pois era o compositor que estava sendo reconhecido com o Prêmio Shell — receber a bela homenagem da profissão. Com a simplicidade e a timidez de sempre, Baden agradeceu com poucas palavras e em tom de brincadeira, para dissimular, sem dúvida alguma, a imensa emoção que sentia diante desse reconhecimento: "Ainda bem que recebi essa homenagem ainda em vida. Normalmente, as pessoas recebem isso depois que morrem". Ainda bem, sim, porque para Baden Powell, o irrequieto garoto de São Cristóvão, a vida tinha passado até então na busca incessante de algo que ele mesmo jamais soube identificar. Beber, viajar, partir e regressar, amar e logo desamar, brigar e se reconciliar, gravar e regravar repetidamente as mesmas músicas, fazer durante horas e horas o mesmo exercício, tudo isso procedia da mesma inquietação, da mesma procura obsessiva de reconhecimento. Um reconhecimento que lhe certificaria a própria existência, que tantas vezes ele ameaçou, colocou à beira do abismo, talvez para testar sua realidade. O Prêmio Shell era muito mais que os 10 mil dólares e o troféu que recebeu naquela noite, muito mais que o belo show com direção artística e roteiro de Hermínio Bello de Carvalho, e participação da tão querida Márcia, de Emílio Santiago — uma das vozes masculinas que Baden Powell mais admirava no Brasil —, João Nogueira, velho amigo dos tempos do Clube do Samba, onde Baden sempre ia dar uma canja nos anos 1980, e de Philippe e Marcel, debulhando seu repertório num show cheio de carinho pelo violonista. Muito mais do que o silêncio respeitoso e vibrante da plateia quando o próprio homenageado, miúdo, magro e frágil, subiu ao palco e castigou com incrível força e vigor o violão. O Prêmio Shell era o Brasil e seu povo dizendo em voz alta: "Baden Powell, nós amamos você". E essa declaração implícita de amor poderia ser interpretada como a conclusão de uma carreira extraordinária, que Baden Powell se esforçou para destruir durante a vida inteira, em vão, porque sua genialidade era maior do que tudo. Ou seria apenas mais uma virada na vida do artista?

10. MAIS UMA VIRADA

Na década de 1990, Baden Powell já tinha oferecido muito à história da música, conquistado seu lugar no panteão internacional dos músicos, e até preparado os sucessores de seu talento: seus dois filhos. Agora podia curtir sua glória, seus direitos autorais, fazer uma turnê anual — para não perder a mão — e observar os passarinhos no quintal de sua casa de Itanhangá. E sair de uma vez por todas do emaranhado de confusões no qual vivera até então. Descansar... Porém, algo continuava mais forte do que tudo nele: a chama. Aquela chama que ardeu a vida toda em seu coração, e que o manteve vivo quando outros não teriam resistido a tanta autodestruição, que fez com que, apesar de todas as queixas, os amigos continuassem apaixonadamente amigos. E os inimigos — eles existiam! — reconhecessem o seu valor, sua grandeza artística e humana. Aquela chama que sempre o empurrou para frente, que o fez correr mundo afora ou se recolher na intimidade das cordas do seu violão, na busca incessante de algo — talvez a paz interior — tão difícil de encontrar. E, no momento, apesar do prêmio que tanto o alegrava, Baden estava atravessando novamente uma fase difícil e conturbada de sua vida afetiva. Não suportava mais o casamento com Sílvia.

Dois dias após ter recebido o prêmio, Baden e família regressaram a Paris, onde as crianças tinham aula, e ele, show. Apesar do contrato com Jean-Pierre Brun, que ia até abril de 1996, todos os shows que Baden fez na época foram negociados por André Souliès. As relações estavam muito tensas: Baden mal-humorado, Sílvia reclamando de tudo, criticando tudo. Uma vez porque havia uísque no camarim do empresário, e ela não queria ver álcool na turnê, com medo de que Baden bebesse. Outra porque ele não carregava as malas, e outra ainda porque não encontravam carrinhos para a bagagem ao chegar numa estação de trem. Enfurecida, ela ironizava dizendo ao empresário: “Na França, sequer há carrinhos nas estações”. E Philippe, cheio de humor, salientava: “É. E no Brasil nem sequer há estações...”. André, furioso, acabara contratando um *road-manager* italiano para substituí-lo nas turnês. O italiano se demitiu rapidamente, pois também não se entendeu com Sílvia e Baden.

Feito o último show, André Souliès caiu fora, deixando o artista nas mãos de Jean-Pierre Brun.

O que Sílvia e Baden ignoravam era que, se Jean-Pierre, duas décadas antes, fora um dos grandes empresários da praça, agora ele estava meio acabado. Já não tinha nem a aura, nem o pique para impor um artista difícil aos organizadores de show franceses. Tanto que, em 1996, Baden não fez praticamente nenhum show. E o dinheiro acabou. Desesperada, Sílvia ligou para André Souliès pedindo a indicação de um bom advogado para Baden se livrar do contrato com Jean-Pierre. André a mandou plantar batatas. Então ela procurou Claus Schreiner:

— Show para Baden Powell... Mas, me diga uma coisa, ele continua bebendo?

Sílvia, enlouquecida de raiva, soltou uns desaforos:

— É da sua conta? Ele não bebe com seu dinheiro!

Infelizmente, pensando bem, sim, de certa forma, na época em que trabalhava com Claus, era com o dinheiro dele que Baden bebia. Pois quando, de porre, cismava que não faria show, quem arcava com a multa pelo rompimento do contrato era o empresário. E quando ele cobrava de Sílvia, ela se recusava a pagar. Nem mesmo dos amigos Baden e Sílvia conseguiam ajuda. Muitos, como Sacha Distel, cuja amizade por Baden perdurou a vida toda, relutavam em se comprometer: "Ele passou por momentos difíceis, sem dinheiro, sem trabalho e várias vezes eu fui solicitado para ajudá-lo. Eu o recomendava a pessoas que tinham condições de dar novo impulso a sua carreira, pessoas que, confiando na minha palavra, se envolviam com Baden, organizavam shows. Depois eu vinha a saber que ele não cumprira os contratos. Sempre aquele problema de bebida. Eu ficava numa situação muito constrangedora. Chegou um momento em que eu não quis fazer mais nada. Contudo, eu adoro Baden, acho que é um músico extraordinário e uma pessoa maravilhosa". Todo mundo adorava Baden, e isso é o que mais impressionava na personalidade dele. Esse poder quase manipulador de cativar as pessoas, de ser tão sincera e profundamente querido por todos os que dele se aproximaram, sejam quais forem as queixas que tinham dele.

A situação era tão constrangedora que alguma coisa estava mudando no comportamento de Baden Powell. Um resquício de instinto de conservação lhe fazia entender que chegara a hora de moderar ou o corpo não aguentaria mais. Trancado no apartamento da rue Casimir-Périer, Baden, que praticamente não bebia mais, parou também de fumar. De uma hora para outra, passou de quatro maços a nenhum cigarro por dia.

Começou resolvendo que ia ficar duas horas sem fumar. Passadas as duas horas, prolongou para quatro, depois para seis, para um dia, dois dias, uma semana... e não fumou mais.

Em março de 1996, Baden abriu, na mesma noite que Egberto Gismonti, a 24ª edição do Festival de Jazz de Grenoble, dividindo o cartaz com Herbie Hancock, Carla Bley, Eddie Palmieri, François Janneau... Na mesma época, no Brasil, a imprensa saudou com muitos elogios o lançamento, enfim, do antológico *Baden Powell Live in Paris*, álbum duplo gravado no Olympia em 1974 e lançado na França. Enquanto isso, Marie-Claude Lagarde, Jean-Pierre Brun e Baden bolaram um show (um dos únicos que Jean-Pierre produziria para o artista) com ele e Sivuca dividindo o palco do Petit Journal Montparnasse, em Paris. A temporada de três dias estava marcada para o final de outubro, com um disco ao vivo que sairia pelo selo criado por André Damon, o proprietário do Petit Journal, junto com Marie-Claude Lagarde e Jean-Pierre Brun.

Baden viajou — sozinho — para o Rio de Janeiro. Ia se encontrar com Sivuca para preparar o show, o primeiro que fariam juntos desde a época dos bailes nos anos 1950... Baden passou um mês no Rio, deu alguns shows, foi contatado por Miele para participar do grande evento *Vivendo Vinicius*, show de homenagem a Vinicius de Moraes previsto para o final do ano, e depois regressou a Paris, em plena forma, sorridente, alegre, com novo penteado (rabinho de cavalo) e sem ter visto Sivuca nem uma vez. Quinze dias depois, não havia mais rabinho de cavalo e Baden estava novamente mal-humorado. Contudo, o projeto continuava de pé, e em meados de outubro Sivuca e sua esposa desembarcaram em Paris. Os dois músicos tinham uma semana para preparar o show. Para acompanhá-los, Baden montou uma banda com músicos brasileiros radicados em Paris, além dos filhos, que tocaram alguns números, e de Cacau, que deu uma canja. Mas isso eram só detalhes num encontro que deveria ser mágico. E que, infelizmente, foi um fracasso, devido ao péssimo clima que pairou sobre o grupo. As esposas dos dois músicos se desentenderam, Baden e Sivuca ficaram desestabilizados. A banda, que se reunia diariamente para ensaiar no apartamento da rue Casimir-Périer, se sentia mal naquele ambiente agressivo, e o mau humor geral chegou até o palco. O show não rendeu o que deveria, apesar da casa lotada nas três noites. Quanto ao disco ao vivo, Baden, consciente de que não ficaria bom, se recusou a autorizar o lançamento.

Desde maio de 1996, Baden mal chegara a fazer meia dúzia de shows, e a situação financeira da família ia de mal a pior. As contas de luz, tele-

Baden e Sivuca tocando no Petit Journal Montparnasse, em Paris:
o primeiro show juntos desde os bailes dos anos 1950.

fone, água e gás ficavam por pagar, assim como as mensalidades exorbitantes da escola dos meninos, cuja escolaridade parou por aí. Sem perspectiva de trabalho na Europa, Baden aceitou o convite do Miele para participar da homenagem a Vinicius de Moraes. O show estava programado para janeiro de 1997, mas Baden não esperou e em novembro já embarcou para o Brasil com o filho caçula. Porque não o Philippe? "Na época estávamos um pouco brigados. Ele achava que eu não tinha bastante disciplina no estudo da música. Eu gosto de música mas nunca sonhei ser o número 1, principalmente vendo o que isso fez à saúde de meu pai... Mas ele ficava me cobrando e um dia mandei ele às favas."

Idealizada por Lucinha de Moraes, filha de Vinicius, a homenagem ao poeta reunia, para uma temporada de sete apresentações no palco do Metropolitan, seus mais importantes parceiros. Um deles, contudo, não poderia comparecer ao evento: Tom Jobim, que falecera em 1994. Para substituí-lo, ao lado de Baden Powell, Carlos Lyra e Toquinho, foi escolhida a cantora Leila Pinheiro. Baden chegou com bastante antecedência para ensaiar com Leila, na casa de Itanhangá, como sempre gostou. No final de janeiro, *Vivendo Vinicius* estreou, lotando e conseguindo até dar alma à grande e fria casa de shows carioca. Baden, que havia muito só se apresentava em ambientes pequenos, dominou com brilho a imensidão do lugar e seus 5 mil espectadores.

No início de 1997, em fevereiro exatamente, o violonista aproveitou a presença no Brasil para se apresentar no Projeto Pelourinho, em Salvador, com Marcel. Durante o show, os organizadores fizeram questão de anunciar que o violonista acabava de bater o recorde de bilheteria do evento. Salvador acolhia com entusiasmo o compositor dos afro-sambas. Depois disso, novas propostas de shows foram surgindo. E Baden foi ficando no Brasil. Tocava no Vinicius Piano Bar, em Ipanema, ou no Bar do Tom, no célebre restaurante Plataforma. Lugares pequenos, mas era sempre um dinheirinho entrando. Em abril, ele teve a triste honra de fechar uma das casas de show de que mais gostava, o Rio Jazz Club, com o show *Esquinas Brasileiras*, acompanhado pelos violões do filho e do primo João de Aquino.

Desde que chegara ao Rio, Baden andava se reconciliando com a família, revendo frequentemente Vera, a irmã, Jussara, a sobrinha, as tias Irene e Teófila, e João de Aquino, com quem não falava fazia muito tempo, sem que João soubesse bem por quê. De qualquer forma, a relação dos dois primos sempre fora um pouco conturbada. Da cumplicidade musical retomada então, surgiu o belo projeto de gravar um disco de Baden com vários convidados de peso. Seria uma boa maneira de mostrar o trabalho do compositor e torná-lo conhecido das novas gerações. A Sony topou a ideia do disco, que seria co-produzido por João de Aquino e Baden Powell. Participariam do disco Emílio Santiago, Leila Pinheiro, Alcione, Nana Caymmi, Martinho da Vila, Daniela Mercury, João Bosco. Em suma, grandes vozes, grandes nomes e grandes vendedores de disco, que colocariam Baden Powell novamente no mercado da música brasileira. E disso ele precisava! Começaram a gravar no Estúdio dos Técnicos, no Rio de Janeiro, e já estavam com três músicas prontas quando surgiu uma briga feia entre Baden e João de Aquino. "Dois bicudos não se beijam"... e o fato de ambos produzirem o disco provocou rivalidade e inevitáveis conflitos. Baden compensava o jejum de álcool tomando montes de remédios, como o Elixir Paregórico, que o deixavam meio grogue e particularmente irritado. A briga foi irreversível. O violonista não quis mais gravar e o disco foi por água abaixo...

Baden regressou a Paris e, em junho do mesmo ano, toda a família estava no Japão, para uma turnê que passou por Tóquio, onde foi gravado, no estúdio da King Records, selo pelo qual seria lançado, o CD *Suíte Afro-Consolação*, com participação de Philippe e Marcel, além da excelente percussão do japonês Yoichi Okabe. Como *Baden Powell e Filhos Ao Vivo*, gravado em 1994, o CD gravado no Japão confirma o quanto a presença dos filhos era estimulante para Baden. Apesar do repertório sem novidades, o encontro entre pai e filhos é magistral, demonstrando a sensibilidade, a maestria, a cumplicidade dos três e a real maturidade musical, agora, dos dois rapazes. Durante a estada em Tóquio, Baden levou-os à loja da Yamaha: "É uma coisa impressionante, tem de tudo, e eu queria que os meninos vissem isso. A gente estava olhando os violões quando eu ouvi uma música tocando na televisão interna da loja. Era eu, e tinha um cara explicando como é que eu toco... Era um método, só que, quando me dei conta, não era eu que estava tocando, era um japonês. Ele fazia tudo exatamente como eu, tinha o mesmo som, a mesma técnica. Até eu me enganei, pra ver como ele tocava igual. Mas só tocava uma música". Já que Baden Powell não conseguia fazer seu método, um japonês tinha feito, com vídeo e tudo.

De volta a Paris, Baden encontrou a agenda vazia. Jean-Pierre Brun não oferecia nenhum show ao violonista. Os meses foram passando sem a mínima entrada de dinheiro na conta do casal. De adiantamento da GEMA em adiantamento da Frémeaux & Associés, eles conseguiam levar o barco... até que as dívidas os ultrapassaram. Não tinham mais con-

Preparando o disco (que acabou não saindo) com João de Aquino.

Após uma longa ausência,
reencontro com Jussara,
a sobrinha querida,
e a irmã Vera.

Louis Marcel em estúdio no Japão: Baden contou com a participação dos filhos na gravação do CD *Suíte Afro-Consolação*.

Cartaz do show de Baden Powell no Japão em 1998, comemorando os quarenta anos da bossa nova.

dições de pagar o aluguel, nem os impostos, nem as contas. O telefone foi cortado. Dessa vez o problema já não era o gasto excessivo. É que realmente Baden não estava ganhando um tostão. Não havia mais como pedir adiantamento a ninguém e a situação da família ficou dramática. Então, Baden voltou mais uma vez ao Brasil, com Marcel, para arranjar trabalho. E para colocar alguns milhares de quilômetros entre ele e Sílvia. Longe dos cuidados autoritários da esposa, além de conseguir alguns shows e ganhar dinheiro, Baden se sentia feliz, tranquilo, recolhido em sua querida casa de Itanhangá, seu porto seguro, seu patrimônio, com seus cães fila, apesar de o telefone não funcionar... devido a contas vencidas ou a mais um dos problemas tipicamente cariocas. Isso o obrigava a ir fazer suas chamadas no posto de gasolina ao lado. O importante é que ele se tornara dono de sua vida: refazia contatos, saía, revia os amigos de outrora, frequentava as rodas de música. Numa delas, por sinal, a festa dos quarenta anos de jornalismo de Sérgio Cabral, ficou desesperado quando notou que não havia levado o violão. Então, quando começou a rolar música, pegou o único instrumento disponível que encontrou, um cavaquinho, e tocou. Tocou como se fosse violão, inventando um novo som e uma nova técnica no cavaquinho, deixando os presentes maravilhados. Não era só na hora de dar uma canja de brincadeira que Baden improvisava sobre um instrumento diferente do habitual violão. Sua maestria e seu profundo conhecimento da música permitiam-lhe tocar qualquer instrumento. No LP *Estudos* (1971), por exemplo, é Baden quem toca contrabaixo na música "Baixo de Pau", "porque o baixista não apareceu, então eu o substituí...". Sem contar que, em grande parte de seus discos, Baden fez uma ou outra percussão.

Em Paris, Sílvia aguardava a volta do marido carregando sozinha o peso da situação: cobranças, reclamações, intimações de pagamento e medo da penhora dos seus bens. Até que, graças aos shows que conseguiu no Rio e em São Paulo, Baden enviou dinheiro à esposa, que pôde assim pagar as dívidas. Mas notícias ele não deu. Suspeitando que havia coelho naquele mato, Sílvia resolveu que chegara a hora de ir conferir de perto o que estava acontecendo. Comprou duas passagens de avião, devolveu o apartamento da rue Casimir-Périer e rumou com Philippe para o Brasil. E teve a confirmação do que receava: Baden não queria mais saber do casamento. Após 23 anos de uma união tão conturbada quanto fantasiosa, os dois se separaram. Baden saiu da casa, que ficou para Sílvia e os meninos. Não levou nada consigo. Só o violão.

11.
ÚLTIMA PARADA

Baden estava vivendo uma profunda transformação: levado por um amigo inglês, Barry Powley, antigo produtor da Caju, Baden descobriu o Centro Evangélico Unido (CEU). Vendo nessa religião o caminho da paz que estava procurando desesperadamente, converteu-se. E jogou fora tudo o que se referia ao candomblé na casa de Itanhangá, que mandou depois benzer pelo amigo de infância, Maurício, aliás Dom Estevão, que apesar de católico estava prestes a pactuar com o protestantismo para combater o candomblé (ou não seria combater Sílvia, com quem ele nunca se dera?). Em seguida suprimiu os afro-sambas de seu repertório, nunca mais pronunciou a palavra "saravá" ao cantar o "Samba da Bênção" (substituiu "saravá" por "bênção"), voltou a usar roupas coloridas e encontrou, a partir de então, uma certa serenidade na leitura da Bíblia. "Minha religião é Jesus Cristo. Não tenho essa coisa de ir à igreja todo domingo e andar com a Bíblia debaixo do braço pra lá e pra cá. Mas você tem que se desvincular de todas as outras coisas, você não pode apelar a dois deuses, orar pra Deus e depois ir acender vela na encruzilhada."

Difícil avaliar a dimensão exata da religiosidade do neo-evangélico Baden Powell. No decorrer de sua vida, ele lidou com o catolicismo, com a umbanda e com o candomblé sem se envolver profundamente com nenhum deles. A bem dizer, ele falava mais do interesse que tinha pela música do culto do que pelo culto propriamente dito. Tanto os cantos gregorianos como a batida do tambor foram elementos imprescindíveis de suas criações musicais. Contudo, ao integrar o Centro Evangélico Unido, o caminho foi outro. Baden Powell se entregou profundamente à fé, em que procurou um amparo para sair do inferno da autodestruição e dos excessos que marcaram a sua existência. Para Marcel, "O cristianismo foi para meu pai a melhor coisa que aconteceu na vida dele. Obviamente que ele incorporou a religião na sua vida e a levou para os shows...". E se aproximou mais ainda do seu maior ídolo, o músico luterano alemão Johann Sebastian Bach. "O relacionamento de meu pai com Bach era muito forte: quando ele foi visitar a igreja em que Bach tocava órgão, ele se pôs a chorar."

O guerreiro estava exausto, precisava de repouso. Ele o encontrou na religião, que transmitiu inclusive a seu filho Marcel: “Meu pai me ensinou música, violão, todo o saber dele ele me transmitiu e me fez o profissional que sou; mas, para mim, seu maior legado foi a fé. Ele sempre lia uma passagem da Bíblia para mim e me abençoava; eu entendi sobre Deus, o Cristo, sobre a fé, graças a ele. Foi ele que me deu minha primeira Bíblia, que ele assinou”.

Mas o sossego ele também o encontrou numa nova relação amorosa, com Elizabeth Amorim do Carmo. Beth, como era chamada, fora contratada por Sílvia anos atrás como cozinheira. Segundo ela, “Depois ele precisou, e aí eu fui me envolvendo com outras coisas; acabou que fiquei organizando a agenda de trabalho do Baden quando ele estava na Europa”. Nas temporadas que Baden passou em 1996 e 1997, sem Sílvia no Rio, Beth foi sendo aquele famoso “braço direito”, sem o qual ele nunca soube viver, ajudando-o no seu trabalho e acompanhando-o nas excursões que ele fazia pelo país. E naquela mulher extremamente calma, meiga, submissa, discreta, que não o contradizia, não o contrariava, que o admirava, o mimava, mais do que um braço direito, Baden encontrou uma amante, uma companheira, uma mãe.

Guerreira, segura de si, maliciosa, cheia de humor, Sílvia foi o alter-ego, a alma gêmea de Baden, parceira nas dificuldades, companheira de malandragem, cúmplice nas excentricidades. E, filhos do subúrbio, ambos haviam experimentado uma verdadeira ascenção social, mas não se deixaram iludir pelo brilho do mundo em que viviam, sobre o qual tinham um olhar bastante irônico.

Beth era o oposto: foi o anjo da guarda, a mensageira da paz que Baden precisava nessa altura da vida. Ela não era da noite, não era da farra, não pertencia ao universo artístico, desconhecia o mundo de Baden Powell. Talvez por isso ela acabou sendo uma barreira para os excessos do violonista. Pois não só ele continuou sem fumar, como parou definitivamente de beber. “Quando ele veio da França sozinho, eu organizava a agenda dele, marcava os shows. Aparecia muito trabalho, mas ele estava sempre bebendo, começou a dar tudo errado e eu comecei a enlouquecer... A gente ainda não estava namorando, e um dia falei para ele: ‘Olha, vou deixar meu cargo, não aguento mais. Não é isso que eu quero. Quando vejo você assim, não dá. Vou-me embora’.” A perspectiva de perder aquele braço direito pareceu-lhe sem dúvida bem pior que a abstinência. Baden jogou todas a bebidas da casa no lixo, despejou na pia o conteúdo da garrafa do excelente vinho tinto que trouxera consigo da

Beth e Baden: acima, visita a Varre-e-Sai; à esquerda, viagem a Paris (imagens do documentário *Velho Amigo*, de Jean-Claude Guiter).

França e nunca mais bebeu uma só gota de álcool. E Beth acabou não se demitindo.

Agora a preocupação de Baden era saber aonde ele iria morar. Enquanto não resolvia a questão, se hospedou na casa da amiga Vera Mendes. Era para permanecer somente alguns dias, mas ficou por dois meses... Até que se desentendeu com a cachorra de Vera. "Eu trabalhava na clínica do Pitanguy e Baden me ligava para dizer que a cachorra estava incomodando ele e que eu tinha que vir dar um jeito. Assim não era possível!" Era ou Baden ou a cachorra. Foi a cachorra. Uma noite, ao regressar à casa de Vera, Baden encontrou a porta fechada à chave. Entendeu que já não era mais bem vindo. Alugou um quarto e sala no Barrabella, um apart-hotel na Barra da Tijuca. Beth veio morar com ele, descobrindo então a realidade da existência de um artista: "Ele trabalha muito o violão, passa a noite toda estudando. Eu fico com ele até de madrugada. Depois ele quer jantar... às três da manhã! Aí não dá para acordar cedo. Ele está me botando no caminho da noite... Porém nós saímos bastante, vamos a restaurantes, assistimos a shows, ele sempre diz que 'um artista está sempre dando força ao outro'. Também gostamos muito de caminhar na praia ou dar umas voltas pelo condomínio".

Sabendo da separação de Sílvia, vários empresários voltaram a procurá-lo, na esperança de que ela fosse a única responsável pelas dificuldades que tinham enfrentado no passado com o artista. Mas tudo continuava tão confuso e complicado quanto antes, talvez até mais... Entrou empresário, saiu empresário, e Baden, como sempre fizera com as demais companheiras, resolveu colocar sua carreira nas mãos de Beth. Rapidamente ela desistiu da tarefa, não sentindo nenhuma competência para empresariar um artista desse porte. E ele, com a infinita tranquilidade de quem sabe que é o maior violonista do século XX, prosseguiu, sem empresário, em sua vida vadia. A verdade é que continuavam surgindo propostas de show, não só no Brasil como mundo afora.

Beth, que até então era mais chegada à umbanda, incentivada por Baden aderiu ao CEU, e em novembro de 1997 os dois se batizaram num templo em Laranjeiras. Baden, que nunca fora de tomar banho de mar ou de piscina, neste dia teve que se submeter à imersão tradicional do batismo evangélico.

Depois, o casal seguiu para Miami, onde Baden tinha um show. Ficou surpreso quando tomou conhecimento do lugar onde ia tocar: uma igreja evangélica. O recém-convertido achou que calhava bem. Como não tinha compromissos de imediato, aproveitou para conhecer a cidade. Ficaram ele e Beth três semanas num hotel em Miami Beach, que lhe pareceu um clone da Barra da Tijuca... E visitaram a cidade, andaram no *boardwalk*, caminharam na praia, deambularam nos shoppings.

De volta ao Brasil, Baden entrou no novo ano com a agenda bem cheia. Em janeiro de 1998 fez uma temporada de duas semanas no Vinicius Piano Bar, em Ipanema. No mês seguinte se apresentou com os filhos no Antonio's, na Lagoa. Já havia alguns anos que Philippe e Marcel participavam amplamente do trabalho do pai, quer no palco, quer nas gravações. Até então, havendo ou não alguém empresariando Baden, Sílvia estava sempre por trás, supervisionando as coisas, e mais ainda quando os filhos estavam envolvidos. Depois da separação, ela deixou de cuidar da carreira de Baden, não havia mais a logística, e sem que nada fosse dito a atuação do trio Baden foi aos poucos se desfazendo. De 1998 para 1999 o pai e seus filhos ainda se apresentaram juntos algumas vezes, numa turnê que passou pelo Garden Hall, em Curitiba, e pelo Bourbon Street, em São Paulo. Mas a situação familiar parece que incentivou Philippe e Marcel a assumirem suas próprias carreiras. Os dois fundaram então a Banda Powell. O trocadilho cheio de humor dava o nome do quinteto que formaram com Natalino Neto, André Siqueira e Rodrigo Bonelli. No entanto, os irmãos tocavam mais em duo do que com a banda, que durou pouco tempo. E como o paizão, sempre paizão, Baden estava atento à carreira dos filhos, aparecia nos shows, assistindo com olhar embevecido a seus meninos tocando. E nunca se negava a dar uma canja se convidado a tal...

A partir do mês de maio, como previsto, o show *Vivendo Vinicius* voltou aos palcos: em São Paulo no Vila Olympia, e em seguida no Tom Brasil, e novamente no Rio, no Metropolitan. Voltando em agosto a São Paulo, fez uma apresentação excepcional às 11 horas da manhã no parque Ibirapuera. O *Estadão* recomendou o show avisando os leitores que "Apesar da média de idade do palco, o show é para todas as idades". Para essa nova temporada de 1998, Miúcha entrou no lugar de Leila Pinheiro e se encantou com o reencontro com Baden: "Era o mesmo Baden de sempre, com aquelas confusões dele. Eu me lembro que a gente tinha que ensaiar. Não sei quantas vezes marcamos um encontro, e ele me ligava: 'Miúcha, estou nos engarrafamentos, mas daqui há pouco eu chego'. Pouco depois, ligava novamente: 'Olha, está demorando muito, hoje não vai dar para a gente se ver'". Com isso, chegou o dia da estreia e não tinham ensaiado. Miúcha não sabia o que ia cantar. E Miele, enlouquecido, arrancando os cabelos, tentava dar um jeito:

— Bem, então vocês poderiam apresentar essa música e essa aí...

— Mas, Miele, Miúcha canta essa outra tão bonitinho...

E, como sempre acontecia com Baden, houve o milagre. À noite, no palco, ele tocou, Miúcha cantou e tudo deu certo. Porém, não era fácil as coisas darem certo num show que reunia tantas estrelas, ou seja, tantos superegos, e que Miele tentava organizar. Rolavam discussões terríveis, das quais Baden jamais participou: dormia no camarim, tranquilamente, e só aparecia na hora de tocar. Do show *Vivendo Vinicius* resultou um disco ao vivo com a participação de Baden, Toquinho, Carlos Lyra e Miúcha, que foi lançado pela BMG em agosto de 1999.

Trabalho não faltava, mas tocar em espaços do gabarito do Metropolitan já não fazia parte da agenda pessoal de Baden. Como que vivendo um flash-back do início da carreira, ele agora retomava os circuitos dos clubes, bares e casas de show de pequeno porte da Zona Sul. Em 1998 havia 85 anos que Vinicius nascera e 18 anos que ele morrera. Não eram aniversários de grande relevância, e no entanto muito dos shows que Baden deu a partir de então eram homenagens a Vinicius de Moraes.

Mas em maio de 1998, quem se beneficiou do talento do violonista foi o samba, como noticiou *O Globo*: "João de Aquino, Dalva Lazaroni, Nelson Sargento e Baden Powell se juntam amanhã na Praia de Copacabana para lançar o movimento 'Bando da Rua'. O objetivo da turma é recuperar a carioquice do samba, compondo músicas que critiquem o atual momento político do país. O samba de lançamento será 'Um Milhão de Vagabundos'".[120] Tudo indica que o bando da rua, a carioquice do samba e o milhão de vagabundos caíram no esquecimento. Mas do encontro de Baden Powell e Dalva Lazaroni nasceu um bela amizade. No final do ano o violonista se envolveu publicamente na campanha de Dalva, candidata a governadora do Rio de Janeiro pelo Partido Verde.

O retorno do filho pródigo à terra natal não impedia que continuassem chegando propostas de trabalho do exterior. Em maio de 1998, Baden fez uma turnê no Japão, que passou por Kobe, Okayama, Sapporo e, claro, Tóquio. Beth, que o acompanhava, pôde avaliar o quanto ele era conhecido e amado pelo público japonês. "Baden tocou várias noites em Tóquio e teve um senhor que veio a todos os shows. Só que ele vivia em outra cidade e viajava três horas de trem para vir. Todos os dias eram três horas de trem para ver o Baden tocar!" Não eram só os japoneses que amavam o violonista. Sempre querido no coração dos franceses, só

[120] *O Globo*, 15/05/1998.

Leila Pinheiro, Baden, Carlos Lyra e Toquinho na primeira temporada do show *Vivendo Vinicius*, em janeiro de 1997.

Carlos Lyra, Miúcha, Baden e Toquinho reunidos para o show *Vivendo Vinicius*, em 1998.

em 1998 ele foi solicitado pelo cineasta francês Gérard Lauzier para musicar seu novo filme, *Le fils du français* (*O filho do francês*). Demonstrando a acuidade de sua intuição, Baden não aceitou o convite e teve toda a razão: o filme é muito ruim. Em compensação o músico aceitou que fosse feita esta biografia, participando com entusiasmo da pesquisa, e foi protagonista do documentário *Velho Amigo*, do cineasta francês Jean-Claude Guiter.[121] O diretor declarou: "Ele tinha participado de um documentário sobre o samba que eu dirigi em 1997. Ele gostou do filme e sugeriu que eu fizesse um documentário sobre ele. Claro que adorei a ideia. Eu filmei no Rio, em Salvador, em Paris e até em Varre-e-Sai". Ainda nesse ano Baden se apresentou em um espetáculo solo no Petit Journal Montparnasse, em Paris.[122]

Nesse mesmo ano ainda coube na agenda do violonista uma viagem à Alemanha. Desta vez não era para dar shows, mas como membro fundador e sócio honorário da SOCINPRO (Sociedade Brasileira de Administração e Proteção de Direitos Intelectuais). Com a vida estabilizada no Rio, ele agora podia assumir responsabilidades na SOCINPRO e se envolver na luta pelo direito autoral dos artistas. Foi nesse quadro que no final do ano ele acompanhou Jorge Costa, diretor geral da entidade, a Berlim, no congresso internacional das sociedades de direito autoral. Jorge Costa precisava de um nome de peso para promover a música brasileira, e Baden era obviamente uma das pessoas mais indicadas. Ficaram uma semana na Alemanha. Voltou ao Rio cheio de saudades da Europa, sugerindo a Beth que fossem morar em Paris. "Vira e mexe ele quer voltar para lá, aí chega lá, dá uma saudade daqui e aí ele volta para cá... mas se ele tiver a ideia de morar lá por uns tempos, eu vou numa boa." O que não passou de um sonho.

Ao irromper o ano de 1999, Baden sai, não do Brasil, mas do Barrabella. Pois se tudo na existência dele mudou, uma coisa continuou igual: seu gosto pelo luxo. Tanto que dificilmente poderia se acomodar em um quarto e sala de um apart-hotel. Alugou então um apartamento na Lagoa, cuja dona era uma de suas amigas. Bem acomodado no novo casa-

[121] O documentário de 54 minutos, dirigido por Jean-Claude Guiter com produção da G2 Films/Mezzo, foi lançado em 2000.

[122] Um ano mais tarde, de passagem por Paris, ele se apresentou novamente no Petit Journal, acompanhado desta vez por Cacau (flauta) e Edmundo Carneiro (percussão), Ambos os shows foram filmados por Jean-Claude Guiter. Em 2000 foi lançado pelo selo francês Frémeaux & Associés um DVD duplo dos shows de 1998 e 1999.

mento, numa residência a seu gosto, com bastante trabalho, Baden ia assentando a vida, construindo uma nova felicidade. Mas uma sombra pairava na situação: o relacionamento com os filhos, principalmente com Philippe, o filho insubordinado que, ao adotar o piano, partira para outras eiras musicais, estabelecendo entre ele e o pai uma oposição tanto profissional quanto afetiva, que a separação dos pais intensificou. Mas nem por isso Baden abria mão do seu papel de pai amoroso, atento ao filho, sempre pronto a ajudá-lo quando necessário. Como registra Philippe: "Eu e minha companheira queríamos sair de Itanhangá, que é muito afastado do centro. Resolvemos ir morar na Zona Sul, e meu pai nos ajudou a procurar um apartamento, nos aconselhou, foi nosso fiador. E ainda deu dinheiro para que eu comprasse um bom teclado para mim. Em suma, ele se comportou como o pai que eu queria que ele fosse." No entanto, solidário com sua mãe, Philippe não queria ver Beth e se mantinha afastado. Já com Marcel, herdeiro, seguidor e discípulo que encaixou seus passos nos passos do pai, a história foi bem diferente: "Eu tentei estabelecer uma falta de comunicação saudável com Beth porque eu queria continuar a ver meu pai, a ter uma boa relação com ele. Assim, eu ia toda semana lá onde ele morava, e ele continuou me dando aulas de violão. Eu ía a todos os shows dele, ele tocava muito no Bar do Tom e eu estava sempre com ele, dando uma canja. Eu nunca deixei de vê-lo. Agora, não fizemos mais shows juntos e nem fiz mais viagens com ele".

E viagens não faltavam na vida do eternamente irrequieto Baden Powell. Mal pousou no novo apartamento, viajou a Paris, não para dar show, mas para resolver problemas de saúde. Dentre as numerosas mazelas que o atormentavam havia a diabetes, que Baden continuava tratando, não importando como. Equilíbrio da taxa de açúcar não era com ele, tanto que estava sofrendo bastante com as pernas inchadas e doloridas. E para ele, o acompanhamento da diabetes ficava por conta da medicina francesa. Havia também questões contratuais para acertar com a Frémeaux, sua gravadora. E enfim havia o desejo de mostrar Paris à companheira. A cada uma dessas viagens, Beth ia avaliando o quanto ele era conhecido no exterior. "Nesse pouco tempo que eu tenho viajado com ele, eu fico observando as coisas. Baden, é só aqui no Brasil que ninguém lhe dá valor. É estranho. Ele chega lá fora, tem disco dele em tudo que é loja de discos. Aqui, eu entrei no BarraShopping para comprar um CD dele e não tinha. Não tem mesmo." A verdade é que a música de Baden era tida como patrimônio nacional, mas pouco popular. Tanto que se era profundamente admirado e respeitado no mundo musical brasileiro, era menos conhecido pelo grande público. A ponto de uma nota na edição de 15 de abril de 1999 do jornal *O Globo* informar: "No espetáculo instrumental batizado *Herança Musical*, o quinteto apresentará composições do mestre Baden como 'Samba da Benção' e 'Manhã de Carnaval', entre tantas outras", o que demonstra o quanto sabia-se pouco sobre Baden Powell.[123] Alguns no entanto sabiam, como o dono da recém-criada lanchonete O Ataulfo, no Leblon, cujo cardápio apresentava sanduíches com nome de personalidades. Como anunciado no *Globo*: "Niemeyer leva salmão defumado e queijo cremoso. Baden Powell é de pastrami no pão integral com rúcula".[124] Ainda que fosse um bom gourmet, Baden não comentou o novo "xará".

O músico tinha vários compromissos em São Paulo durante praticamente todo o mês de junho. Para começar, no dia 1º, a inauguração da FNAC. Para a abertura da sucursal paulista da rede francesa de distribuição de produtos culturais, Pierre Courty, diretor-geral para o Brasil, fez questão de homenagear a cultura brasileira com uma exposição do fotógrafo Sebastião Salgado e a participação de personalidades brasileiras ligadas à França, dentre as quais Zélia Gattai e Baden Powell. A seguir, o violonista tinha marcado uma série de shows. Eleito pela revista *IstoÉ* "um dos maiores talentos da música popular brasileira", ele participou do "Projeto Instrumental" no SESC Paulista, depois dividiu o palco do SESC Pompeia com Leila Pinheiro no evento *É Bonita a Festa Pá!* e participou do *Boteco do Cabral* no SESC Pinheiros. Outras participações estavam previstas no fim de julho, mas antes Baden tinha um compromisso no Little Club, no Rio de Janeiro.

Na noite de 7 de julho, Baden deu uma canja no famoso clube do Beco das Garrafas em Copacabana, para prestar, com João Nogueira e Marisa Gata Mansa, uma homenagem ao baterista Milton Banana. O velho companheiro de estrada com quem o violonista partilhara tantas aventuras, desde a adolescência, morrera em maio.

E, novamente convidado do *Boteco do Cabral* no SESC Pinheiros e no SESC São Carlos, Baden regressou a São Paulo. O cunho do programa mensal que Sérgio Cabral apresentava na última quarta-feira de cada mês numa sede do SESC era homenagear um artista, e desta vez era Elizeth Cardoso. Com mais shows marcados para setembro no SESC Pinhei-

[123] "Manhã de Carnaval" é composição de Antônio Maria e Luiz Bonfá, e fez sucesso mundial na trilha sonora do filme *Orfeu negro*, de Marcel Camus.

[124] *O Globo*, 16/04/1999.

ros com a cantora Márcia, que reencontrava após tantos anos, Baden se tornara um dos artistas mais queridos do SESC, que teve então a ideia de produzir um disco-brinde do violonista. Baden, que chegara a gravar seis a sete discos por ano na década de 1970, tinha gravado apenas dois discos, um deles ao vivo, desde 1995. O convite o entusiasmou, tanto mais que a produção artística ficaria a cargo de Fernando Faro, que dirigira seus shows no próprio SESC.

Fernando, que comandava na época o inesquecivel programa *Ensaio* na TV Cultura, e Baden eram amigos de muitos anos.[125] "Quem me apresentou a Baden foi o Franco da Excelsior, em meados dos anos 1960. Nós estávamos no apartamento do Vergueiro,[126] que ficava na Praça da República, e Baden passou por lá. Ficamos animadíssimos, imagine, um cara famoso. Aí o Vergueiro propôs fazer um feijãozinho para a gente jantar. E todos: 'É isso aí, vamos comer em casa'. O Baden já foi puxando o violão, começou a tocar, e ninguém mais se lembrou do feijão. Daqui a pouco começamos a sentir um tremendo cheiro de queimado. Ninguém faz ideia do que foi a operação salva-feijão. Cada um dando sua opinião: 'Tem que jogar água!' 'Tem que botar açúcar!' Tem que isso, tem que aquilo! Acabou que não conseguimos salvar o feijão..." Em compensação, Baden e Faro se tornaram amigos para sempre. A amizade deles não era de festa, farra ou bebida. Era algo sereno, assentado na confiança, na admiração. Gostavam de conversar. Tinham uma grande cumplicidade no trabalho. Faro sempre propunha coisas interessantes a Baden, o convidava frequentemente no *Ensaio*. E Baden, que apesar da infinita doçura e modéstia, não era de receber ordens nem mesmo conselhos de quem quer que seja, se tornava absolutamente dócil tratando-se do Faro, como observou Marcel: "Meu pai me chamou para tocar com ele num show no SESC, e foi quando eu conheci o Fernando, que era o produtor. Eu percebi o tamanho da amizade deles quando a gente foi passar o som e papai perguntou ao Fernando: 'Como é que você quer que eu comece o show?'. Eu achei estranho meu pai perguntar a alguém como seria o show. Faro sugeriu a ele cantar 'Voltei'. Ele nunca começava um show cantando, mas fez como o Faro mandou". De forma que na hora de definir co-

[125] Criado em 1990 pelo próprio Fernando Faro, *Ensaio*, programa dedicado à música, foi um marco na história da televisão pelo formato original: filmado em close, mostrava unicamente o convidado falando de sua vida e obra, tocando e cantando.

[126] Franco Paulino e Luís Vergueiro eram produtores do programa *Ensaio Geral* na TV Excelsior.

Fernando Faro, diretor do programa *Ensaio*, produtor de discos e shows, e um grande amigo de Baden.

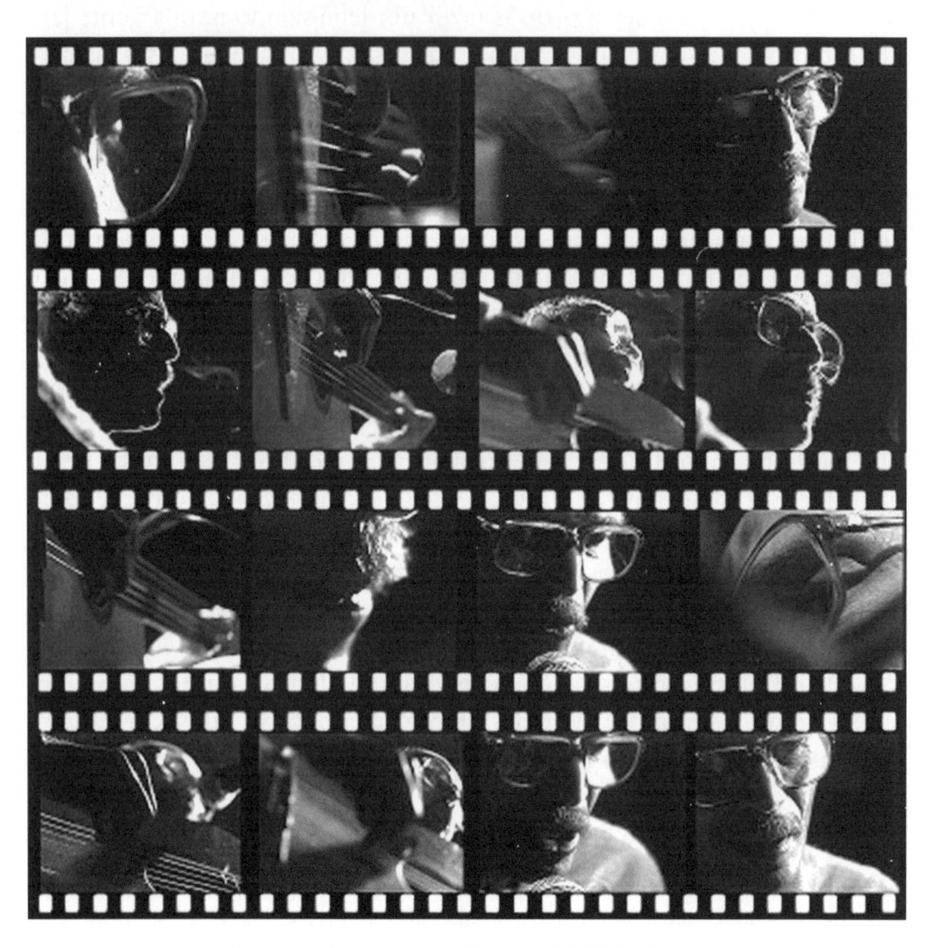

Imagens do programa *Ensaio*, da TV Cultura, na gravação com Baden Powell em 1990.

mo seria o disco que Baden ia gravar, quando Faro, que adorava a obra de João Pernambuco, sugeriu que o disco fosse inteiramente dedicado a esse compositor, Baden concordou sem discutir. A gravação começou no início de agosto no estúdio do SESC Vila Mariana. O contrato era que o SESC produziria o disco tendo direito a uma tiragem de mil cópias, e a matriz seria propriedade de Baden. Na época houve uma aproximação com a Trama, a gravadora de João Marcello Bôscoli. O filho de Elis Regina e Ronaldo Bôscoli se interessou em comercializar o disco, que contou com a participação de Leandro Carvalho, violonista e compilador da obra de João Pernambuco. Infelizmente, uma vez mais, a maestria de Baden para se meter em confusões administrativas vingou: o acordo com Leandro Carvalho estava muito mal definido e o disco não pôde ser comercializado, além das mil cópias destinadas ao SESC. Na mesma época, foi lançado o CD duplo da versão de 1998 do show *Vivendo Vinicius*. O disco não entusiasmou a crítica, e só a virtuosidade do Baden Powell foi elogiada.

No dia 5 de outubro de 1999 houve o lançamento da primeira edição desta biografia. Contrariando o pessimismo de todos aqueles que achavam que ele não viria ao evento, Baden esteve presente, autografou o livro para quem pediu — e todo mundo pediu —, distribuiu sorrisos e ainda deu um minishow no jardim da Livraria do Museu, compartilhando o palco que fôra armado com os filhos. Alguns dias antes, Philippe tinha convidado o pai a juntar-se a ele no Tamariba Piano Bar para interpretarem juntos alguns sucessos de sua parceria com Vinicius. Sinais de que o cachimbo da paz estava aceso...

Três semanas mais tarde, Baden estava no avião que o levaria a Berlim para participar do WOMEX.[127] Também representavam o Brasil no evento Lenine, Cascabulho e Funk'n Lata. Baden estava escalado para abrir o show, mas quase que não pôde abrir nada, pois seu violão sumiu no aeroporto. O artista, que nunca relutou em tocar em qualquer instrumento que surgisse contanto que tivesse cordas, desta vez ameaçou cancelar a apresentação se não fosse encontrado seu violão. Felizmente o dito cujo foi encontrado, e na noite do dia 28 de outubro, Baden deu um show deslumbrante, como testemunhou toda a imprensa de forma unânime. Fugindo de todos os clichês bossanovistas que esperavam dele, o violonista deu um banho de virtuosismo e genialidade. Depois seguiu pa-

[127] O *World Music Expo*, que acontece a cada ano em diferentes cidades europeias, tem por objetivo apoiar e divulgar a produção musical de todo o planeta.

ra Londres, onde lotou na noite do dia 31 o Ronnie Scott's, um templo do jazz internacional. Diga-se de passagem que foi em seu palco que o percussionista cubano Machito morreu de infarto e que Jimi Hendrix deu seu último show. Baden estava definitivamente reconciliado com o jazz, e para quem ainda tinha dúvidas, no mês seguinte, na edição de 10 de dezembro, a *Folha* noticiava: "O Bourbon Street comemora seu sexto aniversário no domingo com um show original: liderando um quarteto, o violonista Baden Powell promete deixar um pouco de lado a bossa nova, gênero pelo qual é cultuado em todo o mundo, e resgatar seu passado jazzístico".

Baden mal parava, encadeando seus shows pelo Brasil e pelo exterior. Debilitado pelas inúmeras mazelas que seu corpo ia acumulando, mesmo que ele não bebesse mais, cada dia estava mais magro e miúdo, e dava até a impressão de estar encolhendo. Mas na hora em que subia no palco, abraçava o violão e começava a tocar, o violonista parecia crescer, e era impressionante a potência, a firmeza e a precisão de seu toque. A virtuosidade da técnica e da interpretação permaneciam brilhantes. Porém, ele continuava sem parceiro, tanto que em termos de criação Baden não se renovava e tampouco gravava. Em compensação, discos gravados anos antes na Europa e no Japão começavam a ser lançados no Brasil: pela Eldorado o LP duplo *La Grande Réunion*, com Baden Powell e o violinista Stéphane Grappelli, que fora lançado em 1974 na França; pela Movieplay o *Live in Hamburg*, lançado em 1983 na Europa sob o título *Felicidades*. Eram antiguidades, mas era importante que chegassem ao público do Brasil. Inclusive chegavam na hora certa: a juventude brasileira estava descobrindo o grande mestre, formando uma parte importante de seu público, e a nova geração de músicos locais estava se interessando cada vez mais por sua obra. Jovens músicos oriundos das vertentes mais diversas da cena brasileira passaram a incluir obras de Baden Powell em seu repertório. Precursora, Mônica Salmaso cantou seus afro-sambas em 1998. No mesmo ano, Marcelo D2 sampleou "Canto de Ossanha" na faixa "1967", de seu primeiro disco solo *Eu Tiro É Onda*. Em 1999 a banda Caixa Preta fez uma versão funk audaciosa do "Samba da Benção". No ano seguinte, Ed Motta incluiu "Consolação" no repertório de seus shows; Max de Castro, muito mais ligado ao drum'n bass e ao hip-hop do que à bossa nova, homenageou o mestre na faixa "Afro-samba" de seu álbum de estreia *Samba Raro*; e Bebel Gilberto, arquiteta da ponte entre a bossa nova e a música eletrônica, também deu nova feição ao "Samba da Benção". E Baden Powell, que no final dos anos

Show de Baden em Tóquio, com os filhos Philippe e Marcel, por ocasião do festival *Bossa Nova 97*.

Os herdeiros: Philippe e Marcel durante uma turnê na França, em 2002.

1960 falara horrores da Jovem Guarda, dos tropicalistas e de tudo que podia se aparentar a qualquer vanguarda, entrou no século XXI mais atualizado do que nunca, se abrindo às novas gerações. "Ele acompanha com prazer o renovado interesse dos jovens cantores e compositores brasileiros pela bossa nova", noticiou *O Globo* em matéria sobre o violonista.[128] Era como se no processo de revisão completa de sua vida, Baden estivesse se despojando de todos os seus preconceitos para alcançar uma serenidade e lucidez que jamais tivera antes. O que a mesma reportagem do *Globo* confirmava: "Antes de rebobinar sua carreira, Baden Powell fala sobre o disco que fará na Trama, gravadora que procura um elo entre os sons contemporâneos e o melhor da MPB dos anos 60". Como havia feito para *João Pernambuco e o Sertão* no ano anterior, Baden montou com Fernando Faro um novo projeto, que foi então proposto à Trama. João Marcello Bôscoli abraçou a ideia na hora. A direção artística do disco foi entregue a Simoninha:[129] "Quando João Marcello fundou a Trama, ele me chamou para ser diretor artístico do selo dedicado à MPB. Eu sou músico, mas era um bom desafio e aceitei. Foi Fernando Faro que trouxe o projeto com Baden Powell. Imagine, Baden era nosso ídolo. Para mim foi um presente! Ele era uma referência, um dos grandes arquitetos da MPB, que revolucionou a técnica, criou uma estética de linguagem musical e definiu um estilo que marcou gerações de músicos no Brasil e no mundo". A gravação ficou marcada para o mês de maio no estúdio de gravação de Simoninha no Jardim América, em São Paulo. Para coordenar a produção, Fernando Faro chamou Lillian Aidar, sua assessora desde os anos 1970, que Baden conhecia bem: "A gente sugeriu que ele ficasse o tempo que quisesse em São Paulo. João Marcello abriu todas as portas para que Baden se sentisse bem e pudesse fazer a gravação como ele queria". O objetivo era colocar Baden num ambiente aconchegante, tranquilo. Ele chegou a São Paulo quinze dias antes da gravação, fez vários encontros com Faro, produtor do disco e seu "anjo da guarda" — como o definia Baden —, para preparar o repertório, que foi cuidadosamente pensado. Lillian Aidar viu o repertório se formando: "Cada um dava ideias, sugeria músicas. 'Pastorinhas' e 'Linda Flor' têm o dedinho do Faro, já 'Inquietação', 'Branca' e 'Minha Palhoça' têm a delicadeza do Baden. 'O Astronauta' foi escolha dos dois". O resultado final foram dez músicas, nenhuma inédita e apenas duas de Baden, as já antigas "Falei e

[128] Artigo de Mario Adnet, *O Globo*, 24/03/2000.

[129] Wilson Simonal Pugliese de Castro, filho de Wilson Simonal.

Disse", com Paulo César Pinheiro, e "O Astronauta", com Vinicius de Moraes. À imprensa, que começava a dar atenção a esse grande artista — sinal de que ele tinha enfim conquistado seu merecido lugar no espaço musical do Brasil —, Baden declarou: "Discos podem ser feitos com vários motivos. Uns são de composições novas, outros têm músicas cantadas, e esse terá repertório vestido de nova roupagem. É um disco de saudades".[130] Na noite de 6 de maio, Baden dividiu o palco do festival *Todos os Cantos do Mundo*, no SESC Pompeia, com a cantora Vanessa da Mata. Em seguida começou a gravação. Philippe, que estava na época com seu pai, se emocionou ao ver: "Ele estava super feliz, primeiro porque ele adorava trabalhar em São Paulo, e segundo porque ele teve condições de fazer o disco como ele queria. Ele estava fazendo arte pura, com novos arranjos, novo som... Além disso, a logística era perfeita. Ele tinha tudo que desejava, um bom hotel. Apesar das dificuldades da nossa relação, eu fiquei feliz de vê-lo tão bem. Era a vida começando de novo".

Baden gostava de gravar à noite. A gravação de *João Pernambuco e o Sertão* tinha sido problemática porque o estúdio do SESC só funcionava em horário comercial. Mas para *Lembranças* foi como ele queria. O fato do estúdio ser em uma casa criava um clima de intimidade, um ambiente bem informal que o apaziguava. Tudo estava organizado para que não lhe faltasse nada. Havia sempre uma chaleirinha com água quente para ele aquecer as mãos. Quando chegava o final do dia, ele ensaiava, tocava, repetia tudo sempre com aquele mesmo rigor. Beth o acompanhava, cuidava dele, da alimentação, dos medicamentos, dos horários — o que foi um grande alívio para a equipe de produção. Fernando Faro, que não era da noite, passava, conversava, e quando Baden falava que estava pronto para gravar, ele ia embora de mansinho... Apesar de todos esses cuidados e do carinho da equipe, a gravação começou mal, porque Baden não gostou da equipe técnica que Simoninha tinha contratado: "Ele não se entendeu com a engenheira de som, ficava pegando no pé dela, e eu tive de colocar outra pessoa. Sem contar que ele nunca tinha gravado com o software Pro Tools, que permite edições minuciosas. No começo ele achava isso um absurdo, reclamava. Mas aos poucos ele foi entendendo como funcionava e no final estava adorando, ficava ao lado do técnico se divertindo, brincando com o Pro Tools". Uma vez resolvidos os problemas, a equipe se admirou com a gentileza, a doçura e a delicadeza do violonista. Até Lillian Aidar, que o conhecia há muito, se impressio-

[130] Janaina Rocha, *O Estado de S. Paulo*, 05/05/2000.

nou com o misto de exigência e generosidade do violonista: "É uma coisa que a gente não vê mais hoje em dia. Quando ele gravou 'Pastorinhas', achou que ficaria bem com um flautista. Mas tinha que ser naquela hora! Eram dez horas da noite e tínhamos que encontrar um flautista em São Paulo. Aí chamamos o Teco Cardoso, que aceitou na hora, veio de imediato e gravou. Foi muito gratificante, porque o Baden fez mil elogios a ele". Além da flauta de Teco Cardoso, Baden apelou à percussão de Fred Prince em quatro faixas.

No dia 1º de junho, houve o lançamento do CD *João Pernambuco e o Sertão* no SESC Vila Mariana, com direito a um show de Baden. Para a divulgação, o violonista se entregou a uma sessão de fotos com o prestigioso fotógrafo Maurício Nahas, e depois regressou ao Rio, onde o esperavam os eternos problemas financeiros. O apartamento na Lagoa era muito caro e as entradas de dinheiro na conta de Baden eram insuficientes, principalmente agora que ele tinha duas casas para sustentar. Então o aluguel ficava sem pagar... deixando Philippe, que conhecia a família dos donos, extremamente constrangido.

Em meados de julho, Baden dividiu o palco do Blue Note em Nova York com Leo Gandelman, por apenas uma noite. Seguiu depois para uma turnê de três semanas na Europa, e no dia 8 de agosto estava de volta para participar do *MPB Especial* na TV Cultura, a convite do apresentador do programa, Fernando Faro. Enquanto isso ia rolando a mixagem e a masterização do disco que havia gravado, sob controle de Simoninha. "Foi uma grande lição de vida para mim, porque quando terminamos mandei o máster para Baden, que estava de volta ao Rio, e ele me ligou: 'Puxa, Simoninha, estou escutando o disco e não estou gostando, tem muito grave'. Combinamos então de ele vir a São Paulo na outra semana para escutarmos juntos o máster e discutir o que se poderia fazer. Lembro, no entanto, que comentei com várias pessoas: 'O Baden está ficando velho, não gosta do som novo, com graves, e vou ter que explicar a ele'. Quando chegou o dia da audição, escutei o máster com o Baden e percebi que ele é que estava com a razão: o som não estava bom, tinha mesmo um problema de grave. Fiquei cheio de vergonha: eu querendo discutir a opinião de um gênio. Aí refiz o máster e mandei para ele no Rio. Quando liguei para saber se ele tinha recebido, nós conversamos, e eu contei como eu tinha me enganado. Ele riu e falou: 'Me conte agora como vai ser o resto do processo; eu tenho um probleminha, vou me internar uns dias no hospital, mas depois eu ligo para a gente combinar quando vou a São Paulo."

Frente e verso da capa de *Lembranças*, o último disco de Baden, lançado em dezembro de 2000.

Mas Baden não ligou...

Na realidade, o "probleminha" era bem maior do que Baden deu a entender. Na edição de 24 de agosto, *O Globo* publicou uma notinha informando que Baden Powell fora internado com pneumonia na UTI da Clínica Sorocaba, no Rio de Janeiro. Por uma ironia do destino, na mesma edição havia uma chamada para os três shows que ele daria com Gal Costa, no início de setembro, para comemorar os seis anos do ATL Hall. Quem acabou dividindo o palco com Gal foi Edu Lobo. Pois os dias passavam e o estado de saúde de Baden foi piorando, até que ele entrou em coma. Nas visitas diárias que fazia a seu pai, Philippe levava discos de Bach, que Baden tanto amava: "Eu ia todos os dias e punha as *Suítes para Violoncelo*, que ele tocava no violão. Eu ficava pensando que com isso talvez ele voltasse para a gente". Mas Baden Powell não voltou, e no dia 26 de setembro de 2000 ele partiu para a derradeira viagem.

O país mostrou então o quanto sabia do valor de Baden Powell, que teve um enterro digno de um herói nacional. Seu corpo foi velado na Câmara dos Vereadores do Rio de Janeiro, na praça Floriano Peixoto. Durante 24 horas as pessoas puderam homenageá-lo. Músicos, artistas, amigos, familiares e também anônimos estiveram presentes, como três senhores que lembravam ter disputado partidas de bola de gude na infância com ele... O velório se encerrou com um culto ecumênico, celebrado por um padre — o amigo de infância Dom Estevão —, um frade e dois pastores evangélicos, para lembrar que Baden nasceu católico e morreu evangélico. Entre os dois, ele namorou o culto afro-brasileiro, mas esse aí ainda não tem muito espaço no ecumenismo. A seguir, um carro do Corpo de Bombeiros levou Baden até a sua última morada. "Quando eu morrer/ Me enterre na Lapinha..." Mas não foi na Lapinha, foi no Cemitério de São João Batista, não muito longe do jazigo de seu amigo João Nogueira, que partira quatro meses antes. Acompanhado por Marcel, no violão que acabava de herdar do pai, o coro dos presentes cantou "Samba Triste". Baden deixou como herança um patrimônio musical incomensurável e a marca indelével de sua imensa influência sobre a história da música mundial e o rumo que ela tomou na segunda metade do século XX. Duas décadas após a sua morte, Baden Powell continua marcando presença no dia a dia da música e dos violonistas do mundo inteiro.

No dia 1º de dezembro de 2000 a imprensa brasileira noticiou: "Chega às lojas *Lembranças*, o disco póstumo de Baden Powell". Poder-se-ia imaginar que *Lembranças* é um disco-testamento. Mas nada na história de sua produção, do momento em que surgiu a ideia na mente do músico

D2 - O ESTADO DE S.PAULO — CADERNO 2 — QUARTA-FEIRA, 27 DE SETEMBRO DE 2000

PERSONALIDADE

Baden Powell morre no Rio aos 63 anos

Reprodução

Os filhos Louis Marcel, violonista, e Philippe, pianista

O violonista e compositor estava internado na Unidade de Tratamento Intensivo (UTI) da Clínica Sorocaba, em Botafogo, desde 23 de agosto, com quadro de pneumonia bacteriana grave

MAURO DIAS

O violonista e compositor Baden Powell, de 63 anos, morreu, ontem, às 6h45, vítima de falência múltipla dos órgãos. Powell foi internado na Unidade de Tratamento Intensivo (UTI) da Clínica Sorocaba, em Botafogo, no dia 23 de agosto, com pneumonia bacteriana grave.

O estado de saúde do violonista, que era diabético, agravou-se, resultando em falência renal aguda – o que o obrigou a fazer sessões diárias de hemodiálise. O quadro evoluiu para uma infecção generalizada. O corpo foi velado desde a tarde de ontem na Assembléia Legislativa e o enterro será hoje, às 11 horas, no Cemitério São João Batista.

Baden Powell de Aquino nasceu numa pequena cidade do interior do Estado do Rio, Varre-e-Sai, um antigo posto de pousada de tropeiros. Seu pai fazia sapatos – não os consertava, mas desenhava-os e os fabricava – e tocava tuba na banda da cidade, era violinista e seresteiro. Era ainda chefe dos escoteiros de Varre-e-Sai – daí haver batizado o terceiro filho com o nome do fundador do escotismo.

O avô de Baden era músico profissional. Na verdade, Vicente Tomás de Aquino foi o primeiro maestro negro do interior do Estado do Rio. Chegou a criar uma orquestra, que, certa vez, caminhou – negros descalços, pois os sapatos apertavam os pés acostumados ao contato direto com a terra e só seriam calçadas na hora mais nobre – até a capital para tocar no Teatro Municipal.

Baden viveu em Varre-e-Sai só até os três meses, quando a família mudou-se para o Rio, primeiramente para Vila Isabel, depois para São Cristóvão, bairros da zona norte da cidade. Na casa de São Cristóvão, o pai freqüentava as rodas de música – ficou amigo de Geraldo Pereira, Luciano Perrone, Sílvio Caldas. Levava o filho montado em seus ombros. Organizava em casa rodas de choro, que chegaram a ser freqüentadas por Donga e Pixinguinha.

Baden tinha 6 anos quando começou a dedilhar o violão da tia – a família morava toda junta. Aos 8, na Rádio Nacional, conheceu o violonista Jaime Florence, o Meira, um pernambucano de Pau d'Alho que integrava o fabuloso Regional do Canhoto e compôs, entre outras obras-primas, o samba-canção *Molambo*. Meira foi professor de violão de Baden durante cinco anos. Mais tarde, seria professor de Rafael Rabelo, fato que oferece uma das explicações para as semelhanças estilísticas entre eles. Rafael, que morreu em 1995, com apenas 23 anos de idade, seria o sucessor natural de Baden na grande escola do violão brasileiro.

Baden foi o maior violonista brasileiro e um dos mais geniais que o mundo conheceu. Precoce, era profissional aos 15 anos, com permissão especial do Juizado de Menores. Nessa época, viajou pelo Brasil acompanhando os grandes cantores. Era o caçula, o mascote? Não. Era o gênio. Era o melhor violonista que o dinheiro (para ele, aliás, pouco) podia pagar.

Embora seu nome costume ser associado ao movimento da bossa nova, Baden não foi bossanovista, a não ser circunstancialmente. Freqüentava esporadicamente o Beco das Garrafas, onde o movimento se firmava, e a casa de Nara Leão, onde se reuniam os mentores da bossa. Chegou a compor algumas músicas nesse estilo. Mas seu negócio era outro: o samba (vide a série de afro-sambas, com Vinícius de Moraes, e a formidável produção posterior em parceria com Paulo César Pinheiro), modinhas, alguns choros. Coisas de suburbano.

Além do mais, o violão de Baden Powell tinha pouca afinidade com a surdina do violão da bossa. Baden aprendeu com Meira; o violão nordestino caracteriza-se pelo vigor do toque, em oposição à delicadeza bossanovista.

Não que Baden não fosse delicado. Pelo contrário. Suas melodias sempre primaram pela beleza sensível e suas interpretações ao violão eram cheias de nuances, com improvisos que poderiam ser transformados em novas obras-primas. Mas o toque era viril, as cordas sempre feridas com convicção, a pronúncia muito clara e brilhante.

Baden Powell morou na Europa do início dos anos 70 ao início dos 90, vindo ocasionalmente ao Brasil. Fixou residência – uma redundância, brincava – em Baden-Baden, na Floresta Negra, na Alemanha. Gravou mais discos na Europa do que no Brasil. Aqui, as obras que deixou gravadas foram esquecidas pelas sucessivas gravadoras por que passou. O que se encontra lançado em CD são antologias que mutilam o caráter dos LPs originais.

TINHA 6 ANOS QUANDO DEDILHAVA O VIOLÃO DA TIA

Baden sempre bebeu muito, o que, admitiu à biógrafa Dominique Dreyfus, autora de *O Violão Vadio de Baden Powell*, atrapalhou a carreira. Costumava sumir – dias seguidos, percorrendo botequins, até que o encontrassem, a pedido da família, que ligava para os jornais e para a polícia. Nos últimos anos, aderiu a uma seita presbiteriana, entre outros motivos para parar de beber. Por convicção religiosa, parou de cantar, por exemplo, o *Samba da Bênção*, que compôs com Vinícius de Moraes, porque a letra diz "saravá" – para ele, agora, coisa do diabo.

Sua primeira composição gravada foi *Samba Triste*, que tinha do também violonista – mas paraense – Billy Blanco. Billy encantou-se com o jovem e começaram a parceria em 1956. Lúcio Alves, no auge do sucesso, gravou o Samba Triste. Baden, animado, não parou mais de compor: são desse ano o *Encontro com a Saudade* e *Não é Bem Assim*. Com o dinheiro dos direitos, pôde deixar o trio de Ed Lincoln, de que participava desde o ano anterior.

Compôs cerca de 500 músicas, entre as quais os sucessos *Samba da Bênção, Samba em Prelúdio, Consolação, Formosa, O Astronauta, Canto de Ossanha, Valsa do Amor que Não Vem, Berimbau, Lapinha, Samba do Perdão, Violão Vagabundo* e *Voltei*.

Baden Powell deixou um disco-solo pronto, totalmente instrumental, pela gravadora Trama, em que interpreta 11 canções que ouvia na infância, entre elas a marcha-rancho *As Pastorinhas*, de Noel Rosa e João de Barro. **(Colaborou Roberta Jansen)**

AE

Baden Powell em espetáculo recente, realizado em São Paulo, quando estava recuperando a famosa técnica violonística

Reprodução

Tocador de música e contador de histórias

O violonista sabia como ninguém falar sobre as composições e os grandes parceiros

A vida de Baden Powell nunca teve muitas regras e sua arte sofreu muito com isso. Nos últimos quase 20 anos, o vigor e o virtuosismo de seu violão único quase desapareceram. A vida parecia haver melhorado com o encontro da religião – Baden já não bebia há algum tempo e estava recuperando a forma, como puderam constatar os felizardos que o viram no palco do fim do ano passado para cá – ele esteve algumas vezes em São Paulo, apresentando espetáculos impecáveis, manifestando a exigência do preciosista com a qualidade do som e – como João Gilberto – com a regulagem do ar condicionado.

Era uma fixação. Baden tinha muito medo de correntes de vento – e desde sempre. Não há fotos dele em que não esteja com o pescoço protegido pela gola rolê, por um cachecol dos muitos da coleção que presava (carregava uma mala de cachecóis para onde quer que fosse).

Mas, se esteve tocando menos bem (jamais tocaria mal), resolveu tratar, ele mesmo, do legado. Tornou-se professor dos filhos Louis Marcel Powell, violonista, e Philippe Baden Powell, pianista, os dois nascidos na França. Fez muitos shows com ele, no Brasil e no exterior, e gravou, aqui, um disco em trio, pai e filhos. É um dos poucos títulos (*Baden Powell & Filhos*, gravadora CID, 1994) de sua obra que podem ser encontrados em CD.

Outro título que mereceu versão digital foi *Baden Powell à Vontade*, originalmente feito para a gravadora Elenco, cujo acervo pertence hoje à universal. Foi seu segundo elepê, lançado em 1964. *O primeiro, Um Violão na Madrugada*, é hoje peça de colecionador de velhos discos de vinil. Seu melhor disco, '27 Horas de Estúdio', está no mesmo caso.

O genial Baden Powell sempre foi muito mal tratado pela indústria fonográfica, que alimenta uma lenda: música instrumental não vende. Foi por isso que Baden se mudou para a Europa. Mas não suportava a saudade e, uma vez por ano, pelo menos, vinha ao Brasil. Nos anos 90, seu palco predileto foi o do (hoje extinto) Rio Jazz Club, no Rio de Janeiro. Franzino, sempre de cachecol, ele encantava a platéia com músicas, que tocava como ninguém, e histórias, que contava como poucos. (M.D.)

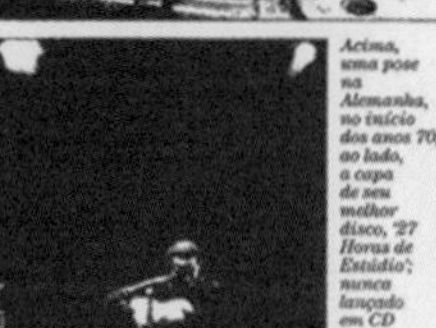

Acima, uma pose na Alemanha, no início dos anos 70; ao lado, a capa de seu melhor disco, '27 Horas de Estúdio'; nunca lançado em CD

Reprodução

Suas melodias sempre primaram pela beleza sensível e suas interpretações ao violão eram cheias de nuances, com improvisos que poderiam virar novas obras-primas

No início da carreira, em foto artística de Domício Pinheiro

A morte de Baden no jornal *O Estado de S. Paulo* de 27/9/2000.

até a última pincelada na sua masterização, remete a um adeus. As lembranças que dão título ao disco não são as que nos deixa Baden Powell, mas são aquelas que a música deixou em sua memória. *Lembranças* é um disco de esperança, de abertura, é um disco solar. É Baden bebendo na fonte do passado, aprendendo dos tempos remotos para desenhar o futuro, para avançar no novo capítulo de sua carreira e de sua vida. Uma vida semeada de imprevistos. O último deles foi a sua morte.

Rio/Paris/Poitiers, 1999-2020

MUSICOGRAFIA

A Estrela e a Cruz (Baden Powell e Billy Blanco)
A Hora Íntima (Baden Powell e Vinicius de Moraes)
A Volta (Baden Powell e Paulo César Pinheiro)
Abertura (Baden Powell)
Abertura Afro-Brasileira nº 2 (Baden Powell)
Abraçāo em Madri (Baden Powell)
Abstrato (Baden Powell)
Acalanto das Nonas (Baden Powell)
Alcântara (Baden Powell)
Além do Amor (Baden Powell e Vinicius de Moraes)
Alô Ernesto (Baden Powell)
Alô Pandeiro (Baden Powell e Vinicius de Moraes)
Alodê (Baden Powell)
Amanhecer (Baden Powell e Sílvia Powell)
Amei Tanto (Baden Powell e Vinicius de Moraes)
Ao Meu Amigo Pedro Santos (Baden Powell)
Apelo (Baden Powell e Vinicius de Moraes)
As Flores (Baden Powell)
As Verdades (Baden Powell e Paulo César Pinheiro)
Asa Delta (Baden Powell e Philippe Baden Powell)
Até Eu (Baden Powell e Paulo César Pinheiro)
Até o Sol Raiar (Baden Powell e Vinicius de Moraes)
Aurora (Baden Powell e Vinicius de Moraes)
Aurora de Amor (Baden Powell e Mario Telles)
Aviso aos Navegantes (Baden Powell e Paulo César Pinheiro)
Babel (Baden Powell)
Bachiana (Baden Powell e Vinicius de Moraes)
Badempop (Baden Powell)
Baixo de Pau (Baden Powell)
Balantofe (Baden Powell)
Beau Fixe (Baden Powell)
Berceuse a Jussara (Baden Powell e Vinicius de Moraes)
Berimbau (Baden Powell e Vinicius de Moraes)
Blues à Volonté (Baden Powell e Janine de Waleyne)
Bocoché (Baden Powell e Vinicius de Moraes)
Bom Dia Amigo (Baden Powell e Vinicius de Moraes)
Brasiliana (Baden Powell)
Braziliense (Baden Powell)

Brisa do Mar (Baden Powell)
Bud's Blues (Baden Powell)
Cabelos Brancos (Baden Powell e Paulo César Pinheiro)
Cai Dentro (Baden Powell e Paulo César Pinheiro)
Canção a Minha Amada (Baden Powell e Ruy Guerra)
Canção das Flores (Baden Powell e Paulo César Pinheiro)
Canção das Rodas (Baden Powell e Vinicius de Moraes)
Canção das Rosas (Baden Powell)
Canção de Amor e Paz (Baden Powell e Vinicius de Moraes)
Canção de Enganar Tristeza (Baden Powell e Vinicius de Moraes)
Canção de Ninar Meu Bem (Baden Powell e Vinicius de Moraes)
Canção do Amor Amigo (Baden Powell e Vinicius de Moraes)
Canção do Amor Ausente (Baden Powell e Vinicius de Moraes)
Canção do Filho (Baden Powell e Paulo César Pinheiro)
Cancioneiro (Baden Powell e Paulo César Pinheiro)
Candomblé (Baden Powell)
Cântico Nordestino (Baden Powell)
Canto (Baden Powell)
Canto de Iemanjá (Baden Powell e Vinicius de Moraes)
Canto de Jataí (Baden Powell e Vinicius de Moraes)
Canto de Ossanha (Baden Powell e Vinicius de Moraes)
Canto de Xangô (Baden Powell e Vinicius de Moraes)
Canto do Caboclo Pedra Preta (Baden Powell e Vinicius de Moraes)
Canto e Contraponto (Baden Powell e Vinicius de Moraes)
Carta ao Poeta (Baden Powell e Paulo César Pinheiro)
Casa Velha (Baden Powell)
Cavalo-Marinho (Baden Powell e Vinicius de Moraes)
Cegos do Nordeste (Baden Powell)
Cet Hiver à Courchevel (Baden Powell e Billy Nencioli)
Chanson d'Hiver (Baden Powell e Vinicius de Moraes)
Chará (Baden Powell)
Chora Violão (Baden Powell)
Choro em Menor (Baden Powell)
Choro para Metrônomo (Baden Powell e Vinicius de Moraes)
Cidade Vazia (Baden Powell e Lula Freire)
Cinq Dernières Minutes (Baden Powell)
Consolação (Baden Powell e Vinicius de Moraes)
Conversa Comigo Mesmo (Baden Powell)
Crepúsculo (Baden Powell)
Da Rua que Nasceu Nosso Amor (Baden Powell e Heloísa Setta)
Deixa (Baden Powell e Vinicius de Moraes)
Deve Ser Amor (Baden Powell e Vinicius de Moraes)
Diálogo (Baden Powell e Paulo César Pinheiro)
Dieka (Baden Powell)
Dum... Dum... Dum... Dum... (Baden Powell e Luiz Bittencourt)
É de Lei (Baden Powell e Paulo César Pinheiro)
É Hoje Só (Baden Powell e Vinicius de Moraes)

É Isso Aí (Baden Powell)
Elegia (Baden Powell e Paulo César Pinheiro)
Encontro com a Saudade (Baden Powell)
Encosta pra Ver se Dá (Baden Powell)
Espírito Santo (Baden Powell)
Estórias de Alcântara (Baden Powell)
Eu Não Tenho Ninguém (Baden Powell)
Eu Sei que Vou Chorar (Baden Powell e Paulo César Pinheiro)
Falei e Disse (Baden Powell e Paulo César Pinheiro)
Feitinha pro Poeta (Baden Powell e Lula Freire)
Ferro de Passar (Baden Powell e Paulo César Pinheiro)
Filho (Baden Powell)
Fim da Linha (Baden Powell)
Flores (Baden Powell)
Fluido de Saudade (Baden Powell e Vinicius de Moraes)
Formosa (Baden Powell e Vinicius de Moraes)
Garota Porongondon (Baden Powell e Vinicius de Moraes)
Grands Fleuves: Amazone (Baden Powell)
História Antiga (Baden Powell e Vinicius de Moraes)
Horizon (Baden Powell)
Iemanjá (Baden Powell e Vinicius de Moraes)
Igarapé (Baden Powell)
Imagens (Baden Powell)
Improvisation Before Breakfast (Baden Powell)
Improviso em Bossa Nova (Baden Powell e Vinicius de Moraes)
Indiscretion (Baden Powell e Vinicius de Moraes)
Ingênuo (Pixinguinha e Baden Powell)
Insônia (Baden Powell e Vinicius de Moraes)
Invenção em 7 1/2 (Baden Powell)
Jean Marie Juana (Baden Powell e Billy Nencioli)
La Dernière Fois (Baden Powell e Billy Nencioli)
Labareda (Baden Powell e Vinicius de Moraes)
Lamento de Exu (Baden Powell e Vinicius de Moraes)
Lapinha (Baden Powell e Paulo César Pinheiro)
Lembranças (Baden Powell)
Let Go (Baden Powell)
Linda Baiana (Baden Powell e Vinicius de Moraes)
Lotus (Baden Powell)
Luar de Agosto (Baden Powell e Nilo Queiroz)
Mais Ne Rigole Pas (Baden Powell e Billy Nencioli)
Marcel Atravessado no Choro (Baden Powell)
Marcha Escocesa (Baden Powell)
Márcia Eu Te Amo (Baden Powell)
Márcia Meu Amor (Baden Powell)
Marítima (Baden Powell)
Mesa Redonda (Baden Powell e Paulo César Pinheiro)
Meu Amigo Pedro Santo (Baden Powell)

Mon Ami Pierrot (Baden Powell e Billy Nencioli)
Mulher Carioca (Baden Powell e Vinicius de Moraes)
Na Gafieira do Vidigal (Baden Powell)
Não É Bem Assim (Baden Powell)
Noche con Francis (Baden Powell)
O Astronauta (Baden Powell e Vinicius de Moraes)
O Cego Aderaldo (Baden Powell)
On Peut Me Dire du Mal de Toi (Baden Powell e Billy Nencioli)
Oriental (Baden Powell)
Ouverture Afro-Brasileiras nº 2 (Baden Powell)
Pai (Baden Powell)
Para Fazer um Bom Café (Baden Powell e Vinicius de Moraes)
Percussão e Batuque (Baden Powell)
Pescador (Baden Powell)
Petite Waltz (Baden Powell)
Ponto (Baden Powell e Paulo César Pinheiro)
Pour Toi Marie (Baden Powell e Billy Nencioli)
Pra que Chorar (Baden Powell e Vinicius de Moraes)
Pra Valer (Baden Powell e Paulo César Pinheiro)
Precedented (Baden Powell e Vinicius de Moraes)
Prelúdio ao Coração (Baden Powell)
Prelúdio das Diminutas (Baden Powell e Marcel Powell)
Prelúdio em Mi Menor (Baden Powell)
Prelúdio para Mão Esquerda (Baden Powell e Marcel Powell)
Qua Quara Qua Qua (ver Vou Deitar e Rolar)
Que Trouxe Essa Canção? (Baden Powell e Vinicius de Moraes)
Queixa (Baden Powell e Vinicius de Moraes)
Quel Métier (Baden Powell e Billy Nencioli)
Refém da Solidão (Baden Powell e Paulo César Pinheiro)
Retrato Brasileiro (Baden Powell)
Rosa Flor (Baden Powell e Geraldo Vandré)
Samba (Baden Powell)
Samba Capoeira (Baden Powell)
Samba Cine (Baden Powell e Vinicius de Moraes)
Samba da Bênção (Baden Powell e Vinicius de Moraes)
Samba da Partida (Baden Powell e Hermínio Bello de Carvalho)
Samba de Deixa (Baden Powell)
Samba de Lamento (Baden Powell)
Samba de Mudar (Baden Powell e Geraldo Vandré)
Samba de Nós Dois (Baden Powell e Vinicius de Moraes)
Samba de Oxóssi (Baden Powell e Vinicius de Moraes)
Samba de Pintinho (Baden Powell)
Samba de Roda da Bahia (Baden Powell)
Samba do Café (Baden Powell e Vinicius de Moraes)
Samba do Perdão (Baden Powell e Paulo César Pinheiro)
Samba do Veloso (Tempo de Amor) (Baden Powell e Vinicius de Moraes)
Samba em Cha-Cha-Cha (Baden Powell e Vinicius de Moraes)

Samba em Prelúdio (Baden Powell e Vinicius de Moraes)
Samba Novo (Baden Powell)
Samba Saravá (Baden Powell e Vinicius de Moraes)
Samba Triste (Baden Powell e Billy Blanco)
Saravá (Baden Powell e Vinicius de Moraes)
Saudades de Márcia (Baden Powell)
Se a Tristeza Chegar (Baden Powell e Geraldo Vandré)
Se Você Quiser (Baden Powell e Mario Telles)
Seja Feliz (Baden Powell e Vinicius de Moraes)
Sentimentos Brasileiros (Baden Powell)
Sentimentos Se Você Pergunta Nunca Vai Saber (Baden Powell)
Separação (Baden Powell)
Sermão (Baden Powell e Paulo César Pinheiro)
Si Rien Ne Va (Baden Powell e Billy Nencioli)
Simplesmente (Baden Powell e Lula Freire)
Só por Amor (Baden Powell e Vinicius de Moraes)
Solitário (Baden Powell)
Som do Carnaval (Baden Powell e Copinha)
Sonho de Amor e Paz (Baden Powell e Vinicius de Moraes)
Souviens-toi Mon Frère (Baden Powell e Billy Nencioli)
Suíte 1ème Partie: Asa Delta (Baden Powell, Philippe Baden Powell e Marcel Powell)
Suíte 2ème Partie: Velhos Natais (Baden Powell, Philippe Baden Powell e Marcel Powell)
Suíte Afro-Consolação (Baden Powell)
Tapiilraiauara (Baden Powell)
Tem Dó (Baden Powell e Vinicius de Moraes)
Tema de Amor (Baden Powell)
Tema nº 1 (Baden Powell)
Tema Triste (Baden Powell)
Tempo de Amor (ver Samba do Veloso)
Tempo de Paz (Baden Powell e Vinicius de Moraes)
Tempo Feliz (Baden Powell e Vinicius de Moraes)
Terra de Katmandou (Baden Powell)
Tiens Bonjour! (Baden Powell e Billy Nencioli)
Toi Ma Blonde (Baden Powell, Vinicius de Moraes e Eduardo Bacri)
Três Histórias (Baden Powell)
Tributo a Juazeiro (Baden Powell)
Tributo a um Amigo (Baden Powell)
Tributo ao Blues (Baden Powell e Philippe Baden Powell)
Tributo ao Júlio (Baden Powell)
Tributo ao Professor Meira (Baden Powell)
Tristeza e Solidão (Baden Powell e Vinicius de Moraes)
Tristeza Vai Embora (Baden Powell e Mario Telles)
Última Forma (Baden Powell e Paulo César Pinheiro)
Último Porto (Baden Powell)
Um Abraço no Codó (Baden Powell)
Um Amor em Cada Coração (Baden Powell e Vinicius de Moraes)
Um Carioca Portenho (Baden Powell)

Un Vieux Refrain (Baden Powell e Billy Nencioli)
Valsa do Amor que Não Vem (Baden Powell e Vinicius de Moraes)
Valsa nº 1 (Baden Powell)
Valsa para Jussara (Baden Powell)
Valsa Sem Nome (Baden Powell e Vinicius de Moraes)
Variação (Baden Powell)
Variações Brasileiras (Baden Powell e Luiz Gonzaga)
Veja Lá (Baden Powell e Lula Freire)
Velho Amigo (Baden Powell e Vinicius de Moraes)
Velho Amor (Baden Powell)
Velhos Natais (Baden Powell e Marcel Powell)
Vento Vadio (Baden Powell)
Violão (Baden Powell)
Violão Vadio (Baden Powell e Paulo César Pinheiro)
Violão Vagabundo (Baden Powell e Paulo César Pinheiro)
Voltei (Baden Powell e Paulo César Pinheiro)
Vou Deitar e Rolar (Qua Quara Qua Qua) (Baden Powell e Paulo César Pinheiro)
Vou por Aí (Baden Powell e Aloysio de Oliveira)
Waltzing (Baden Powell)
Xangô (Baden Powell)
Zé Não É João (Baden Powell)

DISCOGRAFIA SELECIONADA

Devido à grande complexidade da discografia de Baden Powell e à dificuldade de fazer um levantamento exaustivo de todos os seus discos, estão indicadas aqui suas principais gravações. Não figuram aqui nem as participações em discos alheios, nem as coletâneas, nem os 45 rpm, nem as trilhas sonoras, nem as reedições em CD.

Grande parte da discografia de Baden Powell foi gravada e lançada no estrangeiro. Por conta disso, em certos casos o título das músicas foi traduzido na ficha técnica para o francês ou o inglês, e a grafia dos títulos em português pode ser bastante fantasiosa. Além do mais, as indicações eram fornecidas por Baden, sem que as gravadoras tivessem conferido a exatidão dos dados. Assim, certos títulos aparecem na ficha técnica incompletos ou até errados, e de um disco para outro uma mesma música pode ter títulos diferentes, conforme o artista tenha se lembrado ou não do título certo... Contudo, nós optamos por colocar nesta discografia os títulos das músicas exatamente como estão escritos nas fichas técnicas dos discos, mantendo os erros e as discrepâncias.

O ano da gravação, quando diferente do ano de lançamento do disco, está assinalado entre colchetes.

Esta discografia não poderia ter sido feita sem as preciosas pesquisas de Patrick Reignier, Jacques Lubin e Takashi Miyachi. Que estes sejam imensamente agradecidos.

Apresentando Baden Powell e seu Violão
(1960 [1959], Rio de Janeiro, Philips)
(Stella by Starlight, Amor Sincopado, Estrellita, Na Baixa do Sapateiro, Lover, Maria, My Funny Valentine, Love Letters, Samba Triste, Aquellos Ojos Verdes, Carinhoso, All The Things You Are)

Um Violão na Madrugada
(1961, Rio de Janeiro, Philips)
(Do Jeito que a Gente Quer, Minha Palhoça, Fluido de Saudade, Luz Negra, Insônia, Improviso em Bossa Nova, Lição de Baião, Dona Baratinha, Prelúdio ao Coração, Luar de Agosto, Dum... Dum... Dum... Dum..., Linda)

Baden Powell Swings with Jimmy Pratt
(1963 [1962], Rio de Janeiro, Elenco)
(Deve Ser Amor, Coisa nº 1, Rosa Flor, Tema nº 1, Encontro Com a Saudade, Manequim 46, Samba de Uma Nota Só, Coisa nº 2, Não É Bem Assim, Canção do Amor Sem Fim)

Baden Powell à Vontade
(1963, Rio de Janeiro, Elenco)
(Garota de Ipanema, Berimbau, O Astronauta, Consolação, Sorongaio, Samba do Avião, Saudades da Bahia, Candomblé, Conversa de Poeta, Samba Triste)

Le Monde Musical de Baden Powell Vol. 1
(1964, Paris, Barclay)
(Deve Ser Amor, Choro para Metrônomo, Adágio, Berimbau, Samba em Prelúdio, Chanson d'Hiver, Samba Triste, Berceuse a Jussara, Prélude, Valsa de Eurídice, Bachiana, Garota de Ipanema)

Billy Nencioli et Baden Powell
(1965, Paris, Barclay)
(Si Rien Ne Va, Cet Hiver à Courchevel, Quel Métier, On Peut Me Dire du Mal de Toi, Mais Ne Rigole Pas, Pour Toi Marie, Un Vieux Refrain, Jean Marie Juana, Tiens Bonjour, La Dernière Fois, Souviens-Toi Mon Frère, Mon Ami Pierrot)

Os Afro-Sambas de Baden e Vinicius
(1966, Rio de Janeiro, Forma)
(Canto de Ossanha, Canto de Xangô, Bocoché, Canto de Iemanjá, Tempo de Amor, Canto do Caboclo Pedra Preta, Tristeza e Solidão, Lamento de Exu)

Tempo Feliz
(1966, Rio de Janeiro, Forma)
(Vou Por Aí, Apelo, Chuva, Deixa, Consolação, Sem Saber, Pró Forma, Tempo Feliz)

Ao Vivo no Teatro Santa Rosa
(1966, Rio de Janeiro, Elenco)
(Choro para Metrônomo, O Astronauta, Valsa de Eurídice, Prelúdio em Ré Menor, Berimbau, Consolação, Lamento, Samba de Uma Nota Só, Tempo Feliz)

Tristeza on Guitar
(1967 [1966], Villingen, Saba; *Baden* pela Elenco no Brasil)
(Tristeza, Canto de Xangô, 'Round About Midnight, Saravá, Canto de Ossanha, Manhã de Carnaval, Invenção em 7 1/2, Das Rosas, Som de Carnaval, O Astronauta)

Berlin Festival Guitar Workshop
(1968 [1967], Villingen, Saba)
(The Girl From Ipanema, Samba Triste, Berimbau)

Poema on Guitar
(1968 [1967], Villingen, Saba)
(Feitinha pro Poeta, Dindi, Consolação, Tristeza e Solidão, Samba Triste, Valsa de Eurídice, All The Things You Are, Reza)

Baden, Márcia e Originais do Samba
(1968, São Paulo, Philips)
(Vento Vadio, Marcha Escocesa, Carinhoso, Valsa de Eurídice, Berimbau, Canto do Caboclo Pedra Preta, Só Por Amor, Apelo, Samba da Bênção)

27 Horas de Estúdio
(1969 [1968], Rio de Janeiro, Forma; *Aquarelles du Brésil* pela Barclay na França)
(Um Abraço no Codó, A Lenda do Abaeté, Viagem, Double, Violão, Lotus, Iemanjá, O Cego Aderaldo, Alô Ernesto, All The Things You Are)

Le Monde Musical de Baden Powell Vol. 2
(1969, Paris, Barclay)
(Lapinha, Nocturne nº 13, opus 48, nº 1, Lamento, A Volta, Ao Meu Amigo Pedro Santos, Formosa, Ária, Iemanjá, Três Histórias, Marítima)

As Músicas de Baden Powell e Paulo César Pinheiro e Os Cantores da Lapinha
(1970, Rio de Janeiro, Elenco)
(Aviso aos Navegantes, Vou Deitar e Rolar, Refém da Solidão, Carta ao Poeta, Lapinha, É de Lei, Falei e Disse, Ponto, Violão Vadio, Samba do Perdão)

Canto on Guitar
(1971 [1970], Villingen, MPS)
(Samba em Prelúdio, Três Temas da Fé Afro-Brasileira: Pai-Filho-Espírito Santo, Marcha Escocesa, Tributo A Um Amigo, Qua Quara Qua Qua, Cegos do Nordeste)

Lotus
(1971 [1970], Paris, Festival/Musidisc)
(Pai, Tristeza, 'Round About Midnight, Nega do Cabelo Duro, Aos Pés da Santa Cruz, Lotus)

Baden Powell Quartet Vol. 1
(1971 [1970], Paris, Barclay)
(Pra Que Chorar, Refém da Solidão, Do Jeito que a Gente Quer/Rapaz de Bem, Atirei o Pau no Gato, Dora, Batuque)

Baden Powell Quartet Vol. 2
(1971 [1970], Paris, Barclay)
(Samba do Perdão, Cidade Vazia, Canção do Filho, Pai, Ingênuo, Vou Deitar e Rolar)

Baden Powell Quartet Vol. 3
(1971 [1970], Paris, Barclay)
(Coisa nº 1, Terra de Katmandou, A Primeira Vez, Ferro de Passar, Falei e Disse, Lua Aberta)

Baden Powell: Carinhoso
(1971, Paris, Barclay)
(Carinhoso, Violão Vadio, Bom de Dedo, Naquele Tempo, Gente Humilde, Rosa, Pausa para Meditação, Márcia Meu Amor, Filho de Furinha, 1x0)

Estudos
(1971, Rio de Janeiro, Elenco)
(Encosta Pra Vê Se Dá, Pra Valer, Pai, Serenata do Adeus, Tapiilraiauara, Valsa Sem Nome, É Isso Aí, Chão de Estrelas, Crepúsculo, Tema Triste, Baixo de Pau, Último Porto)

Images on Guitar
(1972 [1971], Villingen, MPS; *É de Lei* pela Philips no Brasil)
(Até Eu, Petite Waltz, Violão Vagabundo, Conversa Comigo Mesmo, Blues à Volonté, Sentimentos Se Você Pergunta Nunca Vai Saber, É de Lei, Canto)

Solitude on Guitar
(1973 [1971], Frankfurt, CBS)
(Introdução ao Poema dos Olhos da Amada, Chará, Se Todos Fossem Iguais a Você, Márcia Eu Te Amo, Na Gafiera do Vigidal, Kommt Ein Vogel geflogen, Fim da Linha, The Shadow of Your Smile, Brasiliana, Bassamba, Por Causa de Você, Solitário)

L'Âme de Baden Powell
(1973 [1972], Paris, Festival)
(Barquinho, Eu e a Brisa, Vento Vadio, Palpite Infeliz, Samba do Avião, Retrato Brasileiro, Triste, Eu Não Tenho Ninguém)

L'Art de Baden Powell
(1973 [1972], Paris, Festival)
(Discussão, Tristeza e Solidão, Consolação, Apelo, Pra Dizer Adeus, Upa Neguinho, Último Porto)

Le Génie de Baden Powell
(1973 [1972], Paris, Festival)
(Amélia, O Mar, Vem Chegando a Madrugada, Meditação, Eu Sei Que Vou Te Amar, Corcovado, Saudades Márcia, Abração em Madri)

Le Coeur de Baden Powell
(1973 [1972], Paris, Festival)
(Xangô, Simplesmente, Samba do Pintinho, Asa Branca, Chão de Estrelas, Braziliense, À La Claire Fontaine)

Grandezza on Guitar
(1974 [1971], Frankfurt, CBS)
(Apelo, Tributo ao Júlio, Samba de Lamento, Labareda, It Was A Wonderful Year, Improvisation Before Breakfast)

Samba Triste
(1975 [1972], Paris, Festival)
(Samba Triste, Do Jeito que a Gente Quer, Valsa nº 1, Babel, Samba de Deixa, Chico Ferreira e Bento, Casa Velha, Tempo Feliz)

Apaixonado
(1975 [1973], Villingen, MPS)
(Casa Velha, Alcântara, Igarapé, Estórias de Alcântara, Waltzing, Lembranças, Abstrato, As Flores, Balantofe, Brisa do Mar)

Live in Japan
(1972 [1970], Tóquio, King Records; *Face au Public* pela Barclay na França)
(Garota de Ipanema, A Lenda do Abaeté, Jésus Que Ma Joie Demeure, Marche Écossaise, Berimbau, Tristeza, Samba Triste, Chanson de l'Adieu, Consolação)

Gravado ao Vivo em Paris
(1973 [1972], São Paulo, RCA)
(Garota de Ipanema, Valsa de Eurídice, Jesus Alegria dos Homens, Marcha Escocesa, Berimbau, Tristeza, Samba Triste, Tristesse, Consolação)

La Grande Réunion avec Stéphane Grappelli Vol. 1
(1975 [1974], Paris, Festival)
(Eu Vim da Bahia, Meditação, Berimbau, Desafinado, Samba de Uma Nota Só, Isaura, Amor em Paz, Brasil)

La Grande Réunion avec Stéphane Grappelli Vol. 2
(1985 [1974], Paris, Festival)
(Michelle, Yesterday, Summer 42, Fumette, You Are The Sunshine of My Life, O Pato, Recado)

Mélancolie: Baden Powell et Cordes
(1975, Paris, Festival)
(Ano e Meio, Se Todos Fossem Iguais a Você, Midjao, Acalanto das Nonas, Rosa Maria, Aos Pés da Santa Cruz, Horizon, Saudades da Bahia)

Tristeza
(1976 [1975], Paris, Festival)
(Tristeza, A Primeira Vez, Canto de Ossanha, Samba da Minha Terra, Só Danço Samba, Cidade Vazia, Bahia, Imagem)

Baden Powell canta Vinicius de Moraes e Paulo César Pinheiro
(1977 [1975], Paris, Festival)
(Labareda, Linda Baiana, Cavalo-Marinho, Samba da Bênção, É de Lei, Cancioneiro, Figa de Guiné, Falei e Disse, Besouro Mangangá)

Maria d'Apparecida chante Baden Powell
(1977, Paris, Carabine)
(Deixa, A Volta, Carta ao Poeta, Qua Quara Qua Qua, Violão Vadio, Amanhecer, Refém da Solidão, Sermão, Samba do Perdão, As Verdades)

O Grande Show (Ao Vivo no Procópio Ferreira)
(1979, Rio de Janeiro, WEA)
(Canto de Ossanha, Samba Novo, Refém da Solidão, Petit Valsa, Tempo Feliz, Se Todos Fossem Iguais a Você, Asa Branca, Eurídice, Samba da Bênção, A Lenda do Abaeté, Valsa nº 1, Tributo a Juazeiro, Berimbau)

Nosso Baden
(1980, Rio de Janeiro, WEA; *Simplesmente* pela Mary Melody na França)
(Mesa Redonda, Jongo, Até Eu, Cai Dentro, Odeon, Queixa, Abismo de Rosas, Ingênuo, Canção das Flores)

De Baden para Vinicius
(1981 [1980], Rio de Janeiro, WEA)
(Velho Amigo, Bom Dia Amigo, Samba em Prelúdio, Feitinha pro Poeta, Se Todos Fossem Iguais a Você, Tempo Feliz, O Poeta e a Lua, Serenata do Adeus, Apelo, Além do Amor, Deixa, Formosa, Samba da Bênção)

Felicidades
(1983 [1982], Hamburgo, Pläne)
(Baixa do Sapateiro, A Felicidade, Cântico Nordestino, Variações Brasileiras, Variação, Samba do Avião, Valsinha, Alodê, Só Danço Samba, Cai Dentro)

Violão em Seresta
(1989 [1988], Rio de Janeiro, Ideia Livre; *Rio das Valsas* pela JSL na França)
(Rosa, Serenata do Adeus, Valsa Sem Nome, Primeiro Amor, Velho Amigo, O Que Tinha de Ser, Chão de Estrelas, Canção do Amor Ausente, Revendo o Passado, Valsa de Eurídice)

Os Afro-Sambas
(1991 [1990], Paris, JSL)
(Abertura, Canto de Ossanha, Labareda, Tristeza e Solidão, Canto do Caboclo Pedra Preta, Canto de Xangô, Bocoché, Canto de Iemanjá, Variações sobre Berimbau, Samba do Veloso, Lamento de Exu)

The Frankfurt Opera Concert 1975, Baden Powell and Trio
(1992 [1975], Berlim, Tropical Music)
(Valsa de Eurídice, Prelúdio, Asa Branca, A Lenda do Abaeté, Se Todos Fossem Iguais a Você, Samba Triste, Petite Valse, Imagens, Pescador, Valsa nº 1, Berceuse, Variações sobre Canto de Ossanha, Coisas nº 1, Marcha Escocesa)

Live at the Rio Jazz Club
(1992 [1990], Rio de Janeiro, Caju Music)
(Introdução, Valsa de Eurídice, Samba do Avião, Tributo a Dorival Caymmi: Rosas de Abril, Dora, Jongo, Formosa, Variações sobre Asa Branca, Naquele Tempo, Rosa, Gente Humilde, Samba em Prelúdio, Choro em Menor, Gracioso, Violão Vadio)

Live in Switzerland
(1993 [1992], Winterthur, Phonoag)
(Vento Vadio, O Astronauta, Valsa de Eurídice, Petite Valse, Adelita, Jeux Interdits, Astúrias, Chora Violão, Naquele Tempo, Retrato Brasileiro, A Jangada Voltou Só, Cantigas de Roda, Hino Nacional Brasileiro, Carinhoso, Jongo, Falseta, Coisa nº 1, Tributo ao Nordeste, Variações sobre Asa Branca)

Baden Powell à Paris
(1995 [1974], Paris, RTE)
(CD 1: Variações Afro-Brasileiras, Samba do Avião, Imagens, Samba Triste, Se Todos Fossem Iguais a Você, Prelúdio nº 1, A Lagoa do Abaeté, Asa Branca, Marcha Escocesa — CD 2: Garota de Ipanema, Aos Pés da Santa Cruz, Samba Novo, Valsa nº 1, Tributo ao Amigo Pedro Santos, Oriental, Samba da Minha Terra, Samba Capoeira parte 1, Samba Capoeira parte 2, Coisa nº 1)

Baden Powell e Filhos Ao Vivo
(1995 [1994], Rio de Janeiro, CID)
(Apresentação de Philippe Baden Powell, Invenção a Duas Vozes, Apresentação de Marcel Powell, Prelúdio das Diminutas, Variações sobre Asa Branca, Retratos Brasileiros [*pot-pourri*: A Jangada Voltou Só, Atirei o Pau no Gato, Terezinha de Jesus, Carneirinho Carneirão, Hino ao Clube do Flamengo, Carinhoso], Magoado, Gente Humilde, Samba Novo, Vento Vadio, Naquele Tempo, Prelúdio para a Mão Esquerda, Atravessado, Tributo ao Blues)

Baden Powell de Rio à Paris
(1995 [1994], Paris, Frémeaux)
(Mesa Redonda, Samba Novo, Pra Que Chorar, Tributo ao Professor Meira, Ouverture Afro-Brasileira nº 2, Vou Deitar e Rolar, Sermão, Asa Delta, Sentimentos Brasileiros, El Dia Que Me Quieras, Um Carioca Portenho)

Live at Montreux
(1996 [1995], Paris, Frémeaux)
(Apresentação, Vento Vadio, Baixa do Sapateiro, Samba do Avião, Samba Novo, Naquele Tempo, Manhã de Carnaval, Interrogando [Jongo], Garota de Ipanema, O Astronauta, A Lagoa do Abaeté, Asa Branca, Falsete, Samba da Minha Terra)

Suíte Afro-Consolação
(1998 [1997], Tóquio, King Records)
(Suíte Afro-Consolação, Samba Triste, Berimbau, Morning of the Carnival, Girl From Ipanema, The Shadow of Your Smile, Odeon, Invention, Coisa nº 1, Interrogando [Jongo], Prelúdio das Diminutas, Adelita, Tributo ao Professor Meira, O Cego Aderaldo, Samba Novo)

Lembranças
(2000, São Paulo, Trama)
(Pastorinhas, Inquietação, Molambo, Falei e Disse, Dora, Linda Flor, Maria, Minha Palhoça, Branca, Mágoas de Caboclo, O Astronauta)

Para a discografia completa de Baden Powell, com as fichas técnicas das gravações, ver o site <www.brazil-on-guitar.de/>.

BIBLIOGRAFIA

CABRAL, Sérgio. *Tom Jobim*. Rio de Janeiro: CBPO, 1998.

_________. *Antônio Carlos Jobim: uma biografia*. Rio de Janeiro: Lumiar, 1997.

_________. *Pixinguinha: vida e obra*. Rio de Janeiro: Lumiar, 1997.

_________. *Elizeth Cardoso: uma vida*. Rio de Janeiro: Lumiar, s/d.

CASTELO, José. *Vinicius de Moraes, o poeta da paixão: uma biografia*. São Paulo: Companhia das Letras, 1994.

CASTRO, Ruy. *Chega de saudade: a história e as histórias da bossa nova*. São Paulo: Companhia das Letras, 1990.

CEZIMBRA, Márcia; CALLADO, Tessy; SOUZA, Tárik de. *Tons sobre Tom*. Rio de Janeiro: Revan, 1995.

CHEDIAK, Almir. *Songbook: Bossa nova* (vols. 1 a 5). Rio de Janeiro: Lumiar, 1990/91.

_________. *Songbook: Tom Jobim* (vols. 1 a 3). Rio de Janeiro: Lumiar, 1990.

DELFINO, Jean-Paul. *Brasil bossa nova*. Aix-en-Provence: Edisud, 1988.

DOLABELA, Marcelo. *ABZ do rock brasileiro*. São Paulo: Estrela do Sul, 1987.

ECHEVERRIA, Regina. *Furacão Elis*. Rio de Janeiro: Nordica, 1985.

JHOSEP. *Ronaldo Bôscoli: o senhor bossa nova*. Rio de Janeiro: Toca do Vinicius, 1996.

JOBIM, Helena. *Antônio Carlos Jobim: um homem iluminado*. Rio de Janeiro: Nova Fronteira, 1996.

LABORDE, Christian. *Claude Nougaro: l'homme aux semelles de swing*. Toulouse: Privat, 1984.

MACIEL, Luiz Carlos; CHAVES, Angela. *Eles e eu: memórias de Ronaldo Bôscoli*. Rio de Janeiro: Nova Fronteira, 1994.

MARCONDES, Marcos Antonio (org.). *Enciclopédia da música brasileira*. 2ª ed. São Paulo: Art Editora, 1998.

MORAES, Mario de. *Recordações de Ary Barroso*. Rio de Janeiro: Funarte, 1979.

MORAES, Vinicius de. *Para uma menina com uma flor*. São Paulo: Companhia das Letras, 1992.

_________. *Livro de letras*. São Paulo: Companhia das Letras, 1991.

_________. *Para viver um grande amor*. São Paulo: Companhia das Letras, 1991.

PARANAGUÁ, Paulo Antônio (org.). *Le cinéma brésilien*. Paris: Cinéma Pluriel, Editions du Centre Pompidou, 1987.

PECCI, João Carlos. *Toquinho: 30 anos de música*. São Paulo: Maltese, 1996.

_________. *Vinicius sem ponto final*. São Paulo: Saraiva, 1994.

Peixoto, Mario. *Ipanema anos 60*. Rio de Janeiro: Toca do Vinicius, 1997.

Pereira, João Baptista Borges. *Cor, profissão e mobilidade*. São Paulo: Pioneira, 1967.

Plougastel, Yann (org.). *La chanson mondiale depuis 1945*. Paris: Larousse, 1996.

Ramos, Fernão. *História do cinema brasileiro*. São Paulo: Art Editora, 1990.

Santos, Joaquim Ferreira dos. *Feliz 1958: o ano que não devia terminar*. Rio de Janeiro: Record, 1998.

Saroldi, Luiz Carlos; Moreira, Sonia Virginia. *Rádio Nacional: o Brasil em sintonia*. Rio de Janeiro: Funarte, 1984.

Schneier, Graciela; Montenegro, Ana Maria (orgs.). *Rio de Janeiro: la beauté du diable*. Paris: Autrement, 1990.

Severiano, Jairo; Mello, Zuza Homem de. *A canção no tempo: 85 anos de músicas brasileiras*. 2 vols. São Paulo: Editora 34, 1997/98.

Souza, Tárik de. *O som nosso de cada dia*. Porto Alegre: L&PM, 1983.

Távola, Artur da. *40 anos de bossa nova*. Rio de Janeiro: Sextante, 1998.

Tinhorão, José Ramos. *Música popular: do gramofone ao rádio e TV*. São Paulo: Ática, 1981.

_________. *Pequena história da música popular: da modinha à lambada*. São Paulo: Art Editora, 1991.

Vários autores. *Jazz: les incontournables*. Paris: Filipacchi, 1992.

_________. *Bossa nova: história, som e imagem*. Rio de Janeiro: Spala Editora, 1996.

_________. *Elis Regina por ela mesma*. São Paulo: Martin Claret, 1995.

_________. *L'Aquarium: musique e politique*. Rennes: C.R.A.P., 1993.

ÍNDICE REMISSIVO

AGRADECIMENTOS

Quero agradecer a...

Alaíde Costa
Alfredo Radoszynski
André Souliés
Arnauld de Froberville
Baden Powell
Billy Blanco
Billy Nencioli
Brandino
Cláudio Queiroz (Cacau)
Carlos Alberto (Toca do Vinicius)
Claus Schreiner
Claude Nougaro
Cléa de Oliveira
Clementino Fraga Filho
Cyll Farney
Cynara (Quarteto em Cy)
Cyva (Quarteto em Cy)
Dominique Faquinotti
Ed Lincoln
Eddie Barclay
Eddy Marnay
Eglal Farhi
Elizabeth Amorim do Carmo
Eloi Rosa da Costa
Fernando Faro
Francette Rio Branco
Francis O'Neil
Gaby Kleinschmidt
Gilda Mattoso
Gunnar Pfabe
Guy Leroux
Guy Pedersen
Heloísa Setta
Ildaso Tavares
Irene Paula de Oliveira Araujo
Itacy Ribeiro Bispo
Jacques Lubin
Jairo Severiano
Jean-François Millier
Jean-Michel Boris
Jean-Pierre Brun
Jean Faquinotti
João de Aquino
Joana Drummond
João Carlos Pecci
João Pedro Borges
Lisa Boulton
Louis Marcel Powell
Luana de Noailles
Lucia Proença
Luiz Carlos Saroldi
Lula Freire
Magro (MPB 4)
Marc Exigeat
Marcel Lascar
Márcia Barbosa
Márcia Delabée
Marie-Claude Lagarde
Mario Peixoto
Maurício Vasquez (Dom Estevão)
Miúcha
Odete Lara
Paulinho Nogueira
Paulo César Pinheiro
Pedro de Moraes
Philippe Baden Powell
Pierre Abondat
Pierre Barouh
Pierre Fatome
Rémy Kolpa Kopoul
Ricardo Vilas
Rolando Faria
Rubens
Sacha Distel
Selma Queiroz
Sérgio Cabral
Sílvia Eugênia (Powell) de Souza
Sivuca

Stéphane Grappelli
Tânia Quintiliano
Teca Calazans
Teófila de Oliveira Pinto
Tereza Drummond
Tia Egite
Toquinho
Turibio Santos
Vera de Aquino
Vera Mendes
Vera Queiroz
Walter Queiroz
que me contaram esta história,

Pierre e Juliette Hussenot
que me deram um espaço, muito café
e carinho para escrever esta história,

Jorge Alberto Garcia
Juliette Bordat
Marguerite Bordat
Sylvia Lessage
Sylvain Pignol
que me assistiram neste trabalho,

Amélia Vargas de Oliveira
Carlos Sion
Daniel Richard
Danielle Schramm
Fernando Camargo
Francis Bordat
Francis Marmande
Franck Abraham
Joel Leibovitz
Jussara de Aquino
Marília Torres
Patrick Reignier
Ricardo Lua
Sheila Monteath
Sílvia (SOCINPRO)
Tárik de Souza
Yves Bigot
que quebraram mil galhos,

Jean-Claude Guiter
pela generosa ajuda,

e a todos aqueles que talvez tenha
esquecido de mencionar.

CRÉDITOS DAS IMAGENS

Antônio Andrade/Abril Imagens: p. 201
Arquivo Alaíde Costa: pp. 38a, 38b, 44, 90
Arquivo Baden Powell: pp. 16b, 53c, 59, 61, 80a, 80b, 94, 130, 139, 144, 149a, 157b, 158a, 158b, 161a, 168a, 168b, 168c, 180b, 185a, 185b, 187a, 190a, 190b, 190c, 194, 198, 205a, 207, 217, 233b, 239b, 242, 254, 256, 258a, 258b, 258c, 265a, 265b, 265c, 267a, 267b, 267c, 281a, 281b, 285, 288, 291a, 291b, 291c, 293a, 293b, 305a, 305b, 307a, 307b, 312, 331a, 331b, 337a, 337b, 340a, 340b, 340c, 354a, 354b, 363b, 368a, 368b, 371a
Arquivo Cléa de Oliveira: pp. 263a, 263b
Arquivo Cyll Farney: pp. 53a, 57a, 57b
Arquivo Cynara: p. 180a
Arquivo da Prefeitura de Varre-e-Sai: p. 16a
Arquivo Dominique Dreyfus: pp. 68, 79a, 79b, 99b, 101, 115, 124, 141, 152, 210, 230, 247, 274a, 274b, 277, 315, 318a, 323b, 325, 343, 346, 359a, 359b, 359c
Arquivo Francette Rio Branco: p. 111
Arquivo Heloísa Setta: pp. 74, 88, 103a, 103b, 103c, 103d, 128a, 128b, 128c
Arquivo Jacques Lubin: pp. 212a, 212b
Arquivo Joana Drummond: pp. 105, 163a, 163b, 172, 177
Arquivo Marcel Powell: p. 371b
Arquivo Maurício Vasquez (Dom Estevão): p. 318b
Arquivo Paulinho Nogueira: p. 166
Arquivo Teca Calazans: p. 239a
Arquivo Tereza Drummond: p. 155a, 155b
Arquivo Toca do Vinicius: pp. 72, 92, 96b, 117b, 147, 215
Arquivo Vera de Aquino: pp. 10, 14, 18, 22a, 22b, 26a, 26b, 26c, 40, 53b, 149b, 269, 271, 353a, 353b
Camilla Maia/Agência O Globo: p. 363a
Christian Rose: pp. 70, 119, 132a, 132b, 205b, 205c, 233a, 244, 252, 261a, 261b, 261c, 302, 350
François Guiter: p. 356
Guto Costa/Agência O Globo: p. 379
Paulo Jares/Abril Imagens: capa
Paulo Salomão/Abril Imagens: p. 170a
Pedro de Moraes: pp. 24, 29a, 96a, 108, 117a, 170b, 187b, 203, 222a, 222b, 4ª capa
Reprodução: pp. 29b, 65, 99a, 157a, 161b, 323a, 375a, 375b, 359a, 359b, 359c, 377

Arquivos consultados: Arquivo Pessoal de Baden Powell e Sílvia Eugênia de Souza, BMG, Centro Cultural Oneyda Alvarenga (SP), EBC, *Folha de S. Paulo*, Fundação Biblioteca Nacional, Fundação Casa de Rui Barbosa (RJ), GEMA, MPS, Museu da Imagem e do Som (RJ), Museu da Imagem e do Som (SP), *O Estado de S. Paulo*, *O Globo*, Olympia, Palais des Glaces, SACEM, SOCINPRO, TV Cultura, *Veja*.

Todos os esforços possíveis foram feitos para se determinar a autoria das fotos usadas neste livro. Uma vez localizados os fotógrafos, a editora imediatamente se dispõe a creditá-los nas próximas edições.

Este livro foi composto em Sabon
pela Bracher & Malta, com CTP e
impressão da Edições Loyola em
papel Alta Alvura 90 g/m² da Cia.
Suzano de Papel e Celulose para a
Editora 34, em outubro de 2020.